PLUTARCO

LOS TRATADOS

SOBRE LAS MUJERES
SOBRE EL AMOR
NARRACIONES AMOROSAS
PRECEPTOS CONYUGALES
SOBRE LA HIGIENE
SOBRE LA MUERTE
CONSOLACIÓN A SU PROPIA MUJER
Y SOBRE EL CARIÑO FRATERNAL

Edición, traducción, prólogo y notas de
JUAN BAUTISTA BERGUA

Colección La Crítica Literaria
www.LaCriticaLiteraria.com

Copyright del texto: ©2014 Ediciones Ibéricas
Ediciones Ibéricas - Clásicos Bergua - Librería Editorial Bergua
Madrid (España)

Copyright de esta edición: ©2014 LaCriticaLiteraria.com
Colección La Crítica Literaria
www.LaCriticaLiteraria.com
ISBN: 978-84-7083-964-1

Versión original: "PLUTARCO - LOS TRATADOS"
de Ediciones Ibéricas por Juan Bautista Bergua 1958

Imagen de la portada: Jean Leon Gerome, Le Gynécée (1860)

Ediciones Ibéricas - LaCriticaLiteraria.com
C/ La Punta Del Cuerno 191
39318 Cuchía, Cantabria
www.EdicionesIbericas.es
www.LaCriticaLiteraria.com

Impreso por LSI (Internacional)

ÍNDICE

PRÓLOGO

Ploutarchos (Πλουταρχος), impropiamente llamado Plutarco, nació en el corazón de Grecia, en Cheironeia (Χειρονεια), Boiotia (Βοιωτια), comarca de Grecia central, cuya capital era Tebai (θηδαι)[1], entre los años 45 y 50 de nuestra era. Él mismo lo dice hablando, al principio de su tratado «De la curiosidad», de cómo se pueden mejorar las condiciones de una casa e incluso de una ciudad: «Mi patria (Cheironeia) es un ejemplo de ello. Estaba situada al Oeste y no recibía sino por la tarde, del lado del Parnasos, los rayos del sol poniente. Dícese que fue vuelta hacia levante por Chairón».

Su infancia transcurrió, pues, en una tierra llena de recuerdos ora gloriosos, ora tristes. Como Cheironeia, situada a orillas del Kefisos (hoy Nevropótamos), era la llave de los caminos hacia la Fócide y hacia el Atica, fue teatro de varias batallas importantes: se recordaba con orgullo la victoria del año 447 de los beocios contra los atenienses; con tristeza la derrota que Filippos de Macedonia había infligido a los ejércitos unidos de Tebai y de Atenas, y la del año 85, siempre a. d. J., en que el romano Silla, aquel hombre eternamente afortunado, venció a Achelaos. Estaba además cerca de Delfos (Δελφοι, «Delfoi», hoy Castri) y de la mencionada Tebai (Tebas), entonces en ruinas, pero que hablaba siempre a los espíritus de Pelópidas, Epameinondas y Píndaros; tanto más cuanto que los naturales de aquella región que el nombre glorioso de Ploutarchos vendría aún a ilustrar, pasaban por torpes, rudos, poco inteligentes, y el país mismo por grosero.

La familia de Ploutarchos era de pura raza helénica; su casa, un hogar burgués, de sólida tradición, costumbres sencillas, lleno de religión y de patriotismo, y por ello mismo lejos de las nuevas ideas que empezaban a correr entonces.

Desconocemos el nombre tanto de su madre como de su padre, pero de éste, del que asegura Ploutarchos que era hombre muy considerado por sus conciudadanos, versada en el conocimiento de los poetas y sumamente recto, de esta última cualidad hubiéramos podido juzgar por la lección de

---

[1] Sobre las razones que me han movido a adoptar la transcripción que empleo de los nombres griegos, en vez de la arbitraria usada de ordinario tomada, por lo general no del griego, sino del francés, véase el estudio preliminar al «Fedón», y la advertencia que encabeza a «Sócrates» de Xenofón, respectivamente, de la Colección La Crítica Literaria.

modestia, buen gusto y honradez que le dio en cierta ocasión y que él cuenta en los «Preceptos administrativos»: «Me acuerdo—dice—de que siendo aún muy joven fui enviado, en unión de otro, en embajada junto al procónsul. Y habiéndose quedado atrás no sé por qué mi compañero, llegué solo e hice lo que teníamos que hacer. A mi vuelta, y como yo quisiera dar cuenta en público de cómo había cumplido lo que se me había encargado, mi padre me prohibió que dijese: «he ido», sino «hemos ido»; «he dicho», sino «hemos dicho». Es decir, me enseñó que hiciese mi relato asociado siempre a mi compañero a lo que había hecho; lo que no solamente era grato y humano, sino conveniente, puesto que lo que excita la envidia quita gloria».

Si Ploutarchos no menciona el nombre de sus padres en los tratados que nos quedan de él, sí, en cambio, a su bisabuelo Nikarchos, amable narrador, y a su abuelo Lamprias, viejo de imaginación viva e ingeniosa, sobre todo cuando estaba animado por un poco de vino: «Lamprias, nuestro abuelo—dice en las «Simposiacas», libro I, cuestión V—, mostrábase más docto, más agudo y más rico en invenciones cuando había bebido que en toda otra ocasión. Nos aseguraba que se parecía al incienso, al que el calor hace despedir buen olor».

La imaginación de Ploutarchos y su gusto por lo antiguo y lo extraordinario debieron de despertar, oyendo al espiritual y espirituoso abuelo referir con ese entusiasmo fugaz, pero vivo que da unos cuantos tragos, los hechos siempre mejores del pasado, y las anécdotas, tan gustosas, de tiempos del bisabuelo Nikarchos, contemporáneo de los días escandalosos y felices en que Antonio y Kleopatra paseaban sus amores por Egipto y por las islas griegas, cuando estaban lejos de pensar, él en Actium, ella en el áspid y en el cesto de higos.

Tanto Lamprias como su hijo, debían de gustar de la compañía de varones de su cuerda y, fieles a la tradición hospitalaria, de huéspedes inteligentes y cultos. Y aquellas pláticas amables, ora de temas filosóficos, bien sobre los acontecimientos corrientes, ya de cuestiones prácticas relativas al cultivo de los campos o a la cría de los animales domésticos, debieron ser las primeras amenas y variadas lecciones tanto para Ploutarchos como para sus hermanos Lamprias y Timón. La ternura y cariño que nuestro escritor demuestra siempre hacia estos hermanos tan amados, prueba son aún de la grata y dulce vida de aquel hogar, de los ejemplos sanos que en él recibieron, y de las excelentes condiciones espirituales y morales de sus mayores, heredadas por ellos.

En una palabra: su infancia debió de ser una serie ininterrumpida de años de paz, de bienestar, de cordialidad, de respeto y de alegría en aquella amable mansión de Cheironeia, rodeada de prados, huertas y vergeles.

Y hacia los veinte años, y ya con una sólida base formada por la lectura repetida de los poetas nacionales, en los que, como dicho queda, su padre era tan versado, y a los que, como se verá, él cita constantemente, éste le envió a acabarse de formar espiritualmente a Atenas. Allí, su curiosidad ya despierta por cuanto se relacionaba con el saber, le hizo, sus escritos lo demuestran, asomarse a todo: retórica, historia, geografía, ciencias naturales, medicina y, más especialmente, a las matemáticas (él mismo lo dice en «Sobre la El del templo de Delfos»: «¿Era porque sabía (Eustrofios) que entonces me ocupaba apasionadamente de las matemáticas?») y a la filosofía. Las matemáticas, a causa, sin duda, del resurgimiento del pitagorismo; la filosofía, inducido por su maestro, además de por gusto y por inclinación natural. Y como este Ammonios, su maestro de filosofía, era platonista decidido, Ploutarchos estudió a fondo las doctrinas del filósofo de los filósofos, sin descuidar por ello, y tal vez para poder apreciarle y saborearle mejor por comparación, las de las otras sectas filosóficas. Ammonios, su maestro, no era el Ammonios denominado «Sakkas», el gran paladín de la metafísica en Alejandría, fundador del neoplatonicismo y maestro de Plotinos, Longinos y Orígenes, sino un filósofo peripatético del mismo nombre. Ploutarchos le cita varias veces. Por ejemplo, cuando dice que «estando en Atenas, con Ammonios, en su casa hizo amistad con un descendiente de Temístokles» («Temístokles», 32). A juzgar por la anécdota siguiente, que refiere en «Cómo discernir el verdadero amigo del adulador», Ammonios debía de ser no tan sólo un simple filósofo, sino un moralista práctico; véase: «Nuestro director Ammonios, en su lección de después de la comida, diose cuenta de que algunos de sus discípulos aquel día la habían hecho algo más que sencilla (sin duda porque dormitaban a causa de la digestión o tal vez por lo contrario, por su movilidad excesiva, consecuencia del vino). Y como tenía a su lado a un pequeño esclavo (a su propio hijo, según ciertos traductores) afecto a su servicio, ordenó a un liberto que le diese una azotaina, añadiendo, para justificar el hecho, «que el bribonzuelo no era capaz de comer sin emplear vinagre». Al mismo tiempo nos miró significativamente, con objeto de que la reprimenda sirviese de lección a los que habían sido causa de ella». A propósito de otro de sus maestros, que no nombra, pero que tal vez fuese el propio Onesikrates que figura en el diálogo «Sobre la música», dice: «La mujer del virtuoso Fokión (el general ateniense que fue condenado a beber la cicuta, pese a su virtud singular y relevantes servicios prestados a su patria), decía que su adorno eran los hechos gloriosos de su marido. ¿Sabéis lo que yo considero como el mío? El celo de mi preceptor en inclinarme hacia el estudio».

Atenas debió de ser para él una escuela viva. No sólo de sus maestros, sino de sus amigos, de sus compañeros, de las relaciones que en ella haría; de la vida misma diaria, tan varia y agitada, debió aprender mucho de lo que luego pasó a sus escritos, asimismo tan variados y multiformes. Allí adquiriría definitivamente el gusto por el conversar inteligente, que ya había iniciado en el hogar de Cheironeia, y el empezar a almacenar detalles, recuerdos, ideas que un día formaría la interesante trama de sus escritos, especialmente de los «Propósitos de sobremesa». Quizá hasta se pusiese en relación con alguno de los desterrados por Nerón, quien precisamente por entonces, el año 66, había ido a Grecia, empujado por su vanidad de histrión, a hacerse coronar como cantor y actor trágico. Por cierto que, en el tratadito «Sobre los plazos del castigo divino», parece apiadarse del odiado emperador, pues al relatar cómo obreros especializados realizaban a fuerza de golpes la metamorfosis de las almas que debían reencarnar nuevamente en forma de animales, entre ellas la de Nerón, ya cruelmente maltratada y atravesada por clavos encendidos, hace decir a Tesposios: «De repente brilló una luz vivísima y de esta luz salió una voz, que ordenaba fuese cambiada el alma de Nerón (a la cual los obreros iban a dar la forma de una víbora, con lo que, según dice Píndaros, debía devorar a su madre al llegar de nuevo al mundo) en otra especie de animal menos feroz; de confeccionar con ella uno de esos animales cantores que se ven en torno a los pantanos y estanques». «Los crímenes que ha cometido Nerón—decía la voz—, ya los ha expiado, sin contar que los dioses le deben una indemnización favorable por haber devuelto la libertad a la nación mejor y más religiosa de las que le estaban sometidas, es decir, a Grecia».

¿Qué hizo al dejar Atenas? Este período de su vida es el menos conocido. A falta de biografías contemporáneas o inmediatas (la noticia de Suidas, el lexicógrafo del siglo X, es tan insignificante como inexacta), hay que contentarse, una vez más, con lo que él mismo nos cuenta. Las actividades de su edad madura consistieron sobre todo en viajes. Estos viajes los emprendió ora para negocios particulares, bien para asuntos ciudadanos, ya, en fin, y principalmente, por el placer de ver y aprender por todas partes. Se sabe, por ejemplo, que fue a Egipto viviendo aún su abuelo. Que en otra ocasión fue diputado por sus conciudadanos para cierta misión, junto al procónsul romano de Korintos. En fin, que estuvo varias veces en Roma y hasta en diferentes partes de Italia, como, por ejemplo, en la región del Po, adonde fue, en compañía de Mestrius Florus, a visitar el campo de batalla de Bedriac.

En todo caso, parece ser que en cierta ocasión permaneció bastante tiempo en Roma, allá por el reinado de Vespasiano, ejerciendo la profesión de sofista, entonces muy a la moda; es decir, dando en su casa conferencias o pláticas públicas en griego, pues él mismo confiesa que no sabía suficientemente el latín como para poder hacerlo en esta lengua. ¿Sobre qué podían versar sus disertaciones? Indudablemente sobre temas de moral o de filosofía; otras veces serían lecturas comentadas de los grandes poetas; tal vez asimismo (la calidad del auditorio le empujaría a una u otra cosa) expondría alguna de aquellas paradojas ingeniosas que tanto éxito tenían en las escuelas de los retóricos romanos, como siglos antes lo habían tenido en Grecia. El tratadito «Sobre qué es más útil, si el agua o el vino» o el perdido «Si el número par es mejor que el impar o al contrario», son, quizá, modelo y recuerdo de ciertas de aquellas pláticas. Y asimismo algunos de los temas de las actuales «Simposíacas». Respecto a los primeros, su abolengo era antiguo. El arte, como se sabe, de los primeros sofistas griegos, los contemporáneos de Sócrates y Platón, su arte por excelencia consistía en enseñar a defender con la misma habilidad tanto el pro como el contra de las cosas, «el argumento falso como el verdadero», que entonces se decía. La dialéctica en sí, o arte de discutir sabiamente, no era otra cosa. La «erística», su caricatura, llegó a hacer prodigios en este sentido. Algunos sofistas y retóricos, como Stilpon de Megara, llegó a tener tal pericia en este género de elocuencia que, según dice Diógenes Laertios, «sobrepujó a todos los demás filósofos por su fertilidad de invención y su talento para sofisticar, de tal modo que faltó poco para que la Grecia entera, llena de admiración, viniese a vivir a Megara». Y más adelante: «Dícese que en Atenas atraía a todo el mundo y que las gentes salían de sus tiendas para verle». De más de un orador sofístico griego se sabe que eran capaces de arrebatar al auditorio defendiendo una tesis y que al siguiente día, si no a continuación, les maravillaban y convencían demostrando todo lo contrario. Pues bien, en las escuelas de retórica, en Roma, estuvo también muy a la moda este género de dialéctica y, a juzgar por el tratadito mencionado, Ploutarchos debió de practicarla asimismo con no poca habilidad.

De lo que no hay duda en todo caso es de que era escuchado con toda atención por gentes de no mediana calidad como lo prueba el siguiente pasaje de su tratado «Sobre la curiosidad»: «Un día—dice—que hablaba yo en público en la ciudad de Roma, Arulenus Rusticus, aquel al que Domiciano hizo morir a causa de la envidia que sentía de su gloria, estaba entre mis auditores. En medio de mi plática entró un soldado romano, trayéndole una carta de parte del emperador. Un gran silencio se produjo con ello y yo mismo me detuve para darle tiempo a que la leyese. Pero él no aceptó ni abrió el pliego antes de que yo acabase mi discurso». Este Arulenus Rusticus era tribuno del pueblo. Cuando Traseas, de quien era amigo, fue condenado a muerte, quiso oponerse al decreto del Senado. Pero Traseas le rogó que no lo hiciese. Plinio el Joven habla de Arulenus con respetuosa admiración en varias de sus cartas. En cuanto a Traseas, que tuvo en varias ocasiones el valor de enfrentarse con Nerón y criticar su conducta (era senador y estoico convencido), acabó por ser condenado por el Senado, intimidado por el monstruo, que, según Tácito, «quería matar la virtud en la persona de Traseas», a la pena capital. Traseas, tras prohibir a su mujer que compartiese su suerte y conversar largo tiempo sobre filosofía con sus amigos (como Sócrates siglos antes), se hizo abrir las venas.

De todas maneras, Ploutarchos no tardó en cansarse de viajes y andanzas, puesto que no tardó, según toda probabilidad, en volver a Cheironeia, de la que si salió fue para no apartarse mucho en los largos años que aún le quedaron por vivir. Y es que sin duda nada le era tan grato como su país y su casa. Sí, gustaba de ambas cosas de preferencia a todas otras, sin contar que, como dice con fina gracia en la «Vida de Demóstenes», «habiendo adquirido un poco de gloria, parecíale que, puesto que había nacido en una pequeña ciudad, la haría aún más pequeña yéndose de ella». Vivió, pues, desde entonces tranquilo y feliz en medio de sus conciudadanos y junto a sus libros, su familia y sus amigos.

A partir, por lo tanto, de la mitad de su vida nos le podemos imaginar junto a los suyos, a los que tanto amaba (los testimonios del más sincero afecto hacia su mujer, sus hijos y sus hermanos él mismo los da en sus escritos repetidamente), rodeado de amigos fieles y compartiendo su tiempo entre sus escritos y servir a sus conciudadanos en cuantos trabajos podía serles útil. Hablando de que todo trabajo es honroso cuando se hace por o para la patria, dice en los «Preceptos para los estadistas»: «Yo mismo hago sin duda reír a los extranjeros cuando me ven frecuentemente ocupado en nuestras calles en trabajos de tal género (cobrar impuestos, hacer practicar la limpieza, etc.); pero lo que puedan pensar me tiene sin cuidado, puesto que no es por mí por lo que me ocupo de estos detalles administrativos, sino por nuestra ciudad. Porque en efecto, muchas cosas hay de las que sería vil y mezquino ocuparse empujados por una idea de lucro, pero que tratándose de la cosa pública, de los intereses de la ciudad, nada tienen de bajo; muy por el contrario, entregarnos a ellas con todo cuidado nos ensalza». Que fue arconte, es decir, magistratura de gobierno la más alta, nos lo dice él mismo también al principio de la Cuestión VIII del libro segundo de las «Simposíacas».

Por consiguiente, y como decía antes, si en esta segunda y provechosa parte de su vida salió alguna vez de su ciudad sería para ir brevemente a Atenas a dejarse oír, a Delfos, llamado por sus funciones de sacerdote del santuario («Sabes que soy sacerdote de Apolo Pítico hace muchas pitiadas (periodo de cuatro años)...», dice en «Sobre si un anciano debe tomar parte en las funciones de gobierno»), o a los balnearios de las Termópilas o de

Aedepsos, atraído tanto sin duda como por las aguas, por la sociedad brillante que en ellos se congregaba y que debía reclamarle con frecuencia.

Una vida, en suma, perfectamente empleada: de estudio la primera mitad; de lecturas, de escribir, de conversar, de recordar y transcribir mucho de lo almacenado laboriosamente año tras año, durante la otra mitad. Sobre sus lecturas, Fabricios da el catálogo de más de 300 autores. Hasta el ambiente familiar le fue propicio para sus tareas y devaneos literario-filosóficos, pues su mujer, Timoxena, hija de una de las mejores familias de Cheironeia, amaba las letras y la filosofía, y sus hijos no eran tampoco en modo alguno extraños a ellas.

He aquí una vida feliz, se dirá. Cierto. Pero sobre todo a causa de haber sido templada por los seguros recursos que tan sólo presta la reflexión serena apoyada en la filosofía. Porque como toda vida tuvo sus pruebas, sus horas de amargura y de dolor: pérdidas graves entre los suyos, entre ellas una particularmente angustiosa: la muerte, a los dos años, de la única hija que tenía, una niña llamada Timoxena, como su madre. Aquella niña que seguramente hubiera tenido el mismo carácter bondadoso y dulce de Ploutarchos, que debía de ser un manantial de esperanzas en aquel hogar feliz, partió estando él en Tanagra, adonde había ido enviado en misión por sus conciudadanos. La carta admirable que dirigió a su mujer con este motivo («Consuelos a su mujer»), así como sus reflexiones sobre la muerte y la manera de consolarse cuando parece que nos hiere más cruelmente («Sobre la muerte» o «Consuelos a Apollonios»), prueba son de cuánto le sirvió la filosofía, como decía antes, para conllevar y mitigar los grandes dolores, y para poder conservar la paz del espíritu y la serenidad del alma en las más penosas y terribles circunstancias.

Esta carta a Timoxena prueba, además, cuánto amaba a su mujer y en qué modo estimaba sus excelentes cualidades. La ternura hacia sus hermanos Lamprias y Timón, es decir, su opinión de lo que son y deben ser los hermanos y el afecto que debe unirnos a ellos, plasmado lo dejó también en su tratadito «Sobre el cariño fraternal». Si mucho les amaba, mucho le correspondieron ellos en cariño, asimismo, respeto y veneración.

Sus amigos no debieron corresponder menos adictamente al sincero afecto que Ploutarchos sentía hacia ellos. Entre los muchos que seguramente tuvo siquiera no fuese sino por su bondad natural y su nombradía, los más íntimos fueron Políkrates, para el cual escribió la vida de Aratus; el filósofo Favorinos, al que ofreció el tratadito «Del primer frío», y Sossius Senecín, cuatro veces cónsul con Nerva y con Trajano, favorito de este último emperador y al que dedicó sus «Biografías». Otros varios personajes, a los que dedica otros tratados, prueba son, como digo, de que el tesoro de la amistad no le fue extraño. Sus obritas relativas a este dulce y noble sentimiento («Sobre el gran número de amigos»,

«Diferencia entre el amigo y el adulador» e incluso «Sobre el provecho que podemos obtener de los enemigos») testimonian su manera de pensar sobre esta forma de afecto, a la que tan fiel debió ser siempre por su parte. Entre sus familiares y discípulos, pues de un hombre como Ploutarchos siempre se tendría ocasión de aprender, estuvieron sus sobrinos Sextus de Cheironeia, filósofo estoico y maestro de Marco Aurelio (quedan de él cinco libros de moral, publicados por la primera vez por Enrique Estienne, a continuación de su edición de Diógenes Laertios), y Cornelius Frontón, retórico que cultivó este arte con inusitado brillo, obteniendo éxitos extraordinarios. Preceptor asimismo de Marco Aurelio y de Lucius Vero, mantuvo con ellos siempre estrecha amistad. Defensor ardiente del paganismo, reunió en un memorable discurso todas las calumnias que corrían entonces contra los cristianos, cuya religión, nunca tan pura como entonces, era en realidad desconocida por sus acusadores. Longino, el filósofo y retórico discípulo de Ammonio Sakkas y de Orígenes y maestro de Porfirio, hijo de Frontonis, hermana de Frontón, era también sobrino-nieto de Ploutarchos. Apuleyo, por su parte, en el primer libro de las «Metamorfosis», se vanagloria de ser descendiente también de él por línea materna.

La fama de su nombre hubiérale bastado, cierto, para conseguir numerosos amigos más o menos verdaderos; su talento y honradez cívica y su patriotismo, para hacerle digno de los cargos con que le honró su ciudad (embajador varias veces y arconte epónimo, como queda dicho); su piedad, sincera como todo en él, para abrirle las puertas del sacerdocio de Delfos; pero el afecto sincero de que siempre se vio rodeado por parte de sus familiares y amigos verdaderos, así como de sus servidores, esto fue consecuencia justa, tan sólo, de la bondad y dulzura de su carácter.

Esta dulzura y benevolencia que le eran innatas fueron más allá de las personas unidas a él por lazos de sangre o de amistad: llegaron hasta los esclavos e incluso alcanzaron asimismo a los animales. En «Catón el Censor» dice, por ejemplo: «Bien sé que por nada del mundo me desharía de un buey que hubiese envejecido arando mis tierras, y mucho menos podría resolverme a despedir a un criado viejo expulsándole de la casa cual se expulsa a alguien de su patria, tan sólo por dinero».

Animado de estos afectos y de tales sentimientos, amante y amado, empleándose en servir a sus conciudadanos, en aprender siempre y siempre asimismo en sembrar enseñanzas y en dar ejemplo con su persona; en una palabra, en anticiparse, a fuerza de bondad y humanidad, a las ideas aún imperantes en su tiempo, pues pocos, no siendo ya cristianos, eran capaces de sentir como él que servirse de los esclavos, por ejemplo, como bestias de carga, para deshacerse de ellos luego, al llegar a viejos, era dar prueba de vileza de alma y de perversidad natural; estar persuadido asimismo de que la bondad debía de ir aún más lejos que la justicia, que no había riqueza para el hombre comparada a la sabiduría, ni mejor adorno para un alma que la virtud; en todo esto y en dar ejemplo vivo de ello debió de transcurrir tranquila, grata, amable, laboriosamente su larga vida, muy particularmente la segunda mitad. En efecto, Ploutarchos vivió ochenta y cinco años. Hasta los tiempos del emperador Adriano. Honrado y estimado de cuantos le conocían se apagó el año 123 de la era cristiana. Se apagó, porque morir no muere, en realidad, quien como él pasa dulcemente de la existencia material a la inmortalidad.

* * *

Las obras de Ploutarchos, a causa de su misma abundancia, han estado, naturalmente, expuestas al doble peligro de pérdidas y alteraciones. Estas obras son ricas no tan sólo a causa de su abundancia y variedad, sino por su mérito intrínseco. Su variedad no puede ser más completa: moral, ciencias, filosofía, literatura, historia; a todo llegan y todo abarcan. Por desgracia, muchos de sus escritos se han perdido; otros no han llegado hasta nosotros sino mutilados o abreviados; incluso, a veces, en forma de extractos. Y como también tenía que ocurrir, sospéchase con más o menos fundamento que hasta textos que no le pertenecen figuran con su nombre. Esto es fenómeno corriente con todos los escritores antiguos afamados. Plumas admiradoras siguen sus huellas y luego el tiempo, ciego, funde en un solo cauce aguas de varias fuentes. Pero como el Tormes, que corre un buen trecho por el lecho del Duero, al alcanzarle impetuoso, pero sin confundir con él sus claras y violentas aguas, así la diferencia de pureza de los manantiales literarios y filosóficos hacen que sean pronto distinguidas las aguas nacidas en distintas fuentes.

La colección que poseemos de las obras de Ploutarchos parece haber sido formada en el siglo X, cuando ya la obra de este escritor había sido muy alterada. Fue establecida, además, de acuerdo con manuscritos muy defectuosos y con no pocas lagunas, e incluso el que la formó aceptó en ella, sin someterlos a una crítica minuciosa, manuscritos de diversas procedencias. Poco antes otro sabio bizantion había reunido, bajo el nombre de Lamprias (Λαμπριας) el catálogo que el lector encontrará más adelante y en el cual podrá ver que figuran, junto a las obras que han llegado hasta nosotros, otras muchas, puesto que no tenemos sino 104 de las 215 mencionadas. Han desaparecido, pues, 111 tratados. Quedan, de ellos, 65 de los llamados tratados «Morales» y 27 «Vidas».

Respecto a los tratados morales, los principales manuscritos parecen ser los siguientes: los «Parisini», números 1.671 y 1.672, que son del siglo XIII; el número 1.956 del siglo XI o XII, y el número 1.675, del siglo XV; luego los «Vaticai» 139, del siglo XIII; 80, del siglo XV, y 1.013, del siglo

XV, y, en fin, el «Marcianus» 250, del siglo XI, que es uno de los mejores. Estos manuscritos contienen, en totalidad o en parte, la colección de los tratados formada por Planude (1260-1330), escritor griego, sabio y humanista de primer orden.

Todo lo que subsiste de Ploutarchos suele ser dividido en dos grupos: las «Vidas paralelas», por una parte, y por otra, los trataditos denominados «Obras morales» (Ἠθιχα, «Morulia»), bien que entre estas obras haya algunas que nada tengan que ver en realidad con la moral propiamente dicha. No obstante, la lectura, tanto de las obras de un grupo como las del otro, permiten ver al instante varias particularidades que no dejan lugar a dudas sobre la identidad de la mano que las escribió. Primera, bien que no abone en su favor, la falta de orden cronológico o de cualquier clase, la ausencia de método. Verdadero polígrafo, hombre además de muchas lecturas y a causa de ello solicitada su pluma constantemente por los temas más diversos, Ploutarchos no solamente se vio obligado a escribir mucho, sino que a causa de ello, y como es lógico, a no madurar bien lo que escribía, por no cuidar, ni siquiera cuidó del estilo, que, generalmente, es desaliñado. En cambio, su tesoro de lecturas, servido por una felicísima memoria, llena sus narraciones de citas de los poetas antiguos, de referencias a los prosistas y de mil anécdotas sabrosísimas, que hacen de su lectura una continua enseñanza y un continuo regalo. Todo ello, unido a las observaciones que a él mismo le sugiere aquello de que trata y la variedad misma de motivos tratados, da a sus libros un encanto particular, que en vano se buscaría en otro autor, y les hace, como digo, además de sumamente amenos, sumamente instructivos.

Por ello, si muy de lamentar es el ultraje que el tiempo y las vicisitudes históricas han hecho en la obra de la mayor parte de los escritores antiguos, de los que muy pocos, si se exceptúa tal vez Platón y Xenofón, sus obras han llegado completas hasta nosotros, creo que de ninguno sentimos tanta pena pensando en aquello de que la fatalidad nos ha privado, como considerando los 111 tratados que nos faltan del catálogo mencionado de Lamprias. Por fortuna, tenemos unos 15 opúsculos no mencionados en él; en cambio, tampoco ha llegado hasta nosotros sino el nombre de bastantes más indicados por Enrique Estienne en su edición de 1572 en 13 volúmenes en 8.º

Pero hablábamos de la variedad de temas tocados por Ploutarchos. En efecto, esta verdadera «polimatía» alcanza a cuanto se pueda imaginar. Va de la pedagogía, de la, crítica literaria, de la filosofía y de la moral hasta los discursos de aparato, pasando por la historia y la geología, la arqueología y las ciencias naturales, sin descuidar la música, la política y la medicina. Si algo olvidó, y que ello no nos pese, fue el arte militar.

Junto a las simples compilaciones, tales que las amenísimas «Cuestiones romanas», las «Cuestiones griegas», las «Cuestiones platonianas» y las «Virtudes romanas», deliciosas a causa de su variedad, de la cantidad de cosas concretas que ofrecen al lector, de las comparaciones ingeniosas que brotan a cada paso, de los dichos agudos y frases célebres, de las citas literarias y versos de todos los autores que las esmaltan y de las observaciones ingeniosas y punzantes, nacidas todo a lo largo de ellas de la pluma de Ploutarchos, junto a las simples compilaciones, decía, están los tratraditos, que más bien parecen conferencias literarias o filosóficas; los tratados propiamente dichos, los consejos epistolares, que a veces llegan a tener la fuerza de verdaderas disertaciones; en fin, los 15 diálogos que Ploutarchos escribió a la manera de su amado Platón, cuyo espíritu dominaba siempre lo más puro del pensamiento griego. Estos diálogos son: «Sobre la salud», «Sobre la cólera», «Sobre la El de Delfos», «Sobre los oráculos de la Pitia», «Sobre la cesación de los oráculos», «Sobre los plazos de la venganza divina», «Sobre el Demonio de Sócrates», ((Las simposíacas» (o «Propósitos de sobremesa»), «Sobre el amor», «De la cara que se ve en la luna», «Sobre la inteligencia de los animales de tierra y mar», «Grilos», «De las nociones comunes a los estoicos», «Que no es posible ni vivir agradablemente según la doctrina de Epikouros» y «El Banquete de los siete Sabios». Todo ello sin contar otros, diálogos asimismo, de los que sólo conocemos los títulos, cuales «Sobre el alma», «Sobre la caza», «De si sería útil conocer el porvenir», y tal vez algunos otros, bien que los fragmentos que quedan no permitan asegurarlo. Y sin mencionar tampoco las «Vidas», que forman un grupo aparte.

Sí, Ploutarchos era un ferviente platoniano. Insistamos en ello, pues es otra de sus características. Como indicado queda, Ammonios, su maestro en Atenas, lleno de Platón estaba. Claro que a pesar de ello él pudo inclinarse, de haber sido otros sus gustos filosóficos, hacia cualquiera de las otras doctrinas que disputaban al maestro de Sócrates la tutela del pensamiento. Pero no, la adhesión de Ploutarchos a Platón parece, de tal modo es fiel y continua, algo innato en él. Le lleva hacia Platón no solamente su gusto y su espíritu, sino su corazón. Pero de tal modo que hasta las oscuridades de Platón parecen no serlo para él, cual si entre su espíritu y el del gran filósofo hubiese una afinidad natural. El «Timaios», por ejemplo, que tanto ha dado que moler a cuantos se han ocupado de él, para ploutarchos, a juzgar por su «Sobre el nacimiento del alma según el Timaios», donde las cuestiones más sutiles de la metafísica platoniana son explicadas con notable penetración, parece el más fácil y deleitoso de los entretenimientos. Y su amor hacia Platón lo demuestra aún fuera ya de las citas múltiples en casi todos sus tratados, en innumerables ocasiones: en las diez «Cuestiones platonianas», en muchas de las «Simposíacas» y otros tratados perdidos, tales que el citado «Sobre el alma» y en la «Formación del mundo según Platón».

Si de platón, como se ve, era admirador ferviente, no puede decirse otro tanto de Aristóteles. Y ello tal vez porque éste que, según decía, amaba a la verdad más que a su maestro, bien que a éste le amase mucho (de las pocas veces que se sintió poeta, la mejor tal vez, empleó su inspiración en elogiar a su maestro). En la «Elegia a Eudemos», dice de él: «... Este hombre, del cual hasta el elogio está prohibido a los malos, que, solo o cuando menos el primero de los mortales, hizo ver claramente, mediante su propia vida, así como mediante sabias demostraciones en sus discursos que la virtud y la dicha son inseparables para el hombre». Admirar y comprender, ¿no es amar?); decía que bien que Aristóteles amase mucho a platón, había expuesto abiertamente los defectos que encontraba en las doctrinas de su maestro; lo que bastaría, claro, para que Ploutarchos le desdeñase a él. Pues el apasionado de algo, lógico es que mire con desdén a los que menoscaban lo que él ama. Pero si como escritor no se contaba entre sus partidarios, sí, en cambio, le estimaba mucho, y lo mismo a sus discípulos, a causa de su similitud de gustos con ellos en el coleccionar hechos para emplearlos luego como pruebas documentales. Los muchos detalles que tomó, no tan sólo de Aristóteles, sino de Teofrastos y de Stratón, lo prueban. A Teofrastos, en la «Vida de Alkibíades», le llama «aquel de todos los filósofos que más ha gustado escuchar e informarse».

Ahora bien, la admiración sin límites hacia el maestro de Aristóteles, ¿llegó hasta el punto de privarle o apartarle de conocer otras doctrinas filosóficas? De conocerlas, no; de estimarlas, tal vez. La prueba es su encono contra estoicos y epicúreos. Contra los primeros enderezó su «Sobre las contradicciones de los estoicos» y «De las opiniones comunes semejantes a las máximas de los estoicos», así como «Que las paradojas de los estoicos sobrepujan a las de los poetas» (tratado del que no tenemos sino un compendio insignificante), sin contar el escrito perdido «Contra Chrisippos». Contra los epicúreos escribió la «Refutación de Kolotés», el diálogo titulado «Que no hay ni placer en vivir como Epikouros» y las breves páginas contra la máxima, «Que hay que ocultar nuestra vida».

Que Ploutarchos admirase a Platón, se comprende: ¿cómo no admirarle conociéndole? Pero ¿cómo no admirar asimismo a los estoicos y a Epikouros?

En Ploutarchos, esta especie de aversión se explica sin duda a causa de otra de las particularidades que tan fuertemente destaca en su obra: su profunda inclinación religiosa. En efecto, siendo su alma tan dada a lo religioso y preocupación constante de su vida conocer y acercarse a la

Divinidad, es decir, llegar a Dios mediante el conocimiento, el hombre que escribía en «Sobre Isis y Osiris»: «Los hombres que ven justo, Klea, ruegan a los dioses que les den aquello que es bueno, pero es sobre todo la ciencia de las cosas divinas lo que tratamos de alcanzar, en la medida en que ello es posible al hombre. Y les pedimos que nos la concedan». El que escribía esto, digo, ¿cómo podía admitir, ni siquiera soportar, el panteísmo de los estoicos, que confundía a Dios con el mundo, ni su determinismo que sobre ir contra la conciencia humana disminuía la bondad divina, o su exagerada moral, que encadenaba de tal modo al hombre que le anulaba por decirlo así? En cuanto a los epicúreos, ¿cómo soportar él, todo ardor religioso, la indiferente credulidad de los que habían aprendido del gran maestro de Samos del siglo IV a no temer ni a los dioses ni a la muerte? Que a ésta no había que temerla, conforme estaba Ploutarchos, cual lo prueba su admirable tratadito «Sobre la muerte» (o «Consolación a Apollonios»); pero negar el temor a los dioses, ¿no era como tratar de establecer una especie de regla de vida práctica lejos de ellos y desprovista, a su juicio, de bondad y hermosura?

Aquéllos, los estoicos, reducían las antiguas divinidades helénicas a puras alegorías y confundían a Dios con su obra. Éstos, los epicúreos, veían a los dioses como seres lejanos, ignorantes y despreocupados de los hombres e ignorados de éstos. Dioses que ni podían amar al hombre ni ser amados por él, pues que no es posible amar lo que no se conoce. Y como en Ploutarchos el sentimiento religioso, si bien dulce era al mismo tiempo natural y sólido, no podía estar de acuerdo con todo lo anterior. Al contrario, de haberle preguntado cuál era su doctrina teológica, cuál su Dios y cuáles las relaciones de Dios con el hombre, hubiese respondido que las establecidas por Platón en el «Tímaios».

Su teología era además tan notable que ha merecido que se le denomine el último de los antiguos creyentes, pero con la particularidad de que la idea que tiene de la divinidad es ya enteramente cristiana. Según Ploutarchos, tan sólo Dios es; y es, no según la medida del tiempo, sino según una eternidad inmutable e Inmóvil. Dios, además, no es vario como cada uno de nosotros, que somos un compuesto de diversidades y diferencias, sino que es el ser por excelencia, uno, simple, incorruptible, infinito («Sobre el sentido de la palabra Él»). Además, el dios de Ploutarchos no se parece, como dicho queda, al de Epikouros: se interesa por los hombres, vela sobre sus acciones, su influencia penetra no tan sólo en el mundo físico, sino en el moral. Y precisamente la principal idea del nuevo culto que luchaba ya calladamente por suplantar a los antiguos dioses era ésta: su intervención directa, por decirlo así, en la vida de los hombres, su gran interés por ellos, puesto que para redimirlos había consentido hasta en sacrificar a su Hijo. Todo ello, filosóficamente, tal vez no era fácil de explicar; pero la nueva religión no se escudaba en la filosofía, sino en la fe y la fe allana todos los caminos. Más tarde, cuando se tratase de poner de acuerdo a la fe con la razón, nacería una teología que por ver de conseguir tal propósito consumiría la inteligencia de varias generaciones de pensadores. Pero Ploutarchos se detenía en menos, bastándole razonar de esta manera: Si la naturaleza tiene leyes fijas, leyes que han sido determinadas por Dios; si los animales no son tampoco puras máquinas, puesto que la Divinidad les ha marcado asimismo su misión, ¿podría el hombre haber sido, él superior a animales y naturaleza, abandonado al juego de la casualidad ciega y fatal? ¡En modo alguno! — respondía—. Al contrario, la Providencia divina velaba por su obra mejor, llevaba hasta ella su influencia bienhechora, cuidaba de cuanto se produce y se conserva. Ella era el orden de la creación, la justicia del mundo moral, la que recompensaba la virtud y castigaba el vicio. De este modo, y mediante una especie de presentimiento del dogma de la solidaridad cristiana entre el hombre y el Hacedor, se complacía Ploutarchos en explicar, en el curiosísimo tratado «De los plazos de la justicia divina», lo que ya había sentado Platón en sus mitos, inventando el infierno y los castigos que en él sufrían las almas cuya conducta en la tierra había sido malvada.

Y al llegar aquí más de un lector se preguntará: «¿Y cómo un espíritu tan bien dispuesto como el de Ploutarchos para recibir la nueva luz y tan ávido además de novedades y conocimientos (y como de Ploutarchos podría decirse de Séneca y de tantos otros) no fue atraído por el cristianismo, que ya por entonces, tras un siglo de existencia, debía de ser planta vigorosa?» La respuesta no es difícil. Seguro es, o casi, que de haber conocido la nueva religión hubiérase dejado atraer por ella tras un período de rebelión necesario para desembarazarse del enorme lastre pagano amontonado por familia, tradición y cultura en su espíritu; pero es que no debió conocerla, precisamente, durante toda su vida, Roma y cuanto de ella dependía fue una verdadera babel de religiones extranjeras. Junto a los cultos nacionales batidos ya sin piedad por los filósofos, como siglos antes en Grecia, y para remediar su evidente insuficiencia, tomaron carta de naturaleza, si se puede decir así, una serie de divinidades extranjeras, tales, por ejemplo, Mitra y Serapis. Esto mientras por otra parte los sistemas filosóficos iban apartando a los espíritus de aquellos dioses de la mitología popular, absurdos e insuficientes a todas luces. Los estoicos realizaban este alejamiento entre los espíritus cultos: Epikouros y sus secuaces entre un público más modesto, más bajo. Y precisamente porque el cristianismo naciente no podía tampoco prender sino en el pueblo, en los modestos, en los humildes y necesitados de redención, tenía que contar, como ocurrió, con el encono de los ricos y de los poderosos, que no podían admitir una doctrina que empezaba por asegurar qué todos los hombres eran hermanos, como hijos de Dios. Religión que llegaba enarbolando tales doctrinas forzosamente tenía que ser mal interpretada y, por consiguiente, perseguida. Y al ser perseguida tuvo que ocultarse y avanzar con cautela, a escondidas, a través de medios a los que jamás descendió Ploutarchos, sofista en Roma y personaje importante, además de filósofo y escritor, en su patria. Todo ello sin contar que tuvo que pasar mucho tiempo antes de que los no iniciados ya, se diesen cuenta de que lejos de ser la «buena nueva» una religión judía pese a haber nacido en Judea, era algo extraño a ellos y hasta contraria a sus creencias y doctrinas. Mas hasta que esto se aclaró debidamente, como los judíos eran mal vistos en el Imperio a causa de su eterna inquietud espiritual y su tendencia no menos continua a revueltas y sediciones, una religión que se creía emanada de ellos no podía gozar de simpatías.

Ploutarchos, por su parte, tampoco debía sentir la menor inclinación hacia los hijos del avispero de Palestina, a los que Séneca había calificado de «desalmadísima gente». En el tratado «Sobre la Superstición» hay una alusión a la toma de Jerusalén el año 70, en la que se nota una especie de desprecio natural del ya enamorado de Platón hacia los fanáticos y sombríos hijos de la Thora. «Con la superstición—escribe—habéis acreditado las inmersiones en el fango y en el cieno, la observación del sábado judío, las prácticas que consisten en arrojarse faz contra el suelo, en ponerse vergonzosamente en cuclillas, en profesar adoraciones extrañas». El propio heroísmo judío defendiendo su ciudad le había dejado indiferente. Tal vez porque, como Sócrates y Platón, no veía en el valor un acto de «fe», sino de «razón», de ser tal valor («Protágoras»). Por otra parte, Ploutarchos, que gustaba de una religión dulce y humana, no podía simpatizar ni admitir un dios guerrero, cruel, implacable, feroz, con la imprecación siempre en los labios, como el de los judíos: «Maldito serás en la ciudad; maldito serás asimismo en tus campos... Maldito será el fruto de tu cuerpo y el fruto de tu tierra... Maldito serás al llegar y maldito al marcharte... El Eterno te herirá de consunción y de fiebre y de inflamación... El Eterno te herirá de úlcera de Egipto y de hemorroides, y de sarna y de picazones de las que no podrás curar. El Eterno te herirá de locura, de ceguera, de todas las enfermedades, de todas las pestes, aunque no estén inscritas en el Libro de la Ley, el Eterno te enviará todo hasta que quedes destruido («Deuteronomio», XXVIII, 16-28). «El Eterno es un hombre de guerra», dice Moisés («Exodo», XV, 3). David le hace eco: «Enseña a mis manos a combatir» («Samuel», XII, 35). Yahvé permite «destruir todos los pueblos que se opongan a los judíos» («Exodo», XXIII, 27-30). Porque los judíos han «fornicado» con las hijas de Moab, ordena a Moisés: «Coge todas las cabezas del pueblo y cuélgalas al sol, ante el

Eterno» («Números» XXV, 4). Es tan feroz que piensa hacer perecer a todos los judíos que han adorado al Buey de Oro. y Moisés se ve obligado a discutir con él para que se modere: «Vuelve en ti de tu cólera» —dice el hombre a su dios— «y arrepiéntete del daño que querías hacer a tu pueblo», y «el Eterno se arrepintió del daño que quería hacer a su pueblo» («Exodo» XXII. 11-14), etc. No, aquel dios que se deleitaba paseándose por los campos de batalla y aspirando el olor de la sangre y el humo de los sacrificios no podía ser el dios de Ploutarchos. Del dulce, del humano, del amigo de los pobres y de la pobreza en cambio, del admirable Jesús de Nazareth, no supo nada.

Ploutarchos quería que la creencia religiosa, lejos de angustiar el alma y esclavizarla, la dilatase, la llenase de piedad, de alegría, de confianza. de razón y de libertad. Estas son las ideas que brillan a través de su obra y más especialmente en sus diálogos religiosos: «Sobre la El de Delfos». «Sobre los oráculos de la pitia». «Sobre la cesación de los oráculos», «Sobre los plazos de la venganza divina». «Sobre Isis y Osiris».

Por todo ello, si oyó hablar de la nueva religión venida de Judea, la consideraría como un fanatismo más y no se volvería a ocupar de ella. Pero de haber sabido de verdad cómo era, ¿cómo no se hubiese hecho cristiano si lo era sin saberlo? Siendo Platón la verdadera cantera de la nueva doctrina, ¿cómo no hubiese sido él, el más fiel y convencido de sus adictos?

Y la prueba de que su idea de Dios y sus convicciones morales eran las mismas de la nueva religión, la tenemos en el entusiasmo, respeto y hasta veneración que sintieron hacia Ploutarchos los arquitectos de la nueva religión. En Fabricius («Biblioteca griega», IV, cap. XI. t. IV, p. 329, ed. de 1727) puede leerse que ciertos escritores cristianos le concedían el honor de que si hubiese que arrojar al mar todos los escritos de la antigüedad, convendría guardar tan sólo a Ploutarchos. Y un piadoso obispo pedía a Cristo que salvase de las penas eternas a Platón y a Ploutarchos a causa de ser los más próximos, en virtud de sus discursos y su conducta, de la moral cristiana: su ignorancia en materia de fe era involuntaria; por ello la bondad del Salvador podría tener piedad de ellos.

* * *

Pese a la variedad de escritos, pese a la diversidad de temas a los que Ploutarchos llevó su pluma empujado por su erudición, y no obstante asimismo la importancia de sus «Vidas paralelas», si hubiese que calificarle, en cuanto escritor, con una sola palabra, sería más exacto, de no emplear la de «polígrafo» a secas, conceptuarle como «moralista» que como «historiador».

En efecto, ¿qué escritor podría citarse, antiguo o moderno, que hubiese escrito tanto como él sobre temas morales? Calcúlese por la simple enumeración de sus obras de esta clase: diálogos puramente morales, sobre la teoría de la virtud: «De la virtud moral», «Que la virtud puede ser enseñada», «De la virtud y del vicio». Sobre los males del alma y los remedios para aplacarlos: «Sobre la cólera», «Sobre la charlatanería», «Sobre la indiscreción», «Sobre la mala vergüenza», «Sobre la envidia», «Sobre el afán de riquezas», «Sobre la manera de alabarse a sí mismo sin ofender a los demás», «Sobre los progresos de la virtud», «Sobre la paz del alma», «Sobre el destierro», «Consuelos a su mujer», «Consuelos a Apollonios», «Sobre el uso de la carne» (éste por lo que se refiere a los tratos crueles a que se somete a los animales). Todo ello sin contar los perdidos: «Sobre la calumnia», «Sobre la tranquilidad del espíritu», «Contra el placer», «Contra la cólera» y «Contra las riquezas». Sobre la familia y la sociedad: «Sobre el amor», «Preceptos matrimoniales», «Virtudes de las mujeres», «Sobre el cariño fraternal», «Sobre el gran número de amigos», «De cómo distinguir al amigo del adulador», «Sobre cómo sacar provecho de los enemigos», «Si los viejos deben tomar parte en los negocios públicos», «Preceptos políticos», «Que el filósofo debe dirigirse sobre todo a los que tienen poder», «A un príncipe ignorante», el fragmento sobre la «Monarquía, la democracia y la oligarquía» y «Sobre la educación de los niños» (éste, según Wytenbach, que no ve en él ni la manera de pensar ni el estilo de Ploutarchos, no sería de él). Más los perdidos: «Sobre la amistad», «Sobre la ternura de los padres», «Sobre la necesidad de instruir incluso a las mujeres».

Si a todo lo anterior se añade que incluso las «Vidas paralelas» están llenas de deliciosas descripciones morales (Montaigne lo sabía muy bien, pues hacían su delicia, como repetidamente lo dice), se comprenderá que nada más justo que considerarle ante todo y sobre todo como «moralista».

En cuanto a las «Vidas paralelas», bien que sean lo más conocido de Ploutarchos y que hayan deleitado, instruido y hasta inspirado durante siglos a los espíritus más diversos, sería arriesgado afirmar que fuesen lo mejor de Ploutarchos y superiores, en conjunto, a las «Obras morales».

Tienen de su parte, es cierto, el que a causa de su carácter especial, pues la historia no puede ser sino narrada, se prestaban a maravilla al talento particular de Ploutarchos, que es, en cuanto a la forma, un cuentista de primer orden, un narrador excelente. Muy cierto: ante su arte en el referir se olvidan sus imperfecciones y descuidos como estilista, su olvido de los detalles y esa falta de audacia y de seguridad maestra que guía la mano de los escritores superiormente grandes. Claro que en cambio le adornan otras cualidades estimables; por ejemplo, una imaginación candorosa y sensible a la vez para todo lo delicado, lo brillante y lo hermoso; un sentimiento natural, Jamás afectado, de lo patético; habilidad sin igual para atraer la atención mediante observaciones inesperadas, rápidas, sorprendentes; los rasgos admirables de grandeza moral que brotan en medio de cosas al parecer nimias, admirables e insospechados. Sí, el que quiera conocer toda la grandeza moral de la antigüedad, que la busque en Ploutarchos. En las «Vidas», ¡qué manantial inagotable, qué cantera a causa de su riqueza en hombres y vidas! Shakespeare, Corneille, Racine encontraron en ellas dramas ya casi hechos, que apenas había sino dialogar («Coriolano», «Julio César», «Antonio y Kleopatra», «Timón de Atenas», «Nicomede», «Agesilas», «Surena». «Sertorius», «Mort de Pompée», «Mithridate». «Alexandre»); Voltaire también encontró en ellas donde espigar («Brutus», «Jules César», «Catilina», «Le Triunvirat»), y, como ellos, Alfieri, Crébillon, Arnault y cien más. Como asimismo inspiraron a muchos grandes pintores (Poussin, Rubens, David, Rafael, Gérome, Ribera...), y a escultores (Ramey, Foyatier, Lemot, Danneker, Thorswaldsen, Flaxmann...) y a músicos (Haendel, Beethoven, Kreutzer, Hasse, Jomelli...).

Si las «Vidas paralelas» tienen todo esto y otras muchas excelencias en su favor, las «Moralia», por su parte, ¡qué variedad de temas, qué riqueza de asuntos, qué interés aun en aquellos que por ocuparse de ciencia han quedado ya, naturalmente, sin otro valor que el puramente retrospectivo! En efecto, la ciencia moderna ningún provecho podría sacar de escritos tales que el «Tratado sobre el frío primitivo». «Sobre la cara que se ve en el disco de la luna» e incluso en el «Tratado de la música»; pero si los libros de ciencia se hiciesen con la intención de que sirviesen veinte siglos después de compuestos, ¿qué sabio tendría tanta vanidad como para escribirlos? ¿A qué distancia no estamos hoy, pese a su indudable valor, de la geometría de Eukleides?

No; a Ploutarchos nadie pensó jamás en estimarle como hombre de ciencia, no obstante su entusiasmo un momento por las matemáticas. Sus disquisiciones a propósito de los números, tal, por ejemplo, su tratado «Sobre la El del templo de Delfos», son simples distracciones inspiradas por Platón o por la influencia del renacimiento pitagórico. Como inspirado por Platón es cuanto tiene de filosofía pura, que, pese a leerse con agrado, jamás preocupó a los filósofos que no pasaron de admirar su penetración. Para poder considerarle, si no ya como filósofo al menos como maestro de filosofía, pues una cosa es crear y otra asimilar y poner al alcance de los demás lo previamente aprendido, habría que venir a ciertos opúsculos excelentes, como, por ejemplo, el titulado «Consuelos a su mujer» o los «Consuelos a Apollonios», cuyas reflexiones sobre la muerte, verdaderamente filosóficas, si no se proponen crear un sistema, sí, y por ello yo las encuentro excelentes, cumplir algo aún más importante (cumplir o pretenderlo, claro está, pues nadie sería capaz de convencer a un sordo de la elocuencia de un Demóstenes o de un Cicerón, y sordos son cuantos víctimas de un fanatismo cualquiera oyen, pero no escuchan), a saber: llevar la paz a los espíritus atormentados por el dolor que produce la muerte y librarles del miedo y angustia que causa. Y esto, como otros muchos socorros que procura su moral, es de positivo valor.

Ploutarchos, dice Laharpe en su «Curso de Literatura antigua y moderna», es «el espíritu más naturalmente moral que ha existido», y es verdad. «Su doctrina —dice Villemain—, sin ser elevada y rígida como la de los estoicos o incierta y flotante como la de los pirronianos, es, en general, pura, animosa y fácil de ser practicada, y casi siempre embellecida por imágenes felices y vivas alegorías. Filosofía que habla al corazón al mismo tiempo que a la razón». Oigamos aún a Boissonade: «Es un moralista excelente y, de todos los antiguos, aquel en el que quizá hay más cosas útiles que aprender; puede, en todas las edades de la vida, ser leído con el mismo placer. Horacio y él son tal vez los únicos que gozan de este privilegio».

Así como toda doctrina para aspirar al título de filosófica tiene que tener como objeto esencial elevar al hombre mediante la sabiduría y la virtud (conceptos que, como se sabe, eran sinónimos para Sócrates y Platón), toda moral verdadera aspira a mejorarle mostrando el error e inconveniente de los vicios y las ventajas de huir de ellos. «El vicio —decía Ploutarchos— es una mala costumbre, que no puede ser desarraigada sino mediante un hábito contrario. Esta nueva costumbre es la que es preciso hacer nacer» («Sobre la charlatanería»), Y para la curación y tratamiento de esta verdadera enfermedad da en sus obras morales un sistema metódico y completo.

Lo que pensaba sobre la familia lo vemos en los «Preceptos sobre el matrimonio», en «Sobre el cariño fraternal» y en los «Consuelos a su mujer».

En lo que a los amigos respecta, son admirables los tres trataditos citados: «Sobre el gran número de amigos», «De cómo distinguir el verdadero amigo del adulador» y «Sobre el provecho que se puede sacar de los enemigos». Respecto a las atenciones que debemos a los colegas, tiene palabras justas y delicadas en los «Propósitos de sobremesa». Así como en varios de sus diálogos demuestra el placer que le causaba conversar con sus amigos y el provecho que se puede sacar de ello.

Sus «Preceptos políticos» podrían justificar las palabras de Suidas, de tal modo están llenos de previsión, de advertencias útiles, de experiencias bien meditadas e incluso de patriotismo profundo. Podrían añadirse también a las obras morales los tratados de crítica literaria, pues siendo la mayor parte de ellos libros de erudición y estando estrechamente dominada la estética de Ploutarchos por puntos de vista morales, en aquéllas podrían entrar. A ellos pertenecen la «Comparación entre Aristófanes y Menandros» (el resumen que queda), «Sobre la malignidad de Herodotos», «Sobre la manera de hacer leer los poetas a los jóvenes», «Sobre la música» (de cuya autenticidad, así como sobre la del relativo a Herodotos, se duda); más los fragmentos sobre Homeros y los «Trabajos y los Días» de Hesiodos, en el que mezcla las notas curiosas a las observaciones morales.

El hecho de que algunos de los tratados de Ploutarchos hayan perdido valor a causa de su índole particular, por ejemplo los relativos a conocimientos científicos, que, como dicho queda, son nada para los hombres de ciencia modernos, ello no deja de probar que estas materias eran una de las facetas de sus conocimientos universales. Además, juzgar a los hombres pasados aquilatándolos por el estado de los conocimientos actuales cuando estos conocimientos avanzan, como en las ciencias suele ocurrir, a pasos de gigante, sería absolutamente injusto. Con un criterio semejante no se salvarían sino los creadores, es decir, los genios literarios y algunos, muy pocos, de los filosóficos. Pero enmarcado en su época, no se puede menos de reconocer que Ploutarchos es uno de los autores griegos más eminentes, de los más eruditos y tal vez el primero entre los moralistas y los historiadores en lo que a variedad y amenidad de su obra respecta. Y prueba de ello es la estima en que ha sido tenido en todos los tiempos. Si no tuviésemos otras mil pruebas, el epitafio de Agatias bastaría para demostrar la adoración que sintió por él la antigüedad pagana; «Los valerosos hijos de Ausonia te han erigido esta gloriosa estatua, ¡oh Ploutarchos de Cheironeia!, a causa de que en tus «Vidas paralelas» has comparado a los belicosos ciudadanos de Roma a los griegos más ilustres. Pero una vida comparable a la tuya, ésta no hubieras podido escribirla, porque tú no tienes semejante».

En efecto, a partir de la generación siguiente a la suya, es decir, apenas empezó a ser conocido como escritor, no dejó de ser admirado. ¿Y en la suya, mientras vivió, no?, se preguntará el lector. En efecto, como hace observar M. Betolaud, a causa de la publicidad que sus lecciones debían de tener, es difícil explicarse el silencio absoluto guardado sobre Ploutarchos por sus contemporáneos. Ora en la época de su juventud o de su vejez, ora cuando profesaba en Roma, donde fue y habitó en varias ocasiones, esta ciudad contaba muchos ciudadanos distinguidos. Su número es incluso considerable: Persio, Lucano, séneca, Quintiliano, Valerio Flaccus, Marcial, Plinio el Antiguo, Tácito, Suetonio, Plinio el Joven, Floro; no obstante, en las obras que nos quedan de ellos en parte alguna se hace mención de él. Por no citar sino uno de estos autores, Plinio el Joven, cuyas cartas se dirigen a tantos amigos, que consta con gusto los diferentes méritos, Plinio el Joven, panegirista del emperador Trajano, como lo fue el autor de los «Apotegmas» dedicados a este príncipe, en parte alguna habla de un sofista y de un retórico cual Ploutarchos, al que seguramente debía conocer. Por otra parte, Ploutarchos, este citador, este compilador tan abundante, apenas menciona los grandes nombres de la literatura latina. Por supuesto, declara en alguna ocasión, que jamás dominó bien la lengua romana. No obstante, le sucede («Vida de Lúculu») traducir un pasaje de Horacio («Epístolas», I, VI, 45), y en sus «Vidas» cita a Cornelio Nepote, a Salustio y hasta 13 veces a Tito Livio. Es cosa probada, por lo demás, que para varios de sus opúsculos se inspiró en Séneca y en Tácito. Sea como sea, ni en sus múltiples conversaciones ni en el infinito número de nombres romanos que fluyen de su pluma, jamás se ocupa de ninguno de los escritores eminentes de su época. ¿Era desconfianza de sí mismo? ¿Insuficiencia de apreciación? ¿Desprecio? probablemente, como piensa M. Boissonade, esta última conjetura. «Los griegos afectaron siempre desdén por la literatura de sus vencedores, bien que sometidos a ellos y tal vez a causa de ello mismo. Boma estaba llena de griegos. Eran todo en Roma: preceptores, poetas, pintores, escultores, parásitos, complacientes, esclavos. Pero mientras su carácter nacional y político estaba degradado y como borrado, la independencia de su carácter literario no la habían perdido. Su literatura y su lengua no habían sido conquistadas. Conservaban siempre la superioridad del espíritu, superioridad que les habían asegurado los grandes poetas y los grandes prosistas y creían tener aún derecho, al menos en lo que al Parnaso afectaba, de tratar a los romanos de bárbaros. Este desprecio debía, por otra parte, ser recíproco. Por una especie de represalias, los escritores latinos afectaban guardar silencio sobre aquellos sofistas y aquellos retóricos que formaban en Roma una sociedad griega, una especie de academia, extraña al resto de la ciudad. Era como un cenáculo, en el que la mayor parte de los romanos, a su vez, absteníanse de penetrar, absteniéndose sobre todo de preconizar mediante sus menciones, y menos aún mediante elogios, a aquellos «graeculi», como les llamaban; es decir, a aquellos griegos tan completamente degenerados. Era, por decirlo así, una especie de barrera la que había entre ellos. No obstante, parece que nada hubiesen perdido con que tal barrera hubiese desaparecido. En cuanto a la erudición moderna, sin aquella inexplicable reserva, mucho más ilustrada estaría que lo está sobre muchos puntos destinados, quizá, a permanecer perpetuamente oscuros»..

Pero si tal ocurrió durante su vida, apenas muerto empezó, como decía, a ser admirado. Aulo Gelio, Diógenes Laertios, Ateneo, Dión Casio, Porfirio, Arnobio y otros muchos le admiraron y estimaron en grado sumo. Más tarde, cuando la vuelta a la antigüedad clásica durante el

Renacimiento, no hubo autor, ni siquiera Platón, más conocido, leído y gustado que él. Esta admiración llegó hasta el punto de atribuir a ciertos escritores de la antigüedad, para avalorarlas con su prestigio, alabanzas a Ploutarchos nacidas al calor de este nuevo brote de admiradores. Así, cuando Suidas dice que Trajano había ordenado a los magistrados de Iliria que no ejecutasen algo sin haber sido previamente ilustrados por la opinión de Ploutarchos, y cuando otro cronista aún anterior, Jorge el Syncelle, pretende que el mismo Trajano le constituyó árbitro del destino de Grecia, preciso es ver en tales afirmaciones simples leyendas nacidas con el fuego de la admiración, pero desprovistas de todo fundamento.

En todo caso puede Juzgarse de la consideración con que miraban en pleno Renacimiento las obras morales de Ploutarchos, teniendo en cuenta que fueron impresas en griego antes que las «Vidas paralelas». En efecto, la primera edición de las «Moralia» apareció en Venecia el año 1509 en la imprenta de Alde Manuce, diez antes que las «Vidas paralelas». El nombre de Alde Manuce no debería ser olvidado por ningún hombre amante de las letras antiguas. Nacido en Bessiano, el año 1449, es decir, casi al mismo tiempo que el arte de imprimir, puesto que en 1448 Gutenberg se asociaba en Maguncia con Johann Fust que puso a su disposición el dinero necesario para montar una imprenta. Manuce, pese a no estar destinado, ni por su nacimiento ni por su posición, a ser impresor, es decir, a ser un obrero manual, renunció a todo para entregarse a profundos estudios de las lenguas griega y latina, con la intención de fundar, como lo hizo después la primera tipografía de su patria y de su siglo. En su noble y hermosa empresa fue ayudado por varios ilustres personajes, amantes como él de las humanidades y animados de un admirable celo por las letras y la cultura, sólo comparable al demostrado por los que empujaron a trabajar a los beneméritos copistas de Constantinopla cinco siglos antes. Entre ellos hay que citar al cardenal Bessarión, que al abandonar Grecia, tras caer Constantinopla en poder de los turcos el año 1453, trajo consigo manuscritos de un valor inapreciable, que luego legó a la Biblioteca de Venecia. Manuce empezó la serie de sus admirables publicaciones el año 1494 con Aristóteles. En 1498 imprimía a Aristófanes. Luego a Toukídides, sófokles y Herodotos, en 1502. A Loukianos, en 1503. Demóstenes y Aisopos, en 1505. Eurípides, en 1507. En fin, las «Moralia», en 1509. Alde Manuce tuvo como colaborador a Ducas, un cretense a quien más tarde haría venir a España el cardenal Cisneros para encargarle de la Biblia Poliglota.

En 1542 aparecía en Basilea la segunda edición de las «Morales», cuyo texto había sido «purgado de varios millares de faltas». Que no se piense mal de Alde Manuce por ello. Es difícil hacerse hoy una idea, cuando se tiene entre las manos una edición clara y correcta de cualquier obra antigua, de la cantidad de paciencia, de saber, de aplicación y de inteligencia que representa el reproducir, mediante la imprenta de entonces, aquella imprenta que nacía, los difíciles y defectuosísimos códices en que habíanse conservado, muchas veces gracias a copias sumamente alteradas e imperfectas, las obras maestras de los grandes autores de la antigüedad. Las «restituciones» que hoy tenemos son la obra de sabios y pacientes trabajos de los eruditos, que durante cuatro siglos consumieron a veces su vida entera en la difícil y abrumadora tarea de enmendar, mediante agudísimas «lecciones», los errores de los copistas de los siglos IX y X. Pero demos también gracias a éstos y a los Alde Manuce de todos los países.

Volviendo a las «Moralia», tras las mencionadas ediciones en griego, llegó el turno de las traducciones latinas. La primera completa fue la de Xylander (su verdadero apellido era Holtzmann), profesor de Filosofía de la Universidad de Heidelberg. Esta edición apareció el año 1570, en un gran volumen en folio. En 1572, el célebre impresor de París Enrique Estienne, a quien la Reforma había obligado a refugiarse en Ginebra (¡qué atropellos, qué daños ha causado siempre el fanatismo implacable, ciego y torpe de las ideas desordenadas, tanto religiosas como políticas!), publicaba un Ploutarchos entero, «Vidas» y «Moralia», en griego y en latín, en 13 volúmenes. Esta edición, que consiguió al punto una autoridad inmensa, no fue olvidada, por decirlo así, sino cuando apareció, treinta años después y con otro atavío (dos volúmenes en folio en lugar de 13 menores), una hermana suya, aún corregida y mejorada. Esta edición, en la que las «Moralia» ocupaban un tomo, salió a la luz en Francfort en 1599, y tras ella aparecieron aún otras dos ediciones: la de Francfort de 1620 y la de París de 1624. Esta última es hoy la más buscada. Consta igualmente de dos volúmenes en folio, uno dedicado a las «Morales», y ha servido de base a todas las ediciones, tanto griegas como latinas aparecidas después. Pero no es todo. En 1774, Rieske empezó la publicación de los 12 volúmenes en 8.º de su notable edición greco-latina. En 1780 aparecía en Oxford la magnífica edición en 4.º de las «Moralia», de Wyttenbach. En fin, en 1841, otra nueva edición, en dos volúmenes, la de Firmin Didot, el gran impresor (familia de impresores, mejor) de París. Edición tan sólo del texto (la de Wyttenbach tiene comentarios utilísimos), pero esmeradamente impresa, limpia y cuidada.

Luego fue el turno de las traducciones a las principales lenguas.

CATÁLOGO DE LOS ESCRITOS DE PLOUTARCHOS

Establecidos por Lamprias, su hijo[2].

Lamprias a su amigo:

No he olvidado ni la unión íntima que habíamos contraído en Asia en otro tiempo, ni tu gusto por todo género de conocimientos, ni el afecto que conservas a tus amigos. Apenas, pues, recibida tu carta, he reconocido tu nombre y he tenido la más agradable emoción al saber que gozas de buena salud y que aún te acuerdas de mí. Te envío el catálogo que me pides de las obras de mi padre y te ruego que sigas creyendo en mi sincera amistad y en mis votos por tu felicidad.

1. *Teseus y Rómulo.*
2. *Likourgos y Numa.*
3. *Temistokles y Camilo.*
4. *Solón y Publicola.*
5. *Perikles y Fabio Máximo.*
6. *Alkibíades y Marcio Coriolano.*
7. *Epameinondas y Scipión.* *
8. *Fokión y Catón.*
9. *Agis y Kleomenes.*
10. *Tiberio y Cayo Graco.*
11. *Timoleón y Pablo Emilio.*
12. *Eumenes y Sertorio.*
13. *Aristeides y Catón.*
14. *Pelópidas y Marcelo.*
15. *Lisandros y Sila.*
16. *Pirros y Mario.*
17. *Filopemón y Tito Flaminio*
18. *Nikias y Craso.*
19. *Kimón y Lúculo.*
20. *Dión y Bruto.*
21. *Agesilas y Pompeyo.*
22. *Alexandros y César.*

---

[2] Las obras perdidas van marcadas con un asterisco. Las que van en cursiva corresponden a las «Vidas paralelas»; las en negrita, a las «Morales».

23. *Demóstenes y Cicerón.*
24. *Aratus y Artaxerxes.*
25. *Demetrios y Antonío.*
26. *Augusto.**
27. *Tiberio. **
28. *Scipión el Ajricano. **
29. *Claudio. **
30. *Nerón. **
31. *C. Caesar. **
32. *Galba y Otón.*
33. *Vitelio.*
34. *Herakles. **
35. *Hesiodos. **
36. *Pindaros. **
37. *Krates y Deifantos. **
38. *Aristomenes. **
39. *Aratus.*
40. **Vidas de diez Oradores.**
41. **Cuatro libros de declamaciones sobre Homeros *.**
42. **Cinco libros sobre Empédokles: De la suprema esencia *.**
43. **Cinco libros de ensayos sobre el Pro y el contra*.**
44. **Tres libros de Fábulas *.**
45. **Tres libros sobre la Retórica*.**
46. **Tres libros de la introducción sobre el alma *.**
47. **Tres libros sobre las Sensaciones *.**
48. **Dos libros de extractos Filosóficos *.**
49. **Dos libros sobre las acciones ilustres de las Ciudades ***
50. **Dos libros de Política*.**
51. **De la Ocasión, a Teofrastos *.**
52. **De las historias olvidadas, cuatro libros*.**
53. **Dos libros de Proverbios *.**
54. **Ocho libros sobre los Tópicos de Aristóteles *.**
55. **Sosikles. Dos libros *.**
56. **Del Destino Fatal. Dos libros.**
57. **Dos libros sobre la Justicia, a Chrisippos*.**
58. **De la poética*.**
59. **Compendio de las opiniones de los Filósofos en cuestiones de física. Cinco libros.**
60. **Stromatas históricas y poéticas, sesenta y dos *.**
61. **Que no hay sino una sola Academia que viene de Platón *.**
62. **De la diferencia que hay entre los pirronianos y los académicos *.**
63. **De la creación de las almas según el Tímalos.**

64. Que el mundo ha sido creado según dice platón*.

65. ¿Dónde están las Ideas (Formas)? *.

66. Cómo la materia se apodera de las ideas y cómo son producidos los cuerpos *.

67. Del Demonio de Sócrates.

68. Sobre el Teages de Platón *.

69. De la Adivinación: que puede existir según los académicos *.

70. De la Virtud moral.

71. De la cara que aparece en el disco de la luna.

72. Cuál es mejor, el número par o el impar *.

73. Si un anciano debe mezclarse en los negocios públicos.

74. Contradicciones de los estoicos.

75. De las opiniones comunes, semejantes a las máximas estoicas.

76. De la costumbre, contra los estoicos *.

77. Que los estoicos dicen cosas más extranas que los Poetas.

78. Cómo es preciso oír a Epikouros*.

79. De los Dioses *.

80. Defensa de los otros filósofos contra Kolotés.

81. Que no se puede vivir agradablemente siguiendo a Epikouros.

82. De la Amistad, a Bitinikos *.

83. Ammonios, o Que no es posible que un malo viva feliz *.

84. Cómo podemos alabarnos a nosotros mismos sin ser objeto de envidia.

85. Si la Retórica es una virtud*.

86. Cómo puede conocerse que se hacen progresos en virtud.

87. De los oráculos que han cesado.

88. Cómo distinguir al adulador del amigo.

89. Del primer frío.

90. Sobre los que la Divinidad castiga tardíamente.

91. Sobre la Charlatanería.

92. Sobre la Cólera.

93. Preceptos de salud.

94. De la Tranquilidad de espíritu;

95. De la Mala vergüenza.

96. De la Curiosidad.

97. Del Cariño fraternal.

98. De los Cometas *.

99. Cómo hay que leer a los poetas.

100. Preceptos políticos.

101. Que la vida del hombre se asemeja a un juego de dados *.

102. Qué uso hay que hacer de los ejercicios gimnásticos *.

103. Del Amor.

104. **Apotegmas de los jefes de Estado, de los generales, cíe los monarcas.**

105. **Del cuerpo propiamente hablando***.

106. **El banquete de los Siete Sabios.**

107. **Consolación a Asklepiades** *.

108. **Consolación a su mujer.**

109. **Del amor del adorno** *.

110. **De la manera de educar a los hijos.**

111. **Preceptos sobre el matrimonio.**

112. **Por qué la Pitia no da ya oráculos en verso.**

113. **Sobre la El del templo de Delfos.**

114. **De Isis y Osiris.**

115. **De las causas de los Presagios, de Aratus** *.

116. **Sobre el poema de Nikandros, titulado «Teriaka», o De los animales venenosos** *.

117. **Comparación de Aristófanes y Menandros.**

118. **De la malignidad de Herodotos.**

119. **De la duración de la acción en la «Ilíada»** *

120. **Cómo podemos discernir lo que hay de verdad en la Historia** *.

121. **Las cosas memorables** *.

122. **De las virtudes de las mujeres.**

123. **Del deber de una mujer para con su marido** *.

124. **De los animales privados de razón. Discurso poético** *

125. **Paralelo de algunos historiadores griegos y algunos historiadores romanos.**

126. **De las contradicciones de los epicúreos** *.

127. **Del provecho que se puede sacar de los enemigos.**

128. **Que la doctrina de los académicos no es contraria a la Adivinación** *.

129. **Carta a Favorinos** *.

130. **Del uso que hay que hacer de los amigos** *.

131. **Del libre arbitrio. Por la Academia contra Epikouros** *.

132. **Que las bestias tienen uso de razón.**

133. **Cuestiones platonianas.**

134. **Cómo se puede evitar el reproche de curiosidad al mezclarse en los asuntos** *.

135. **Cuestiones romanas.**

136. **Cuestiones bárbaras** *.

137. **Del cinturón que llevaba la Madre de los dioses** *.

138. **Protágoras, o De los principios***.

139. **De los proverbios de los alejandrinos.**

140. **Que los epicúreos dicen cosas más extrañas que los poetas** *.

180. De la virtud de Alexandros.
181. De la educación de Aquiles *.
182. De los cireneicos *.
183. Apología de Sócrates *.
184. De la condena de Sócrates *.
185. De los geógrafos *.
186. Disertación sobre las diez Categorías *.
187. Problemas.
188. De los diferentes caracteres del discurso *.
189. De la fundación de las ciudades *.
190. De las opiniones de los físicos.
191. En qué los atenienses se han hecho célebres.
192. De los defensores de los acusados *.
193. Del género de vida que se debe preferir *.
194. Disertaciones físicas y solemnes sobre los días *.
195. De las fiestas Dedálicas que se celebran en Plataia*.
196. De los muebles *.
197. De la nobleza.
198. Discurso a Dión, pronunciado en Olimpia*.
199. De lo que ha parecido a Herakleitos más útil, del fuego o del agua*.
200. Exhortaciones a un joven rico *.
201. Qué enfermedades son más peligrosas, las del alma o las del cuerpo.
202. Del alma.
203. Si sobre el que suspende su Juicio sobre todo debe permanecer sin obrar*.
204. Del afán de riquezas.
205. De los temblores de tierra *.
206. Cómo debe combatir un lacedemonio *.
207. Exhortaciones a Asklepios de Pergamon *.
208. Que no hay que prestar con usura.
209. De la caza*.
210. Contra los que tratan de engañar *.
211. Cuestiones físicas.
212. A los que creen que el estudio de la retórica impide entregarse al de la filosofía*.
213. Cuál debe ser el cuidado principal de los poetas *.
214. Cuál es, según Platón, el fin de nuestros actos *.
215. Narraciones amorosas.

De la lista anterior, es decir, de los 176 títulos que quedan, descontando las «Vidas», de las obras morales, 111 no han llegado hasta nosotros, y de algunos de los 65 tratados restantes tan sólo tenemos fragmentos. Los «Proverbios de los alejandrinos», el tratado «Sobre la nobleza» y lo que queda del de «Sobre el alma», faltan en la edición «príncipe» de Alde Manuce del año 1509. En cambio, en ésta están incluidos los siguientes que faltan en aquélla: «Cómo hay que escuchar», «Sobre el gran número de amigos», «Sobre la Fortuna», «Sobre la virtud y el vicio», «Consolación a Apollonios», «Si el agua es más útil que el fuego», «Sobre la monarquía, la democracia y la oligarquía», «Si basta el vicio para hacer a los hombres desgraciados», «Sobre el amor a los hijos», «Sobre la costumbre de comer carne», «Que un filósofo debe conversar con los príncipes», «A un príncipe ignorante», «Sobre el destierro», «Sobre la envidia y el odio», «Sobre la música», el compendio sobre «La creación del alma según Timaios» y «Las Simposíacas». Tiene además esta edición, entre las cuestiones morales, la «Vida de Otón» y la «Vida de Galba», que hay que llevar a las «Vidas paralelas». Las ediciones de 1572 y 1624, así como la de Reiske, Wyttenbach y Didot, además de todo cuanto contiene la edición de Alde, tienen lo relativo a «Los nombres de los ríos y de los montes».

* * *

En la edición que empieza con el presente volumen irán apareciendo sucesivamente todas las obras morales, incluso los fragmentos. Para su orden de publicación no he atendido a ninguna consideración particular, como tampoco ninguno de mis predecesores. No tratándose de un sistema filosófico, como el de Platón, por ejemplo, cuya evolución sería interesante conocer de un modo perfecto, sino de la obra de un verdadero polígrafo, cuya variedad ha sido dictada tan sólo por las circunstancias, y sin que en conjunto ofrezca, como digo, un sistema ni obedezca a un pian establecido de antemano, pueden los varios tratados ser publicados y conocidos en cualquier orden, sin que por ello sufra ni la lógica ni su valor. El único propósito, pues, que me ha guiado en cierto modo, pero tampoco de una manera invariable, ha sido la intención de ir dando a conocer tratados cada vez más importantes. Pero ya digo que no con un criterio cerrado, y ello no tan sólo porque el valor de las cosas depende mucho, para cada uno, de su gusto particular, sino por cuanto en este primer volumen van traditos tales, por el ejemplo, los titulados «Sobre el amor», «Sobre la muerte» («Consolación a Apollonios») y la «Carta a su propia mujer», que estimo superiores a otros que aparecerán después.

Evidentemente, todo cuanto ha escrito Ploutarchos no tiene el mismo valor. Ya he hablado de la admiración, del verdadero entusiasmo que sus obras despertaron en todas las épocas y de que es indudable que ningún escritor antiguo ha tenido en cualquier tiempo más lectores que él. No obstante, sería injusto no reconocer sus defectos, bien que yo los perdone más fácilmente que otros, ganado por sus excelencias.

Se dice que su obra es desigual, ¿y la de qué escritor no lo es? Platón, ¿es siempre el Platón incomparable del «Banquete», del «Fáidon» y de la «República»? Sus últimos diálogos, ¿tienen la agilidad, la gracia, el encanto de los primeros? Si la igualdad de los escritos fuese muy de tener en cuenta, ¡qué no habría que decir de Aristóteles asimismo, pese a su suprema y evidente autoridad!

Que por otra parte Ploutarchos no tiene la malicia picante y sabrosa de Loukianos (Luciano), conforme; pero tiene otras excelencias de que éste carece. Sin contar que Loukianos, como ningún escritor, lo repito, está siempre a la misma altura. Se suele decir también que Séneca, como moralista, le es también superior. Puede ser. A ratos. Y no, sin embargo, para todo el mundo. Que se lo pregunten a Montaigne, por ejemplo, que decía: «Séneca nos empuja y Ploutarchos nos guía». pero aunque Séneca fuese superior, ¿dejaría por ello de ser Ploutarchos un moralista excelente, bien que no esté siempre a la misma altura? ¿Y los demás, como digo? La famosa teoría de las Ideas-Formas de Platón, ¿no nos hace sonreír? ¿Qué pensamos de Aristóteles cuando entra por los para él vedados senderos de la Matemática? ¿Y Séneca cuando se siente trágico? ¿Y Loukianos si trata de ser serio? ¿Va a ser, pues, para Ploutarchos una falta muy grave lo que soportamos en los demás, sabiendo que no puede ser de otro modo por ser muy cierto, como decía Horacio, que hasta «el buen Homeros dormita algunas veces»? («Quandoque bonus dormitat Homeras», «Arte poética», v. 539). Sin contar que no son tan sólo los moralistas y los filósofos los que de cuando en cuando se duermen con la pluma en la mano, es decir, los desiguales en el escribir, sino cuantos la manejan. ¿Está toda la obra de Cervantes a la altura del «Quijote»; la de Shakespeare, a la de «Romeo y Julieta», «Hamlet», «Macbeth» y «El Rey Lear», o la de Dante a la de su «Infierno»?

Démonos, además, la pena de considerar la vida de Ploutarchos, por qué escribió y cómo lo hizo, y nos inclinaremos a disculpar muchos de sus defectos.

En Roma, él mismo nos lo dice, y tal vez para poder vivir, bien que esto lo calle, abre una escuela, aprovechando el entusiasmo en aquel momento por cierta disciplina que él se siente capaz de enseñar: la Retórica. Aquel «arte de la elocuencia», que tan famosos había hecho a los grandes sofistas griegos y tras ellos a ISócrates y a otros que nadie había osado humillar con tal apodo, cuando a causa de los ataques implacables de Platón cayó en descrédito. Arte que fue fijado de un modo definitivo por Aristóteles con su «Retórica». Que en pleno triunfo en Grecia, hizo su aparición en Roma a principios de la segunda centuria antes de Jesucristo, donde fue mal recibido, pero donde asimismo acabó por triunfar tan completamente que pronto junto a los retóricos griegos hubo otros latinos, hasta que Cicerón, como Aristóteles antes, consagró mediante sus tratados de retórica y que hasta el siglo IV había de proseguir su ruta triunfante.

Pues bien, Ploutarchos, en su escuela fue, él mismo lo dice, si principalmente retórico, también un poco o un mucho de todo: maestro de elocuencia, como retórico; sofista, en cuanto profesor de toda otra disciplina literaria; crítico, si comentaba a los grandes poetas de su país, y escritor siempre, pues tras las lecciones, generalmente improvisadas, uno de sus cuidados principales, como asimismo cuenta, era recoger por escrito lo que acababa de exponer, bien porque pensase desde un principio conservarlo por escrito, ora por tener ya el trabajo hecho de necesitar repetir sus lecciones en otra parte. Porque téngase en cuenta que no fue tan sólo en Roma donde actuó como retórico. Es decir, que, ayudado por una erudición asombrosa, fruto de enormes lecturas, y por una felicísima memoria, antes que escritor fue no orador, en el sentido corriente que se da a esta palabra, sino más bien conferenciante. Y estas conferencias, recogidas y fijadas al instante por escrito, como digo, constituyeron la mayor parte de su obra como escritor.

Y en estas condiciones, ¿qué de particular tiene que en su obra no haya ni orden (cronológico o de cualquier clase) ni esa madurez que es en otras el fruto natural de un trabajo concienzudo y de una reflexión profunda y reposada?

En cambio, qué variedad y qué amenidad. Qué riqueza de citas y qué conocimientos de los poetas griegos. Tanto que, como verá el lector, pese a las muchas notas que he procurado sacar, en infinitas ocasiones me ha sido imposible decir el origen de la referencia del texto. Con frecuencia, claro, cita el autor del cual da inmediatamente uno o más versos, pero otras muchas o cita sin referencia o se limita a decir: «como dice el poeta», «alguno ha dicho» o cosa semejante. Si se tiene en cuenta, además, que gran número de obras que él había leído y recordaba no han llegado hasta nosotros, se comprenderá la imposibilidad, aun en numerosos casos en que cita el autor o la obra que glosa, de poder decir, si el autor sólo, de qué obra; si la obra, el número exacto del verso. Él no precisó más porque entonces no hacía falta. Téngase en cuenta que siempre se dirigía a un público culto, para el cual era corriente y conocido lo que hoy nos sume en tantas perplejidades.

En cuanto a que citaba de memoria y de memoria escribía antes o después de hablar, lo prueba el hecho, que con frecuencia se puede observar, de citar en diferentes tratados los mismos versos no exactamente de la misma forma. O hacer dos relatos que, si son los mismos en esencia, varían en ciertos detalles. Por ejemplo: el relativo a «Kamma» que da en el tratado «La virtud de las mujeres» («La mujer»), y luego en «Sobre el amor».

Precisamente he inaugurado esta traducción de las «Morales» por esta narración, que intitulo simplemente «La mujer». Empiezo, pues, mi labor dedicándola, por decirlo así, a las mujeres, no tan sólo por pensar, como Ploutarchos, que en nuestras compañeras de planeta anidan, aparte de muchas gracias y excelencias que les son propias, la mayor parte y mejores de que nos enorgullecemos los hombres, sino porque, en definitiva, habiendo nacido todos de mujer, ¿quién sino ellas nos transmitieron la buena semilla que luego fue capaz de transformarse en fruto en nosotros? Es una especie de homenaje, además, que las debía. Pues si ciertas diferencias de carácter con mi «Timoxena» me hicieron un día misógino, más tarde, «cuando la vida se me puso triste», cuando se me dio la contraria, si el pan del destierro fue muchas veces menos amargo para mí, así ocurrió por serme maternal mente ofrecido por las delicadas manos de una mujer. Porque en cada hogar en que mi soledad encontró alivio en esta hospitalaria tierra de Francia, que es por excelencia la tierra de las mujeres, hubo una cuya sonrisa y cuya amistad fue para mí, en momentos de desaliento, bálsamo y estímulo al mismo tiempo. Y pues que gracias a ellas dejé de pensar como Toukídides para hacerlo como Ploutarchos, justo es que en su honor por «La virtud de las mujeres» empiece estos tratados.

Ploutarchos, en efecto, no está de acuerdo con Toukidides, que estima como prueba suprema de la virtud de una mujer, su honestidad, y que tanto más perfecta juzga esta honestidad cuanto menos se habla de la mujer a la que adorna. Ploutarchos cree que no hay razón ninguna para pasar en silencio las virtudes de las mujeres y que, al contrario, como premio y como estímulo, hay que publicarlas y ensalzarlas, como hacemos con las de los hombres. Y como no hay mejor alabanza que las que los mismos ejemplos brindan, cuando son elevados y nobles, refiere primero una serie de hechos discretos o famosos realizados por mujeres en grupo; luego, los de las varias mujeres aisladas que merecieron, a causa de sus actos, la gratitud de quienes tuvieron la suerte de convivir con ellas, y el aplauso que por lo mismo Ploutarchos las concede. En una palabra: Ploutarchos ha compuesto este tratadito para demostrar que las virtudes que se juzgan como más estimables en los hombres, no les pertenecen exclusivamente, sino que también son patrimonio del alma de muchas mujeres. Y lo demuestra mediante una serie de ejemplos de heroísmo, tesón, magnanimidad y fuerza de carácter que no tienen por qué ser menos verdaderos e históricos que otros que aceptamos como realizados por los hombres y de los que, como hombres, nos enorgullecemos. Hoy, en que la mujer, por haberse acostumbrado y haber aprendido a ganarse la vida, ha conseguido una independencia total, tal vez los hechos referidos por Ploutarchos no tengan el mismo eco que en su tiempo. Pero si, como indudablemente ocurre, la hermosura moral tiene sobre la física la ventaja de no ser circunstancial y efímera, las heroínas de Ploutarchos ni dejarán de serlo porque hayan transcurrido muchos siglos desde que llevaron a cabo sus hazañas ni porque hoy, en plenos tiempos de audacia femenil, muchas, aun enteramente insignificantes y vulgares, vistan denodadamente pantalones.

Y en pos de «La mujer» tenía que venir «El amor».

Que el amor va con las mujeres algunas veces, pero en pos de ellas siempre, cosa es que sabemos muy bien los hombres, podría añadir por experiencia. Es decir, como algo ejecutado y sufrido. (¿Quién no ha ido cien veces detrás de alguna mujer o una, tal vez, en pos de cientos de ellas?) En efecto, ¿habrá hombre que haya sido tan afortunado que no haya tenido que mendigar jamás un poco de amor? Y el que mendiga, detrás va, generalmente y con la mano tendida; luego en pos.

De esta servidumbre impuesta por el código de la Naturaleza, unas veces embriagadora, muchas más infernal, tan sólo una cosa nos libra. Una cosa de la que muchos maldicen cada día y yo bendigo hora tras hora: los años. Los años que, acabando con el «amor» al acabar con el «deseo», sobre librarnos de ir ya mendigando en pos de alguna mujer, nos dejan perplejos pensando en lo que fuimos al contemplar lo que son aquellas que nos hicieron sus esclavos. ¡Ah, vejez admirable, que nos libras de pasiones locas y nos metes, al fin, por el vedado de la razón! ¡Cómo no se le ocurriría a Ploutarchos hacer uno de sus deliciosos trataditos sobre la vejez! Pero ya lo comprendo. No se suele escribir sobre la vejez sin duda porque nunca nos sentimos suficientemente viejos. Y esperando serlo de verdad para hablar con conocimiento de causa, llega la Parca antes que la experiencia. Si esta espera en vistas a estar bien impuestos de la cuestión fuese una virtud, ¡de qué modo habría que concederles la palma aún a las mujeres! Porque nadie podría dejar de convenir en que, si hay una cosa imposible en el mundo, es que nuestras compañeras de planeta se persuadan de que dejaron de ser jóvenes y bellas. Pero vuelvo, vuelvo con Ploutarchos para no perder todo lo ganado con ellas metiéndome por los tortuosos caminos de la murmuración.

Este interesante tratadito «Sobre el amor» lo escribió Ploutarchos no diré con intención de «achicar» el «Banquete», de Platón, y el Xenofón, sobre todo el primero, pues tenía suficiente buen juicio como para comprender que tal cosa era imposible, sino al contrario, por fidelidad, por seguir una vez más los pasos del maestro, al que tanto admiraba. Y lo mismo que nos ocurre cuando leemos el «Banquete» de Xenofón, que si bien, claro, no le comparamos con el de Platón, nos damos cuenta del mérito grande que supone hacer algo que se lea con gusto tras parecernos que Platón había agotado el tema hablando del amor, asimismo en esta tercera edición, en este diálogo de Ploutarchos, nos maravillamos aún de que el cañamazo de una interesante pasión entre un joven hermoso y una mujer de más edad que él, bien que de no menos hermosura, le dé pretexto para una serie de observaciones y razonamientos tan amenos como oportunos.

Y precisamente a causa de la hermosura de Bakchón, el que no sea tan sólo Ismenodora la enamorada de él, sino varios hombres, entre ellos Pisias, uno de los protagonistas del diálogo. Con lo cual, la mayor y más sabrosa parte del opúsculo gira en torno a esa variedad de amor contra natura, conocida con el nombre de «amor griego», del que me ocupé bastante en el estudio preliminar al «Banquete» de Platón, precisamente porque entre las variedades del amor, figura ésta allí y no con menguada importancia. En el de Xenofón (pueden verse ambos «Banquetes» en mi traducción comentada de la Colección La Crítica Literaria), Kallias siente también una pasión semejante hacia un hermoso atleta, Autólikos. No hay duda, porque la obra empieza declarándolo: «Con motivo de las grandes Panateneas hubo carreras de caballos. Kallias, hijo de Hippónikos, llevó a ellas al joven Autólikos, al que amaba»; pero esta pasión, tal vez por estar aún en sus comienzos, es mucho más discreta que la de Pausanias por Agatón en el «Banquete» de Platón. Y el tal Pausanias, pese a su ardor mal disimulado en su lascivo discurso, nada es aún si se le compara con la cólera de Pisias contra Ismenodora, que quiere arrebatarle al hermoso Bakchón, objeto de sus ansias.

Este diálogo, pues, testimonio vivo y fehaciente del amor contra natura entre los griegos, es una prueba más de él, y la mejor y más irrefutable. Naturalmente, todo acaba bien, como en los otros dos diálogos mencionados. Ploutarchos, lo mismo que Platón y que Xenofón, condena esta licenciosa costumbre. El papel de censor de ella que allí hace Sócrates lo asume aquí el padre de Autoboilos saliendo en defensa del amor normal. Pero no sin que en ciertos momentos parezca no sólo transigir con el otro, sino hasta darle carta de naturaleza en determinadas circunstancias y condiciones. Todo, cual si en la época de Ploutarchos el hecho fuese ya tan corriente que no sorprendiese ni incitase a excesiva censura. Como si al defender a Ismenodora no lo hiciese porque la otra pasión, la antinatural, ofendiese a la moral y a las costumbres, sino simplemente por el hecho de que Pisias no pudiese formar con Bakchón un hogar y darle hijos.

Por supuesto, lo que se advierte también al punto es que Ploutarchos, personalmente, no era partidario de este, digamos amor por retaguardia. Como no lo era tampoco Xenofón, no menos enamorado de su mujer que ploutarchos de Timoxena. Platón, cuando escribió su «Banquete», es decir, hombre maduro ya, célebre y libre sin duda de toda otra pasión que la filosofía, parece asimismo fuera de peligro. Pero de joven no sé si no haría, conducido o conductor, alguna excursión a los concurridos vergeles do la pederastia. (¡Habla con un gusto, con una delectación en el «Lisis» de los niños hermosos que concurren a la nueva palestra que dirige Mikos!) E incluso si no sería uno de tantos turistas de Sodoma. Y conste que no lo digo con intención de menoscabo ni de injuria. Y ello por dos razones: la primera, porque si cual se ve por lo que él mismo dice en su «Banquete», esta clase de amor era corriente entre la buena sociedad ateniense y él a la mejor pertenecía, el que a los suyos se parece..., dice el refrán; segunda, a causa de otro refrán que dice a su vez «que sobre gustos (y colores) no hay nada escrito». Claro que sobre esto sí se ha escrito. Mucho. ¡Y por qué plumas! Breve, si no le apruebo, tampoco le acuso. A mí no me gusta el bacalao ni a la vizcaína; pero el hecho de que otros se pirren por él no me hace considerarles mal ni despreciarles. Yo tuve ocasión alguna vez de dar la mano al más ilustre sodomita español de los tiempos modernos, y nunca se la negué. Lo que no hubiera hecho era entrar con él en una feria, por ejemplo, en el Tubo de la Risa o aceptar en su casa y a solas una partida de ajedrez. Más tarde ni la mano le hubiese dado ya. Su baja moral me inspiró pronto más asco que sus torcidas aficiones afrodisíacas. Comportarse como se comportaba su boca y su pluma contra aquellos de quienes sólo atenciones, respeto y beneficios había recibido, es decir, pisotear hasta lo que hubiera debido ser para él un imperativo categórico, sobre repugnarme me hizo comprender cómo a veces la caprichosa y ciega Naturaleza se complace en amontonar sobre una criatura toda clase de excelencias y defectos. En este caso, junto a las excelencias espirituales de los dos sexos, la maldad envidiosa de un hombre frustrado y la perfidia fría, vil y desalmada de una ramera sin corazón. Sí, la Naturaleza se complace a veces en tirar un diamante de muchos quilates a un asqueroso muladar.

Pero ahora que lo pienso un poco: ¿es que aun por lo anterior merece reproche? Si por idiosincrasia, de nacimiento, era invertido y reunía en su naturaleza tanto bueno y tanto malo, ¿podía obrar de otro modo? Ea, no, no; inclinémonos siempre a la tolerancia. porque ¿quién podrá decirse, además, seguro de sí mismo? ¿Conoces, lector amigo, el cuento del coronel? ¿No? Pues entonces, con permiso de Ploutarchos, y haciendo un breve paréntesis, te lo voy a relatar. Como tiene su «moral», hasta el amable polígrafo de Cheironeia me aprobará. Verás: nuestro coronel era un hombre terrible. Una ignorancia total, pero un valor a toda prueba, le habían hecho ganar a pulso aquellas gloriosas estrellas. Si había un hombre, ¡era él! Y un día aprende (por milagro no le mató una congestión) que un hijo que tenía, y al que educaba para que fuese como él, un león, el Bayardo de Gerona, le había salido un corderito, ¡y corderito griego! Ya me entiendes, lector. Tras casi estrangular al que le dio la buena nueva (maltrecho y muy descosido y desataviado se le quitaron de las manos), le llevó a puntapié limpio hasta la digamos casa del crimen. Y cuando le dijeron que era allí donde su niño venía a hacer punto, corrió al portal, deshizo la cancela, subió de tres en tres haciendo retemblar la escalera y... Y abajo, en la calle, quedaron aterrados los que habían ido con él y lamentando no haber traído un saco para recoger los restos de los digamos hombres, que esperaban que empezarían a llover por la ventana sin que ésta fuese abierta previamente. Pasaron, pues, unos minutos angustiosos. Luego algunos más. Tal vez quince. Quizá veinte. Cuando de pronto se abrió sin violencia la ventana y en vez de trozos de hombre apareció en ella un hombre entero: ¡el coronel! Pero ¡qué coronel! Los bigotes, antes dos rayos, caían lacios, como el abundante pelo cano sobre la noble y antes altiva frente; los hermosos ojos eran aún más hermosos, cambiada su ferocidad habitual en una mirada paradisíaca. Y sobre bigotes, ojos, pelo y frente, coronando la valerosa testa, ¡un primoroso gorrito con cintas y encajes! Y antes de que pudieran reponerse de su sorpresa oyeron salir de aquella boca, que el lacio mostacho impedía ver si se la podía calificar de piñón, un suavísimo (acento gaditano puro y todo): «¡Pueden ustedes retirarse, amigos, me han «convenció!»

Volviendo a Ploutarchos, el amor sano, el amor como el suyo, invitaba a no dejar el tema sin ocuparse del altar que la naturaleza ha levantado siempre para él: es decir, del hogar. Y por ello he puesto a continuación el tratado sobre los «Preceptos conyugales».

Este tratadito va dirigido a dos jóvenes que acaban de casarse, y en él alternan ejemplos sumamente interesantes con los consejos más sanos. El primero, ¡y cuán cierto!, que el amor, para ser duradero, ha de penetrar en las almas. En efecto, si el matrimonio suele ser una cadena, en vez de un dulce lazo, es porque lo que se creía y era llamado amor, era simple deseo. Deseo que, una vez satisfecho, nada dejó tras de sí. No habiendo pasado del cuerpo, duró lo que el fuego que le encendía: unas semanas, unos meses. Y como entre las almas había un abismo, cuando los cuerpos ya no se buscaron, cada una escapó por un lado

Habla también de la equivocación de las mujeres que tratan de retener a sus maridos tan sólo al señuelo de sus encantos físicos (filtros y encantamientos, que dice Ploutarchos). Cierto que la mujer compuesta quita el marido de otra puerta; pero que esta compostura sea a la vez interior y exterior, pues ésta sola pronto el hábito la hace pasar inadvertida y sin el verdadero atractivo de la otra, que hace al hombre no solamente más grato el hogar que todo otro refugio, sino hallar en su mujer su complemento perfecto, pronto se vuelven los ojos hacia otro lado, por bella que pueda ser una esposa. Margarita de Navarra da en su «Heptamerón» un cuentecillo muy sabroso, que viene aquí como anillo al dedo. Era un Príncipe que, pese a tener una mujer de singular hermosura, era tan aficionado a otras físicamente inferiores, que su favorito, que, como todos los hombres de la corte, suspiraba en secreto por la hermosa soberana, se quejó un día amargamente a su señor, y casi en tono de reproche, acerca de su inexplicable conducta: ¡Cómo podía buscar otros devaneos siendo dueño de un tesoro de precio tan grande y singular! El Príncipe, dejando pasar el chaparrón y cuando la cuestión parecía olvidada, le preguntó, como por curiosidad, qué era, en cuestión de manjares, lo que más le gustaba, pues el favorito apreciaba tanto, según parece, la buena cama como la buena mesa: era hombre inteligente. Y como le respondiese que el pastel de faisán, el Príncipe mandó a su cocinero que hasta nueva orden no faltase en la mesa, entre otras cosas, un buen pastel de faisán. ¡Cuánto gozó el favorito un día, y una semana, y un mes, hartándose de faisán mañana y noche, y cuánto agradeció a su señor la delicada atención! Pero un día, y sin hacerse esperar mucho, el pastel volvió a la cocina tal cual había salido de ella. «¿Cómo —le preguntó el Príncipe—no comes pastel ya? ¿No decías que era lo mejor que había en el mundo? ¿Lo que más te gustaba?» «Pero todos los días, señor», le respondió el ya harto favorito «Pues lo mismo me pasa a mí con la Princesa», acabó éste.

Tampoco es buen hogar aquel en que la mujer prefiere mandar a un esposo sin méritos ni valor que ser mandada por otro avisado e inteligente. Ni aquel en el que reina el desorden y el desenfreno. Mucho menos en el que el marido envilece a su mujer con objeto de dominarla. Como se equivoca el que cree que puede obtener más de su mujer dominándola que convenciéndola, pues no cuenta con ese arma terrible de los débiles: la resistencia pasiva. Nuestro proverbio lo dice gráficamente: «Si tu mujer se empeña en que te tires por el balcón, ruega a Dios que cuando ocurra pase tu suegra por debajo». En fin, siempre entre ejemplos curiosos, habla aún Ploutarchos sobre el error de querellarse delante de ajenos a la casa; de la conveniencia de que las mujeres se conformen a los gustos y sentimientos de su marido (en realidad, siempre acaba por dominar en el matrimonio, como en todas partes, los gustos y sentimientos de los más inteligentes); de la importancia de compartir con la esposa toda suerte de placeres y distracciones; de la conveniencia de que la mujer no tenga otros amigos que los de su esposo; de que el carácter de la mujer es lo que hace feliz a su marido, no su hermosura ni sus riquezas; de los cuidados que debe tener toda mujer que quiera agradar a su marido; sobre cuál debe ser el verdadero dominio del marido sobre la mujer; de que toda mujer debe abstenerse de aquello que desagrade a su marido; del respeto que todo marido debe a su mujer, y de la conveniencia de que sea para ella esposo, amigo y maestro al mismo tiempo; y de otras muchas cosas no menos interesantes para la paz y felicidad del hogar. No sé que se haya escrito en la antigüedad nada superior, en lo que a la armonía y buen orden conyugal respecta, que este tratadito. Sólo considero superior a él la parte de «Sobre lo económico», de Xenofón, relativa a los consejos de Ischómachos a su mujer. El lector que quisiera conocerlo lo encontrará en mi traducción «Sócrates», de Xenofón, publicada en la Colección La Crítica Literaria.

El tratado «Preceptos de Higiene» está lleno asimismo de excelentes consejos. Pero aquí la cuestión es neta: de los dos campos en que está dividida hoy la ciencia médica, los «escolásticos» se encogerían de hombros; en cambio, los «hipocráticos», los «naturistas», le leerán con atención y agrado. Por supuesto, ciencia, la medicina, además de arte (y al paso que va, pronto ciencia sólo en cuanto deje de ser arte de curar; ciencia de los laboratorios; de sueros y vacunas debilitadores de la energía vital; la poliomielitis, la encefalitis letárgica, el progreso alarmante de ciertos morbos —cáncer, locura—, ¿no será su obra? La prodigiosa farmacopea química, ¿no sostendrá a la salud como la cuerda al ahorcado?), ciencia, decía, pero ciencia de hace veinte siglos, algunas de las cosas de Ploutarchos aquí, nos llevan la sonrisa a los labios. Pero repetiré lo que decía a propósito de sus otros tratados de ciencia: que no conviene juzgarlos con el criterio actual, ni despreciarlos teniendo en cuenta el estado actual de los conocimientos modernos, sino tratar de colocarnos en la época en que fueron escritos, pues sólo así se puede apreciar lo de curioso o útil que quizá encierren aún. Mas ya digo que en esto todo es cuestión de orientación. Cuando en el «Karmides», de Platón, oímos a Sócrates decir: «Si un enfermo va a buscar a los médicos para que le curen una enfermedad de los ojos, por ejemplo, ellos empiezan por declararle que no podrán curarle tan sólo los ojos, sino que precisan curarle previamente la cabeza toda; y que del mismo modo pretender curar la cabeza sin atender al cuerpo en su totalidad es imposible». Estas palabras harían también, evidentemente, encogerse de hombros a los maestros de la Medicina moderna, tan partidarios de la «especialidad» y todos poco más o menos «especialistas». Mientras que para un médico «naturista» serán una gran verdad. Verdad hermana de tantas otras, como la fe mucha en la fuerza curativa de la naturaleza y poca en los efectos de medicamentos sintéticos, sueros y vacunas; que no hay enfermedades, sino enfermos; y tantas otras que sería inútil enumerar, pues los que creen en ellas las saben, y los que no, sería perder el tiempo en repetirlas.

En el tratado «Sobre el cariño fraternal», Ploutarchos amplía y completa los admirables consejos de Sócrates sobre el mismo tema, expuestos por Xenofón en los «Recuerdos socráticos». Partiendo del principio de que los hermanos han sido creados por la Naturaleza para ayudarse como las dos manos de un mismo cuerpo, y tras indicar las ventajas de la unión fraternal, da Ploutarchos, siempre entre ejemplos instructivos y curiosos, una serie de consejos interesantísimos de conocer, si se ignoran, y de recordar en todo caso, para no dejar de seguirlos. Muy particularmente los relativos a la conducta a observar cuando de distribuir los bienes paternales se trate. ¡Es tan frecuente perder un hermano, y con él, el mejor amigo, por un puñado de despreciables intereses!

Claro que bien me doy cuenta de la dificultad de llegar a la inteligencia en aquellas cuestiones como las relativas al interés material, que suelen caer con harta frecuencia bajo la única férula de los peores sentimientos de la codicia y del egoísmo personal. Al dominado, porque así haya nacido por estas inclinaciones cegadoras, ¿cómo hacerle comprender que no hay interés de más valor que un afecto sincero? ¿Cómo llevar a su espíritu, empequeñecido por la avidez de pretendidas ventajas materiales, que no hay bien ni utilidad comparables a los bienes que podemos obtener de un buen hermano, y que un buen hermano es otro «yo» mismo?

De todas maneras, la verdad, moralidad y excelencia de este tratadito es tan evidente, que no he vacilado en ponerle junto a los dos de este volumen que me ha parecido encierran un interés excepcional: el «Consejos a Apollonios» (o «Sobre la muerte») y el «Consolación a su propia mujer». Veámoslos brevemente.

En este último, Ploutarchos, tratando de dominar su propio dolor, ensaya de consolar a su mujer, Timoxena, de la pérdida de la única hijita que tenían, muerta en esa deliciosa edad en que los hijos, aún todos nuestros, empiezan a deleitarnos infinitamente con su cariño naciente, sus gracias y sus seducciones, a los dos años.

Ausente de Cheironeia cuando ocurre la tristísima desgracia, Ploutarchos se entera de ella por una carta que recibe estando en Tanagra. Tanagra, a orillas del Asopos, era entonces la ciudad denominada actualmente Scamino. Famosa un día a causa de sus gallos de pelea, su nombre ha resucitado hoy a causa de las primorosas estatuitas de tierra cocida que se han encontrado en la antigua necrópolis.

Empieza la carta del mejor modo que, a mi juicio, podría comenzar: recordando a Timoxena, bien que no haga falta, aquellas cualidades de la hijita muerta que hacían la delicia de ambos. A primera vista, esto diríase una torpeza, pues parece ahondar el hierro en la herida. Pero si se tiene en cuenta que lo que pretende Ploutarchos es llevar, por el contrario, la paz a su espíritu, acertado es proceder de mayor a menor, pues, vencido este grande y supremo obstáculo, todo lo demás irá ya, por decirlo así, como sobre ruedas, «pero no veo, esposa querida—dice apenas acabada la dolorosa enumeración—, por qué estas cualidades y tantas otras que nos encantaban mientras estaba viva sumirían hoy nuestra alma en la desesperación al traerlas a nuestra memoria, Al contrario, por mi parte temería más bien que la influencia del dolor borrase tales recuerdos, como le ocurría a Klimene».

¿Quién era esta Klimene? La Mitología cita a cuatro: a una titánida que con Iapetos engendró a Atlas (ella misma era hija de Okéanos y de Tethis). Otara, igualmente de origen marino, hija de Nereus y de Doris. Una tercera, hija de Minyas, el rey de Orchómenos. La cuarta, una de las hijas de Katreus, rey de Krete, uno de los cuatro hijos de Minos y Pasifae. ¿Cuál de ellas era la que se amargaba la, vida recordando incesantemente las excelencias del ser perdido?

Poco importa en todo caso. Pero sí seguir la idea de Ploutarchos: una vez desaparecido un ser querido y colocado en su debido lugar el dolor que nuestro egoísmo siente, no por el ser querido en realidad, puesto que la muerte no es para él un mal, como va a probar Ploutarchos al punto, sino por nosotros mismos, al vernos privados de él, ¿qué mejor consuelo y alegría que recordar, si las tenía, sus excelencias? El recordar las excelencias y la gloria, si la hay, de nuestros antepasados, incluso si se trata de nuestros padres, no nos causa en modo alguno dolor, sino alegría, y cuantas ocasiones tenemos de hablar de ellos o de escuchar sus alabanzas no solamente no las desperdiciamos, sino que incluso las buscamos, cual si de esta gloria nos llegase, como ocurre, una parte a nosotros. ¿Por qué entonces lo que ocurre con nuestros hijos sería diferente de lo que acontece con nuestros padres? La razón no es sino la siguiente: que la Naturaleza, para encadenarnos a la rueda de la existencia, ata nuestros afectos hacia arriba con hilillos de oro, nuestros afectos hacia abajo con cadenas de diamante. El sentimiento, pues, nos ciega cuantío de los hijos se trata, y, en general, por mucho tiempo; si los padres, la razón se impone al punto, y por ello el que nos alegre recordarles, y tanto más cuanto más grato o glorioso sea el recuerdo. Luego Ploutarchos, tratando de poner sobre un sentimiento egoísta una reflexión razonable y sana, tiene razón y hace bien en decir a su mujer: «Acordémonos de los encantos de la hijita muerta para alegrarnos a causa de ellos».

Si a ello añadimos que la muerte no es un mal, sino, por el contrario, un gran bien, ¿no vemos la inconsecuencia que resulta de que lloremos a lo que más amamos por haberle acaecido el mayor de los bienes? Hasta este bien sin igual, cuantos beneficios le habían cabido en suerte nos llenaban de gozo; y de pronto, cuando le ocurre lo mejor que le podía ocurrir, nos ponemos a llorar y a lamentarlo. ¿Tal conducta no es insensata? ¿No prueba que no es por el hijo, perdido a causa de un para él tan gran bien, por el que lloramos, sino por un egoísmo, el más torpe de nuestros egoísmos?

En cuanto a que la muerte no es un mal, Ploutarchos que está convencido, se lo repite a su mujer, entre otras maneras, del siguiente modo al final de su carta: «Las leyes mismas no permiten que se lleve luto por los muertos de una edad tan temprana (recuérdese que Timoxena, la hijita muerta, que se llamaba como la madre, ha partido teniendo dos años), porque el luto sería antirreligioso respecto a almas que han pasado a una condición y a una mansión mejor y más divina».

Luego para Ploutarchos, la muerte no es mala, y si no es mala, no hay por qué lamentarlo, y ello por dos razones: primera, por ser el término de todos los males, angustias, contrariedades y dolores que fatalmente nos depara la vida; segunda, porque tras ello hay la esperanza, seguridad incluso en determinados casos, de un bien infinitamente superior que sólo tras ella se puede alcanzar.

Veamos la primera razón. Ploutarchos la examina de acuerdo una vez más con Platón. Sócrates, en la «Apología», compara ante sus jueces, para demostrarles que nada le importa morir, y mejor que compara supone, que la muerte puede ser una de estas tres cosas: o un sueño profundo, o un viaje de larguísima duración, o una destrucción completa a causa de la separación del alma y del cuerpo. Si la muerte es como un sueño profundo, ¿a qué temerla? Los que duermen no sufren mal alguno, tanto menos cuanto más profundo es el sueño. Si se asemeja a un viaje a un país lejano, viaje de larguísima duración, tampoco es un mal, puesto que sólo bienes para el que muere pueden resultar de la separación del alma, para emprender este viaje, del cuerpo que queda en la tierra. Y en apoyo de esta afirmación cita un párrafo del «Fáidon», de Platón, en el que éste encomia por boca de Sócrates los males a que está expuesta el alma a causa de su unión con el cuerpo, lo que sufre esclavizada a él y las ventajas, por el contrario, de dejarle. Luego si consigue al fin, gracias a la muerte, dejarle por larguísimo tiempo, ¿qué mal puede haber en morir? Y por si el argumento no bastase, cita aún varios ejemplos, que demuestran cómo los dioses, deseosos de ofrecer a ciertos hombres el mejor y mayor beneficio que podían concederles, les concedieron una muerte inmediata. Luego no solamente hay ventaja en morir, sino en hacerlo lo antes posible, como decía Silenos. En fin, de ser la muerte una destrucción completa, una separación para siempre del alma y del cuerpo, tampoco habría que considerarla como algo malo, puesto que ello traería como consecuencia una insensibilidad que libraría de toda pena, de todo dolor y de toda inquietud. Los muertos volverían a la condición en que estaban antes de nacer. Y como antes de nacer no sentían ni bien ni mal, luego de la muerte tampoco habría para ellos mal ni bien. En efecto, añade Ploutarchos, ¿qué diferencia podría haber entre no haber sido jamás y cesar de ser tras haber sido?

Luego Ploutarchos estaba de acuerdo no solamente con el Platón de los «Diálogos socráticos», sino asimismo y por una vez con Epikouros, en que la muerte no era un mal, ni, por consiguiente, había que temerla. Ahora bien, la razón de afirmar tal cosa era enteramente contraria a la que movía al maestro de Samos.

Si para Epikouros la muerte no era un mal era porque, siendo, según él, el alma un compuesto de átomos, a causa de ellos no estaba menos sujeta que el cuerpo a la disolución cuando estos átomos se separasen. Más aún: como, a su juicio, la disolución del cuerpo arrastra inevitablemente la del alma, al no subsistir el alma, principio de las sensaciones del cuerpo, y al quedar destruida al mismo tiempo qué él, la muerte que tal ocasionaba era el principio de toda insensibilidad. Luego la muerte no era un mal. Como tampoco un bien, cual afirmaba Platón en diálogos posteriores, y de acuerdo con él siempre Ploutarchos, como se va a ver. Y no era un bien para Epikouros, puesto que, siendo la esencia de todo bien como de todo mal, el ser sentidos, desaparecida la sensación, desaparecidos sus resultados. ¡Cómo podía ser temible la muerte si, como decía Epikouros, «mientras que somos, la muerte no es; y cuando la muerte es en nosotros ya no somos»! Asimismo tampoco era sino ventajoso según él, el morir prematuramente, pues la bondad de una vida no estaba en su duración, sino en su riqueza de placeres.

Ploutarchos estaba de acuerdo, como dicho queda, en que la muerte no era un mal, y lo estaba por partida doble, puesto que, según él, era además un grandísimo bien. Un gradísimo bien, sí: pero para las almas piadosas.

En la «Consolación de Apollonios» lo dice de un modo claro al final del tratado, y cual si quisiera con ello llevar al ánimo del atribulado padre el consuelo supremo y más eficaz, asegurándole que su hijo gozaba, gracias a la muerte, de una vida infinitamente mejor que a su lado en la tierra. Véase: «Si los antiguos poetas y los filósofos dicen verdad y conviene creerlas; si, como se pretende, hay para los mortales piadosos, tras la muerte, honores, privilegios y una mansión reservada en la que residen las almas, debes tener las más hermosas esperanzas acerca de tu afortunado hijo, pues debes creer que irá a reunirse con esas almas encogidas y a aumentar su número».

Y no es solamente en este tratado, sino en la carta a su mujer, donde Ploutarchos, de acuerdo siempre con Platón, niega de un modo rotundo que el alma pueda perecer con el cuerpo, puesto que afirma de la manera más clara y segura «que el alma es imperecedera». ¡Cómo, pues, iba a estar él de acuerdo con un filósofo que había, osado levantarse abiertamente contra su gran maestro!

En efecto, Platón había considerado la sensación como fértil en errores: la verdad, según él, nos era dada por la inteligencia, y tanto más y mejor cuanto más independiente era ésta de los sentidos. Epikouros, al contrario, proclamaba (y en época de Ploutarchos, sus innumerables seguidores y discípulos) que la certeza sensible era la base de todo conocimiento, y que la inteligencia dependía enteramente de las sensaciones.

Para Platón, la causa de las cosas no eran los elementos materiales, como lo habían pensado los primeros filósofos, sino el modelo ideal al cual las cosas respondían. Epikouros, volviendo al punto de vista de los filósofos criticados por Platón, declaraba que la causa de las cosas eran los elementos materiales de que estaban compuestas.

La filosofía de Platón hundía sus raíces en el orfismo y en el pitagorismo, manantiales de doctrinas profundamente religiosas. Declaraba que tanto el hombre como el universo dependían de un principio absoluto de perfección (Dios). La inmortalidad del alma era la piedra angular de tal sistema. Este alma, según Platón, tras la muerte, sufría el castigo de sus faltas o la recompensa a sus virtudes. Epikouros, al levantarse contra las creencias religiosas de su época, bien que sin negar la posible existencia de los dioses (la afirmaba, por el contrario), sí decía y sostenía que estos dioses bienaventurados ni podían ser vengativos ni ocuparse de los hombres. Como, a su vez, los hombres, eran incapaces de comprender a los dioses. Al afirmar todo esto y combatir, como era lógico, la religión popular, combatía una vez más el idealismo de Platón. Y claro, amando a éste no se podía aceptar a aquél. Ploutarchos amaba a Platón y detestaba o, por lo menos, no aceptaba las teorías de Epikouros.

Y he aquí las dos grandes corrientes del pensamiento antiguo en lo que al «alma» afectaba: una «idealista», que aseguraba que el alma era inmortal, como obra de Dios, y sometida a su justicia; es decir, a premio o castigo, según su conducta en la tierra. La otra, «materialista», según la cual el alma desaparecía, se disolvía, como el cuerpo, tras la muerte, acabando para ella, por tanto, todo ciclo de sensación, y por ello el ciclo de vida.

¿Cuál de las dos tenía razón? Las religiones posteriores han aceptado como dogmas las afirmaciones de Platón: los filósofos se han dividido. Que cada uno siga la vía que le dicten sus sentimientos. Pero lo que la razón no puede desconocer, dejándose vendar los ojos por Horacio y Ploutarchos, es que la grandeza de Epikouros, como filósofo, en nada desmerece de la de Platón. Ni lo que de justo había en gran parte de su doctrina. Que la sensación, como también afirmaba Aristóteles, era la base del conocimiento; era y es; esto no puede ser negado. Su atisbo genial en reconocer el valor y realidad del «atomismo», hoy menos que nunca puede ser desconocido. Su esfuerzo por despojar las religiones de todo temor supersticioso, de creer a los dioses incapaces de odio, o de ser, de opinar lo contrario, una amenaza torturadora para los mortales; así como sus propósitos y exhortaciones destinadas a llevar el alma de los hombres a un estado mejor de paz y tranquilidad, todo ello ¿no es admirable? La misma lucha contra una religión indefendible como la de entonces, ¿no tendía a reclamar otra más elevada, noble, espiritual y perfecta? Y su deseo, como el de tantos otros espíritus, ¿no iba a realizarse tres siglos más tarde?

Pero Ploutarchos, que no tuvo la suerte de conocer esta religión, ya aparecida en su época; pero que, perseguida sin cuartel, se ocultaba para poder avanzar, no podía perdonar a Epikouros el que hubiese predicado que el alma era mortal. Oigámosle aún en la «Consolación a su propia mujer»: «Por lo demás, ya oirás a otros repetir, haciéndoselo creer a muchos, que tras la disolución del cuerpo ya no hay ni dolor ni aflicción. Doctrina es ésta de la que sé estás libre, tanto a causa de los principios que has recibido de tus padres como por los símbolos sagrados de los misterios de Bakchos que practicamos, y en los cuales mutuamente nos hemos iniciado. Convencida, pues, de que el alma es imperecedera...»

¿Qué misterios eran éstos de Bakchos, que daban tan reconfortante y asombrosa seguridad? ¿Y qué era para los que en ellos participaban, el alma; es decir, esta esencia imperecedera?

Desde la más remota antigüedad y en todas partes donde el hombre ha dejado vestigios de sus ideas, el alma ha sido considerada como una especie de «doble» etéreo, aéreo, volátil, del cuerpo material; es decir, del cuerpo de carne y hueso. No menos remota, universal y extendida ha sido siempre la creencia de que el alma de los seres humanos sobrevivía a la muerte de éstos. Por consiguiente, hasta donde podemos llegar en el conocimiento de las cosas pasadas, el alma era, y puede decirse que es para la Humanidad en general, como una imagen impalpable cual el aliento del hombre mismo. Su doble impalpable y vaporoso. Y como eterna o antiquísima al menos, hay que considerar la creencia en un mundo subterráneo, lugar de morada de las almas.

Los babilonios imaginaban una vasta caverna, región sombría de polvorienta decrepitud, a la que denominaban Aralú, escondida en las entrañas de la tierra. En ella se amontonaban confusamente, en estado de semiinconsciencia, las Sombras, condenadas ya a una existencia inactiva, sin alegría ni esperanza. El Cheol hebreo era una cosa semejante, en la cual los que allí estaban, débiles espíritus, simples sombras de su «yo» anterior, existían apenas sin actividad, esperanza ni alegría. Ni siquiera durante los siglos en que los hebreos elaboraban poco a poco su elevada concepción de un dios único y justo; es decir, muy tarde ya fueron capaces de dar a la creencia en la vida futura otro desarrollo.

Casi tan tristemente oscuro e incoloro como el Cheol de los hebreos nos aparece el Haides de los griegos o, como dice Hesiodos, evocándole mediante una imagen que le resume: «La mansión polvorienta del helado Haides», estancia melancólica de los muertos, en la que éstos flotaban transformados en pálidas sombras, sombras que no eran sino fantasmas impotentes, indiferentes y fútiles. Los antiguos romanos creían también que los muertos se reunían en una región subterránea, confundiéndose y formando la masa «di manes», de «buenas divinidades», masa que poblaba aquel lugar, denominado Orco. Virgilio habla de «esas tristes reglones sin sol, llenas de turbia oscuridad»; Ovidio dice de las Sombras errantes, «que no tienen ni sangre, ni carne, ni huesos».

Entre las mansiones de los muertos, según las antiguas creencias, la más pintoresca era la que concibieron los egipcios; es decir, el reino de Osiris, dios que había él mismo conocido la muerte, luego recobrado la vida y bajo cuya protección estaban los difuntos. Tratábase de una sombría región, atravesada por un río, por el cual avanzaba continuamente el dios solar Ra en su barca. Este viaje divino duraba doce horas, durante las cuales reinaba la noche en la superficie de la tierra. Cada hora de trayecto traía la claridad de la luz divina a una de las doce divisiones del mundo subterráneo, en las que había campos, casas y, todo a lo largo de la orilla, variedad infinita de espíritus fantásticos o demonios de forma humana o animal.

En los libros religiosos más antiguos de la India, es decir, de hace unos tres mil años, la mansión de los muertos no era subterránea, sino, por el contrario, el cielo; por supuesto, para las almas favorecidas por los dioses. Yama, primer representante de la especie humana, reinaba allí como señor de los muertos. Con el tiempo fueron el sol, la luna y las estrellas las mansiones destinadas a recibir a las almas piadosas. Uno de los «Upanishads» explica el crecimiento de la luna durante una parte del mes, a causa del aumento de la carga de almas. En la época de las pirámides, veinticinco siglos a. d. J., los egipcios creían también que sus reyes, tras la muerte, iban junto al dios solar Ra y que habitaban con él la celeste región de la luz. La vida de los espíritus en el sol, la luna y las estrellas, en el pensamiento grecorromano (ideas pitagóricas), aparecieron muy posteriormente.

Todas estas creencias rudimentarias sobre la vida futura tienen muy poco que ver con la religión. En el culto de los antepasados son los espíritus mismos, no los dioses, los que son objeto de dicho culto. Si alguna que otra vez se ve aparecer la figura de tal o cual dios, o que la felicidad eterna depende en parte de la unión con una divinidad, tal cosa ocurre sin precisión y sin propósito concreto de que la vida de ultratumba pueda ser considerada como vida de recompensa o de castigo. Hace falta llegar a las religiones superiores para encontrar ideas comunes sobre el Cielo y el Infierno; pero varias de ellas tienen particularidades características que las diferencian de las otras. Así, el grupo de religiones griegas a base de «misterios» y los filósofos griegos influidos por ellas proclamaron firme y solemnemente «la inmortalidad del alma» y su salvación mediante su unión con lo Divino. Las religiones de la India son especialmente aquellas en las cuales «la transmigración de las almas» tiene el papel principal. Judaísmo, cristianismo y mahometismo son religiones a base de «la resurrección de los cuerpos».

Ploutarchos y Timoxena, su mujer, creían, como dicho queda, en los «misterios» y en la inmortalidad del alma, que es lo que nos ha traído hasta aquí. ¿Qué eran estos «misterios» tan famosos en la antigüedad? Vamos a verlo brevemente.

Tracia fue la cuna del culto a Bakchos-Dionisos, en cuyos misterios nos dice Ploutarchos que había sido iniciado en unión de su mujer. En aquel apartado país, los sectarios de este culto (especialmente mujeres, llamadas Menades) celebraban sus fiestas nocturnas y salvajes en las solitarias montañas de aquella región. Sus orgías, acompañadas de flautas, címbalos y tambores, acababan en una crisis de frenesí (Ploutarchos menciona un caso concreto en la breve narración titulada «Otras focenses» de su tratado «Virtudes de las mujeres» o «La mujer»), durante la cual un animal vivo, generalmente una cabra o un pavo real, era despedazado por las crispadas manos de las oficiantes, y luego, inmediatamente, devorado tal cual estaba: ensangrentado y crudo. El estado de locura o borrachera mística de estas Menades era interpretado como signo de su unión con Bakchos, encarnado en el animal sacrificado. La necesidad de explicar hecho tan absurdo y efectos tan singulares dio lugar al mito de Dionisos, pues el hombre siente la necesidad de explicar lo que hace o cree, por disparatado que sea, siquiera para encontrar pretexto que ahogue sus dudas, si las tiene, y le disculpe y anime a seguir realizándolo, He aquí la explicación do lo que nos ocupa. Perseguido Dionisos por los Titanes, enemigos de Zeus, para escapar de ellos se transformó en toro, Pero habiéndole reconocido sus perseguidores, le hicieron pedazos y se lo comieron (la leyenda de Osiris, el dios egipcio tiene muchos puntos de contacto con ésta). Pero el corazón del joven Dionisos fue salvado por Atena (Minerva); ésta se lo dio a Zeus, y Zeus se lo tragó. Naturalmente, de Zeus salió un nuevo Dionisos. Luego mató a los Titanes con el rayo y esparció sus cenizas a los cuatro vientos. De las cenizas de los Titanes, que habían devorado a Dionisos, fue formado el hombre. A causa de ello era de naturaleza doble: de los Titanes tenía el cuerpo, cuerpo inclinado al mal; de Dionisos, el dios resucitado, como Osiris, el alma, alma divina. Evidentemente, el cuerpo no era menos divino, puesto que venía de los Titanes, hijos machos de Ouranos y de Gala, es decir, pertenecientes a la generación divina primitiva; la prueba que del más joven de ellos, Kronos, salió la generación de los Olímpicos, de la que Zeus llegó a jefe. Pero no nos metamos en asuntos de familia y dejemos las cosas tal cual convenía a los que las referían entonces. A causa de estar el cuerpo del hombre inclinado al mal, tan sólo escapando de él podía el alma unirse al dios de las vendimias, fuente de donde procedía (espero que no encontrarán en esto pretexto suficiente los aficionados al caldo de uva fermentado para justificar su afición). Y el alma, precisa y únicamente por ser divina, era inmortal.

Al pasar este culto a Grecia se fue modificando poco a poco, acabó por perder todo carácter bárbaro e inclinado a los excesos y se reforzó y completó, por decirlo así, en la parte mística. Es decir, que una vez transformado constituyó un sistema de creencias que entrañaba un mensaje redentor para el alma humana a base de un sistema de vida, gracias al cual el alma podía asegurarse el beneficio de una dichosa inmortalidad. El culto así concebido y fijado se unió al nombre de Orfeo (al que la leyenda llamaba el profeta de Dionisos), y en esta nueva forma se fue acentuando cada vez más la idea del contraste flagrante entre el cuerpo, malo y mortal, y el alma, divina e inmortal, idea que hallaría más tarde en Platón el más importante de sus paladines. Según éste, el cuerpo (véanse las admirables palabras de Sócrates en el «Fáidon») no era sino un peso, un fardo, una cadena o una serie de ellas (los vicios) para el alma, espíritu nacido en el cielo. Por consiguiente, la vida del cuerpo era la de un muerto vivo, mientras que la muerte era para el alma «la puerta de la libertad». Dada la naturaleza baja del cuerpo, había que esforzarse en cambiarla e incluso suprimirla, si ello era posible, mediante un estricto régimen dietético y mediante otras formas de disciplina ascética (como en el Instituto pitagórico de Krotón y como más tarde en Cristianismo, Catolicismo e incluso ciertas herejías, como la de los cataros o albigenses). Sólo la práctica de la santidad personal aseguraba al alma la liberación de sus lazos con el cuerpo y la preparaba y disponía para gozar de su destino inmortal. Pero los órficos consideraban la pureza de la vida como insuficiente aún. Exigían que el creyente fuese «iniciado», a su entrada en la secta, mediante sacramentos y ritos que le harían partícipe de la naturaleza divina. Platón, hablando de esto, dice: «El que llega al Haides no iniciado y sin haber participado en los misterios, en él permanece en el fango». Él, como Pitágoras, como Pausanias, como Ploutarchos y como tantos otros hombres ilustres de la antigüedad, había sido iniciado. Un himno homérico dice a su vez: «El que no conoce estas ceremonias sagradas ni ha tomado parte en ellas, no tendrá una parte igual que el que las conoce, luego, tras la muerte en la mansión de las tinieblas». Píndaro: «Feliz el que ha visto estos misterios antes de descender bajo la tierra; sólo él conoce el fin de la vida, así como el principio dado por Zeus». En fin, Sófokles: «Oh tres veces felices aquellos de los mortales que, tras haber contemplado los misterios, irán a la mansión del Haides. Tan sólo ellos poseerán allí la vida; para los otros no habrá sino sufrimientos».

Claro que el hecho de bastar la iniciación en los misterios para salvarse pareció pronto tan injusto a ciertos hombres más aficionados a razonar que a creer, que Diógenes decía con desprecio burlón: «¿Es que va a ser Pataikos, el ladrón, tan sólo por el hecho de haber sido iniciado, mejor tratado tras la muerte que Epameinondas?» Las virtudes de Epameinondas, el general tebano, eran unánimemente reconocidas y alabadas. El escándalo que produjo Alkibíades una noche, que borracho se había burlado de los misterios, hizo época en Atenas. Diágoras tuvo que escapar y su cabeza fue puesta a precio por haber dicho asimismo lo que pensaba de tales misterios e iniciaciones.

En todo caso, el hecho era ya de una importancia inmensa. Hasta entonces, como dicho queda, los griegos no entreveían otro porvenir para luego de muertos que una existencia pálida, triste, mortecina en el tenebroso Hades; gracias a los «misterios» dionisíacos, al orfismo, a los misterios de Eleusis y a los demás de la misma especie, el hombre podía compartir la suerte de la Divinidad y gozar eternamente de un paraíso sin fin. Gracias a Dionisos, por ejemplo, a aquel dios que había sufrido la muerte y luego alcanzado la resurrección, los hombres podrían en adelante no morir, como él, sino para revivir. Más aún, purificados mediante ritos apropiados, los devotos del culto dionisíaco no tendrían ya que temer a la muerte, puesto que perdía para, ellos los terrores de que hasta entonces estaba rodeada; como no tendrían que temer las penas del Infierno inventadas por Platón, ni las de las transmigraciones sucesivas del alma (asignadas por el orfismo a los malvados) en vistas a su purificación, sino que directamente alcanzarían la vida de los bienaventurados.

He aquí por qué Ploutarchos y Timoxena, iniciada con su marido en los misterios anteriores, no podían creer que tras la muerte y disolución del cuerpo no hubiese ya ni dolor ni aflicción, sino, muy por el contrario, que, gracias a haber sido iniciados, les esperaba una vida infinita de goces tras su unión con la Divinidad.

Todas las religiones a base de «misterios» tenían un fondo común, como se ve: el ser como otras tantas respuestas a la inquietud angustiosa de los hombres preguntándose si nada podría salvarlos de la muerte. Estas religiones calmaban tal angustia al prometer a sus adherentes que, gracias al poder del salvador divino, disfrutarían en la vida por llegar, de una beatitud eterna.

Claro que los pensadores griegos eran demasiado independientes y sobradamente originales para conformarse con un tipo único, no tan sólo en lo que a la suerte del alma respectaba, sino a propósito de la idea misma, del concepto «alma». Si Platón en esto era orfico-pitagórico, el cuerpo inferior al alma y su prisión, y ésta lo esencial a causa de ser de naturaleza divina (en el «Timaios» hasta explica su génesis), para Aristóteles, la parte pensante del espíritu humano, lo que él llamaba «el intelecto activo», era indestructible y, por consiguiente, eterna; pero no era sinónimo de alma, y su sobrevivencia como pura abstracción no entrañaba ninguna esperanza de inmortalidad personal. Para Demókritos y Epikouros, el alma era simplemente un agregado de átomos y perecía cuando la muerte los separaba. Para los estoicos estaba hecha de materia sutil, y en el caso más favorable no podía durar más allá del plazo fijado para la destrucción del mundo entero.

¿Cuál de estos puntos de vista debía triunfar?

Evidentemente, el de Platón, que, a través del neoplatonismo, pasaría a los Padres de la Iglesia, que hicieron de muchas de las ideas del primero de los discípulos de Sócrates dogmas de la nueva doctrina.

En fin, si durante siglos el orfismo y los misterios de Eleusis, en los que en vez de Dionisos eran Demeter y su hija Perséfone las diosas que prometían a sus iniciados una inmortalidad dichosa, fueron en Grecia las principales religiones de esta clase, especie de seguros espirituales con el señuelo de una Divinidad, durante los dos siglos que precedieron a la llegada de Jesús y durante el primer siglo de la era cristiana, otros muchos cultos «prometedores» invadieron el mundo mediterráneo y se extendieron por él con rapidez prodigiosa. De Egipto vinieron los misterios de Isis y de Serapis, que pronto hallaron un campo tan propicio en Roma, que Tertuliano decía hacia el año 200: «El mundo entero jura ahora por Serapis». De Siria llegó el culto de Kibeles (Cibeles), que también gozó pronto de gran popularidad. De Persia, por la vía de Asia Menor, llegaron los misterios de Mitra, dios en el que se ha pretendido ver un precursor del cristianismo. Todos estos cultos tenían los mismos rasgos específicos en su base, es decir, la misma raíz común: la idea de una inmortalidad felicísima, bienaventurada, privilegio de la divinidad. Así como una igual comunidad de fin: la extensión de este privilegio a toda clase de hombres y a toda clase de razas, pues mediante la virtud de sus ritos, todo aquel que los cumpliese podría renacer y unirse a un dios salvador, gracias al cual tendría la certeza de su felicidad futura En un mundo en que los hombres buscaban su felicidad futura y su salvación por tales medios, entró un día el Cristianismo en liza. ¿Podía dejar de triunfar ofreciendo como ofrecía no solamente cuanto prometían los misterios, sino bienes de una calidad infinitamente superior a los que éstos disponían? ¿Y se puede dudar que un hombre como Ploutarchos, apasionado por todo lo bueno, por todo lo justo y por todo lo moral, el defensor de los esclavos y protector de los animales, de haber conocido la nueva religión, que empezaba por asegurar que todos, sin distinción de clases, rango y fortuna, todos los hombres eran hermanos, hijos de Dios y merecedores de su gloria según su virtud; de haber conocido, decía, la buena nueva, hubiese dejado de abrazarla?

JUAN BAUTISTA BERGUA

LOS TRATADOS

PLUTARCO

SOBRE LAS MUJERES

No profesamos, Klea, la misma opinión que Toukídides[3] sobre la virtud de las mujeres. En efecto, él proclama como más honesta a la que da menos que hablar de ella, ora en bueno, ora en mal sentido. Piensa que la reputación de una mujer virtuosa debe, así como ella misma, permanecer en casa sin salir jamás. Pero nosotros estimamos que Gorgias da prueba de mejor gusto cuando pretende que la reputación de una mujer, si no su persona, sea conocida de mucha gente. Por mi parte, juzgo excelente la ley romana que otorga a las mujeres, lo mismo que a los hombres, elogios públicos tras de su muerte, si los han merecido. Por ello, cuando la muerte se llevó a la excelente Leontis, tuve al punto contigo una larga conversación en la que no faltaron los consuelos filosóficos. Hoy, además, habiéndome manifestado que te agradaría que lo hiciese, he redactado por escrito, para ti, la continuación de aquellos propósitos, con la intención de probar que para las mujeres, como para los hombres, no hay sino una sola y única virtud. Mi discurso se compondrá de comparaciones tomadas de la historia. Tal vez no sea una composición destinada a encantar los oídos: pero si la índole de los ejemplos es de tal naturaleza que el agrado se une a lo útil, a lo instructivo, no hay por que recular ante la ventaja que presenta la alianza de lo agradable a lo probatorio. En cuanto a mí, yo no enrojecería acercando las Musas a las Gracias[4]: unión la más hermosa de todas, y gracias a la cual el amor hacia lo bello lleva mejor que toda otra cosa la persuasión a las almas. Porque vengamos a razones. Si con intención de probar que el talento en pintura no es inferior en la mujer que en el hombre, presentamos obras excelentes ejecutadas por éstas, iguales en mérito a las que nos han dejado los Apelles, los Zeuxis y los Nikomachos, ¿podrán acusarnos de galantería o de tratar de seducir mediante adulación cuando presentamos pruebas

---

[3] Toukídides, historiador griego (471-404 a. d. J.). Su obra, «Guerra del Peloponeso», que no llega sino hasta el año 411, fue acabada por Xenofón con sus «Helénicas».

[4] Gracias es el nombre latino de las Charites griegas, divinidades de la belleza, que extendían la alegría en la Naturaleza y en el corazón de dioses y hombres. Habitaban el Olimpos, en compañía de las nueve Musas, y formaban parte del séquito de Apolo, el dios músico. Eran tres hermanas: Eufrosine, Talía y Aglaé. Se las representaba como tres jóvenes desnudas teniéndose por los hombros.

decisivas? No lo creo. ¿Qué más podría decir? Si, para demostrar que el talento en poesía o en artes de imitación no ofrece diferencia alguna entre hombres y mujeres, que es exactamente el mismo, comparamos las poesías de Safo con las de Anakreón[5], o bien los oráculos de la Sibila con los de Bakis[6], ¿tendrán derecho a atacar nuestra demostración a causa de haber persuadido al que escuche mediante el atractivo y el placer? No, dirás sin duda aún. Por consiguiente, el mejor medio de reconocer en qué se asemejan y en qué difieren la virtud de los hombres y la de las mujeres, es comparar la vida y los actos de unos y de otras, cual se haría si se tratase de obras importantes de arte; establecer entre ellos un paralelo; examinar si hay el mismo carácter, el mismo tipo, en la magnificencia de Semíramis y en la de Sesostris, en la penetración de Tanakillis y en la de Servius, en el valor de Porcia y en el de Brutus, de Pelópidas y de Timokleia[7], al mismo tiempo que se tendrá en cuenta lo que hay de

---

[5] Anakreón, poeta lírico griego de la segunda mitad del siglo vi a. d. J. Es el poeta del amor, del vino, de la buena mesa, de los placeres. De sus muchas composiciones no quedan sino fragmentos.

[6] Bakis, nombre genérico de varios adivinos arcadios, áticos y beocios.

[7] Semíramis, personaje mítico que, según la tradición corriente en Oriente, fue reina de Asirla y de Babilonia. Sobre sus expediciones guerreras, sus construcciones prodigiosas (palacios y jardines colgantes y mil maravillas más), e incluso sobre su propia belleza, han corrido innumerables fantasías; acabó siendo transportada al cielo tras haber tomado la forma de una paloma.—Sesostris es el nombre griego de «Senousrit» (es decir, «aquél que es igual a la diosa Ousrit»), que parece haber sido el nombre de tres reyes egipcios de la XII dinastía. La tradición griega, fijándose en uno de ellos (que se ha pretendido luego identificar con Senousrit I, Ramsés II y Sheshong; pero, en realidad, no fue sino un héroe de leyenda), reasumió en su persona los grandes hechos de algunos de los principales faraones egipcios. También construyó monumentos grandiosos, ejecutó toda clase de trabajos de utilidad pública y, ni que decir tiene, que extendió sus ejércitos victoriosos por todo el mundo conocido. Vuelto ciego en la vejez, él mismo se dio la muerte.— Tanakillis, nombre que latinizado habría que transformar en Caia o Cecilia, fue la mujer de Tarquino el Antiguo (seguimos en plena leyenda, por supuesto). A su ambición y habilidad (cualidades que para muchas mujeres, tanto antiguas como modernas es cosa eterna y evidente) se debió el que su marido ciñese la corona. Tras la muerte de éste, hizo que el pueblo aceptase a Servio Tulio, su protegido.—Porcia era la hija de Catón de Utica, mujer de Bibulus y luego de Brutus, uno de los asesinos de César. Estoica, como su padre y su marido, adivinó los proyectos de éste y, para hacerse asociar a ellos, se infirió una terrible herida en un brazo, probando con ella a su marido la indiferencia con que aceptaría lo peor si la suerte les fuese adversa. Tras el desastre de Filippos, se

común, lo que hay de esencial en sus semejanzas y en sus méritos. En efecto, a causa de la diferencia de naturalezas, las virtudes ofrecen también diferencias que vienen a ser como matices particulares propios a las costumbres de cada personaje, a su temperamento, a su educación, a su género de vida. Aquiles es valiente de un modo distinto a Ajax. La prudencia de Ulises no es semejante a la de Néstor. Catón y Agesilas no eran justos de la misma manera. La piedad conyugal de Irene y la grandeza de alma de Cornelia no eran la piedad conyugal de Alkestes y la grandeza de alma de Olimpias. No obstante, no vayamos, según esto, a establecer multiplicidad y variedad de bravuras, prudencias y justicias, porque, lo diré una vez ya para siempre, las diferencias que habrá en el relato relativas a estas virtudes no impide que todas las variedades dejen de ser la misma virtud en definitiva. Sin contar que omitiré los ejemplos más conocidos de los cuales no dudo que tienes ya conocimiento por los libros. Me ocuparé especialmente de las acciones memorables pasadas en silencio por los autores que, antes que yo, han reunido hechos divulgados y hasta populares. Y como hay muchos actos ilustres cumplidos por mujeres, ora en la vida pública, ora en la privada, no estará mal que empiece por contar unos cuantos de los realizados en común.

TROYANAS

La mayor parte de las que huyeron de Troya cuando esta ciudad fue tomada, tras haber sufrido la furia de los temporales, fueron, a causa de su inexperiencia en el arte de navegar y de su ignorancia de cosas de mar, arrojadas a la costa de Italia. De rada en rada, de fondeadero en fondeadero, llegaron por fuerza, y no sin mucho trabajo, a la desembocadura del Tíber[8], desde donde se extendieron por el país, buscando con quien entrar en relación. Entre tanto sus mujeres pensaron que, por feliz que pudiese ser una nueva peregrinación por mar, valía más establecerse en una tierra firme cualquiera que una vida errante sobre las olas, y que debían hacerse una patria nueva, puesto que no podían recobrar

---

mató, llenándose la boca de carbones encendidos, el año 42 a. d. J. Brutus, su marido, era el protegido de César, contra el que se rebeló y apuñaló.—De Pelópidas, el jefe tebano. compañero de Epameinondas y de Timokleia, me ocupo en otras notas que hallará el lector.

[8] Tíber, río de Italia, tributario del mar Tirreno. Riega Toscana, Umbría, el Lacium; atraviesa Roma, y acaba no lejos de Ostia, tras un curso de 403 kilómetros.

lo que habían perdido. Como consecuencia de estas reflexiones, acordaron unánimemente quemar las naves; la iniciativa fue tomada por una de ellas, que se llamaba, según dicen, Roma. Como los hombres corriesen hacia el mar por ver de salvar la flota, ellas les tomaron la delantera; y temiendo la cólera de sus maridos, las casadas, y las otras la de sus familiares, se abrazaron a ellos y, llenándoles de tiernos besos, acabaron por seducirles a fuerza de caricias. De aquí ha venido entre las mujeres romanas la costumbre, que subsiste hoy aún, de saludar así a sus padres dándoles un beso. Los troyanos comprendiendo, cual tenía que suceder, la necesidad de aceptar su situación, y habiendo recibido, por otra parte, por parte de los habitantes del país una acogida llena de benevolencia y de humanidad, resignáronse a lo que sus mujeres habían hecho. Estableciéronse, pues, en aquella comarca, y se incorporaron a los latinos.

FOCENSES

El valor de las focenses no ha encontrado historiador ilustre; sin embargo, en lo que a la virtud respecta, no es inferior a ningún otro realizado por mujeres. Tal testimonian los sacrificios importantes que aún hoy día se celebran cerca de Hiámpolis por los focios, y los antiguos decretos nacionales. Esta historia está escrita con todo detalle en la vida de Daifantos, pero lo que les corresponde a las mujeres, helo aquí. Había una guerra sin tregua ni perdón entre los tesalios y los focenses. Estos últimos habían hecho morir en un solo día a todos los magistrados, a todos los oficiales tesalios que ejercían poder en la Fócide. Los tesalios, a su vez, habían aplastado bajo piedras de molino a doscientos cincuenta rehenes de sus enemigos; tras lo cual habíanse lanzado, con todas sus tropas, sobre la Lókride. Fue decidido en consejo que no perdonarían a ninguno de cuantos estuviesen en edad de tomar las armas, y que mujeres y niños serían reducidos a la esclavitud. Daifantos, hijo de Batillios, era a la sazón uno de los tres gobernadores que tenían la suprema autoridad en la Fócide. Decidió a sus compatriotas a ir contra los tesalios y a combatirles. En cuanto a las mujeres y a los niños, propuso reunirlos, haciéndoles venir de todo el territorio focio, en un mismo lugar, amontonar en torno a ellos gran cantidad de leña, y dejar guardianes con la orden de, caso de que supiesen que los focios habían sido vencidos, de prender fuego al instante a la enorme hoguera y abrasar a cuantos había dentro. La proposición fue acogida por unanimidad, salvo por uno sólo. Éste, habiéndose levantado, declaró que para obrar con justicia, había que obtener el consentimiento de las propias mujeres; de otro modo, abandonar tal proyecto y no emplear la violencia. Esta deliberación llegó a oídos de las mujeres. Entonces se reunieron en asamblea particular. La proposición de Daifantos fue aceptada por ellas, y hasta le coronaron como autor del consejo más glorioso que podía caberle a la Fócide. Dícese que los niños también celebraron su reunión y que decidieron en el mismo sentido. A continuación de estos hechos los focenses celebraron la batalla en el territorio de Kleone, cerca de Hiámpolis, y quedaron victoriosos. La decisión de los focios fue llamada por los griegos «el decreto de la desesperación»; y con motivo del triunfo alcanzado se celebra aún en Hiámpolis, en honor de Artemis, grandes fiestas, notables entre todas, que son llamadas Elafebolias.

MUJERES DE CHÍOS

Habitantes de Chíos[9] fueron a establecerse en Leukonia por la razón siguiente: Era el matrimonio de un hombre que pasaba por uno de los notables de Chíos. Cuando conducían a la joven esposa en un carro, el rey Hippoklos, pariente del marido, estaba allí con los demás. Cediendo a un impulso de embriaguez y de alegría, se precipitó al carro, más que con el ánimo de ofender, con el de bromear, como era costumbre. Pero fue muerto por los amigos del esposo. No tardó en manifestarse la cólera del cielo contra los habitantes de Chíos; y el Dios ordenó que se hiciera perecer a los que habían dado muerte a Hippoklos. Se respondió que todos los habitantes eran responsables del asesinato. El Dios quiso entonces que todos los habitantes abandonasen la ciudad, de ser verdad que el crimen había sido cometido; con lo que la prescripción alcanzó con ello, a los autores del hecho, a los que habían sido sus cómplices, y a los que de un modo u otro les habían aprobado. Y no eran ni en número reducido ni los menos poderosos. Fueron enviados a establecerse a Leukonia, ciudad que los de Chíos habían conquistado precedentemente a los cheironenses y que poseían en común con los de Eritrai[10]. Más tarde la guerra estalló entre ellos y estos últimos. Como los recién llegados no estaban en condiciones de resistir los ataques de este pueblo, el más poderoso de Ionia[11], consintieron, mediante tratado, que abandonarían la ciudad llevando con

---

[9] Chios, isla de la costa iónica, con una ciudad del mismo nombre (hoy Scio o Saka-Andassi). Su vino era famoso

[10] Eritrai (Eritrea), una de las doce ciudades jónicas o iónicas del Asia Menor, junto al mar Egeo, frente a Chios.

[11] Ionia o Jonia, costa occidental del Asia Menor. Región comprendida entre el actual golfo de Esmirna y el de Mendelia. Doce grandes ciudades eran la base de su poder, Samos y Chios en las islas, y las otras diez en el continente.

ellos una sola clámide y un solo manto, y tan sólo esto. Sus mujeres les censuraron amargamente el abandonar sus armas y el salir despojados de aquel modo, entre sus enemigos. Y como ellos dijesen que su juramento les obligaba a obrar así, ellas les aconsejaron que no se desprendieran de sus armas y que dijeran a los eritrenses que la túnica de un hombre de corazón es su lanza, y que su manto es su escudo. Los maridos se dejaron persuadir, hablaron con firmeza y mostraron sus armas con una actitud tan resuelta que intimidó a los eritrenses. Ninguno de éstos dio un paso para detenerlos, e incluso se consideraron felices viéndoles marchar. He aquí cómo los habitantes de Chíos debieron su salvación al valeroso estímulo que recibieron de sus mujeres.

Un rasgo que en nada cede al anterior, por su valor, honró igualmente, pero mucho más tarde, a las mujeres de esta misma Chíos. Filippos, hijo de Demetrios, sitiaba la ciudad. Hizo publicar una proclama tan bárbara como insolente. Prometió a los esclavos que se pasasen a su campo no sólo la libertad, sino el unirlos a las amas a las que pertenecían, comprometiéndose con ello a casarlos con las mujeres de sus dueños. Ellas sintieron un despecho terrible y feroz. Secundadas por los propios esclavos que compartieron su indignación y se juntaron a ellas, se les vio abalanzarse a las murallas. Allí, empezaron a llevar piedras y dardos a los combatientes y a animarles con sus exhortaciones y sus actos. E incluso acabaron por tomar parte en la lucha ellas mismas, haciendo caer una granizada de proyectiles sobre los enemigos; de tal modo, que Filippos fue rechazado sin que ni un solo esclavo se pasase a su campo.

ARGIANAS

Ninguno de los actos realizados en común por mujeres supera, como hecho glorioso, a la lucha que las argianas, conducidas por la poetisa Telesilla, emprendieron contra Kleómenes, rey de Esparta. Originaria, dícese, de una familia ilustre, era de constitución enfermiza. Envió, pues, a preguntar al dios cómo podría recobrar la salud, y le fue respondido mediante el oráculo que tenía que cultivar las Musas. Dócil a la orden divina, empezó a componer odas y a darse a la música. Con ello en poco tiempo se vio libre de sus sufrimientos, y su talento poético fue la admiración de sus conciudadanos. Entretanto, Kleómenes, el rey de Lacedemonia, tras haber condenado a muerte un gran número de argianos (no de todas maneras siete mil setecientos setenta y siete, como algunos dicen exagerando el hecho), marchó contra la ciudad. En aquel momento un ardor y una audacia verdaderamente celestial se apoderó de las mujeres que estaban en la flor de la edad, y resolvieron salvar a Argos rechazando a los enemigos. Guiadas por Telesilla, empuñaron las armas, se apostaron tras las almenas, y formaron un cinturón de defensa en torno de los bastiones, con gran estupefacción de sus enemigos. Kleómenes era rechazado poco después, tras haber visto sucumbir a gran número de los suyos; y Demaratos, el otro rey que había, según el relato de Sócrates, penetrado en el interior de la ciudad y ocupado el barrio llamado Pamfiliaco, fue expulsado de esta posición. Salvada así la ciudad, las mujeres que habían perecido en la acción fueron enterradas en la vía Argiana, y a las que sobrevivieron se les concedió el privilegio de erigir, como monumento a su valor, una estatua al dios Ares. Esta batalla tuvo lugar, según unos el séptimo día, según otros, el primero, del cuarto mes, el cual, entre los argianos, era llamado en otro tiempo Hermeos. Cada vez que llega este aniversario, aun ahora, se celebran *las Injuriosas*. Trátase de una fiesta en la cual las mujeres se ponen las túnicas y las clámides de los hombres, y los hombres, al contrario, los peplos y los velos. Con objeto de reparar los vacíos dejados por la población masculina casaron a las mujeres no con esclavos, como pretende Herodotos, sino con los ciudadanos más ilustres de las ciudades de los alrededores. Y aun parece ser que ellas menospreciaban a sus esposos y que no les recibían en el lecho sino con una especie de desdén cual si fuesen inferiores a ellas; incluso parece ser que en tales circunstancias se autorizó, mediante una ley, que las recién casadas se pusiesen barba cuando se acostasen con sus maridos.

PERSAS

Los persas se habían separado de la alianza de Astiages[12] y de los medos a instigación de Kiros[13], cuando éste fue vencido en un encuentro. Como los persas huían hacia la ciudad y el enemigo no estaba lejos de entrar a mismo tiempo que ellos, las mujeres corrieron a su encuentro antes de que alcanzasen los bastiones; y levantando la parte baja de sus vestidos les gritaron: «¿Adonde vais, cobardes, los más cobardes de los hombres? Huyendo, ni de entrar seríais capaces aquí en el seno de donde salisteis». Viéndolas y oyendo sus palabras, los persas, llenos de vergüenza y maldiciéndose a sí mismos, dieron media vuelta, cargaron

---

[12] Astiage, último rey de los medos (584-549 a. d. J.). Fue atacado por Kiros II «el Grande», rey de Anzán, su vasallo. El ejército se sublevó y le entregó a su enemigo, que se apoderó de Echabatana y se proclamó «rey de los persas y de los medos».

[13] Sobre Kiros (Ciro corrientemente), véase la nota anterior.

sobre sus enemigos y los pusieron en fuga. De aquella época data una ley, en virtud de la cual cuantas veces el soberano entra en la ciudad cada mujer recibe una moneda de oro. Kiros fue el que estableció la costumbre. Pero Ochos[14], hombre perverso y el más ávido de los reyes, daba, dícese, la vuelta a la ciudad sin atravesarla, con objeto de privar a las mujeres de su gratificación. Alexandros, al contrario, entró dos veces, y cada vez dio incluso el doble a las mujeres embarazadas.

MUJERES DE LA GALIA

Los galos, antes de franquear los Alpes y de establecerse en la comarca que en nuestros días ocupan en Italia, fueron víctimas de sediciones tan violentas y tan difíciles de calmar, que llegaron hasta la guerra civil. Pero las mujeres avanzando hasta el centro de las bandas armadas, tomaron a su cuidado el calmar los altercados. En efecto, ellas se encargaron de ponerles de acuerdo y sus decisiones fueron de tal modo irreprochables, que de ciudades a ciudades, de familias a familias, todos formaron de común acuerdo un admirable régimen de tolerancia y benevolencia. Desde entonces los galos han conservado la costumbre de deliberar los asuntos relativos a la guerra y a la paz en compañía de sus mujeres y de requerir el arbitraje de éstas en las diferencias que se producen entre ellos y sus aliados. Así, en el tratado que hicieron con Aníbal, fue estipulado que si los galos formulaban alguna queja contra los de Cartago, los gobernadores y generales cartagineses residentes en España serían los encargados de decidir; y que si, por el contrario, eran los de Cartago los que se quejaban de los galos, las mujeres de estos últimos harían de jueces.

LAS MUJERES DE LOS MELIOS

Los melios, sintiendo necesidad de un territorio más amplio, nombraron como jefe de la colonia que partía a un hombre joven, de notable belleza, llamado Nimfaios. El dios le ordenó que tomase la vía marítima y que se estableciera en el lugar «en que hubiesen perdido sus portadores». Sucedió que en el momento de abordar en Karia[15] y de desembarcar allí, sus naves fueron destruidas por una tempestad. Los carios que habitaban Kriassos[16] les invitaron, ora por compasión ante su

---

[14] Ochos, sobrenombre de Artaxerxes III.
[15] Karia (Caria), comarca del Asia Menor.
[16] Kriassos, ciudad y promontorio de Karia.

falta de recursos, bien por miedo a su audacia, a establecerse cerca de ellos, y les cedieron una porción considerable de territorio. Más tarde, al ver que en poco tiempo habían aumentado considerablemente, resolvieron hacerles perecer a traición en un banquete y una fiesta que se preparó al efecto. Pero quiso la casualidad que una joven caria llamada Kafene, cayese, en contra de todos, enamorada de Nimfaios, y mientras se organizaba el complot anterior, le reveló, pues no pudo resignarse a ver morir a sangre fría al que amaba, lo que tramaban los habitantes de la ciudad. Los criasianos vinieron, pues, a hacer su invitación. Nimfaios declaró que una ley prohibía a los griegos ir a los festines sin sus mujeres. Los carios oyendo esto, les autorizaron a traer con ellos a sus mitades. Nimfaios, que había instruido a sus melios del complot, quiso que se presentasen en túnica y sin armas; pero convinieron que las mujeres llevarían todas una espada bajo los vestidos, y que cada una de ellas se sentaría junto a su marido. En medio de la comida los carios reciben la señal convenida. Los griegos por su parte comprenden que el momento ha llegado. Sus mujeres entreabriendo todas al mismo tiempo sus vestidos, empuñan las espadas, se arrojan sobre los bárbaros, y los degüellan a todos sin excepción. Vueltos amos del territorio destruyen la ciudad, y fundan otra a la que llaman la nueva Kriassos. En cuanto a Kafene, se casó con Nimfaios, y recibió los testimonios de honor y de agradecimiento que eran debidos a sus eminentes servicios. ¡En qué modo hay que admirar en estas mujeres el silencio, la sangre fría y la unanimidad de que dieron prueba! Ni una tan sólo de ellas, en tan gran número, cedió, ni siquiera por debilidad involuntaria, a un movimiento de cobardía.

LAS TIRRENAS

Los tirrenos, habiendo ocupado Lemnos e Imbros[17], se llevaron de Brauron mujeres atenienses. Tuvieron hijos con ellas, que los atenienses, considerándoles casi bárbaros, expulsaron tanto de una isla como de la otra. Estos desterrados que habíanse arrojado sobre Tainaron[18], tuvieron ocasión de prestar algunos servicios a los espartanos en la guerra de éstos

---

[17] Lemnos e Imbros, islas del mar Aigeius (Egeo). Brauron (hoy Braona), lugar del Atica, donde se celebraba el culto a Artemis de Taurike (hoy Crimea).

[18] Tainarón (hoy Matapán), cabo de Lakonia, donde se solía situar la entrada de los Infiernos.

contra los ilotas[19]; y en reconocimiento se les concedió el derecho de ciudadanía. Se les autorizó asimismo a casarse con mujeres espartanas, pero no se les admitió en las magistraturas ni en el Consejo. Más tarde fueron sospechados de reunirse en asambleas secretas con objeto de hacer una revolución y derribar al régimen establecido. Los lacedemonios se apoderaron de ellos, fueron encerrados en prisiones y en ellas se les guardó rigurosamente, mientras trataban de establecer su culpabilidad sobre pruebas evidentes y sólidas. Pero las mujeres de los encarcelados presentáronse en las prisiones. A fuerza de instancias y ruegos, obtuvieron de los guardianes el favor de abrazar a sus maridos y de cruzar con ellos algunas palabras. Apenas introducidas, les determinaron en un instante a cambiar con ellas sus vestiduras, a dejarlas a ellas las que llevaban y a salir tapándose la cara. Una vez partidos, ellas se resignaron a quedarse allí, dispuestas a soportar los castigos más terribles, mientras los guardianes, engañados, creyendo abrir las puertas a las mujeres se las abrieron a los maridos. Éstos, tras su evasión, corrieron a ocupar el Taigetos[20], determinaron a los ilotas a hacer defección y los acogieron entre ellos. Esparta, vivamente alarmada, les envió parlamentarios y concluyó con ellos un tratado de paz, cuyos artículos fueron que les devolviesen sus mujeres, que los espartanos les suministrasen dinero y navíos con objeto de ir a buscar a otra parte un territorio y una ciudad, y, en fin, que serían reconocidos como colonos de los lacedemonios y de su misma sangre. Así hicieron estos pelasgos[21] conducidos por dos lacedemonios, Pollis y su hermano Krataidas. Una parte de ellos se establecieron en Melos[22]; pero la mayor parte, los que seguían a Pollis, pusieron las velas hacia Krete[23], con la esperanza de ver el cumplimiento de sus oráculos. Porque, en efecto, les había sido predicho que cuando hubieran perdido su diosa y su ancla, sus viajes vagabundos terminarían, y

---

[19] Ilotas o hilotas, nombre dado a los esclavos entre los espartanos. Este nombre designaba a la población inferior de Lakonia. Se hacía venir este nombre de la ciudad de «Helos», cuyos habitantes fueron reducidos a la esclavitud. Como su condición política y jurídica era muy inferior a la de los ciudadanos, se rebelaron muchas veces. La tercera guerra de Messenia fue sobre todo una insurrección de ilotas

[20] Taigetos o Taigetón, cadena de montañas entre Lakonia y Messenia, comarca del Peloponeso.

[21] Pelasgos, otro nombre que designa a los emigrantes tirrenos.

[22] Melos, una de las Kiklades (Cicladas), y ciudad en ella del mismo nombre: hoy Milo.

[23] Krete (Creta), isla de Grecia: hoy Candia.

que deberían fundar una ciudad allí donde se encontrasen en aquel momento. Y habiendo acostado en la parte de la isla que es llamada Chersonesos[24], fueron acometidos de terror pánico durante la noche, con lo que enteramente turbados ganaron sus navíos en medio del mayor desorden, dejando en tierra una estatua de Artemio[25]. Esta efigie, reliquia nacional, había sido llevada por ellos a Lemnos, y de Lemnos la habían paseado en su compañía por todas partes. Vueltos en sí de su pánico, diéronse cuenta con tristeza, pero ya en el mar, de la pérdida que habían sufrido. Al mismo tiempo Pollis advirtió que el ancla no estaba en su garfio. Como había sido, sin duda alguna sacada de él con toda violencia, el garfio, en aquellos bajos fondos erizados de escollos, había sido arrancado sin que se diesen cuenta. Entonces Pollis, declarando que las palabras del oráculo habíanse cumplido, dio orden de hacer marcha atrás. Ocupó la comarca, deshizo en varios encuentros a las tropas que se opusieron, y se estableció en Liktos[26]. Se apoderó, igualmente, de otras ciudades y las sometió a su dominio. He aquí por qué los lictios pretenden, de un lado, por parte de sus madres, descender de los atenienses; de otro ser una colonia espartana.

LICIAS

El hecho que se dice que ocurrió en Likia[27], aunque fabuloso, está consignado por el testimonio de una tradición. Cuéntase que un tal Amisodoros, llamado Isaras por los licios, había venido de Zeleia, colonia licia, conduciendo a unos bandidos capitaneados por un individuo llamado Chimarros, guerrero intrépido, pero de corazón feroz e inhumano. Este Chimarros tripulaba un barco que tenía como insignia un león en la proa y un dragón en la popa. E hizo mucho daño a los licios, de tal modo que era imposible navegar, ni habitar las ciudades del litoral. Fue muerto por Bellerofontes, que le persiguió montado en su Pegasos[28], y que

---

[24] Chersonesos quiere decir península. El de Tracia es hoy la península de Gallípoli; el Chersonesos de Taurike, Crimea; el Chersonesos propiamente dicho, la península entre Epidauros y Trezene.

[25] Artemis es la Diana romana, la diosa cazadora y eternamente virgen (como Atena), hermana de Apolo.

[26] Liktos, ciudad de Krete.

[27] Likia (Licia), comarca del Asia Menor.

[28] Ciertos poetas dicen que este «Pegasos» era el famoso caballo alado nacido de la sangre de la Gorge cuando ésta fue muerta por Teseus. y aunque más lógico

igualmente expulsó a las Amazonas[29]. Pero lejos de obtener una recompensa digna de sus servicios, fue tratado por Imbates[30], con la peor ingratitud. Entonces, habiéndose acercado hasta el borde del mar, Bellerofontes imploró la venganza de Poseidón contra él, pidiendo al dios que el país se volviese estéril y privado de toda clase de recursos; luego, una vez formuladas estas imprecaciones, se retiró. Y apenas hecho, súbitamente las olas se levantaron, empezando a tragarse el suelo. Era un espectáculo espantoso ver cómo detrás de Bellerofontes el mar se hinchaba, ocultando la llanura, hasta donde llegaba la vista. Los hombres asustados suplicaron a Bellerofontes que detuviese al enfurecido mar, pero no pudieron persuadirle. Entonces las mujeres avanzaron hacia él, con sus trajes levantados; y como un sentimiento de pudor le hizo volverse y retroceder, las olas, según se cuenta, se fueron retirando al mismo tiempo que él. Algunos, modificando lo que este relato tiene de fabuloso, pretenden que no fueron sus imprecaciones las que pusieron las olas en movimiento. Según ellos, la parte más fértil de la llanura estaba más baja que el nivel del mar; y como la orilla formaba una escarpadura prolongada que contenía las aguas, Bellerofontes la hizo cortar. Y fue entonces cuando el mar hizo violentamente irrupción, y cuando la parte llana del país quedó inundada. Los hombres no pudieron conseguir que accediese a sus ruegos; pero las mujeres, habiéndose reunido en masa en torno suyo, le hicieron sentir vergüenza y aplacar su cólera. Otros dicen, sencillamente, que la famosa Chimaira[31] era una montaña directamente

---

parece que fuese un barco muy velero llamado de tal modo a causa precisamente de su rapidez, más adelante se ve que, en efecto, se trata del caballo famoso.

[29] Amazonas, pueblo fabuloso de mujeres guerreras, descendientes de Ares (Marte), que habitaban la Tracia.

[30] Iobates, rey mitológico de Lidia.

[31] Chimaira Χιμαιρα impropiamente llamada «La Quimera», a causa de una transcripción a nuestra lengua, no de la palabra griega, sino de la adaptación francesa (la Chimère); monstruo de Licia que soplaba fuego, cuya cabeza era de león, el cuerpo de cabra y la cola de serpiente. Según otros, monstruo de tres cabezas, una de león, otra de cabra y otra de serpiente. Probablemente, simple representación o figuración de los volcanes de esta región, y, por consiguiente, volcán de Lidia. Homeros cuenta que en la forma primera devastaba la Lidia; Hesiodos se pronuncia por las tres cabezas lanzando llamas. Más tarde el número de cabezas fue aumentando; en fin, los artistas se complacían en representar su lucha contra Bellerofontes que, montado sobre Pegasos (esta vez sí el caballo alado), conseguía matarla. Hoy esta palabra ha quedado, como se sabe, cual emblema de concepciones fantásticas y contrarias a la realidad.

opuesta al sol, y que, al recibir los rayos ardientes de este astro devorador, proyectaba la intensidad de su calor por la llanura cuyos frutos se secaban a causa de su influencia. Bellerofontes, tras haber meditado sobre ello largamente, derribó la parte superior de la montaña cuya superficie excesivamente lisa era la que más vivamente reflejaba los rayos del sol. Pero posteriormente, al no hallar agradecimiento alguno de parte de los licios, resolvió vengarse llevado por la cólera, siendo las mujeres las que consiguieron que mudase de opinión. Por lo demás, Nimfis, en su cuarto libro de la historia de Herakleia, da una explicación que no tiene nada de fabulosa. Asegura que en el país de los xantianos[32], un jabalí salvaje hacía verdaderos estragos entre los animales y que asimismo devastaba los frutos de la tierra. Que habiéndole dado muerte Bellerofontes, los licios no le manifestaron el menor agradecimiento, y que entonces imploró contra ellos la venganza de Poseidón. De toda la llanura desprendiéronse exhalaciones salinas que estropearon completamente el suelo y le hicieron amargo, hasta el momento en que, por consideración a las mujeres que habían venido a suplicarle, Bellerofontes[33], rogó al dios del mar que calmase su enojo. De aquí ha venido la costumbre entre los xantianos, cuando se trata de un asunto que les interesa, de tomar no el nombre de sus padres, sino el de sus madres.

---

[32] Xantianos, habitantes de Xantos, ciudad de Licia, a orillas del río de este mismo nombre (hoy Sirbe); de la antigua ciudad no quedan sino ruinas cerca de Sounik.

[33] Si Poseidón (Neptuno), el dios del mar, hermano de Zeus, escuchaba tan solícito a Bellerofontes, es porque este héroe mitológico era hijo suyo, bien que como padre humano tuviese a Glaukos, el hijo de Sísifos, el más astuto y menos escrupuloso de los mortales. Las aventuras de Bellerofontes empezaron por la muerte casual de un tal Belleros (de donde su nombre «Bellerofontes». que quiere decir «Matador de Belleros»). Este Belleros (que otras leyendas dan otros nombres) era un tirano de Korintos. Luego viene su ida a Licia, su combate con la Chimaira, después su lucha con los solimes, pueblo salvaje, belicoso y feroz; en fin, contra las amazonas, etc., mil hazañas maravillosas, pues ¿qué habrá imposible para el hijo de un dios?

SALMANTIQUENSES [34]

Aníbal, hijo de Barka, antes de ir a hacer la guerra a los romanos, sitió Salmantike, ciudad importante de Iberia[35]. En un primer impulso de terror, los sitiados se dispusieron a someterse a todas las exigencias y a darle trescientos talentos de plata[36] y trescientos rehenes. Pero apenas levantado él cerco, arrepintiéronse y no cumplieron nada de lo prometido. Aníbal, entonces, volvió sobre sus pasos, y ordenó a sus tropas no tener piedad con la ciudad y saquear sus riquezas. Los bárbaros, espantados hasta más no poder, resignáronse a que los ciudadanos de condición libre saliesen de los muros tan sólo con lo puesto y abandonando sus armas, sus riquezas, sus esclavos y la ciudad. Entonces las mujeres, pensando que cada hombre sería registrado por los enemigos en cuanto traspasasen las puertas, pero que a ellas no las tocarían, tomaron espadas que ocultaron cuidadosamente, y se lanzaron fuera al mismo tiempo que sus maridos. Cuando todos hubieron salido, Aníbal, que había instalado una guarnición de masacilianos, encargó a éstos que guardasen a los fugitivos en el arrabal, mientras el resto de los soldados, extendidos en desorden, se entregaban al pillaje. Pero como se llevaban un botín considerable, los masacilianos no pudieron contenerse al verlo y, sin preocuparse más de la custodia a la que habían sido sometidos, abandonaron su puesto, descontentos, con objeto de tomar parte ellos también en el saqueo. Entonces las mujeres, lanzando gritos, ofrecieron las espadas a sus maridos, e incluso algunas se arrojaron ellas mismas sobre los guardianes. Una se apoderó de la lanza de un intérprete llamado Banon, y golpeó con ella a este hombre, que, por fortuna, estaba protegido por una coraza. Los demás fueron todos muertos u obligados a huir, y maridos y mujeres escaparon en todas direcciones. Al saberlo, Aníbal se lanzó en su persecución. Los que cogieron fueron pasados al filo de la espada. Los demás pudieron alcanzar las fronteras y escaparon de momento. Más tarde, habiendo mandado a pedir gracia, fueron reintegrados a la ciudad por Aníbal, que los trató de la manera más tranquilizadora y humana.

---

[34] Ahora, el amable Ploutarchos nos trae a España. Las «salmantiquenses» son las mujeres de Salmantike Σαλμαντικη nombre antiguo nada menos que de Salamanca. Luego henos entre las salamanquinas.

[35] En la antigüedad era llamada «Iberia» 'Ιδηρια la parte este de España, desde las Columnas de Hércules a los Pirineos.—Recibía el mismo nombre la comarca situada entre el mar Negro y el Caspio.

[36] Talento, suma de 60 minas, 6.000 drakmas, es decir, 5.560,50 pesetas oro.

MILESIAS

Las jóvenes de Miletos[37] fueron presa en otro tiempo de una manía extraña y pintoresca, sin que se pudiera conocer la causa. Pareció lo más probable que influencias malignas y pestilentes, extendidas en el aire, habían producido en ellas la turbación y el desorden de la inteligencia. Súbitamente se vieron poseídas de un vivo deseo de morir, y de unas ganas furiosas de ahorcarse. En efecto, gran número de ellas se colgaron secretamente. Exhortaciones y lágrimas de los padres, ruegos de sus amigos, nada las calmaba; y con objeto de acabar con su vida, burlaban toda vigilancia y toda actividad de quienes las rodeaban. Parecía una calamidad celeste que ningún socorro humano podría detener. Por fin, a propuesta de un hombre de buen juicio, fue decretado que cuantas jóvenes se ahorcasen serían llevadas desnudas a la hoguera cruzando la plaza pública. El decreto se puso en práctica, y, no solamente detuvo por el momento el hecho, sino que acabó con tal manía de suicidio. Dio además una prueba de excelente naturaleza y de virtud el temor a la infamia que representaba. Las mismas jóvenes que ante lo más terrible del mundo, es decir, ante el sufrimiento y la muerte, habíanse mostrado tan resueltas, cedieron al pensar en la afrenta, no pudiendo soportar la vergüenza que seguiría acompañándolas en la tumba.

JÓVENES DE CHÍOS

Las jóvenes de Chíos tenían la costumbre de reunirse para celebrar sacrificios públicos, durante los cuales pasaban el día juntas, y sus pretendientes las miraban jugar y bailar. Por la noche volvían a sus casas, donde ofrecían sus servicios a los padres y hermanos de sus amigas, llegando hasta lavarles los pies. Con frecuencia sucedía que varios jóvenes se prendasen de la misma muchacha, pero era un amor discreto y honesto. Apenas llegaba a ser prometida de uno de ellos, los demás cesaban inmediatamente en sus asiduidades. Podrá dar una idea general de la castidad de estas mujeres el hecho de que durante el espacio de setecientos años, no se habló ni de un adulterio ni de una seducción consumada fuera del matrimonio.

---

[37] Miletos. ciudad de Creta; otra en Karia.

OTRAS FOCENSES

El tirano de la Fócide se había apoderado de Delfos[38], y los tebanos le declararon la guerra llamada «guerra santa». Cierta noche, las mujeres consagradas al culto de Bakchos, que eran llamadas tiadas[39], llevadas por su delirio furioso, entraron, sin tener conciencia de lo que hacían, en la ciudad de Amfissa. Estaban muertas de fatiga, y, no habiendo vuelto aún en su razón, se echaron en la plaza pública, se acostaron unas junto a otras y se durmieron. Pero las mujeres de Amfissa tuvieron miedo de que a causa de la alianza de la ciudad con los focenses y de la presencia de numerosos soldados de sus tiranos, las dichas tiadas fuesen víctimas de tratamientos indignos, por lo que saliendo todas de sus casas se dirigieron a la plaza. Una vez allí las rodearon en silencio, sin turbar su reposo. Luego cuando despertaron prodigáronles sus cuidados y les dieron alimentos. En fin, autorizadas por sus maridos, las recondujeron con toda seguridad hasta que hubieron cruzado los límites del territorio.

VALERIA Y CLELIA

Tarquino el Soberbio, séptimo rey de Roma a partir de Rómulo[40], fue expulsado, tras la afrenta sufrida por la virtuosa Lucrecia, mujer de un

---

[38] Delfos. en griego «Delfoi», hoy Castri, ciudad de la antigua Grecia, en la Fócide, sobre la vertiente SO. del Parnasos. En ella estaba el famoso templo de Apolo, donde se daban aquellos oráculos que tanta importancia tuvieron en la vida, tanto privada como pública, del pueblo griego. Estos oráculos eran lanzados por la Pitia, desde su trípode sagrado, generalmente en verso, e interpretados por los sacerdotes.

[39] La palabra «tiadas» viene de «tiasos» Θιασος cofradía celebrando un sacrificio a un dios, especialmente a Bakchos. Bacantes, entre los romanos. Estas cofradías recorrían las calles cantando y bailando, presas de tal alegría y excitación, que las producían (téngase en cuenta que se trata de mujeres) verdaderos paroxismos nerviosos, una especie de locura; si es que no se trataba de simples borracheras.

[40] He aquí estos reyes: Rómulus, Numa Pompilius, Tullus Hostilius, Ancus Martius, Tarquino, Servius Tullius y Tarquino el Soberbio. Por supuesto, reyes todos legendarios. Así, Rómulus y su hermano Remo eran descendientes de Eneias, hijo nada menos que de Afrodite y Agchises, y fueron amamantados por una loba bajo una higuera salvaje (más que la loba, sin duda). Hombres ya, fundaron una ciudad, a la que Rómulus dio su nombre y en la que acogió, tras de matar a su hermano, a todos los aventureros que quisieron llegar; y como

personaje muy importante pariente de la familia real. Uno de los hijos de este Tarquino, que había sido recibido en casa de Lucrecia como huésped, cometió con ella las mayores violencias. Lucrecia, tras haber proclamado a gritos el ultraje a sus amigos y parientes, se apuñaló. Con este motivo, expulsado Tarquino de la realeza, púsose en guerra con objeto de reconquistar el trono. Entre otras tentativas consiguió determinar a Porsena, rey de Etruria[41], a marchar contra Roma al frente de un ejército considerable. Al mismo tiempo que la guerra, el hambre cayó sobre los romanos. Mas sabiendo que Porsena era, no solamente un príncipe guerrero, sino además un monarca lleno de humanidad y de justicia, quisieron hacerle juez de su contienda con Tarquino. Éste se negó con altanería, repitiendo que si Porsena no seguía siendo para él un aliado fiel, menos podría ser un árbitro equitativo. Porsena, al punto, se separó de él, y se comprometió a evacuar el territorio de los romanos en calidad de aliado, cuando le hubiesen devuelto la parte de país arrebatada a los toscanos, así como los prisioneros de guerra. Con este motivo se le dieron como rehenes diez jóvenes varones y diez muchachas, entre éstas a Valeria, hija del cónsul Publicola. El monarca de Etruria hizo cesar al punto todos los preparativos de guerra empezados, sin esperar a que cada uno de los artículos de la capitulación fueran enteramente ejecutados. Las jóvenes romanas que estaban en su campo descendieron a lo largo del río como para bañarse, y se alejaron un poco. Luego, a petición de una de ellas, que se llamaba Clelia, ataron sus túnicas alrededor de su cabeza, y remontaron la corriente, que era muy rápida. Así atravesaron nadando remolinos profundos, agarrándose unas a otras, a costa de penas y fatigas increíbles. Hay quienes dicen que Clelia, habiendo tenido la suerte de encontrar un caballo, subió sobre él, y le hizo pasar dulcemente el río, mientras que las demás la seguían nadando, animadas y sostenidas por ella a despecho de todo. ¿En qué se apoyan para afirmar tal cosa? Un poco más lejos lo diremos. Cuando los romanos las vieron llegar sanas y salvas, pese a admirar su energía y su audacia, censuraron su vuelta, no pudiendo soportar la idea de ser inferiores en buena fe a uno sólo; intimaron, pues, a

---

careciesen de mujeres, robaron a las Sabinas; en fin, un día, pasando revista a su ejército, desapareció. Desde entonces, pese al asesinato de su hermano, y tal vez por ello, los bribones de que se había rodeado y las Sabinas que los encontraban muy a su gusto, le adoraron como a un dios. La verdad relativa a los otros seis reyes corre pareja, seguramente, con todo lo anterior.

[41] Etruria, antiguo país de la Italia continental, limitado al Norte por los Apeninos, al Sur por el Latium, al Este por el Tíber y al Oeste por el mar Tirreno.

las jóvenes a que partiesen, y las enviaron con una escolta. En el momento en que las hacían repasar el río, Tarquino, que había preparado una emboscada, estuvo a punto de apoderarse de ellas. Pero Valeria, la hija del cónsul Publícola, pudo huir en compañía de tres de sus servidores hasta el campo de Porsena, y el hijo de este príncipe, Arnus, acudiendo rápidamente en socorro de las otras romanas, las arrebató de manos de sus enemigos. Una vez conducidas delante del monarca, éste, al verlas, las intimó a que dijesen cuál de ellas había sido la instigadora de golpe tan atrevido[42] y había empezado su ejecución. Todas, temblando por Clelia, guardaron silencio; pero ella se denunció espontáneamente. Lleno de admiración, Porsena hizo traer un caballo ricamente enjaezado, se lo ofreció y las despidió a todas lleno de benevolencia y de cortesía. Esto es lo que hace decir a algunos que Clelia había atravesado el río a caballo. Otros dicen que no hay tal cosa, sino que Porsena, admirando en la joven una energía y una audacia muy superior a su sexo, la juzgó digna de un presente propio de un guerrero. Por ello puede verse aún en la vía sagrada una estatua ecuestre de mujer, que representa, según unos a Clelia, según otros a Valeria.

MIKKA Y MEGISTO

Aristotimos, habiendo usurpado el poder soberano en la Elide[43], debía su fuerza al rey Antígonos; pero usaba de la autoridad sin dulzura ni moderación. Feroz por naturaleza, el miedo le hacía, además, esclavo de bárbaros de todas clases a quienes había confiado la custodia de su persona y de su poder. Por violentos y numerosos que fuesen los ultrajes y malos tratos cometidos por aquella soldadesca contra los ciudadanos, él era insensible a sus males. Tal fue, entre otras, la desgraciada aventura de Filodemos. Este aldeano tenía una hija maravillosamente hermosa, llamada Mikka, sobre la cual Lukios, uno de los oficiales extranjeros a sueldo del tirano, fijó sus ojos más por brutalidad que por amor. Hace decir que quiere hablar con ella, y los parientes de la joven, obligados por la necesidad, la constriñen a acudir a la llamada. Como era una criatura generosa y magnánima, arrojose al cuello de su padre y le suplicó, con la mayor insistencia, que la matase antes de perder vergonzosamente su virginidad mediante un crimen. Esta escena retardó el momento de la entrevista. Lukios, que se hallaba bebido, borracho de libertinaje y de

---

[42] Se refiere al hecho de cruzar el río a costa de tanto esfuerzo y peligro.
[43] Elide o Elida, el Peloponeso.

vino, se lanzó fuera de la posada lleno de furor. Encuentra a Mikka con el rostro entre las rodillas de su padre. La ordena que le siga; ella se niega. Él la desgarra el traje, y desnuda, la golpea, pero sin que el dolor arranque un solo grito a la heroica joven. Al padre y a la madre, incapaces de obtener gracia mediante lágrimas y súplicas, no les quedaba sino protestar, implorando a hombres y dioses, contra tratos tan horribles e injustos; pero el bárbaro, fuera de sí a causa de la cólera y de la borrachera, estrangula a la joven tal cual se hallaba apoyada contra el seno de su padre. El tirano, lejos de conmoverse ante semejante atentado, condenó a muerte a un gran número de ciudadanos y desterró aun a más. Dícese que ochocientos se refugiaron entre los etolios, y que suplicaron a éstos que retirasen a sus nietos y sus mujeres de manos del tirano, y que se los entregasen. Poco tiempo después, Aristotimos mismo proclamó un edicto permitiendo a cuantas mujeres quisieran, ir a reunirse con sus maridos llevando con ellas una parte de lo que era de su propiedad personal. Y una vez que supo con la alegría que aceptaban las desdichadas su decreto (pasaban de seiscientas), las ordenó que se pusieran en marcha, juntas, un día que designó, con el pretexto de ocuparse él mismo de su seguridad. Llegado el día, se reunieron en las puertas, cargadas con cuanto habían podido llevar de sus riquezas. Unas tenían sus hijos en los brazos, las otras los transportaban en carros, así se esperaban hasta estar todas. De pronto presentose un numeroso destacamento de soldados del rey, los cuales, desde lejos, las gritaron que no saliesen del lugar. Luego, al llegar junto a ellas, las ordenaron hacer marcha atrás volviendo ellos mismos con ellas, empujándolas sin consideración contra carros y caballos y cabalgando por en medio de todo sin miramiento alguno. De tal modo, que las desdichadas no podían ni continuar, ni detenerse, ni socorrer a sus hijitos, que cayendo de los carros perecían aplastados entre las ruedas. Al fin, a latigazo limpio y entre gritos espantosos, aquellos soldados mercenarios las echaron por delante como a pobres ovejas que caen unas sobre otras. Así fueron llevadas hasta la prisión pública, siendo el dinero que llevaban para Aristotimos. Tantas atrocidades indignaron a los aldeanos. Las mujeres consagradas al culto de Bakchos, llamadas «las Dieciséis», cogen del altar del dios ramos de suplicantes y cintillas y van al encuentro de Aristotimos en medio de la plaza pública. Los guardias que le escoltan se separan como avergonzados. Ellas se acercan, primero en silencio, y en actitud religiosa presentan sus ramos. Pero cuando él se da cuenta de que vienen a implorar gracia para las mujeres, se enfurece contra sus satélites. Estalla en gritos por haberlas dejado acercarse, y les ordena expulsarlas de la plaza pública empujando a unas y golpeando a otras. Además, una multa de dos talentos es aplicada a cada una. Todos estos acontecimientos dieron como resultado una conspiración contra el tirano, capitaneada por un tal Hellánikos. Era un anciano al que la edad y la muerte de sus dos hijos parecían condenar ya a la inacción, de modo que el tirano ni se ocupaba ni se inquietaba por él. Al mismo tiempo los que habían sido desterrados volvían a Etolia, se apoderaban de Amimone, uno de los puestos militares más ventajosos de la comarca, y allí acogían a un gran número de ciudadanos que huían de Elís[44]. Tales movimientos alarmaron a Aristotimos. Fue, pues, al encuentro de las mujeres, y figurándose que obtendría más por el temor que por la dulzura, las ordenó que escribiesen a sus maridos para que abandonasen la comarca, amenazándolas, caso de negarse, con degollarlas tras haberlas sometido a las violencias más indignas y haber hecho morir primeramente a sus hijos ante ellas. Como tras insistir mucho tiempo tratase de forzarlas a decir si cuando menos algunas ejecutarían sus órdenes, ellas no respondieron; limitáronse a mirarse unas a otras, testimoniándose mediante signos mudos que no tenían miedo y que sus amenazas no las espantaban. Una tan sólo rompió el silencio. Fue la mujer de Timoleón, Megisto, la cual, tanto a causa de su marido como a causa de su virtud, ocupaba el primer rango entre todas. Sin dignarse levantarse, ni consentir que sus compañeras lo hiciesen, le respondió, sentada cual estaba: «Si fueras un hombre sensato, no tratarías con mujeres sobre lo que deben hacer sus maridos. A ellos, que son nuestros amos, es a quienes te dirigirías, y encontrarías en ellos discursos mejores que esos mediante los cuales nos has engañado. Mas si esperas servirte de nosotras para engañarles, a ellos también, desesperando de persuadirles por ti mismo, en vano tratarás de burlarlos una vez más; por su parte, puedes creer que no serán tan villanamente inspirados como para sacrificar por algunos niños y unas cuantas mujeres la independencia nacional. No, no sería para ellos una desgracia tan grande perdernos, puesto que ya no nos tienen, como ventaja sería librar a sus conciudadanos de tu crueldad y de tus insolencias». Mientras que Megisto hablaba de este modo, Aristotimos, que apenas podía contenerse, ordenó que fuese traído el hijo de esta valerosa mujer, con objeto de hacerle perecer ante sus propios ojos. Y como los satélites le buscasen entre los demás niños (estaban todos jugando y luchando entre ellos), ella misma le llamó por su nombre: «Ven aquí, hijito querido —le dijo—, para que te veas libre, antes de sufrirla y comprenderla, de una odiosa tiranía. Más penoso me sería saberte reducido a una indigna esclavitud que ser testigo de tu muerte». Aristotimos había sacado su espada y ya se lanzaba enfurecido contra ella, cuando uno de sus familiares, llamado Kilón, que parecía serle adicto,

---

[44] Elis, capital de la Elide.

pero que le detestaba y formaba parte de la conjuración organizada por Hellánikos, retuvo al tirano y desvió su brazo, al tiempo que le decía, dando a sus palabras el acento de una súplica, que sería obrar como un cobarde, como una mujerzuela y no como un soberano y como un hombre que sabe conducir los negocios, el obrar de aquel modo. Breve, obró tan bien, que recobrando con gran esfuerzo su razón, Aristotimos se retiró. Y un prodigio extraordinario se le apareció. Era mediodía, y descansaba con su mujer mientras preparaban la comida. En aquel momento vieron planear en el aire un águila que, girando en torno al palacio, y como con propósito premeditado, dejó caer una piedra enorme precisamente en la parte del tejado que correspondía a la cámara ocupada en aquel momento por Aristotimos. Al mismo tiempo que con ello se producía arriba un ruido enorme, los criados al ver el ave, habían empezado a gritar desde el exterior. Aristotimos, espantado, se hizo referir lo que ocurría; y haciendo venir al adivino que daba sus consultas habitualmente en la plaza pública, lo interrogó, todo turbado, sobre aquel prodigio. El adivino le aconsejó que no se intranquilizase, asegurándole que Zeus había querido despertarle y socorrerle. Pero a los ciudadanos en quienes confiaba, este mismo adivino les anunció que muy pronto el castigo, suspendido sobre la cabeza del tirano, no dejaría de aplastarle. Hellánikos, con los otros conjurados, dedujeron que no había tiempo que perder. Creyó ver a uno de sus hijos (ambos estaban muertos) presentarse ante él para decirle: «¿Qué haces, padre mío? ¿Duermes cuando mañana será preciso que mandes las tropas de la ciudad?» Esta aparición le llenó de venturosa confianza y se reunió con sus compañeros. Entretanto Aristotimos, que había sabido que Krateros[45] venía a su socorro con fuerzas considerables, y que estaba acampado en Olimpia, se sintió de tal modo reconfortado que sin ninguno de sus satélites fue hasta la plaza pública en compañía de Kilón. Hellánikos juzgó que el momento era propicio. En vez de dar la señal convenida con los que debían obrar, levantó sus manos al cielo, al tiempo que exclamaba con voz resonante: «¿Para qué esperar más, valerosos amigos? ¡Hermoso teatro para luchar este que se os ofrece en medio de la patria!» El primero de todos, Kilón, habiendo sacado su espada, hirió con ella a uno de los que habían venido para seguir al tirano. Tras él Trasiboulos y Lampis corrieron hacia Aristotimos. Éste no tiene tiempo sino de refugiarse en el templo de Zeus, pero allí mismo es muerto. Su cuerpo es arrastrado al ágora. Los conjurados llamaron a los ciudadanos a la libertad. Éstos no se adelantaron en gran número a sus propias mujeres,

---

[45] Con el nombre de Krateros hubo un general de Alexandros el Grande.

de tal modo ellas se apresuraron a acudir, lanzando frenéticos gritos de alegría. Y rodeando a los hombres que habían cumplido la ejecución ciñeron sus cabezas de coronas. La multitud corrió después al palacio del tirano. Su mujer, tras haberse encerrado en su habitación, habíase ahorcado. Quedaban las dos hijas, aún vírgenes, que eran de gran belleza y ya en edad de casarse. Se apoderaron de ellas; las arrastraron fuera del palacio para hacerlas perecer sin remisión, y se dispusieron a abrumarlas, primero de malos tratos; luego, de los más infames ultrajes. Pero Megisto había acudido en unión de sus compañeras. Y gritó que la conducta de los hombres sería indigna si, pretendiendo representar la democracia, se atrevían a cometer brutalidades semejantes a las de los tiranos. La mayor parte obedeció al ascendiente de esta heroína, que acompañaba de lágrimas un lenguaje tan atrevido. Fue decidido que librarían de afrentas a las jóvenes princesas, y que se les permitiría darse ellas mismas la muerte. Volvieron, pues, al palacio, y se les conminó a quitarse al punto la vida. Miro, la mayor, desató su cinturón, hizo con él un nudo corredizo, y tras haber abrazado a su hermana, la animó a mirar atentamente y a ejecutar al punto lo que hubiera visto hacer: «Es —dijo—con objeto de que no muramos vergonzosamente y de una manera indigna de nosotras». Pero la más joven le pidió permiso para matarse la primera, y cogió el cinturón. «Jamás me he negado a ninguno de tus ruegos —le dijo Miro—; recibe, pues, una nueva prueba de mi ternura. Yo tendré valor y sufriré un suplicio más terrible aún que la muerte, viéndote, oh hermana querida, expirar ante mí». Al mismo tiempo la mostró cómo era preciso ponerse el nudo corredizo en torno al cuello. Cuando la vio muerta, la desató y la cubrió con cuidado. En cuanto a ella misma, rogó a Megisto que la concediese un servicio semejante y que no permitiese que tras su muerte fuera expuesta de una manera vergonzosa. Sucediendo, que entre los asistentes no se encontró uno tan duro y suficientemente enemigo del tirano, como para contemplar sin verter lágrimas y sin sentirse movido a compasión, el heroísmo de aquellas dos jóvenes.

Entre los millares de actos de valor cumplidos por mujeres, los que acabamos de citar bastan. Ahora pasamos a las acciones individuales; y a medida que se presentarán, las iremos reproduciendo sin orden, pues no creemos que el orden cronológico sea necesario en esta clase de relatos.

PIERIA

Algunos de los ionios venidos a Miletos, habiéndose querellado con el hijo de Neleus[46], se fueron a Miante y allí se establecieron. Mucho tuvieron que lamentar de los milesios, que les declararon la guerra a causa de esta defección. No obstante, las hostilidades fueron cortadas por algunas treguas y toda relación no desapareció entre ellos. Hubo más: con motivo de ciertas fiestas, las mujeres de Miante iban a Miletos. En la primera de estas dos ciudades habitaba un ciudadano de los principales, llamado Pites, cuya mujer se llamaba Iapigia y la hija Pieria[47]. Un día que los milesios celebraban en honor de Artemis uno de esos sacrificios calificados por ellos de «Neleides», Pites cedió al deseo que le manifestaron su mujer y su hija, y las envió a la ceremonia. Aquel de los hijos de Neleus que gozaba de más crédito, Frigios era su nombre, se enamoró de Pieria. Y buscando qué podría hacer para serla agradable, ella le dijo: «Procurarme los medios de que pudiera venir aquí con frecuencia y bien acompañada». Frigios comprendió que aquello equivalía a pedir que la paz y la unión reinase entre los ciudadanos de ambas ciudades, y se las arregló de tal modo que la guerra se terminó. A causa de ello, tanto en una como en otra ciudad Pieria estaba en la cúspide de la gloria y del honor. Hoy mismo uno de los rezos dirigidos a los dioses por las milesias es éste: «¡Que seamos amadas por nuestros maridos tanto como Pieria lo fue por Frigios!».

POLIKRITE

Entre los habitantes de Naxos[48] y los de Miletos prodújose una guerra con motivo de la mujer del milesio Hipsikreón. Ésta se llamaba Neera. Habiéndose enamorado de un huésped de su marido, Promedón, de Naxos, se permitió con su amante frecuentes travesías por mar, y acabó siendo suya. Pero como temía a su marido, se hizo conducir a Naxos por Promedón, y allí se instaló en calidad de suplicante de Hestia[49]. Los de

---

[46] Neleus, padre de Néstor, el más sabio y prudente de los héroes troyanos.

[47] Con el nombre de Pieria se conocía una comarca de Macedonia, cerca del Olimpos, que pasaba por morada de las Musas.

[48] Naxos, isla griega del mar Archipiélago, la más importante de las Kiklades (Cicladas).

[49] Hestia era la diosa del hogar: la Vesta latina.

Naxos no quisieron entregarla porque deseaban ser agradables a Promedón, y pusieron como pretexto su carácter de suplicante. Entonces fue declarada la guerra. Varios pueblos, entre ellos los iónicos y los eritreos con más ardor que los demás, tomaron partido por los milesios. Las hostilidades fueron largas y desastrosas, y fue preciso la virtud de una mujer para ponerlas fin, cual la perversidad de otra la había originado. Diognetos, general de los eritreos, ocupaba un puesto cuya custodia le había sido encomendada. Era una fortaleza que dominaba Naxos, y naturalmente protegida, bien que también hubiese sido dispuesta por los hombres. En salidas que hacía frecuentemente, Diognetos cogía un botín considerable, parte de él mujeres y jóvenes que retenía prisioneras. Habiéndose enamorado de una de estas, llamada Polikrite, empezó a tratarla, no como a prisionera, sino cual si hubiese sido su mujer legítima. Un día celebrábase una fiesta entre las tropas de los milesios; todos estaban entretenidos en beber y divertirse. Polikrite preguntó a Diognetos si se opondría a que enviase a sus hermanos algunas golosinas. Habiendo él consentido e incluso estimulado a que lo hiciese cuanto antes, ella metió en uno de los pasteles una tablilla pequeña de plomo, escrita, y mediante el portador del regalo, recomendó a sus hermanos que estuviesen solos en el momento de comer lo que les enviaba. Ellos encontraron la tablilla y leyeron lo que Polikrite había escrito en ella. Les decía que atacasen aquella misma noche a los milesios que, borrachos todos a causa de la fiesta, no estarían dispuestos para recibirles. Ellos entonces comunicaron el aviso a sus jefes, y con ellos se lanzaron al ataque. El fuerte fue tomado; un gran número de enemigos perecieron, pero Diognetos, a petición de Polikrite, fue respetado y pudo salvar su vida. En cuanto a ella, al llegar a las puertas de la ciudad, fue recibida por los ciudadanos que salieron a su encuentro para ofrecerla, llenos de alegría coronas como homenaje de admiración. Mas ella, incapaz de resistir tanta ventura, cayó agonizante en las puertas mismas. Y allí fue enterrada, y el sitio es llamado «Tumba de la Envidia», cual si por un sentimiento de celos, la Fortuna hubiese envidiado a Polikrite, el disfrute de los honores que le estaban destinados a ella.

He aquí ahora cómo los historiadores de Naxos relatan el hecho. Según Aristóteles[50], Polikrite no había sido hecha prisionera. Diognetos la había

---

[50] No sé que pueda ser otro historiador que Aristóteles de Chalkis (Calcis), autor de una historia de Eubota (Eubea). A no ser que se trate del propio Aristóteles, discípulo de Platón, si se tiene en cuenta que poco después añade Ploutarchos: «según cuenta el filósofo».

visto en otras circunstancias, habíase enamorado de ella, y la había dicho que estaba decidido, por amor, a darla y a hacer cuanto ella le pidiese. Ella entonces le dijo que estaba dispuesta a irse junto a él con tal de que él la hiciese una sola promesa, para lo cual, según cuenta el filósofo, exigió a Diognetos un juramento. Cuando lo hubo pronunciado ella le dijo que quería que le entregase Delia (tal era el nombre de la fortaleza), añadiendo que si no consentía, jamás sería de él. Vencido por su amor y encadenado por el juramento, Diognetos cedió. Entregó el fuerte a Polikrite y ella se lo rindió a sus conciudadanos. Con ello los de Naxos estuvieron en igualdad con sus adversarios, y pudieron, mediante las condiciones que les convinieron, tratar de paz con los milesios.

LAMPSAKE

Había en Fócide dos hermanos gemelos, de la raza de los Podridas[51], llamados Fobos y Blepsos. Fobos fue el que, según el historiador Charón de Lampsako[52], se precipitó el primero desde el promontorio de Leikatas [53] al mar. Revestido de poder y prerrogativas iguales o las de un rey, sucedió que un día este Fobos fue, por mar, a Parión[54] para asuntos privados. Allí fue huésped y amigo de Mandrón, que reinaba sobre los bebriques llamados pitiesenios, y le socorrió en la guerra en que el otro tenía que hacer para rechazar el ataque de los pueblos vecinos. Por ello, cuando se reembarcó, Mandrón le dio muchas pruebas de agradecimiento, comprometiéndose, entre otras promesas, a darle una parte de su territorio y de su reino si quería hacerse amigo de los focenses y fundar una colonia en Pitiessa. Fobos determinó a ello a sus compatriotas, e hizo partir a su hermano a la cabeza de los futuros colonos. En lo que al rey respecta, todo se realizó a medida de sus esperanzas; pero como se enriqueciesen considerablemente a expensas del botín y despojos que cogían a los bárbaros sus vecinos, excitaron, primero la envidia, luego el miedo de los bebriques, que quisieron desembarazarse de ellos. Mandrón era un príncipe bueno y justo y no pudieron animarle contra aquellos griegos.

---

[51] Descendientes de Kodros, rey de Atenas.

[52] Charón de Lampsako, historiador griego contemporáneo de las guerras médicas. Además de una obra sobre los orígenes de su ciudad, había compuesto una lista de los reyes de Esparta y dos historias, una de Persia y otra de los griegos.

[53] Léikatas, promotoria de la isla de Leikas.

[54] Parión, puerto de Misia, sobre la Prepóntide (hoy Kemer o Komarés).

Pero aprovechando la ocasión de un viaje que había emprendido, se dispusieron a hacer perecer a los focenses por la astucia. Pero sucedió que su propósito fue conocido con antelación por Lampsake, la hija de Mandrón. Entonces y lo primero, trató de disuadir a sus amigos y próximos: les demostró que sería una infamia y un sacrilegio hacer perecer a los que, tras haber sido sus bienhechores y aliados, habíanse tornado incluso sus conciudadanos. Pero no pudo convencerles. Entonces, reveló en secreto a los griegos lo que se tramaba, y les invitó a tomar sus precauciones. He aquí por qué éstos, tras haber preparado un sacrificio y un banquete, invitaron a los pitiesenios a que viniesen allí, fuera de la ciudad, en uno de los arrabales. Luego (durante el festín), habiéndose dividido en dos tropas, unos fueron a ocupar los bastiones y murallas mientras los otros degollaron a los habitantes. Una vez dueños de la ciudad, trataron de hacer venir a Mandrón invitándole a que reinase sobre ello. En cuanto a Lampsake, a la que una enfermedad arrebató entretanto, le consagraron en la ciudad una sepultura magnífica, y fue por ella por lo que dieron a la ciudad el nombre de Lampsako. Pero Mandrón, que no quería que sospechasen de él como traidor, se negó a volver. Al contrario, pidió que le enviasen los hijos y las mujeres de los que habían hecho perecer. Lo que se apresuraron a hacer sin infligirles ningún mal trato. Además, no contentos con los honores semidivinos concedidos a Lampsake, decretaron posteriormente que sacrificarían en su honor como en el de una diosa, y su culto se ha perpetuado hasta nuestros días.

ARETAFILA

Aretafila de Kirene[55] no se remonta a mucha antigüedad. Vivía en tiempo de Mitrídates[56]. Su virtud y el acto lleno de resolución que cumplió la hacen digna de figurar ventajosamente en el consejo de semidiosas. Era hija de Eglator y de Fedima, personajes ambos de gran consideración. Además de su maravillosa belleza, pasaba por gozar de excelente buen sentido y por muy versada en ciencia política. Las desgracias públicas de su patria dieron ocasión para poner de relieve estas cualidades. Nikokrates había usurpado el poder soberano en Kirene. Condenó a muerte a un gran número de ciudadanos, y entre otros a un sacerdote de Apolo llamado Melanippos, al que mató con sus propias

---

[55] Kirene, colonia griega de África.
[56] Mitrídates el Grande, rey de Persia de 129 a 63 a. d. J.; enemigo implacable de los romanos.

manos con objeto de apoderarse del sacerdocio. Bajo sus golpes había perecido también Fedimos, el esposo de Aretafila, con la cual se casó al punto el tirano forzando la voluntad de ella. Y no se contentó con asentar golpe tras golpe a las leyes, sino que llegó hasta colocar a las puertas de la ciudad guardianes encargados de ultrajar a los muertos que eran conducidos a su última morada. Acribillaban los cadáveres a puñaladas y aplicándoles hierros al rojo. Todo por miedo a que algún ciudadano pudiera escapar de la ciudad haciéndose pasar por muerto. Aretafila soportaba con mucha pena sus males particulares, pese a la gran parte que el tirano, muy enamorado de ella, la concedía de su mucho poder. En efecto, ejercía sobre él una especie de dominio. Por lo demás, inflexible y feroz, si venía alguna vez a mejores sentimientos era gracias a ella. Pero lo que más la desolaba era los sufrimientos de su patria indignamente oprimida. Los ciudadanos eran degollados unos tras de otros y no se esperaba la venganza por ningún lado, pues los que habían sido desterrados sentíanse desprovistos de todo recurso y, llenos además de terror, hallábanse dispersos por todas partes. Aretafila decidió constituirse ella sola la común esperanza de todos. La noble bravura que había hecho tan célebre a Tebé, la mujer del tirano de Feres[57], la inspiraba una gloriosa emulación. Cierto que hallábase privada de la asistencia amistosa que Tebé había encontrado en su familia; no obstante, resolvió hacer morir a Nikokrates mediante un veneno. Preparándolo todo con objeto de cumplir este propósito se procuró varias sustancias ponzoñosas. Y las ensayaba cuando fue descubierta y denunciada. A los primeros indicios la madre del tirano, Kalvia, mujer de un natural sanguinario e inflexible, quiso que inmediatamente condenasen a Aretafila a muerte, tras haberla hecho sufrir los más vergonzosos tratamientos. Nikokrates, al contrario, encontraba, llevado de su amor, pretextos para retardar e incluso dulcificar los efectos de su furor. Por otra parte, la energía con que Aretafila rechazaba las acusaciones y se defendía, parecía justificar de cierto modo sus disposiciones. Pero cuando, abrumada por las pruebas, vio además que sus preparativos para el envenenamiento eran imposibles de negar acabó por confesar, pretendiendo, no obstante, que no era un brebaje mortal lo que había dispuesto: «Querido esposo —dijo— lucho por salvar mis más preciosos intereses, es decir, la ternura que sientes hacia mí, mi gloria y el poder, que gracias a ti, me está permitido disfrutar. Excito, pues, la envidia de muchas mujeres criminales de las cuales temo los venenos y los artificios, y he acabado por persuadirme de que debía tratar de prevenirlos.

---

[57] Feres, antigua ciudad de Tesalia, junto al lago Beleris, hoy Velestino.

Tal vez soy algo loca, tal vez cedo demasiado a las debilidades de mi sexo; pero no merezco la suerte con que se me amenaza, a menos que mi señor y juez se decida a hacer perecer, por haber usado filtros y encantamientos, a quien sentía la necesidad de hacerse amar de él más ardiente aún de lo que él quería». Nikokrates creyó su deber poner a prueba la sinceridad de semejante justificación. En presencia de Kalvia, aquella mujer dura e implacable, hizo sufrir a Aretafila un penoso tormento; mas ella opuso a los verdugos una firmeza tan invencible que la suegra acabó por fatigarse y renunció a la prueba bien a pesar suyo. En cuanto a Nikokrates, convencido de la inocencia de Aretafila, no solamente hizo cesar la tortura, sino que se arrepintió de haber recurrido a ella. Pocos días habían transcurrido, cuando ya su amor le empujó hacia ella, volviendo a traerla junto a él y haciendo cuanto estaba en su mano para volver a ganar su benevolencia a fuerza de homenajes y ternuras. Pero ella no debía ceder a las dulzuras, puesto que había sabido triunfar de las torturas y del dolor. Su noble patriotismo creció aún en deseos de venganza, y para ello imaginó otro medio. Tenía una hija en edad de casarse y suficientemente hermosa. De ella se sirvió como cebo para atraer al hermano de Nikokrates, joven que se dejaba atrapar fácilmente mediante los atractivos del placer. La opinión más general es que Aretafila se valió de filtros y encantamientos con su hija, para que ésta subyugase al príncipe y le hiciese perder la cabeza. Él se llamaba Leandros. Una vez cogido, no hubo reposo ni tregua mientras su hermano no le permitió casarse. Por un lado, la joven, a quien su madre había enseñado muy bien su papel, empezó, desde aquel momento, a excitar a Leandros: le persuadió de que debía libertar la ciudad, que él mismo no era libre bajo un gobierno tiránico, y la prueba era que ni el derecho tenía de elegir compañera. Por otra parte, los amigos del joven insinuaban siempre en su espíritu cargos y sospechas contra su hermano, deseosos de congraciarse con Aretafila. Y en cuanto supo que ésta abrigaba los mismos propósitos que él y que por su parte obraba vigorosamente, precipitó la ejecución. Ganó a un servidor llamado Dafnis, e hizo que éste matase a Nikokrates. Pero a partir de aquel momento, lejos de acercarse a Aretafila, Leandros mostró al punto con sus actos, que si había matado a su hermano, el tirano no había muerto en él, y desplegó por su parte el despotismo más brutal y más insensato. No obstante, Aretafila gozaba a su lado de un poco de honor y de autoridad. Ella, por su parte, parecía no odiarle, y no le hacía una guerra abierta. Pero disponía sus planes en secreto. Empezó por suscitar contra él una expedición de libios, decidiendo a un reyezuelo llamado Anabus a invadir la comarca y marchar contra Kirene. Al punto calumnió a Leandros mismo, a sus amigos y generales; le dijo que no tenían ardor alguno combatiendo y que preferían la paz y la tranquilidad.

Añadió, además, que sin duda él mismo deseaba tal estado de cosas con objeto de conservar vida y trono y consolidar su autoridad entre sus súbditos. Prometió al mismo tiempo arreglar una cesación de hostilidades, diciéndose capaz, por poco que la autorizase, de determinar a Anabus a un arreglo que evitaría los daños punto menos que irreparables de toda guerra. Leandros entonces la invitó a que lo hiciese; y Aretafila empezó por celebrar una entrevista particular con el africano; y a fuerza de larguezas y de dinero, le hizo prometer que se apoderaría de la persona de Leandros cuando éste viniese a la conferencia. El africano se comprometió. El tirano por su parte empezó a dudar; pero cuando Aretafila le dijo que ella estaría presente en el encuentro, sintió vergüenza y partió sin armas y sin escolta. Y apenas había llegado y visto de lejos a Anabus, fue cogido de un vivo sentimiento de repugnancia, y quiso esperar aún a sus satélites; pero Aretafila, que estaba allí, supo retenerle dirigiéndole palabras ora tranquilizadoras, ya reproches. Y como dudase aún, le cogió de la mano con movimiento enérgico y resuelto, y le hizo acercarse al bárbaro. Era entregarle a mansalva a su enemigo. Inmediatamente se apoderaron de él. Detenido, cargado de cadenas, fue guardado a vista por los africanos, hasta el momento en que los amigos de Aretafila llegaban con las cantidades prometidas y seguidos de los demás ciudadanos. Porque éstos, apenas enterados de lo que ocurría, habían acudido en tropel a la llamada. Apenas vieron a Aretafila, a punto estuvieron de olvidar la cólera que sentían contra el tirano. El deseo de consumar su venganza no fue el que les pareció más imperioso. Su primer movimiento, su primer acto de libertad fue saludar unánimemente a aquella mujer generosa con demostraciones de alegría y torrentes de lágrimas. Se posternaban a sus pies como ante la estatua de una diosa. Las olas de adoradores se sucedían sin interrupción, y tan sólo con mucho trabajo, llegada ya la noche, y tras hacerse entregar a Leandros, volvieron hacia la ciudad. Entonces satisfechos de los elogios y homenajes que habían tributado a Aretafila, pensaron en ocuparse de los tiranos. Kalvia fue quemada viva. Leandros, dentro de un saco bien cosido, fue arrojado al mar. Luego decidieron que Aretafila compartiría el gobierno del Estado y la autoridad soberana con los principales ciudadanos. Pero ella, cual habiendo conducido un drama de los más largos y complicados hasta el momento en que se concede la corona, la tardaba el volver a su gineceo, renunció, pues a toda participación en los negocios públicos, y a partir de aquel día pasó tranquilamente el resto de su vida ocupada en trabajos de aguja, en medio de sus amigos y familiares.

KAMMA

Había en Galatia[58] dos tetrarcas[59] poderosos, parientes bastante próximos uno de otro. Se llamaban Sinatos y Sinorix. El primero había desposado a la joven Kamma, notable por los encantos de su belleza y de su edad; pero más admirada aún a causa de su virtud. No solamente era prudente y muy afecta a su marido, sino que, además, tenía un espíritu eminente y una grandeza de alma poco común, de modo que era adorada por sus súbditos a causa de su dulzura y de su bondad. Lo que le daba más relieve aún era el ser sacerdotisa de Diana, divinidad principal de los gálatas. En las ceremonias y sacrificios veíasela siempre suntuosamente ataviada. Y Sinorix se enamoró de ella; mas desesperando de llegar a poseerla ni por la fuerza ni mediante la persuasión mientras viviese su marido, consumó un crimen odioso. En efecto, hizo perecer a Sinatos valiéndose de la astucia, y no había pasado mucho tiempo de ello cuando solicitó la mano de Kamma. Ésta había fijado su residencia en el templo, y lejos de entregarse a la aflicción y al abatimiento, esperaba con valor y sangre fría la ocasión de hacer expiar a Sinorix su horrible crimen. Éste insinuábase más de día en día, y parecía no carecer de razones especiosas. Decíala que, superior en todo a Sinatos, le había hecho perecer por amor hacia ella, pero no llevado de otro sentimiento malo cualquiera. La joven viuda empezó por no oponer negativas demasiado severas. Luego pareció dulcificarse poco a poco, tanto más cuanto que sus parientes y amigos insistían sobre ello. Como éstos querían agradar a Sinorix y ganar su protección, porque gozaba de un poder considerable, empleaban respecto a Kamma ora la violencia, ora la persuasión. Ella consintió al fin. Le hizo decir que viniese a su lado, pues quería, tales fueron sus palabras, «que la diosa fuese garante de su unión y de su fidelidad recíproca». Cuando se presentó, tendiole afectuosamente la mano para conducirle hasta el altar. Luego, tras haber hecho libaciones con una copa, ella bebió una parte del

---

[58] Con el nombre de Galatia se designaba, no solamente cierta comarca del Asia Menor, sino la Galia tanto transalpina como cisalpina. Aquí se trata seguramente de ésta, puesto que en la Galatia gala, cada una de las tres tribus estaba dividida en cuatro tetrarquías e inmediatamente se habla de tetrarcas.

[59] Tetrarca, gobernador de una tetrarquía y también jefe de una tetrarquía o división de la falange griega (cuerpo de caballería compuesto de cuatro escuadrones). En el mundo grecorromano llamaban «tetrarquía» (gobierno de «un cuarto», de una cuarta parte) a cada uno de los gobiernos distintos de una comarca dividida en cuatro partes.

brebaje contenido en ella e hizo beber el resto a Sinorix: pero, era hidromiel envenenado. Una vez que estuvo segura de que había bebido, lanzó un grito estrepitoso y, posternándose a los pies de la diosa, exclamó: «¡Divinidad venerable!, tan sólo por llegar a este momento he sobrevivido a la muerte de mi Sinatos; y durante toda mi viudez la esperanza de vengarme ha sido la única dulzura que he tenido viviendo. Ahora que esta venganza ha sido satisfecha, bajo feliz a reunirme con mi esposo. En cuanto a ti, ¡el más infame de los hombres!, en vez de matrimonio y de lecho nupcial es una tumba lo que los tuyos tendrán que preparar». Oyendo estas palabras el gálata lanzose hacia su carro, pues esperaba, sintiendo ya el veneno obrar y torturar sus entrañas, que el movimiento y la agitación le serían beneficiosos; mas pronto tuvo que descender y hacerse colocar en una litera. Aquella noche misma expiraba. Kamma vivió aún toda la noche; supo que Sinorix había dejado de existir, y así, llena de valor y de alegría, vio venir la muerte.

STRATONIKE

La Galatia tuvo aún dos mujeres dignas de pasar a la posteridad: Stratonike, esposa de Deiotaros, y Chiomara, mujer de Ortiagón. Stratonike sabía que su marido deseaba hijos legítimos para dejar el trono a sus herederos, y como ella no podía ser madre, le aconsejó que tomase otra mujer: con ello tendría hijos que podrían constituir, sin escándalo, la legitimidad de su descendencia. Deiotaros, admirando su desinterés, la hizo dueña de todo y le permitió disponer libremente. Entonces ella misma eligió entre las cautivas una joven admirablemente bella, a la que cedió su lugar junto a Deiotaros. Este príncipe tuvo de ella hijos, y Stratonike los educó con la misma ternura y magnificencia que si hubiesen sido suyos propios[60].

---

[60] El fotograbado de la cubierta es la reproducción del admirable cuadro de Ingres denominado «Stratonike». Ahora bien, lo que no estoy seguro es de si Ingres ha querido inmortalizar en su magnífico lienzo a la generosa mujer de Deiotaros, o la no menos grande generosidad de un hombre de Seleukos Nicator, rey de Siria (siglo III a. de J.), que, casado con otra Stratonike, de belleza deslumbradora, hija de Demetrios Poliorketes, y sabiendo que su hijo Antiochos Soter moría verdaderamente de amor por ella, tomó la resolución heroica de divorciarse, ahogando su propia pasión, por salvar a su hijo, al que unió a Stratonike.

CHIOMARA

Chiomara, mujer de Ortiagón, se halló entre las demás prisioneras de Galatia cuando los romanos, conducidos por Oneius Manlius, deshicieron en una batalla a los gálatas de Asia[61]. El oficial que se había apoderado de ella abusó de la ocasión obrando como verdadero soldadote, y deshonrando con su contacto a la cautiva. Era un hombre grosero y para él no había límite alguno cuando se trataba o de placer o de dinero. No obstante, esta última pasión fue la más fuerte en él; y como le había sido prometido un rescate considerable por Chiomara, la condujo, para cambiarla contra dinero contante y sonante, al borde de un río que separaba ambos ejércitos. Pero en el momento en que los gálatas, habiendo atravesado el río, contaban el dinero y se disponían a rescatar a Chiomara, ella hizo señas a uno de los suyos para que atacase al romano que se despedía de ella entre demostraciones afectuosas. El gálata obedeciendo, le cortó la cabeza, que Chiomara cogió para envolverla entre los pliegues de su traje, y partieron. Cuando llegó junto a su marido, arrojó aquella cabeza ante él, y como él gritase, transportado de admiración: «¡Qué cosa hermosa es, oh esposa querida, la fidelidad!», ella respondió: «Sí, pero aún es más hermoso que entre los hombres vivos del mundo haya ¡uno solo! que se haya acercado a mí». Polibio[62] cuenta haber tenido ocasión en Sardes, de conversar con esta valerosa mujer, de la que admiró la magnanimidad de corazón y superior inteligencia.

UNA JOVEN DE PERGAMÓN

Mitrídates, tras haber atraído a Pergamón[63], fingiéndose su amigo, a sesenta de los principales gálatas, afectaba testimoniarles desdén y los trataba como verdadero déspota. Ellos estaban indignadísimos. Uno,

---

[61] Aquí no hay duda que se trata de la Galatia de Asia. Pero en el caso de Kamma (V. n. 56), a juzgar por los nombres, creo que se trata, como he dicho, de la Galatia gala.

[62] Políbios, historiador griego nacido en Megalópolis (Arkadia) hacia 208 a. d. J. Es autor de una «Historia general» magnífica, de la que no quedan sino cinco libros completos Murió en 125.

[63] Pergamón (Pérgamo), ciudad de Misia (Asia Menor), célebre no solamente a causa de su copiosa y magnífica biblioteca, sino por ser la primera ciudad donde se preparó el «pergamino».

llamado Poredorax, tetrarca de Tosiopes[64], era notable a causa de su
fuerza física y de la energía de su carácter. Pues bien, éste se encargó de
coger a Mitrídates, cuando este príncipe estuviese haciendo justicia
sentado en su trono en el gimnasio, y de precipitarle, con trono y todo, en
el lodazal próximo. Pero la casualidad quiso que aquel día Mitrídates no
fuese al gimnasio y que, en cambio, hiciese ir a los gálatas a su palacio.
Poredorax exhortó a sus compañeros con vehemencia a lanzarse sobre el
tirano cuando estuviesen junto a él y a hacerle pedazos tras haberle dado
muerte. A causa de una denuncia, el complot llegó a oídos de Mitrídates, y
entregó sucesivamente a cada gálata al hierro del verdugo. Mas de pronto
acordose de un joven que, entre ellos, llevaba gran ventaja a los de su edad
a causa de su gracia y hermosura. Entonces la compasión y el
arrepentimiento turbaron su corazón; y se afligió tanto más cuanto que el
joven debía de haber sido una de las primeras víctimas. No obstante, envió
a alguien a todo correr, con orden de ponerle en libertad si aún estaba
vivo. Este adolescente se llamaba Bepolitanos, y su suerte en esta
circunstancia fue admirable. En el momento de ser detenido llevaba un
vestido de los más hermosos y ricos, que el verdugo quiso guardarse sin
mancharle de sangre. Estaba, pues, desnudando con toda calma y cuidado
al preso, cuando vio llegar corriendo a los que venían de parte del rey,
gritando al mismo tiempo el nombre del joven. Y he aquí como fue
salvado en contra de cuanto se podía esperar, a causa de la avidez[65],
pasión que ha perdido a tantos otros. En cuanto a Poredorax, tras haber
sido descuartizado, fue arrojado a un muladar, privándosele de
sepultura[66], sin que ningún amigo se atreviese a acercarse a sus restos.
Sólo una joven de Pergamón, cuya belleza había hecho que el gálata la
conociese antes de morir, trató de enterrar su cuerpo tras haberle envuelto.
Pero los guardianes se dieron cuenta y fue conducida ante el rey. Dícese
que viéndola Mitrídates experimentó una gran emoción, de tal modo su
candor y juventud la hacían más niña de lo que era; y, como es natural,

---

[64] No hay seguridad sobre este nombre. Wyttembach quiere que se lea
Tolistobages.
[65] Tal vez fuese mejor traducir «vanidad» que «avidez». De traducir esto,
como he hecho, hay que entender que a muchos les costó la vida la avidez de los
demás hacia sus riquezas. Es decir, la conveniencia, para estar seguros, de no
suscitar envidias y codicias.
[66] Lo peor que les podía ocurrir a los antiguos era quedar sin sepultura. (V.
sobre esta cuestión en «Sócrates», de Xenofón, la Colección La Crítica Literaria,
lo relativo a las islas Arginusai, por ejemplo, en donde me ocupo larga y
detalladamente sobre ello.)

esta emoción aumentó al saber que el amor era la causa de su valor. Ello hizo que su cólera se apagase. E incluso permitió a la joven llevarse y enterrar al muerto, y que los vestidos fúnebres, así como todos los gastos de sepultura, corriesen de cuenta de la corona.

TIMOKLEIA

Teágenes el tebano, animado en interés de su patria de los mismos sentimientos que Epameinondas, que Pelópidas y que los más bravos ciudadanos, fracasó ante la fatalidad que abatió a toda la Grecia en Cheironeia[67]. Sucumbió en el momento en que, ya victorioso, perseguía al enemigo con su espada sobre ellos. Fue a él a quien uno de los fugitivos gritó: «¿Hasta dónde nos perseguirás?» A lo que Teágenes respondió: «Hasta las fronteras de Macedonia». Al morir dejó una hermana, cuyo mérito bastaba para atestiguar que el hermano había sido tan grande y tan ilustre por sus virtudes personales como por el valor heredado ya al nacer. Por lo demás, ella misma recogió los frutos de su propia virtud, gracias a la cual pudo soportar su parte en las calamidades comunes. Alexandros había tomado Tebas. Sus soldados habíanse extendido por los diferentes barrios de la ciudad con objeto de entregarse al saqueo. El jefe que se había apoderado de la casa de Timokleia, era precisamente un hombre ajeno a toda compasión, a todo sentimiento humano y brutal hasta la estupidez. Mandaba un batallón de tracios, y llamábase como el rey, al que, por lo demás, no se parecía en nada. En efecto, incapaz de sentir el menor respeto hacia la cuna y méritos de Timokleia, la hizo venir tras la comida cuando ya estaba que no podía más de vino, y quiso que yaciera con él. Y no fue eso todo. Empezó, además, a buscar el oro y la plata que suponía ocultos por ella; y a propósito de esto, ora la llenaba de amenazas, ora la prometía elevarla al rango de esposa suya. Timokleia aprovechó la ocasión que él mismo le brindaba con sus palabras. Díjole, pues: «Hubiera debido morir antes de esta noche fatal, con objeto de conservar siquiera, aunque hubiese perdido todo lo demás, mi cuerpo libre de ultrajes. Mas puesto que el sacrificio ha sido consumado de este modo y puesto que me es preciso ver en ti un protector, un amo, un esposo que me impone el

---

[67] Cheironeia (Queronea), ciudad de Beocia, junto a la que se libró la batalla de su nombre. Macedonia era el país al NO. de Grecia que durante breve tiempo (reinando Filippos y su hijo Alexandros el Grande), tuvo la supremacía en Grecia. Como Tebas, ciudad de Beocia bajo Pelópidas y Epameinondas. Este perdió precisamente la vida en Cheironeia, cuando ya había triunfado.

cielo, no he de privarte de lo que te pertenece: pues bien veo que he llegado a ser lo que tú quieras que sea de mí. Poseo ricos atavíos, vajillas de plata, oro y sumas considerables. Pero al ver que iba a ser tomada la ciudad, encargué a mis criadas que hiciesen con toda esta fortuna un gran envoltorio, que arrojé, por mejor decir, deposité, en un pozo seco. Pocas personas lo saben, puesto que este pozo está cubierto por una tapadera y rodeado de un tallar muy espeso. ¡Ojalá puedan estos tesoros una vez que los hayas cogido asegurar tu felicidad! Al menos serán ante tus ojos los testimonios que te harán conocer la prosperidad y opulencia de que gozaba nuestra casa». Apenas dichas estas palabras, el macedonio, sin esperar a que fuese de día, se dirigió incontinente hacia el sitio indicado, precedido de Timokleia. Da orden de cerrar el jardín para no despertar la atención de alguien, y, vestido tan sólo con su túnica, baja al pozo. Era Kyoto[68], la temible vengadora, la que le conducía bajo los rasgos de Timokleia, que había quedado arriba. Cuando ésta sintió en el tono de la voz que había llegado al fondo, hizo llover sobre él una granizada de piedras. Por su parte, las criadas trajeron, haciéndolas rodar, un gran número, aún más pesadas, y así hasta que le hicieron pedazos y quedó aplastado bajo el enorme montón. Los macedonios, informados del sucedido, retiraron el cuerpo; y como un decreto anterior ordenaba no hacer perecer a ningún tebano, detuvieron a Timokleia y la condujeron delante del príncipe, a quien la audacia había sido referida. Alexandros, viendo la firmeza de su mirada y la gravedad de su continente, juzgó al punto su dignidad y su firmeza. De modo que ante todo la preguntó por su condición. Pero ella, sin testimoniar la menor emoción, dijo con aire resuelto: «Yo tenía por hermano a Teágenes, que mandaba en Cheironeia, y que murió combatiendo contra vosotros por defender la independencia de los griegos y librarnos de los horrores que sufrimos. Mas puesto que nos vemos reducidos a esta situación tan indigna de nuestro nacimiento, no retrocedemos ante la muerte, pues todo será mejor a mis ojos que pasar, si tú no eres capaz de impedirlo, una noche tal que la precedente». Los más sensibles de la asamblea sintieron que las lágrimas venían a sus ojos; pero Alexandros ni siquiera pensó en lamentar a mujer que parecía tan fuerte y por encima de toda piedad. Fue admiración lo que le inspiró tanto su virtud como sus palabras, puesto que abiertamente la acusaban a ella misma. Dio orden, pues, a sus oficiales de que velasen por ella con objeto de que ningún ultraje injurioso la fuese ya inferido, ni contra tan ilustre

---

[68] Kioto, una de las Parcas.

casa. Luego la dejó marchar en libertad, así como a cuantos fueron reconocidos estar ligados con ella por un título de parentesco.

ERIXO

Battos[69], apodado el Dichoso, tuvo por hijo a Arkesilaos, que en lo relativo a costumbres en nada recordaba a su padre. Battos, cuando vivía, tuvo que condenarle a la multa de un talento por haber hecho rodear su casa de almenas. Tras la muerte de su padre, este Arkesilaos, obedeciendo a su ferocidad natural, que hasta le valió un sobrenombre infamante, y, además, escuchando los consejos de un amigo perverso, Laarchos, llegó a ser un tirano en vez de ser un rey. Laarchos, que aspiraba traidoramente al poder, provocaba el destierro o la muerte de los principales de Kirene multiplicando con ello los males acumulados ya contra Arkesilaos. Acabó por hacerle comer liebre marina[70], con objeto de hacerle caer en una enfermedad de languidez que se tornase mortal. Cuando Arkesilaos expiró tomó el poder, con pretexto de conservarle para Battos, hijo del príncipe muerto. A causa de su corta edad y de una enfermedad que le tenía cojo, el niño era despreciado. Pero un gran número de ciudadanos se interesaron por la madre, mujer de gran sabiduría, de gran humanidad, y que estaba relacionada con familias numerosas y de poder. Por ello Laarchos la hacía la corte de un modo asiduo, acabando por pedir su mano. Prometía, de llegar a ser su esposo, adoptar a Battos como hijo y compartir el trono con él. Erixo, tal era el nombre de la princesa, tras haberse aconsejado de sus hermanos, autorizó a Laarchos a ponerse en tratos con ellos, como si por su parte aceptase el casamiento. Laarchos se dirigió, pues, a los hermanos; pero a propósito ellos alargaban el asunto, originando retardos. Entonces Erixo envió junto a Laarchos a uno de sus esclavos, encargado de decirlo: «Que, en realidad, sus hermanos, por el momento, suscitaban oposiciones; pero que su resistencia cedería y darían su consentimiento si Laarchos y ella tenían juntos un principio de relaciones; que si, por consiguiente, quería, que fuese a encontrarla por la noche, y que una vez el asunto

---

[69] Battos, rey de Kirene. Hubo también un general corintio de este mismo nombre, y otros.

[70] Liebre marina, antiguo nombre de un pez del Mediterráneo del género de los blénicos, peces acontópteros, que se caracterizan por tener el cuerpo desnudo y cubierto de mucosidades, y cuyo género tipo es la blenia. Hay una variedad de agua dulce, que es la llamada vulgarmente «liebre». Tiene 0,15 centímetros y es comestible. Su fealdad y mucosidades hacían que pasasen por venenosos.

empezado, lo demás marcharía ya mejor». Aquello era llenar a Laarchos de alegría. La proposición amorosa de la joven señora le hizo caer de cabeza en el lazo, y prometió ir en cuanto ella lo ordenase. Erixo se había puesto de acuerdo para ello con Poliarchos, el mayor de sus hermanos. El momento quedó determinado para la cita, y Poliarchos fue introducido secretamente en la cámara de su hermana en unión de otros jóvenes armados de espadas. Tratábase de hijos que deseaban ardientemente vengar la muerte de sus padres, ejecutados precisamente hacía poco por orden de Laarchos. Erixo envió a buscarle y él vino sin ninguno de sus satélites. Los jóvenes le mataron con sus espadas, y su cadáver fue arrojado desde la parte alta de las murallas. Hicieron entonces que Battos se mostrase. Fue declarado rey en virtud de los títulos que tenía de sus padres, y Poliarchos devolvió a Kirene su antigua forma de gobierno. Pero hallábanse entonces en Kirene un gran número de soldados de Amasis. Eran partidarios de Laarchos y constituían para la ciudad un motivo serio de alarma. Estos soldados enviaron a Amasis algunos de entre ellos, encargados de contarle lo que habían hecho Poliarchos y Erixo. Al rey egipcio le entró un violento furor. Y ya pensaba declarar la guerra a los de Kirene cuando su madre vino a morir, por lo que tuvo que ocuparse de sus funerales. En el entretanto, algunos habían venido de aquel país a anunciar cuáles eran sus intenciones. Poliarchos creyó, pues, prudente, ir a justificarse ante él. Erixo no pudo consentir que su hermano marchase solo; ella quiso compartir sus peligros siguiéndole. La madre misma, Kritola, bien que de edad muy avanzada, no se separó de ellos. Era una mujer rodeada de la mayor consideración, hermana de un primo de Battos, el Dichoso. Una vez llegados a Egipto, el acto mismo de ir había despertado a todo el mundo una gran admiración. Amasis muy particularmente acogió con extraordinaria solicitud a la sabia y animosa Erixo; y no dejó marchar a Poliarchos y a ambas mujeres sino tras haberlas llenado de presentes y tratado como personas que eran de condición real.

XENÓKRITE

No es la más pequeña de las admiraciones la que debe inspirar la heroína de Kume[71], Xenókrite, por la manera como se condujo con el

---

[71] Con este nombre, Kume Κυμη hubo una ciudad en la Eclide, otra en Chalkidia y una en Campania (Italia), a la que pudiera referirse ploutarchos; y en este caso habría que escribir no Kume, sino Cuines, puesto que estaba en el golfo

tirano Aristodemos, apodado el Delicado. Digamos de paso, que los que creen comprender el origen de este apodo ignoran la verdad. Los bárbaros le denominaron «Delicado», que equivale a «impúber», porque apenas había salido de la infancia. Estaba entre los jóvenes que conservaban aún los cabellos largos, (se les llamaba «coronistas», sin duda a causa de esta cabellera) cuando tomó parte en las guerras emprendidas contra los bárbaros. Allí se distinguió y además había adquirido ilustración. No eran tan solo su audacia y sus golpes de mano, sino su penetración y su previsión, lo que le había valido hacerse notar entre todos. Por ello sus conciudadanos llenos de admiración le elevaron a los primeros puestos, y fue puesto a la cabeza del socorro que enviaron a los romanos, muy apurados a causa de los etruscos, cuando éstos querían restablecer en el trono a Tarquino el Soberbio. En esta expedición cuya duración fue bastante larga, Aristodemos hizo cuanto pudo por ser agradable a aquellos de sus conciudadanos que formaban su tropa. Más celoso de halagar las pasiones populares que de justificar su título de general, les persuadió de ir con él contra el Senado (cuando estuviesen de vuelta) y a expulsar de la ciudad a los mejores y más poderosos. Habiéndose hecho dueño del poder como consecuencia de tal golpe, se sobrepujó a sí mismo en maldad a causa de las indignidades que cometió contra mujeres y niños de condición libre. Cuéntase, en efecto, que habituaba a los muchachos a dejar crecer sus cabellos y a llevar adornos de oro; que las muchachas, por el contrario, estaban obligadas a hacerse mondar la cabeza, llevar clámides de muchachos y pequeñas túnicas cortas en exceso. Sea como sea, enamorose muy especialmente de Xenókrite, cuyo padre estaba desterrado, y la poseyó. Hubiera podido hacer volver al padre y obtener su consentimiento, pero pensó que la joven estaría más que contenta de ser suya, a cualquier título, en cuanto viese que toda la ciudad envidiaba la suerte que había tenido y la estimaba dichosa. No obstante, tal condición estuvo muy lejos de colmarla de gozo. Llena de vergüenza de vivir con un hombre al cual ni había sido prometida ni desposada, cuanto deseaba era que los enemigos del usurpador libertasen el país. Ocurrió entre tanto que Aristodemos hizo cavar todo alrededor de la ciudad un foso enorme, trabajo que ni era necesario ni útil. Sin duda proponíase sin motivo justificado vejar a sus conciudadanos, abrumarles de fatiga y no concederles tregua alguna. Cada uno tenía que transportar cierta cantidad

---

de Cumes (mar Tirreno), y en latín era denominada «Cumae». Eclipsada por Bais y por Nápoles, fue destruida por los napolitanos el año 1203. Sus ruinas subsisten cerca de la aldea actual de Cuma.

de tierra todos los días. Una mujer que trabajaba como los demás, al ver a Aristodemos venir hacia ella, volvió la cabeza y se la tapó con su túnica. Cuando partió el tirano los jóvenes se burlaban de ella, y le preguntaban riendo por qué se ocultaba de aquel modo cual si tuviese pudor, a las miradas de Aristodemos, y por qué los demás hombres no la inspiraban el mismo sentimiento: «Es — respondió ella muy seria — porque en Kume no hay sino Aristodemos que sea hombre». Estas palabras produjeron en todos una impresión profunda, y la vergüenza que sintieron los más generosos les inspiró el propósito de reconquistar su libertad. Xenókrite, que lo supo, dijo, según se cuenta, que también ella preferiría acarrear tierra con tal de que su padre fuese llamado, que compartir el lujo de Aristodemos y todo su poder. Les animó, pues, a conspirar contra el tirano, conspiración de la que el jefe era Timoteles. Gracias a las facilidades que ella les procuró para llegar hasta la persona de Aristodemos, le encontraron desarmado y sin guardianes. Se apoderaron, pues, fácilmente de él y le asesinaron. Así fue liberada la ciudad de Kume, gracias a la energía de dos mujeres, una que les inspiró valor para intentar la empresa, la otra que les preparó el éxito. Ofrecieron a Xenókrite honores y recompensas considerables. Pero ella lo rechazó todo, no reclamando sino el derecho de enterrar a Aristodemos, lo que la fue concedido. Además se la eligió sacerdotisa de Ceres, pensando que esta distinción no sería menos agradable a la diosa que conveniente a Xenókrite.

LA MUJER DE PITÉS

Dícese que la mujer de Pités, que vivió en tiempos de Xerxes[72], era también un modelo de elevada razón y de virtud. Este Pités, según parece, había descubierto minas de oro; y apasionado sin medida por las riquezas que sacaba de ellas, era de una insaciabilidad sin límites. No solamente trabajaba él mismo allí, sino que obligaba a sus súbditos, sin distinción alguna, a hacer otro tanto. Estaban obligados a sacar el oro, a transportarle y a limpiarle: era su ocupación constante, su trabajo exclusivo. Un gran número de ellos había perecido y todos estaban desanimados. Las mujeres vinieron a poner ramos de suplicantes a la puerta de la esposa de Pités. Ella les dijo que volviesen a sus casas y que no perdiesen la esperanza.

---

[72] Xerxes, nombre de dos reyes persas. Aquí Ploutarchos se refiere al primero. Al que fue vencido por los griegos en Salamina y Platea y luego asesinado en Susa el año 465 a. d. J.

Hizo venir al punto a los orfebres en los que tenía más confianza, y habiéndoles encerrado, les encargó que hiciesen figuras de oro que representasen panes, bollos de todas clases, así como manjares y golosinas que ella sabía que eran particularmente agradables a Pités. Hicieron todo esto. Precisamente Pités volvía de un viaje que había ido a hacer fuera del país. Su mujer ordenó que colocasen ante él una mesa de oro en la cual no había nada que se pudiese comer, pero tampoco que no fuese del dorado metal. Al primer golpe de vista, Pités pareció maravillado de aquellas imitaciones, pero una vez que colmó sus miradas y quiso comer, su mujer le sirvió cuantos manjares deseaba, pero siempre de oro. Entonces él se impacientó y empezó a gritar que tenía hambre. «No hay sino esto, pues esto y no otra cosa es lo que tú has producido abundantemente entre nosotros; de lo demás carecemos. Toda industria, todo arte ha desaparecido. Nadie trabaja la tierra. Semillas, plantaciones, cosechas propias para alimentarnos, todo ha sido abandonado con objeto de desenterrar y buscar un metal inútil: ve en lo que nos agotamos tanto nosotros como nuestros conciudadanos». Estas reprimendas conmovieron a Pités, que, sin renunciar completamente a explotar sus minas, hizo trabajar tan sólo en ellas a un quinto de los habitantes unos después de otros. A los demás los empujó hacia la agricultura y a las artes. Cuando Xerxes marchó contra los griegos, Pités, que había desplegado la mayor magnificencia para recibirle y ofrecerle regalos, pidió una gracia al monarca: y fue que entre todos sus hijos, y tenía muchos, uno sólo fuese exceptuado de ir al ejército y quedase con él para que le cuidase en su vejez. Xerxes, irritado, hizo degollar y cortar en dos a este hijo que pedía Pités y dio orden a su ejército de pasar sobre los pedazos de su cadáver; tras lo cual se llevó a los demás hijos con él. Todos perecieron en diversas batallas. Desesperado de tal barbarie, Pités sintió lo que les sucede a muchos hombres desprovistos de energía y de sentido: temía la muerte, y la vida, por otra parte, le era insoportable. No quería vivir más, pero tampoco tenía valor para deshacerse de la existencia. Pero había en la ciudad una amplia plataforma al pie de la cual corría un río llamado Pitopolités. Allí se hizo construir un monumento funerario; desvió la corriente de aguas, de tal modo que atravesando la plataforma viniese a bañar el sepulcro. Acabado este trabajo, descendió sólo al monumento tras haber dejado en manos de su mujer las riendas de la ciudad y el poder absoluto de ella. Pero la prohibió que se acercase nunca allí; tan sólo tendría que hacerle llevar cada día la comida, puesta en una pequeña barca, hasta el día en que el esquife continuase su ruta, llevándose los víveres intactos; a partir de entonces inútil enviar más víveres, puesto que Pités no existiría ya. En cuanto a su mujer, administró el poder con sabiduría, y cambió en bienes todos los males que sus conciudadanos habían sufrido.

SOBRE EL AMOR

FLABIANOS.—Según dices, querido Autóboilos, fue en el Helicón[73], donde tuvieron lugar esas conversaciones consagradas al amor, que luego has recogido, ora escribiéndolas, ora fijándolas en tu memoria gracias a numerosas preguntas que hiciste a tu padre. Pues bien, hoy es el momento, sí, de que, accediendo a nuestras vivas instancias, nos las hagas conocer.

AUTOBOILOS.—Sí, Flabianos[74], en el Helikón, en compañía de las Musas, durante las fiestas consagradas por los tespios[75] a Eros. Porque si cada cinco años celebran juegos en honor de las Musas, también en honor de Eros, y con mucho celo y brillantez.

FLABIANOS.—Pues bien, ¿sabes lo que tenemos la intención de preguntarte ahora que, como ves, hemos venido para oírte?

AUTOBOILOS.—No; pero lo sabré cuando me lo hayas dicho.

FLABIANOS.—Pues que suprimas de tu narración, por el momento, las praderas poéticas, los lugares umbríos, las hiedras que serpentean y los tejos[76] que se entrelazan. Que aligeres estas descripciones locales copiadas de Platón[77], en su «Faidros», por quienes gustan describir, según él, el Ilisos, la viña silvestre y el tierno césped que ofrece con su blandura natural asiento. Porque en verdad que si sus descripciones son exactas, en todo caso más que agradables.

AUTOBOILOS.—¿Y qué haría yo de semejantes preámbulos, querido Flabianos, ni qué tendrían que ver con lo que voy a contar? Cierto que la ocasión que dio nacimiento a aquellas conversaciones reclamaba la simpatía del coro y pedía una escena; y que los demás accesorios no estaban de más; pero hoy roguemos a la madre de las Musas[78] que nos ayude favorablemente con su asistencia, y a mí especialmente, a recordar bien lo que tengo que decir.

---

[73] Helikón (literalmente, «la montaña tortuosa»), monte de Beocia, célebre por su culto a Apolo y a las Musas; hoy se llama Zagora. Había también un río de este mismo nombre en la comarca.

[74] Flabianos, nombre de nombre, romano; en latín, Flavianus.

[75] Tespios, habitantes de Tespiai, ciudad de Beocia, hoy ruinas cerca de Eremo, o de Rimokastro.

[76] Tejo, árbol.

[77] En efecto, el «Faidros», de Platón, empieza con una deliciosa descripción del Ilisos, en una de cuyas orillas acaece el diálogo.

[78] Las Musas eran hijas de Mnemosine y de Zeus.

Mi padre, hace mucho tiempo de esto puesto que no habíamos nacido aún, acababa de desposar a mi madre. A consecuencia de un altercado y de una querella que había tenido con los parientes de su mujer, había ido allí con objeto de ofrecer un sacrificio a Eros[79], y había llevado a nuestra madre a la fiesta; pues era ella la que debía recitar las plegarias y cumplir el sacrificio. Le habían acompañado los amigos más íntimos que tenía en su ciudad; y en Tespiai[80] encontró al hijo de Archidamos, Dafnis. Este Dafnis amaba tiernamente a Lisandra, hija de Simón, y era el más favorecido de entre cuantos pretendían la mano de la joven. Mi padre encontró aún al hijo de Aristión, Soklaros, que había venido de Titora[81]. Estaba también Protógenes de Tarsos[82] y Zeusippos el lacedemonio, ambos sus huéspedes. En una palabra, la Beocia, según me dijo mi padre, había enviado allí a la mayor parte de sus personajes notables. Durante dos o tres días recorrieron la ciudad, como es natural; y con objeto de filosofar juntos con toda tranquilidad, dábanse cita en las palestras[83] y en los teatros. Luego, huyendo de la multitud enfadosa, de los que gustaban oír a los tocadores de cítara que se apresuraban a adelantárseles y que se reunían allí, solían escapar, como cuando se abandona un país enemigo, y se refugiaban en el Helikón. Y allí se instalaban al aire libre cerca de las Musas. Desde el día siguiente por la mañana habían ido a reunirse con ellos Antemión y Pisias, hombres de gran crédito, parientes de Bakchón, apodado el Hermoso, y entre los cuales había una especie de rivalidad porque se disputaban el afecto de este Bakchón.

Es preciso que os diga que había en Tespiai una dama llamada Ismenodora, ilustre por su riqueza y por su nacimiento, y no menos recomendable por supuesto, ello era notorio, a causa de la regularidad de su conducta. Había permanecido mucho tiempo viuda, sin que, a pesar de su juventud y su notable hermosura, las malas lenguas hubiesen podido hacer presa en ella. Bakchón, era hijo de una de las amigas íntimas de Ismenodora, y ésta ocupábase en ver de casarle con una joven de la que era parienta. Mas a fuerza de verle y hablarle continuamente, Ismenodora

---

[79] Eros, dios del amor.

[80] V. n. 73.

[81] Titora o Titorea, aldea al pie de la montaña de este mismo nombre, una de las más altas del Parnasos.

[82] Tarsos, capital de la Kilikia (Cilicia), patria de San Pablo.

[83] Palestra, lugar público en que los jóvenes se ejercitaban luchando; o parte de un gimnasio reservada para la lucha. Podía, pues, ser un anexo de un gimnasio o un edificio independiente.

sentía que su corazón iba inclinándose hacia el joven. Oía decir, y ella misma decía, tanto bien de él, y le veía tan amado por mucha gente, que había acabado por amarle ella misma. Pero sus intenciones eran puras, y no pensaba vivir con él sino tras haberse desposado públicamente.

Ahora bien, la cosa parecía imposible que se realizase. La madre de Bakchón inquietábase a causa de la pesada carga y de la importancia de una casa que le parecía excesiva para regida por el amable joven. Por otra parte, algunos amigos y compañeros de caza, viendo la desproporción de edad entre él e Ismenodora, intimidaban a Bakchón, y a causa de sus burlas eran adversarios más influyentes contra tal matrimonio que los que trataban de disuadirle seriamente. Total, que le daba vergüenza, no siendo aún sino un adolescente, unirse a una viuda. No obstante, sin preocuparse de lo que pudieran decir los otros, Bakchón autorizó a Pisias y a Antemión a deliberar con él sobre el partido que más le convenía tomar. Antemión era primo suyo, y además de más edad que él. En cuanto a Pisias, éste era el más austero de los enamorados de Bakchón[84]. No obstante, y a causa de ello, trabajaba asimismo contra tal matrimonio, y solía atacar a Antemión, que, según él, quería entregar el joven a Ismenodora. Antemión, por su parte, decía que Pisias no tenía razón, y que, hombre galante, por supuesto, imitaba a esos enamorados culpables, que privan a aquellos que aman de una casa, de un matrimonio y de una posición importante, con el solo objeto de tener más tiempo para ellos solos a sus amados y verles desnudos en los gimnasios.

Querían, pues, no exponerse, diciéndose cosas desagradables, a acabar víctimas de la cólera; y con esta intención tomaron como árbitros y conciliadores a mi padre y a los que estaban con él; y por ello habían venido a buscarles. Entre los amigos de mi padre, y cual si se hubiese hecho adrede, Dafnis protegía a Antemión, mientras que Protógenes se inclinaba hacia Pisias. Este último no cesaba en sus ataques contra Ismenodora. «¡Por Herakles! —exclamaba Dafnis— ¿Qué no habrá que esperar, si Protógenes entra en liza, para declarar guerra al amor? ¿Protógenes, cuyos pensamientos todos, ora burlescos, ora serios, a Eros van e inspirados por Eros son? ¿Él a quien este dios hace «olvidar sus trabajos y su patria olvidar»? Y conste que no está alejado de su patria por

---

[84] Sobre el «amor griego» (pasión de hombre por otros hombres, «pederastia», «sodomía», cosa corriente entre la buena sociedad griega), véase mi estudio preliminar al «Banquete», de Platón (Colección La Crítica Literaria), y este diálogo mismo.

cinco días de marcha, como Laios[85]; pues el amor de este príncipe era pesado, terrestre, mientras que el tuyo, Protógenes, «habiendo redondeado sus ligeras alas», ha tomado vuelo de Kilikia hacia Atenas, atravesando el mar, para examinar a los jóvenes hermosos y revolotear en torno de ellos». Porque en verdad, tal era el primer motivo que había movido a Protógenes a viajar por el extranjero.

Echáronse a reír; y Protógenes dijo: «¿Tengo cara de un hombre que hace hoy la guerra al Amor? ¿No la hago, al contrario, en su favor, puesto que combato el libertinaje y la insolencia, que mediante las pasiones y los actos más vergonzosos usurpan violentamente a hombres tan bellos como honorables?» «¡Cómo! —replicó Dafnis—, ¿llamas actos vergonzosos al matrimonio y al acercamiento de un hombre a una mujer, unión junto a la cual no hay otra que sea más santa?» «Sin duda —añadió Protógenes—, considerado el matrimonio como indispensable a la propagación de la especie humana, es honrado, no sin fundamento por los legisladores, e incluso alaban su excelencia ante los ojos de la multitud. Pero el verdadero amor no existe en modo alguno en el gineceo, y lo que sostengo es que no es amor lo que sentís cuando os atáis a mujeres o a jóvenes vírgenes. Como la mosca no está enamorada de la leche ni las abejas de sus panales, ni los criadores de ganado y los cocineros sienten cariño hacia sus terneros ni hacia las aves que ceban en lugares oscuros. Pero así como la naturaleza inclina el apetito del hombre hacia el alimento y la buena comida en proporciones moderadas y suficientes, y el exceso de este apetito es llamado glotonería o sensualidad, asimismo, un instinto natural hace que el hombre y la mujer busquen el placer que sienten dándose mutuamente; pero el impulso que les empuja a ello, y que su propia violencia e impetuosidad hace excesivo y difícil de contener, este impulso, digo, es lo que se llama amor de un modo enteramente impropio.

«Porque el amor, en efecto, cuando se une a un alma dotada de bellos instintos, a un alma joven, termina en la virtud tras empezar en la amistad. Lo que no ocurre con esos deseos que nos arrastran hacia las mujeres; que incluso cuando triunfan del modo más perfecto, no permiten recoger sino una voluptuosidad de un momento, un placer enteramente físico. Y éste es

---

[85] Laios, hijo de Labdakos, rey de Tebas. y padre de Oidipous (Edipo). Enamorado de Chrisippos. el hijo de Pelops, fue el inventor de los amores contra natura de un hombre hacia otro hombre. Luego fue marido de Iokaste (Jocasta); según otra tradición de Eurikleia, una de las cuales fue madre de Oidipous; que por cierto disputábase el amor de Chrisippos con su padre.

el testimonio que sostenía Aristippos[86] cuando diciendo ante él que Lais no le amaba, dijo: «Tampoco pienso que el vino y el pescado estén enamorados de mí; pero ello no me impide usar de uno y otro con placer». En efecto, ¿cuál es el fin de todo deseo? La sensualidad y el goce. Ahora bien, el amor lo que espera es una ternura compartida, y si pierde la esperanza ya no querrá persistir, ya no querrá ofrecer sus cuidados a una belleza que le aflige a causa mismo de su brillo, puesto que no gusta de recoger sino los frutos propios de un alma, a saber, la ternura y la virtud.

«Escuchad el lenguaje de un marido a su mujer en cierta tragedia:

«¿Me detestas? Acepto. Sabré tener paciencia. Lección será tu enojo y advertencia».

»Y no está más enamorado que este marido el hombre que, llevado, no por la esperanza de provecho, sino por el solo placer de los sentidos, soporta a una mujer mala y perversa de la que no es amado.

»He aquí por qué Filíppides, el autor cómico, dice al retórico Metrokles, burlándose de él:

«La hermosa por no verte ha vuelto la cabeza. Su pelo ha de bastarte de toda su belleza».

»Si a esta especie de pasión hay que darle también el nombre de amor, amor afeminado y bastardo, es amor que hay que relegar al gineceo como en un kinosarges[87]. Por mejor decir, del mismo modo que se pretende que no existe sino un águila verdadera, la de las montañas, llamada por Homeros el águila negra, el águila cazadora[88], debiendo tener, según se asegura, como bastardas las demás especies que cogen los pescados de los estanques y los pájaros indefensos, y que incluso, empujadas por la necesidad, lanzan una especie de quejido hambriento y lamentable; así el amor verdadero es el amor hacia los jóvenes. En él no hay, «la mirada animada del ardor del deseo», como dice Anakreón hablando del amor que inspiran las muchachas. No está cubierto de perfumes; no tiene el humor retozón. No; le veréis, natural y exento de toda blandura, frecuentar las escuelas filosóficas, o quizá los gimnasios y las palestras. En busca

---

[86] Se refiere a Aristippos de Kirene, filósofo griego discípulo de Sócrates, fundador de la secta cireneica. (V. los «Recuerdos socráticos», de Xenofón, mi «Evocación ática», en este mismo volumen— Colección La Crítica Literaria —, y el capítulo relativo a Aristippos en el libro II de Diógenes Laertios.)

[87] Kinosarges era un gimnasio de Atenas situado en una plaza de este mismo nombre, dedicada a Herakles. Teñía fama de que en él se ejercitaban todos los bastardos de la ciudad, como el mismo Herakles lo era.

[88] «Ilíada», XXI, v. 252.

siempre de los jóvenes. Con voz penetrante y generosa excita a la virtud a los que merecen sus cuidados. Mientras que el amor blando y casero que pasa todo su tiempo en los asientos delicados de las mujeres y, en cierto modo, entre los pliegues de sus vestidos; que no se une constantemente sino a la blandura, y se enerva en placeres indignos de un hombre, en que el corazón y los nobles entusiasmos no entran para nada, tal amor debemos rechazarle con toda justicia. Como hacía Solón. Solón prohibía a los esclavos el derecho de frotarse en seco[89], como les prohibía el contacto con los muchachos; mientras que no prohibía que se acercasen a las mujeres. Y ello porque la amistad es un sentimiento noble e inteligente, mientras que la voluptuosidad, por el contrario, no es sino un goce vulgar e indigno de hombres libres. He aquí por qué no es ni liberal ni sensato permitir que los esclavos amen a los jóvenes. Pues no los buscan sino para una aproximación carnal, lo mismo que para ello buscan a las mujeres»[90].

Protógenes, muy animado ya, disponíase a seguir hablando, pero Dafnis le atajó soltándole la siguiente pulla: «Con oportunidad magnífica has recordado el testimonio de Solón. En efecto, a él es a quien hay que citar como árbitro en cuestiones de amor, puesto que ha dicho:

«Amad en los muchachos ¡dulce flor agradable!
sus miembros tan graciosos, su boca tan amable».

Y si quieres, puedes añadir a Solón a Aischilos, cuando exclama:

«¡Cómo! ¿De mis encantos sientes sólo desprecio?
¿A mis besos ardientes vas a dar ese precio?»

---

[89] La expresión «frotarse en seco», parece ser sinónima de la siguiente: «usar de polvo en los gimnasios», pues los atletas, para quitarse el aceite con que se untaban el cuerpo antes de luchar, se frotaban bien después con el polvo o la tierra del suelo de la palestra, y luego corrían al baño. Prohibirles tal cosa a los esclavos, era como prohibirles la entrada en los gimnasios. Por la misma razón, y aun con mayor motivo, denigraba a los griegos toda relación sexual de un esclavo con los niños a los que estaba encargado de custodiar y llevar a la escuela o al gimnasio.

[90] Todo el discurso de Protógenes está inspirado en el de Pausanias del «Banquete», de Platón. En efecto, aquí también, este libertino, amante de Agatón, trata de justificar su pasión contra natura a fuerza de pretendidas razones y sólida elocuencia interesada. (V. mi trad. de este diálogo.)

Precisamente se ridiculiza a quienes tal han dicho, por querer, según se dice, que nalgas y costados[91] sean objeto de un examen atento cual si fuéramos adivinos o sacrificadores. En cuanto a mí, yo estimo que esto es un gran argumento en favor de las mujeres. Si el comercio contra natura mantenido con jóvenes no ahoga la ternura amorosa ni la perjudica en modo alguno, con mucha más razón el amor de un sexo hacia el otro, amor que nace de un sentimiento enteramente natural, debe, en razón a la gracia que le acompaña, terminar en una unión durable.

»Y en efecto, Protógenes, es de la palabra «gracia» de la que se sirven los antiguos para designar la condescendencia de la mujer a los deseos del hombre. Así, Píndaros nos enseña que Hefaistos fue parido por Hera, «sin el concurso de las Gracias»[92]. Y a una joven que no está aún en edad de casarse, Safo la dice:

«Tú, aún, a mis ojos, no eres sino una niña;
De pubertad la gracia amable no te aliña».

En otra parte alguien dirige esta pregunta a Herakles:

«¿Fue por la violencia o por su agrado
que la bella sus gracias te ha acordado?»[93].

Por el contrario, cuando los favores de los adolescentes les han sido arrancados contra su voluntad, se comete un acto de violencia y de bandidaje. De obtenerse de ellos estos favores, solicitados tan sólo por satisfacer la sensualidad cual si se tratase de una mujer, y para aprovecharse de la complacencia en virtud de la cual se dejan contra natura, según dice Platón, «cubrir como cuadrúpedos y llenar del germen

---

[91] En el texto dice «riñones» en vez de «costados», que he traducido. Compara a los enamorados de los niños a los adivinos y sacrificadores, porque así como éstos examinaban con el mayor cuidado los riñones y vísceras inmediatas de las víctimas, para predecir el porvenir, aquéllos las nalgas y partes próximas de los que amaban.

[92] Falto del concurso de las Gracias, Hefaistos nació, como le pintaban, lleno de defectos físicos, deforme y feo. Por si le faltaba poco para serlo totalmente, Zeus le dejó cojo tirándole del Olimpos a la tierra.

[93] Perdóneme el lector el galicismo «acordado». Es decir, emplear «acordar» por «conceder», como hacen allá en América del Sur, sobre todo en el Río de la Plata y en Chile.

generador», yo digo que esta clase de gracias son totalmente desgraciadas y que repugnan tanto a la decencia como al amor.

»Y ello es lo que me hace creer que cuando Solón compuso los versos anteriores era aún joven, y «que desbordaba de savia», como dice aún Platón. Pero escucha, en cambio, estos otros versos, obra de su madurez:

«Las Musas, Bakchos y Afrodite
colman hoy todos mis deseos.
No quiero ya otros devaneos.
Ellos son el mejor convite».

»Se ve que el antiguo torbellino, la antigua tempestad, el amor hacia los machos han cedido el campo a la calma dada por el matrimonio y por el estudio, doble estado al que había consagrado su vida. Luego si buscamos la verdad, Protógenes, el amor hacia los muchachos y hacia las mujeres no son sino una sola y única cosa[94]. Ahora, si por el gusto de argumentar, quieres establecer una distinción entre ellos, encontrarás que no hay nada razonable en el amor hacia los muchachos. Es, por decirlo así, un hijo tardío, llegado cuando los parientes están ya fuera de la edad; un bastardo; un hijo de las tinieblas, que expulsa al amor verdadero, su hermano mayor. Pues es cosa de ayer, de anteayer, amigo mío, y consecuencia de estos ejercicios en que los jóvenes, despojándose de cuanto les cubría, mostrábanse enteramente desnudos, que este amor se ha escurrido en los gimnasios. Empezó por instalarse a la chita callando; luego ha ganado terreno. Acabando por invadir poco a poco las palestras, sus alas han crecido, y ya no hay medio de contenerle. Pero insulta al amor conyugal; arrastra por el barro a este amor que contribuye a perpetuar eternamente el género humano, y que, mediante in generación, enciende de pronto la llama de existencias próximas a apagarse.

»Pero por vergüenza y por miedo, esta pasión niega la inclinación que la empuja a la voluptuosidad; y como le es necesario un pretexto para acercarse a la belleza y a la juventud, amor de tal clase echa por delante la amistad y la virtud. Se cubre de polvo, se baña en agua fría, se depila las cejas, se dice filósofo, muestra, en fin, exteriormente, y por temor a las leyes, una prudencia de que carece, reservándose tal cual es para la noche, cuando todo reposa:

---

[94] Quiere decir «deseo». Claro que un deseo es natural y el otro contra natura.

«Cuando la ausencia de guardián hace más exquisito
el gusto a lo robado sin temor al delito».

»Y si, como pretende Protógenes, no es un deseo de copulación carnal,
¿cómo podría ser amor, puesto que Afrodite no interviene en él; Afrodite
cuyo culto va mitad por mitad con el de Eros, por la voluntad de los
dioses? Porque en efecto, Afrodite debe seguir constantemente a Eros,
como él debe asociarse a los homenajes que ésta recibe y no ejercer sino la
parte de poder que ella quiera concederle buenamente. De existir un Eros
sin Afrodite, sería como una embriaguez sin vino; una embriaguez
causada por un cocimiento de higos y de cebada; es decir, algo
infructuoso, incompleto, que no produce sino disturbios, bajeza enfadosa y
hartura».

Mientras que Dafnis hablaba así, veíase que Pisias se indignaba y que
estaba furioso contra su interlocutor. Y como éste se detuviese un
momento, estalló: «¡Por Herakles habrá que oír hasta las cosas más
inconsistentes y más audaces! ¿Será posible que haya hombres que se
atrevan a afirmar que, como los perros, están atados por sus partes viriles a
sus hembras? ¡Vedles cómo desplazan a Eros, cómo le destierran de los
gimnasios, de los paseos, de los diálogos puros y de la vista de todo el
mundo, para encerrarle en lugares de mera coquetería y vanidad, entre
utensilios para el tocado, entre palmadas y ungüentos de mujeres
impúdicas! Porque las que son honestas, ni buscan amantes, pues no está
en sus gustos, ni los acogen».

En aquel momento mi padre—él mismo me lo dijo—, cogió a
Protógenes de la mano y le dijo: «Tales dichos o un griego llevaría a las
armas». Henos aquí, en verdad, decididos, a causa de las exageraciones de
Pisias, a sostener la causa de Dafnis. Porque, ¿cómo soportar que Pisias
quiera transformar el matrimonio en una asociación privada de amor, en
una unión que carezca en absoluto de esa adhesión inspirada por los
dioses? Si la dulce confianza del amor, si la gracia, faltan en esta unión,
¿cómo podrían mantenerla ni el juez ni el freno de temor y pudor? «A mí
esta consideración me tiene sin cuidado—dijo Pisias—. En cuanto a
Dafnis, veo que le ocurre como al cobre que, cuando se funde, es menos
por la acción del fuego que por la de otro cobre inflamado e hirviente, que
le echan por encima y que le hace entrar en fusión. No es que la hermosura
de Ismenedora le trastorne, pero como hace ya tiempo que frecuenta a uno
que está enteramente inflamado y lleno de fuego, su contacto llénale a él
mismo de llama; y cosa evidente es que de no refugiarse a toda prisa cerca
de nosotros, se fundirá por entero». «Pero—añadió Pisias—veo que se
produce lo que Antemión deseaba más vivamente; es decir, que mis

palabras chocan a mis jueces también. Por consiguiente, me detengo». «Haces con ello algo oportuno —añadió Antemión—. Desde el principio hubieras debido exponer algo relativo a la cuestión que nos ha sido sometida».

«Si es así—dijo Pisias volviendo a tomar la palabra—, diré, y lo digo tras autorizar a Bakchón, por lo que a mí respecta, a ser el enamorado de todas las mujeres, que la riqueza de esa Ismenodora es un peligro del que hay que preservar a nuestro joven amigo. Si le arrojamos en medio de ese fasto y en una casa tan pesada de llevar haremos, sin darnos cuenta de ello, desaparecer el estaño en el plomo. Bastante sería ya, si, uniéndose a una mujer sin importancia y modesta de condición, pudiera conservar la superioridad en la mezcla, como el vino añadido al agua. Pero bien vemos que la que le busca está acostumbrada a ser la dueña y a ejercer enteramente su dominio. Pues de otro modo no hubiese rechazado tanto partido; partidos brillantes ora por su ilustración, ya por su nacimiento, bien a causa de su riqueza, para venir ahora a buscar a un adolescente apenas despojado de la toga pretexta[95], y que tendría necesidad aún de un pedagogo. En cuanto a los hombres sensatos, propio les es el renunciar voluntariamente a estas riquezas excesivas que puede procurarles un matrimonio; y en lo que afecta a sus mujeres, el cortarles en cierto modo las alas, pues saben que la mucha opulencia las inspira ideas de lujo, de disipación, de inconstancia, de frivolidad, y que con frecuencia las hace caer, de muy altas que están, en lo más bajo. Y si, por el contrario, se resignan a permanecer en sus casas, entonces valdría más que el marido estuviese encadenado mediante cadenas de oro, como se encadena a los prisioneros en Etiopía, a que lo sea por las riquezas de su mujer».

«Hay algo que se te olvida—dijo Protógenes—, y es que nos exponemos a invertir, de una manera inadecuada y ridícula, el precepto de Hesiodos que dice:

«El hombre ha de tener, si al casarse no es loco,
todo lo más treinta años. De pasarlos, muy poco.
Y pues que a los catorce la niña ya es mujer
que se case a los quince muy bien podría ser»[96].

---

[95] Llamábase toga pretexta al traje blanco bordado de púrpura que los patricios revestían a la edad de la pubertad, o a la propia de las grandes magistraturas y de la dignidad senatorial, igualmente blanca e igualmente bordada.

[96] «Los Trabajos y los Días», v. 694 y sig.

»Si casamos a un adolescente aún imberbe con una mujer que tiene casi doble la edad prescrita por el poeta, será como cuando se atan juntas ramas de palmera o de higueras macho a higueras hembras para hacerlas madurar[97]. Pero se dirá tal vez: Ismenodora está enamorada y arde por él. De ser así, ¿qué la impide venir de noche a la puerta de su amado, cantar en ella tiernas quejas, llenar de flores los retratos del que adora y batirse con las rivales que se le disputan? Pues tales cosas son propias de los enamorados. Además, que baje los ojos, que cese de desplegar el lujo que despliega y que tome la actitud que caracteriza a las pasiones profundas. Si, por el contrario, es púdica y prudente, permanecerá modestamente en su casa, esperando que soliciten su mano y que la hagan la corte. Una mujer que dice y repite en todas partes que está enamorada, merece que se huya de ella y que se la odie, en vez de pensar en unirse con ella bajo los auspicios de semejante impudencia».

Cuando Protógenes hubo acabado, mi padre dijo: «¿Ves, Antemión, cómo nuestros contradictores nos traen aún a la primera cuestión obligándonos a tomar de nuevo la palabra? Claro que no nos oponemos ni rehusamos asociarnos a los partidarios del amor conyugal». Evidentemente —añadió Antemión—, como veo la habilidad que encierra. Por lo mismo es preciso que defiendas más largamente la causa de este amor, y emprender también la apología de la riqueza, puesto que es especialmente a causa de ella por lo que Pisias trata de asustarnos». Mi padre dijo entonces: «¡De qué no se podrá acusar a una mujer si a Ismenodora la rechazamos a causa de su amor y de sus riquezas! ¿Que vive con todo lujo? ¿Que es rica? Pero, ¿qué importa esto desde el momento en que es hermosa y joven? Como es de nacimiento ilustre, vive y gusta del brillo; en cuanto a esas mujeres virtuosas que se citan, ¿no son precisamente desagradables a causa de su cara austera y su ceño fruncido? Vivir con ellas es un suplicio. Llámaselas furias vengadoras, y, en efecto, siempre están encolerizadas contra sus maridos con el pretexto de ser honradas. ¿No sería preferible, en verdad, comprar en el mercado, como mujer, una Abrotonón de Tracia o una Bakchis de Miletos[98], y tras el contrato celebrar el desposorio derrochando nueces? Por cierto que incluso estas mujeres, como bien sabemos, han tenido a más de un hombre bajo vergonzosa dependencia. Pues tocadoras de flauta de Samos, y danzarinas,

---

[97] El texto está aquí sumamente alterado y es preciso traducir un poco mediante conjeturas.

[98] Cortesanas célebres.

tal Aristónika, Oenante con su tamboril, o Agatokleia, pisotearon diademas de reyes, Semíramis la asiria era la criada y la concubina de un esclavo nacido en el palacio de Ninos[99]. Este gran príncipe la vio, y se enamoró de ella; y ella tomó tal ascendiente sobre él que llegó a sentir hacia su bienhechor el más ingrato de los desdenes. Le suplicó que consintiese que durante un día la fuese permitido sentarse en el trono real, ceñida de la diadema, para poder despachar todos los asuntos. Ninos consintió: ordenó que se obedeciese a Semíramis, y que ejecutasen su voluntad tal cual si fuese la suya propia. En las primeras órdenes empleó la moderación con objeto de probar la docilidad de los guardias. Pero cuando vio que no hacían la menor resistencia y no dudaban en obedecerla, les mandó que se apoderasen de Ninos, luego que le encadenasen y, finalmente, que le diesen muerte. Y habiendo tenido ejecución asimismo esta voluntad, Semíramis reinó en Asia con mucho brillo durante largos años. Mas, ¡por los dioses!, Belesticha, ¿no era una miserable mujer bárbara comprada en el mercado? No obstante, en Alejandría tiene templos y altares, que un rey[100] la consagró por amor, bajo el nombre de Afrodite Belesticha. ¿Hará falta que nombre también a esa cortesana[101] que comparte aquí el templo y el culto consagrado a Eros, y de la cual una estatua de oro se levanta en la ciudad de Delfos en medio de las de reyes y reinas? ¿Mediante qué dones supo someter a sus amantes?

»Pero así como los príncipes que he citado llegaron a ser insensiblemente, por debilidad e indolencia, la presa de ciertas criaturas, así otros hombres que, por el contrario, eran pobres y de condición oscura, no se degradaron por unirse a mujeres ricas y poderosas; y vivieron con ellas conservando, no sólo toda su dignidad, sino un imperio que ejercieron con benevolencia. Claro que no deja de haber peligro cuando se comprime a la mujer y se la reduce a un círculo demasiado estrecho, como se hace con un anillo que se teme escape de un dedo en exceso delgado. Porque el marido se parece entonces a esos chalanes que esquilan las yeguas y las conducen inmediatamente a un río o a un estanque. Pues dícese, en efecto, que cuando cada una de estas bestias contempla su imagen en el agua, se ve tan afeada y desfigurada, que renuncia a su orgullo y se deja cubrir por un burro. Preferir en una mujer la opulencia a la nobleza de raza o a la virtud, es mostrar que no se tiene ningún sentimiento elevado y liberal; pero huir esta misma opulencia por hallarse

---

[99] Niños, rey de Asiria y esposo de Semíramis.
[100] Ptolomaios Filadelfos.
[101] Friné (V. n. 256).

unida a la virtud y a la nobleza es dar prueba de tontería. Antígonos escribía al gobernador de Mounichia[102] que tenía que fortificar esta plaza, recomendándole, no solamente hacer el collar bien sólido, sino que volviese al perro lo más delgado posible; lo que era tanto como decirle que disminuyera los recursos de los atenienses. Pero cuando se ha desposado a una mujer rica y bella, no conviene ocasionarla ni la fealdad ni la pobreza; lo que hace falta es elevarse uno mismo a su nivel a fuerza de moderación y de prudencia, sin dejarse influenciar por el lujo que reina en torno suyo. Lejos de rebajarse al papel de esclavo, es preciso hacer inclinar la balanza de su propio lado, en virtud de la nobleza de carácter. Así es como se domina a la mujer, y como es fácil conducirla de un modo a la vez noble y provechoso. La edad respectiva de Ismenodora y de Bakchón es perfectamente conveniente para este matrimonio. Tan capaz es ella de tener hijos como él de llegar a ser padre; pues bien sé que ella goza de una salud floreciente.

»Sí—continuó mi padre volviéndose hacia Pisias y sonriendo—, más joven es que todos los enamorados de Bakchón, y no tiene los cabellos blancos, como algunos de los que tiñen los suyos para seguir entre el número de los adoradores del joven. Pues si su edad parece autorizar estas asiduidades, nada impide que ella también le prodigue sus cuidados. Y en esto ella lo hará mejor que una joven cualquiera. Los enamorados demasiado jóvenes se concilian mal, no se ponen bien de acuerdo con una esposa. No es sino con pena, y tras mucho tiempo, como renuncian a sus pretensiones soberbias y altaneras. Al principio, todo son tormentas y rebelarse contra el yugo impuesto. Y aun la cosa es peor si hay otro amor fuera. Entonces es como un viento furioso desencadenado contra un navío sin piloto. El amor lleva la contienda y la confusión al seno del matrimonio, porque ninguno de los esposos está en condiciones de mandar ni ninguno de los dos quiere obedecer. Ahora bien, si la nodriza hace lo que quiere de su pequeño, si el maestro domina al niño confiado a sus cuidados y el gimnasiarca a su alumno o el enamorado a su amado; si la ley y el magistrado someten al ciudadano; si nadie se libra de una u otra autoridad ni es dueño absoluto de sí, ¿qué hay de escandaloso en que una mujer de buen sentido, cuando es de más edad que su marido, dirija la conducta de éste? Al contrario, le es útil por ser más previsora que él, y al mismo tiempo le encanta mediante sus ternuras y sus dulces atenciones. En resumidas cuentas—dijo mi padre terminando—, beocios somos. Y a

---

[102] Mounichia, península y puerto de Atenas. La colina se llama hoy Castella; el puerto, Phanari.

causa de ello debemos reverencias a Herakles y no condenar las uniones en que hay desproporción de edad. Pues sabemos que este mismo dios dio su propia mujer, Megara, en matrimonio a Iolaos cuando Iolaos no tenía sino dieciséis años y ella treinta y tres»[103].

Tales fueron, según nos contó mi padre, los propósitos cambiados entre los diferentes interlocutores, cuando se presentó uno de los amigos de Pisias. Llegaba de la ciudad muy presuroso trayendo la noticia de un acto realizado con maravillosa audacia. He aquí, según parece, lo que había pasado. Ismenodora, convencida de que a Bakchón no le repugnaba la idea de casarse, pero no osando enfrentarse con los que trataban de quitarle la idea, habíase resuelto a no soltar al joven. Y para ello había elegido entre los amigos que tenía a los más jóvenes de carácter y que más la favorecían en sus amores. A ellos había unido las mujeres con las que estaba más unida y, en una palabra, había organizado un verdadero complot. Había, pues, espiado el momento en que Bakchón tenía la costumbre de pasar por delante de su casa, camino del gimnasio, y en el momento en que llegaba en compañía de dos o tres camaradas completamente untado ya de aceite, apareció en la puerta, y le tocó la clámide. Al punto los amigos de Ismenodora envolviendo graciosamente al agraciado joven en su clámide y su manto, le introdujeron en la casa cerrando tras ellos la puerta. Esto hecho, las mujeres que había en el interior habíanle quitado la clámide y le habían puesto un traje de novio. Los esclavos, yendo de una casa a la otra y de la otra a la una, habían coronado con ramas de olivo y de laurel, no solamente la puerta de Ismenodora, sino la de Bakchón, mientras que la tocadora de flauta atravesaba la calle haciendo oír su instrumento. En cuanto a los tespianos y los forasteros, unos reían y otros indignábanse, tratando de excitar a los gimnasiarcas. Como se sabe, éstos tienen gran autoridad sobre los adolescentes y siguen muy de cerca sus pasos. Pero no tratándose ya de ejercicios, habían abandonado el teatro para venir a aglomerarse a la puerta de Ismenodora, y allí todo eran conversaciones y disputas.

Cuando el amigo de Pisias, tras haber hecho avanzar su caballo cual si viniera del ejército, hubo contado con evidente turbación toda esta aventura de Bakchón raptado por Ismenodora, Zeuxippos, según decía mi

---

[103] Iolaos era un sobrino de Herakles. Toda su vida acompañó a su tío en su trabajo y fue el conductor de su carro. Cuando Herakles quiso desposar a Iole, cedió su mujer, Megara, a su sobrino, que se casó con ella y la dio una Hija llamada Leipefile (o «Amor de la Abandonada»), sin duda llamada así a causa del divorcio de su madre.

padre, empezó a reír; y como era gran admirador de Eurípides, recitó estos versos:

> «Gran señora:
> Bien echamos de ver pese a vuestra opulencia,
> de una simple mortal corazón y conciencia».

Pisias, por su parte, saltando de su asiento, exclamó: «¿Hasta dónde llegará, dioses benditos, la licencia que invade nuestra ciudad? Un exceso de libertad conduce a los ciudadanos a despreciar todas las leyes. Pero, ¿qué digo? ¿No será ridículo indignarse de la violación de las leyes y del menosprecio de la justicia, puesto que las leyes de la naturaleza son ultrajadas por la audacia de una mujer? ¿Y no ocurre esto en Lemnos? Huyamos de ella, amigos míos; abandonemos también a las mujeres, gimnasio y senado, puesto que nuestra ciudad está fuera de quicio». Y diciendo estas palabras partió precipitadamente. Protógenes no le dejó irse solo, y ello, no solamente porque compartía su indignación, sino porque quería calmarlo.

Entonces dijo Antemión: «El golpe, en efecto, es atrevido y propio de nuestra ciudad; esto podemos confesarlo aquí entre nosotros. He aquí una mujer terriblemente enamorada». «¿Crees—dijo Soklaros sonriendo—, que haya habido rapto y violencia? ¿No será una justificación que se haya preparado hábilmente el joven? ¿No habrá preferido, por huir de los abrazos de sus enamorados, refugiarse entre las manos de una mujer hermosa y rica?» «No digas tal cosa, Soklaros—añadió Antemión—, ni sospeches de Bakchón nada parecido. Aunque no hubiera sido, cual es por naturaleza, la franqueza y la sencillez misma, no me hubiese ocultado su propósito, pues me confía todos sus secretos, tanto más en un caso como éste, puesto que sabe que estaba dispuesto a sostener con todas mis fuerzas las pretensiones de Ismenodora. El hecho es que es muy difícil de combatir, no diré ya como Herakleitos, la cólera, sino el amor. Lo que Eros quiere, lo compra al precio de la vida, de las riquezas, de la reputación incluso. Porque, decidme, ¿podría encontrarse en la ciudad nada más modesto que Ismenodora? ¿Se ha dicho jamás de ella algo vergonzoso? ¿Hase sospechado que el menor acto reprensible alcanzase al nombre de su casa? Por consiguiente, hay que suponer que en esta ocasión ha sido cogida de una inspiración divina, más poderosa que podría serlo todo razonamiento humano».

Oyendo esto, Pemptides se echó a reír y dijo: «Sin duda, así como hay una enfermedad del cuerpo llamada mal sagrado[104], así nada sorprendente es que la pasión más grande y violenta de un alma pueda ser apodada por algunos de sagrada y de divina. ¿Qué más podría añadir? Me acuerdo ahora que un día, en Egipto, vi a dos vecinos que estaban disputando: habiendo aparecido una culebra serpeando por el camino, los dos la llamaban su buen Genio, pero cada uno quería que fuese su buen Genio particular. Asimismo, cuando he visto hace un momento que entre vosotros unos arrastrabais el amor hacia el departamento de los hombres y los otros hacia el de las mujeres, cual un bien sobrenatural y divino, ya nada me ha sorprendido a propósito de la importancia y poder concedidos a esta pasión. Por ello, los que deberían expulsarla de todas partes y detener sus impulsos, son los que la propagan y dan importancia a su autoridad. Hasta este momento habíame contenido, porque veía deslizarse la cuestión más bien sobre hechos particulares que sobre consideraciones generales. Pero ahora que Pisias nos ha abandonado, bien me gustaría que me enseñaseis qué pudo impulsar a los primeros que dieron a este sentimiento el nombre de amor».

Habiendo callado Pemptides y cuando mi padre había empezado a desarrollar el tema, llegó de la ciudad un segundo mensajero, que venía a buscar a Antemión de parte de Ismenodora. Por lo visto la violencia del tumulto iba en aumento, e incluso había desacuerdo entre los gimnasiarcas: uno de estos maestros de gimnasia quería que se reclamase a Bakchón, el otro, por el contrario, no autorizaba nada en este sentido. Antemión levantose, pues, y se puso en camino. Mi padre entonces se dirigió a Pemptides y le dijo: «Me parece, Pemptides, que atacas de una manera grave y escabrosa. O más bien que haces vacilar en sus cimientos las inmutables doctrinas que profesamos relativas a los dioses, pidiendo a propósito de cada uno de ellos razones y demostraciones. La fe de nuestros padres, la antigua fe es suficiente, e imposible sería expresar ni imaginar testimonio más evidente, «incluso mediante el recurso de toda la sabiduría». Esta tradición es el fundamento, la base común de toda piedad; pero bastaría que un hombre tan sólo la hiriese, quebrantando su solidez y su legitimidad, para hacerla dudosa y sospechosa a todos los demás. Sin

---

[104] El mal «sagrado» era, para los antiguos, la epilepsia. Y ello, porque mediante una especie de ataque epiléptico, caían las pitonisas, en Delfos, en lo que hoy se llamaría «trance»: en trance profético. Más tarde, este mismo mal sería causa de que cientos de desgraciados, víctimas de simples desarreglos nerviosos, fuesen juzgados «poseídos del demonio» y quemados vivos.

duda, has oído decir el revuelo que Eurípides levantó por haber empezado su célebre tragedia sobre Melanippe[105], por estos versos: «Dime, Zeus, ¿quién eres? Tan sólo sé tu nombre»[106]. Ante el escándalo y como esperaba mucho de obra que había escrito con tanto entusiasmo y cuidado, se apresuró a cambiar un coro por otro, reemplazando el verso en cuestión por el que podemos leer hoy: «¡Oh tú, que con razón eres llamado Zeus!» Pues bien, ¿qué más da que sea sobre la divinidad de Zeus, de Atena o de Eros sobre la que se trate de arrojar el manto de la duda? ¿Quiere ello decir que a esta última divinidad la falte uno sólo siquiera de los caracteres

---

[105] Sobre Melanippe hay dos tradiciones: la primera la hace ser hija de Aiolos (Eolo) y tener dos hijos con Poseidón; la segunda, debida a Pausanias, hace de ella una ninfa que desposó a Itonos y del que tuvo a Boeotos. En todo caso, es la heroína de dos tragedias perdidas, de Eurípides: «Melanippe encadenada» y «Melanippe y la Filosofía» (a la que debía de pertenecer el verso que tuvo que cambiar). Hacen mención de ellas Stobaios y Ateneo.

[106] No se olvide que la religión era la base de la sociedad griega y la columna más fuerte de la ciudad. Que cada ciudad tenía sus dioses y que era difícil tocarlos sin exponerse a la cólera natural de los encargados del culto, y, por consiguiente, a los peores males. Anaxágoras fue tildado de ateo por haber dicho que el sol era una piedra ardiente, en vez de un dios resplandeciente y magnífico; y pese a ser una verdad como un templo, del templo le vino el palo, y si no huye de Atenas, le hubieran hecho pasar un mal cuarto de hora. Por supuesto, ni el escapar le libró de él, puesto que pereció en un naufragio. Sócrates murió también acusado de no creer en los dioses de la ciudad y de introducir divinidades nuevas. Lo primero era verdad, ¿cómo podía ser de otro modo? ¿Cómo creer en aquella serie de patrañas que formaban la mitología sin ofender a la verdadera Divinidad cargando a los dioses los mismos crímenes, maldades, incestos y toda clase de delitos que estaban prohibidos y castigados entre los hombres? Diágoras de Melos fue tachado también de ateísmo, éste con razón, pues fundándose en que el mal, la desvergüenza y la granjería llenaban el mundo, dedujo que cuando tal cosa ocurría era porque no había dioses, pues de existir no lo permitirían. Y como ellos, otros muchos. Porque si bien la religión, columna de la ciudad, como he dicho, se resquebrajaba ya por todas partes, y en tiempos de Eurípides nadie, por lo menos entre los hombres de letras, creía en ella, aún tenía fuerza suficiente para caer implacablemente sobre sus detractores, cuando el ataque era grave y directo, y claro, Eurípides tuvo que hacer marcha atrás en aquella ocasión. Pero sólo en aquella ocasión. (V. sobre el cambio de las ideas, tanto morales como religiosas, en la Atenas de tiempos de Eurípides, la nota número 19 de «Sócrates», de Xenofón, la Colección La Crítica Literaria; en donde asimismo se verá, en los «Recuerdos socráticos» y notas a éstos, lo relativo a las ideas religiosas de Sócrates. Sobre Diágoras, véase la Estampa socrática del tomo I de esta misma colección.)

que la ponen en evidencia? No es esta la primera vez que Eros reclama altares y sacrificios[107]. No es tampoco un dios extranjero; su culto no ha sido introducido en virtud de una superstición bárbara, como el culto de Attis o el de Adonis, que han traído con ellos hermafroditas[108] y mujeres. Ni ha tenido que recibir a escondidas homenajes que no merecía. Breve, no teme ser perseguido como bastardo que se hubiese deslizado de un modo fraudulento entre los dioses.

»Cuando oyes, querido amigo, decir a Empédokles:

«Una amistad perfecta les une sin enojos;
para el alma es visible, bien que escapa a los ojos»,

puedes creer que es Eros quien habla. Porque este dios no es visible. No se concibe sino mediante la inteligencia, como las divinidades más antiguas; y si para cada una de estas divinidades se exigiesen pruebas, si se tocase a todas las creencias sagradas, si se hiciese de cada altar el motivo de una encuesta filosófica, nada quedaría que no fuese calumniado y puesto en duda. Sin ir más lejos, escucha:

«¿Quién no ve en Afrodite una muy grande diosa?
Ella de Amor es dueña y ella el amor no da.
El amor a quien debe su vida toda cosa».

----

[107] Filosóficamente, Platón, en su «Banquete», y Xenofón en el suyo, se habían ya ocupado hermosamente de Eros y del amor; siguiendo sus huellas, hizo este nuevo e interesante tratadito Ploutarchos. (V. los otros en mis traducciones de la Colección La Crítica Literaria.)

[108] Se da el nombre de «hermafroditas», en general, a todos los seres cuya naturaleza es doble, a la vez masculina y femenina. El nombre viene de Hermafroditos, Ἑρμαφρόδιτος, Hijo de Afrodite y de Hermes, sobre el cual se contaba la siguiente curiosa leyenda: Hermafroditos, cuyo nombre recordaba el de su madre y el de su padre, era de singular hermosura, y habiendo empezado a recorrer el mundo a los quince años, llegó un día, en Karia, a los bordes de un lago, y mientras se desnudaba para bañarse, la ninfa Salmakis se enamoró de él y le hizo ciertos avances que él rechazó. Pero una vez el joven en el agua, es decir, en el elemento de la enamorada y a su merced, alcanzándole, se unió a él al tiempo que dirigía una plegaria a los dioses, rogándoles que hiciesen de modo que sus cuerpos no se separasen jamás. Los dioses escucharon su ardiente ruego y les fundieron en un ser de naturaleza, como es lógico, doble.

»Empédokles la llama «dispensadora de la vida»; Sófokles, «fecunda en frutos»; y ambos epítetos son perfectamente justos y convenientes. Por supuesto, si grande y admirable es la obra de Afrodite, no se olvide que Afrodite es secundada y asistida por Eros. De faltarle este concurso, su obra carece de interés; se la abandona, y ya no inspira ni simpatía ni respeto[109]. Como si suprimís el amor de la unión de los sexos; ¿en qué se convertirá esta unión? En una necesidad que, como el hambre o la sed, no tendrá otro objeto que hartarse y cuyo resultado nada tendrá de noble. En cambio, mediante el amor, Afrodite quita al placer la hartura, haciendo del acercamiento de los sexos una tierna unión de dos corazones. He aquí por qué Parménides[110] presenta al Amor como la creación más antigua de Afrodite. En su Cosmogonía escribe: «Ella parió a Amor antes que a otros dioses».

»Pero Hesiodos me parece comprender mejor las leyes de la naturaleza cuando hace a Eros el más antiguo de todos los dioses, de tal manera, que sea a él a quien todas las cosas deban su existencia. Luego si desposeemos a Eros de los homenajes a los que tiene derecho, no habrá razón alguna para mantener los de Afrodite. Porque, en efecto, no se tendrá ni el recurso de decir que insultando a Eros no por ello se ataca a Afrodite. Pues en una misma y única escena oímos recitar estos versos:

«Protector de Pereza y de ella nacido,
siempre a los perezosos, Eros vemos unido».

»Y estos otros:

«Afrodite, muchachos, no es tan sólo una diosa.
Es en una palabra mil otras contenidas.
Es tormento, es infierno, es cielo, muertes, vidas;
demonio el más horrible, Gracia la más hermosa».

»Por lo demás, entre los otros dioses apenas hay uno que haya escapado a los ultrajes de la ignorancia tan lista en prodigar injurias. Ved a

---

[109] Es decir, de convertir el amor en simple fuente de placer grosero, sin pensar en la generación.

[110] Parménide, filósofo griego de Elea, verdadero caudillo de la Escuela eleática y maestro de Zenón, el de los famosos argumentos. (V. sobre ellos y sobre estos «argumentos» el estudio preliminar y notas a mi trad. del «Parménides», de Platón, en la Colección La Crítica Literaria.)

Ares, que como sentado a mesa de bronce, ocupa un puesto diametralmente opuesto al de Eros. Si cierto ha recibido muchos honores de los hombres, ¡de cuántas invectivas no ha sido también objeto!

«Ved a Ares, mujeres, ciego, sembrando el mal,
cual jabalí que torpe revuelve un cenagal»[111].

»Horneros le llama «manchado de muertes»[112], «inconstante», «caprichoso»[113]. Chrisippos[114], remontando la etimología de la palabra Ares, se basa en ella para acusarle y calumniarle. Pretende que Ares significa «mortífero», y con ello autoriza la opinión de los que piensan que la parte de nuestra alma en que están encerrados los sentimientos belicosos, hostiles y furiosos, es denominada con este mismo nombre. Otros, a su vez, llaman a Afrodite «la concupiscente»; a las Musas, «las bellas artes»; a Hermes, «la elocuencia»; a Atena, «la sabiduría». Ved, pues, según todo ello, en qué abismo de impiedad caemos, si nos da la fantasía de personificar nuestras pasiones, nuestras facultades y nuestras virtudes en los diferentes dioses».

«En efecto, ya lo veo —dijo Pemptides—. Pero si es impío disfrazar los dioses en pasiones, no lo es menos el disfrazar las pasiones en dioses». «Entonces —añadió mi padre—, ¿qué piensas de Ares? ¿Haces de él un dios o una de nuestras pasiones?» Pemptides dijo a esto que a su juicio, Ares era un dios que dirige nuestros movimientos guerreros y viriles. Oyendo esto mi padre protesto vivamente: «¡Cómo, Pemptides! Y entonces ¿habría un dios para la parte pasional y belicosa de nuestra alma, y no le habría para la que anima los sentimientos de ternura, de concordia y de unión? Cuando los hombres degüellan y son degollados, cuando manejan las armas, cuando lanzan jabalinas, un dios examina cómo fuerzan los bastiones, cómo se las arreglan para practicar el bandidaje, por lo que dan a este dios el nombre de belicoso y de guerrero; y en cambio, las tiernas afecciones del matrimonio, que tienen por fin la unión y

---

[111] Atribuido a Sófokles por Ploutarchos. Sobre el amor, véase en «Las mil mejores poesías» (la Colección La Crítica Literaria), el magnífico soneto de Lope de Vega. Y el titulado «La mujer», asimismo del «Monstruo de la Naturaleza».
[112] «Ilíada», V, v. 31, 455, 844; XXI, 402.
[113] «Ilíada», V, v. 831, 889.
[114] Chrisippos, filósofo griego, uno de los jefes del estoicismo, con Zenón de Kitium y Kleantes (281-205 a. d. J.). Muerto Kleantes, dirigió la Escuela, mereciendo el sobrenombre de «la columna del Pórtico». Parece ser escribió centenares de tratados sobre los temas más diversos.

comercio íntimo de dos corazones, ¿no serían presididas por ninguna divinidad? ¿Ninguna las consagrará mediante su testimonio y su vigilancia, ni las dirigirá, ni las secundará? Los que cazan los corzos, las liebres y los ciervos, son acompañados de no sé qué dios de los bosques, que con ellos se lanza y galopa; los que quieren coger lobos u osos en fosos y lagos, invocan a Aristaios[115]. «Primero que a las bestias puso lazos»; Herakles invoca a otro dios cuando va a dirigir su arco contra un ave, cual lo leemos en Aischilos: «Que Apolo cazador dirija bien mi flecha», y cuando un hombre emprende la más hermosa de las cazas, la de la amistad, ¿ningún buen Genio le dirigirá ni le asistirá en su persecución? Para mí, ni la encina, ni la morera, ni el arbusto que, para honrarle Horneros llama «el domesticado»[116], me parecen superiores en hermosura e importancia a esta planta que es el hombre, que en sus desenvolvimientos, querido Dafnis, despliega con fecundidad maravillosa, el doble vigor y la doble belleza del cuerpo y del alma».

Entonces Dafnis dijo: «¿Y hay, ¡por todos los dioses!, gentes que piensen de otro modo?» «Bien seguro que las hay —, añadió mi padre—; los que atribuyen a los dioses una inspección protectora en la labranza, en la sementera y en la plantación en general ¿No admiten la existencia de ciertas ninfas llamadas Dríadas, que[117]:

«De los árboles bellos comparten la existencia;
los que dando al otoño un esplendor sagrado
de Bakchos el alegre, merecen preferencia?»

---

[115] Aristaios, hijo de Apolo y de la ninfa Kirene. Las ninfas, cuando cuidaba los rebaños de las Musas en la llanura de Ftia, en Tesalia, le enseñaron el arte de la lechería, a criar abejas y a cultivar la viña. Antes, su educación había empezado con Cheirón, el centauro, educación que terminaron las Musas enseñándole el arte de la medicina y el de la adivinación. Por su parte, inventó muchas cosas, sobre todo concernientes a la caza, entre ellas el medio de construir fosos y de tejer y colocar redes. Fue honrado en Arkadia y en Kirene.

[116] «Odisea», V, v. 69. Este arbusto es la viña.

[117] Las Dríadas eran ninfas que vivían en los bosques, de los que encarnaban la fuerza vegetativa. Se diferenciaban de las «hamadríadas» en que no eran, como éstas, prisioneras de los árboles, con los cuales formaban cuerpo. Podían errar en libertad y danzar en torno a las encinas (árbol del cual las venía el nombre (δρυς, árbol y particularmente encina); no eran inmortales, pero vivían muchísimo tiempo y, lo que es más apreciable, sin envejecer.

como dice Píndaros. Y cuando se trata de adolescentes o de niños, tiernas y delicadas flores que reclaman tanto cuidado y tanta regularidad en su crianza y desarrollo, ¿no se querrá reconocer la asistencia de ninguna divinidad, ni de ningún Genio? ¿No se admitirá ninguna potencia superior que se inquiete por el hombre, es decir, porque esta especie de planta crezca convenientemente en virtud, si su generoso impulso no es ni falseado ni roto, ora por falta de apoyo, ora por vicio de los que le rodean? Negar tal cosa sería a la vez, no solamente ignorancia, sino ingratitud, cuando por lo demás es aprovechada esta benevolencia universal que Dios, en las cosas que nos son necesarias más bien que agradables, extiende en torno nuestro, sin que jamás carezcamos de ellas.

»Citaré sin tardar un ejemplo: el parto. El parto que nos saca a la luz nada tiene de atrayente, acompañado como va de sangre y de dolores; no obstante, bien está colocado bajo la divina protección de Eileitiia y de Locheia[118]. De otro modo, más valdría no haber nacido que nacer, de faltarnos un buen guía y un guardián fiel, pues equivaldría a venir al mundo en malísimas condiciones. Nadie, ni siquiera el hombre enfermo, deja de estar asistido por una divinidad especial y soberana. Ni los muertos mismos están privados de ellas. Un dios se encarga de transportarnos de este mundo al otro[119], nos asiste en nuestros últimos momentos, nos duerme con el sueño eterno y conduce nuestra alma, como el poeta hace decir a este mismo dios:

«Yo, hijo de la noche, no sé tocar la lira[120]
ni el delirio profético, como a otros, me inspira.
Pero libro a los hombres, con la muerte, de males
Y conduzco hasta el Haides sus almas inmortales».

»Todas estas diversas atribuciones ofrecen muchas dificultades. No obstante, no hay empleo más santo, ministerio y solicitud que convenga más a un dios, que llevar sus ojos y vigilar los tiernos deseos de los

---

[118] Eileitiia (Ειλειθυια), genio femenino que presidía los partos. Era hija de Zeus y de Hera. Era fidelísima servidora de su madre, diosa de los matrimonios. Locheia (Λοχεια), parto, alumbramiento, era la supuesta divinidad de los lugares en que ocurría el parto.

[119] Este dios era Hermes. Y como encargado de conducir las almas de los muertos a los Infiernos, recibía el nombre de Psichopompos (Ψυχοπμπος).

[120] Al revés que Apolo, inventor de este instrumento y dios de la luz y del sol por excelencia.

jóvenes amantes cuando están en la flor de la edad y de la belleza. Y en sus atribuciones nada hay de vergonzoso, nada de violento. Todo en ello respira la persuasión y esta gracia que hace de la tarea un placer, del trabajo una verdadera dicha, que conduce a la virtud y a los sentimientos afectuosos. Verdaderamente, sin la asistencia de un dios, imposible sería alcanzar tales resultados; y este dios, este guía, ¿quién podría ser, sino el compañero de las Musas y de las Gracias? Quiero decir Eros, que,

«Siembra en los corazones feliz y presuroso,
una dulce semilla de deseo amoroso»,

como dice Melanippides[121], reuniendo lo que hay de más agradable con lo que hay de más hermoso. ¿No es esto lo que debemos decir, Zeuxippos?»

«Sin duda—respondió este último—, lo mejor es que sea así, porque el sentimiento contrario me parece, evidentemente, una cosa absurda». «¿Y no lo sería, asimismo—replicó mi padre—, si entre las cuatro especies de adhesión, según las determinaron los antiguos; la primera fundada en la naturaleza; la segunda, en el parentesco; la tercera, en la camaradería, y la última, en fin, en el amor; si entre estas adhesiones, decía, cada una de las otras tres estuviese presidida por un dios llamado protector de los amigos, de los huéspedes, de los parientes, de los compatriotas, y si la adhesión fundada en el amor permaneciese sola, cual si se tratase de algo impío, sin asistencia divina, sin dueño, sobre todo cuando nada necesita una solicitud, una dirección más inspirada?» «Evidentemente tal cosa sería asimismo una gran inconsecuencia», replicó Zeuxippos.

«Hay más—continuó mi padre—, y sería el caso de recordar, siquiera de pasada, la doctrina de Platón. Hay una clase de furor que del cuerpo pasa al alma; furor que, procediendo de una especie de intemperancia, de algún humor maligno o de la mezcla de vapores funestos y contagiosos, determina una enfermedad aguda y extremadamente peligrosa. Pero hay otra especie de furor que no se engendra sin alguna divinidad, puesto que no es innato en nosotros: trátase de una inspiración extraña, como digo, a nosotros; de un desarreglo de la razón y del buen sentido, desarreglo cuyo origen y acción vienen de la preponderancia de una fuerza superior. Esta inspiración recibe, en general, el nombre de entusiasmo. Pues, así como la

---

[121] Melaníppides. Con este nombre hubo dos poetas griegos. El «Antiguo», nacido en Melos hacia el año 520 a. d. J., y el «Joven», poeta lírico asimismo, nieto del precedente y muerto en Atenas hacia el año 425. De éste se conservan algunos fragmentos.

palabra «inspiración» indica que se está lleno de un espíritu extraño, la palabra «prudencia» indica que se es previsor; así esta agitación del alma es llamada «entusiasmo», lo que quiere decir «participación, asociación a alguna potencia divina». De este entusiasmo hay una parte que es adivinadora, y ésta se inspira en el transporte que comunica Apolo. Hay otra que yo llamaría báquica por venir de Bakchos. «Formad de baile un coro; id con los coribantes»[122], dice Sófokles: pues los furores de la Madre de los dioses[123] y los de Pan[124], su naturaleza les asemeja a los transportes de Bakchos[125]. Un tercer furor viene de las Musas: es el que se apodera de un alma tierna y virgen, en ella desarrolla, y en ella hace estallar la inspiración poética y musical. El furor llamado marcial y guerrero, todo el mundo sabe qué dios lo provoca y desencadena:

«Sin gracia ni armonía
sólo lágrimas causa
tras la lucha bravía».

»Y queda, en cuestión de delirio y de extravío, mi querido Dafnis, una última variedad, que no carece ni de brillo ni de vivacidad, y a propósito de la cual quiero hacer a Pemptides una pregunta:

«¿Qué dios menea ese tirso
del que penden tan bellos frutos?»,

y por ese tirso, entiendo el entusiasmo amoroso que nos empuja hacia los muchachos honrados, hacia las mujeres púdicas, entusiasmo en comparación del cual nada hay más vivo y ardiente.

---

[122] Coribantes (de Κορυβας, en plural οι Κορυβαντες) sacerdotes de Cibeles, en Erigía, que celebraban sus misterios con danzas y cánticos desordenados.

[123] Cibeles (Κυβελη, «Kibele»), la gran diosa de Frigia, llamada la Madre de los Dioses o Gran Madre. Su poder se extendía por sobre toda la Naturaleza, de la que personificaba la potencia generatriz. Fue importante, sobre todo, a causa de su culto orgiástico, que sobrevivió hasta una época muy tardía en el propio Imperio romano. Sus servidores eran los coribantes.

[124] Pan, dios de los pastores y de los rebaños. Se le representaba mitad hombre mitad macho cabrío, con la frente adornada por dos cuernos. En Roma fue identificado ora con Faunus, ora con Silvanos.

[125] Bakchos (Βακχος), nombre reciente de Dionisos o Iakchos, dios del vino, de las fuerzas productoras de la Naturaleza, etc. El Baco romano. La palabra «Bakchos» aparece por primera vez en Sófokles.

»¿No veis, en efecto, que el soldado, una vez depuestas las armas, calma su furor guerrero?

«Contentos sus criados
con rapidez desatan su armadura»,

y se sienta, transformándose en espectador pacífico de la lucha de los otros. Asimismo, los saltos de bacantes y coribantes[126] se calman y cesan completamente si se cambia el yambo en troqueo y el modo frigio en modo dórico[127]. Y asimismo igualmente la Pitia, una vez descendida de su trípode, de donde se exhala la inspiración, permanece completamente apacible y tranquila. Pero que el furor amoroso se apodere de verdad de un hombre y le consuma, y no habrá Musa, encanto mágico, ni mudanza alguna, que pueda dominarle. Cerca de la criatura amada, un hombre, en tal estado expresa sus transportes, lejos de ella se entrega a los suspiros; de día la persigue, por la noche quédase a su puerta al aire libre; en ayunas, implora a la hermosura que ama, en la mesa la canta. Como alguien lo ha dicho, las ficciones poéticas, a causa de su vivacidad, son menos ensueños de gentes despiertas que lo son la fantasía de los enamorados. Éstos figúranse a la persona que aman, que la abrazan, que se quejan tiernamente de ella. En lo que afecta a la vista, parece ser que ésta pinta, en general, los objetos sobre un fondo húmedo del que se borran pronto sin dejar recuerdo en el pensamiento, mientras que las imágenes de que los amantes están llenos se trazan como con encáustico[128]. Sin contar que viven en los corazones, que se mueven en ellos, que en ellos y a ellos hablan y allí se conservan siempre.

---

[126] (V. n. 120.)

[127] Yambo, pie de la poesía griega y latina compuesto de dos sílabas: la primera breve y la segunda larga. Troqueo, pie asimismo de la poesía griega y latina, compuesto de una primera sílaba larga y otra breve; al revés que el yambo. El modo frigio y el dórico eran asimismo lo contrario el uno del otro: el primero, exaltado, brillante, furioso, y el segundo, apacible, reposado y tranquilo.

[128] La palabra «encáustico» se aplica a la pintura hecha al encausto. Pintar al encausto es pintar por medio de fuego, ya con ceras coloradas y desleídas, ya en marfil con punzón o buril encendido, o ya con esmalte sobre vidrio, barro o porcelana; es decir, de un modo casi imborrable. Se llamaba también encausto a cierta tinta roja con la que antiguamente escribían tan sólo los emperadores.

»Catón[129], el romano, decía «que el alma de un enamorado vive en la del ser amado». Yo creo que su persona, su carácter, su vida, sus acciones a todo en él le ocurre lo mismo. Bajo el imperio de tal seducción, el enamorado devora en un instante mucho espacio, tal cual los cínicos[130] pretenden haber encontrado un camino directo y breve para alcanzar la virtud. En efecto, al cariño y a la virtud se llega por el mismo camino cuando se tiene por guía al amor, pues se es llevado con el dios, por la pasión, como sobre olas. Condensando mi pensamiento, diré que creo que nada hay extraño a la divinidad en el entusiasmo de los enamorados, y que el dios que ocasiona y dirige sus transportes es este mismo del cual celebramos hoy la fiesta y al cual ofrecemos un sacrificio.

»No obstante, puesto que solemos medir la grandeza de un dios por su poder y su utilidad[131], así como entre los bienes humanos son estos dos, la realeza y la virtud, los que más estimamos a punto de llamarlos divinos; convendría examinar si Eros cede en poder a ninguna de las otras divinidades. Sin duda «Venus tiene en su fuerza prenda ya de victoria», como dice Sófokles; grande es por su parte el vigor de Ares; y vemos que de los demás dioses el poder se divide, hasta cierto punto, en dos influencias, una que nos acerca muy estrechamente a lo bello, otra que nos hace antipáticos a lo vergonzoso; disposiciones innatas una y otra en nuestra alma, como Platón lo dice en algún sitio respecto a las ideas. Pero notamos, ante todo, lo siguiente: que los placeres de la carne pueden comprarse por un dracma[132], y que por procurárselos nadie soportaría jamás fatigas o peligros a menos de estar enamorado. Y sin nombrar aquí las frinés y las Lais, cuando una Gnatainion[133]. «Enciende por la noche su luz que centellea», para llamar y recibir a los que pasan, éstos con frecuencia siguen su camino. «Pero que de repente sople furioso el viento», trayéndonos el amor con sus violencias y sus deseos, y no hará

---

[129] Catón el Antiguo o el Censor, romano célebre por la austeridad de sus costumbres. Era, además de orador elocuente (Cicerón le alaba), escritor. Queda de él un curioso tratado de «Agricultura» («De re rústica»).

[130] Cínicos, secta de filósofos griegos fundada por Antístenes, discípulo de Sócrates. Se solían reunir en un gimnasio denominado Kinosarges («El Perro Blanco»), y de ello, de su desprecio hacia las conveniencias sociales, su vida errante y su costumbre de hostigar a las gentes con censuras y burlas, cual perros malhumorados, les vino el nombre «cínicos», es decir, «los perros».

[131] Aquí hay una laguna en el texto que es preciso conjeturar.

[132] Drakma, moneda de plata griega, que equivalía a 0,93 céntimos oro.

[133] Gnatainión, cortesana citada también por Ateneo. Gnatainión es un diminutivo de Gnataina.

falta más para que favores desdeñados antes tengan a nuestros ojos el precio de los mejores tesoros y el poder de Tántalos[134]. ¡De tal modo es verdadero que hay indiferencia y hasta asco en los placeres que ofrece Afrodite, si Eros no los anima con su soplo!

»Un argumento te convencerá aún mejor de ello. Muchos han consentido en compartir los favores amorosos, no solamente de sus queridas, sino incluso de sus mujeres, que eran los primeros en prostituir. Así, amigo mío, un ciudadano romano llamado Cabbas tenía, según se cuenta, una noche en su casa a Mecenas a cenar. Viendo que este último se esforzaba por hacer señas a la dueña de la casa, inclinó dulcemente la cabeza sobre el pecho cual si durmiese. Aprovechando la ocasión, uno de sus servidores entró y escurriéndose hasta la mesa, empezó a apoderarse del vino. Pero Cabbas, que le veía, le dijo: «¡Bribón! ¿No te das cuenta de que no duermo sino para Mecenas?» Esta complacencia, quizá no tiene nada de particular si pensamos que el tal Cabbas tenía más de bufón que de otra cosa. Pero vaya otro hecho. En Argos, Nikostratos y Faillos estaban cada uno a la cabeza de un partido opuesto de la república. El rey Filippos tuvo ocasión de ir a la ciudad; y era opinión general que Faillos, gracias a los encantos de su mujer, que era sumamente hermosa, no dejaría, procurando a su mujer una entrevista con Filippos, de asegurarse la preponderancia y la autoridad soberana. Nikostratos lo pensó como los demás, y fue a espiar la puerta de la casa de Faillos. ¿Qué se le ocurrió a este último? Calzó a su mujer con botines, la endosó una túnica y un sombrero a la macedonia, y sin que nadie se enterase, se las arregló de modo que pudiera llegar hasta el príncipe, cual si fuese uno de sus pajes.

»Mientras que, de la gran cantidad de verdaderos enamorados que han existido y que existen aún, ¿conoces ni uno tan sólo que haya prostituido a otro el objeto de sus amores, incluso si se hubiese tratado de obtener los honores que recibe Zeus? En cuanto a mí, yo no lo creo. Pues, ¿cómo hubiera sido posible tal cosa? Los tiranos mismos que no encuentran, por lo general, quien les resista ni pretenda disputarles el poder, en amor tienen muchos rivales, y con frecuencia les han disputado el cariño de jóvenes y hermosos adolescentes. Sin duda has oído contra la historia de

---

[134] Tántalos, rey de Lidia, que habiendo recibido la visita de los dioses, a los que invitó a su mesa, sirviéndoles los miembros de su propio hijo Pelops, fue condenado por Zeus a morir eternamente de hambre y sed en los Infiernos, pese a estar encadenado a un árbol cuyos frutos deliciosos bajaban hasta su boca sin que los pudiese alcanzar jamás, como tampoco el agua de un arroyo que corría a sus pies.

Aristogeitón el ateniense, de Antileón de Metaponte y de Melanippos de Agrigento[135]. Ninguno de ellos trató de levantarse contra su tirano, bien que éstos sembrasen el desorden en los asuntos públicos y se entregasen a toda clase de excesos; pero cuando quisieron seducir a sus elegidos, resistieron cual si se hubiese tratado de asilos sagrados e inviolables, y para ellos no hubo ya nada respetable. Dícese aún que Alexandros escribía a Teodoros, hermano de Proteus: «Envíame a esa mujer que te deleita con su música, a cambio de diez talentos, si no estás enamorado de ella». Otra vez, como Antipátrides, uno de los compañeros de este mismo Alexandros, había traído con él una tocadora de arpa a una de las comilonas, y esta mujer agradase al monarca, éste preguntó a Antipátrides si por casualidad estaba enamorado de ella, y, como la respuesta fuese afirmativa, exclamó: «¡Ah canalla! ¡Lástima que no murieses miserablemente!»; pero no tocó a la mujer.

»Considera, por otra parte, en qué modo en las hazañas de Ares, Eros es superior. En modo alguno permanece inactivo, como lo ha dicho Eurípides, y extraño al oficio de las armas. No hay que temer permanezca durmiendo junto «a las frescas mejillas de las frescas muchachas»[136]. Un hombre lleno de amor[137] no tiene necesidad de Ares cuando combate a sus enemigos: en sí lleva su propio dios. «Mar, fuego, vientos, todo puede afrontar» por el ser amado, e irá a todas partes adonde éste quiera ordenarle. Los hijos de Niobe, en la tragedia de Sófokles, son acribillados de flechas, y sucumben sin que ninguno de ellos llame a otros socorros ni reclame otro aliado que su enamorado. «Envíame, ¡oh Zeus!, al ser a quien yo amo». ¿Citaré aún a Kleomarchos de Farsalos?[138]. Pues sin duda sabéis en qué ocasión murió con las armas en la mano». «Lo ignoramos— respondió Pemptides—, y lo escucharíamos con placer».

---

[135] La historia de Harmodios y Aristogeitón es muy conocida. La refiere con todo detalle Toukídides diciendo que el complot contra Hipparchos e Hippias, que habían heredado el poder de su padre y que gobernaban Atenas (por cierto prudentemente, no con excesos y violencias, como pretende Ploutarchos), fue una cuestión de amor, en efecto; de amor y de celos. Habiendo tratado Hipparchos de separar a Harmodios de Aristogeitón, desesperados, trataron de deshacerse del tirano tramando para ello una vasta conspiración. Mas habiendo fracasado (no consiguieron sino matar a Hippias), a ambos y a sus cómplices les costó la vida. Y les valió la gloria y la inmortalidad, pues los atenienses levantaron estatuas en su honor y hasta canciones que se entonaban en los banquetes.

[136] Sófokles, «Antígona», v. 790.

[137] Como se verá en seguida, se trata ahora del amor contra natura.

[138] Farsalos, ciudad de Tesalia.

«Su historia—siguió mi padre—, merece en efecto ser conocida. Había venido con un cuerpo de tesalios en socorro de los habitantes de Chalkis, en el momento en que la guerra de éstos contra los de Eritrai era más encarnizada. Los calcidios parecían tener una infantería sólida, pero no estaban en modo alguno en condiciones de hacer frente a la caballería enemiga. Rogaron, pues, a Kleomarchos, su aliado, que cargase contra los escuadrones eritreos. Entonces éste preguntó a un joven al que amaba tiernamente, si se proponía ser espectador de la batalla. «Sí», le respondió el joven. Y al mismo tiempo, y mientras le ponía el casco en la cabeza, le abrazó con todo cariño. El guerrero sintió que aquello le daba una seguridad sin igual. Reunió, pues, en torno suyo a los más bravos tesalios, y en brillantísima carga cayó sobre los enemigos cuyos escuadrones derribó y puso en fuga. Semejante fracaso determinó el de la infantería, y los calcidios quedaron dueños del campo de batalla. Desgraciadamente, Kleomarchos había hallado la muerte. En la plaza pública de Chalkis hacen ver su tumba, sobre la cual, aún hoy, hay una hermosa columna; y el amor hacia los muchachos que hasta entonces había sido condenado en esta comarca, ha llegado a ser más aún que en parte alguna una pasión y un honor. Aristóteles dice, sí, que Kleomarchos tuvo la desdicha de sucumbir; pero según él, el guerrero abrazado en estas circunstancias por el joven amado pertenecía a la colonia que los calcidios tenían en Trakia, y había enviado en socorro de los calcidios en Euboia. Aristóteles añade que éste es el origen de una canción que se canta en Chalkis:

> «Niños hijos de padres gloriosos.
> Niños llenos de gracia y encanto.
> De guerreros que causen espanto.
> sed los tiernos, los muy amorosos.
> Pues amor y valor son bajo un mismo manto
> dos héroes hermosos».

»El enamorado se llamaba Antón, y el amado, Filistos, según cuenta el poeta Dionisio en sus «Cuestiones».

«Entre nosotros los tebanos, mi querido Pemptides, ¿no era costumbre que el amante diese una armadura completa a su amado, cuando éste era alistado entre los hombres maduros? Añadiré que Pammenes, muy experimentado en cuestiones de amor, cambió la táctica de nuestras tropas pesadas. Acusaba a Horneros de no entender en cuestiones de amor, cuando el poeta dividía a los griegos en tribus y cohortes[139]. «Debió, decía Pammenes, colocar al amado al lado de su amante con objeto de que de esta manera «Casco y escudo se sostuviesen juntos», puesto que Eros es el único invencible entre todos los estrategas. Porque, en efecto, se abandona a los de la tribu, a los de la familia, y hasta, hay que decirlo, ¡por Zeus!, a aquellos a quienes se debe el día e incluso a los propios hijos, Pero entre el amante y el amado jamás el enemigo ha podido pasar: jamás combatiente alguno les ha separado. Les ha ocurrido incluso mostrar frecuentemente sin tener necesidad, su ardor ante el peligro y su desprecio de la muerte. Así, Tirón el tesalio puso sobre una muralla su mano izquierda, sacó su espada y se cortó el pulgar, desafiando a que hiciese igual a uno que le disputaba el amor de un muchachito joven. Otro, en una batalla, cayó cara contra tierra, y su enemigo estaba a punto de herirle, cuando suplicó a éste que esperase un momento hasta que se diese la vuelta, con objeto de que su amado no viese cómo su amante había sido herido por detrás.

»Por consiguiente, no son tan sólo las naciones más belicosas, tales que los beocios, los lacedonios y los cretenses, los que tienen más práctica en esta clase de amor. Son aún los héroes de la antigüedad Meleagros, Aquiles, Aristómenes, Kimón, Epameinondas[140]. Este último tenía dos amados, Asópichos y Kassiodoros. Kassiodoros halló como él la muerte

---

[139] «Ilíada», II, v. 362 y sig.

[140] Meleagros, personaje mitológico, es el héroe de la aventura conocida con el nombre de la «Caza de Kalidón», es decir, del enorme jabalí que Artemis había enviado contra Kalidón por haberla olvidado el rey de este país, Oineus, en un sacrificio que había ofrecido a todas las divinidades. Pero hay que decir que Meleagros no estaba enamorado de un muchacho, sino de Atalanta, la arcadia. Aquiles sí; Aquiles, el feroz hijo de Tetis, aunque le vemos enfadarse con Agamenón y negarse a combatir con los griegos que ya sitian Troya (su cólera da lugar a la «Ilíada»), porque el rey le quita a una esclava, es el amante de Patroklos, y tan sólo la muerte de éste le hace volver al combate con la esperanza de vengarle. Kimón fue el gran general ateniense, hijo de Miltiades. El que empezó la reconstrucción del Partenón y acabó los Muros Largos. El que murió gloriosamente delante de Kition, ciudad de Chipre. Aristómenes fue un héroe mesenio legendario que sublevó a sus conciudadanos contra Esparta y empezó la segunda guerra de Mesenia (hacia el año 683 a. d. J.). Fue cuando los espartanos, incapaces de vencerle, pidieron a los atenienses un general, y éstos, por burlarse de ellos, les enviaron a Tirtaios, que supo con sus cantos inflamar su decaído valor y conducirles a rechazar a Aristómenes, que, atrincherado en el monte Ida, prolongó durante once años la resistencia. Epameinondas es el jefe tebano que murió en la batalla de Mantineia.

en los campos de Mantineia, y fue enterrado junto a Epameinondas. Molus sembraba el espanto entre sus enemigos, y su valor era sumamente temido; fue herido mortalmente por Euknamos de Amfissa[141], que sostuvo su primer choque, por lo que los focenses concedieron a Euknamos los honores heroicos. En cuanto a enumerar todos los amores de Herakles, empresa difícil sería, dado su gran número. No citaré sino a Iolaos[142], reverenciado y adorado aún hoy, a causa de pasar por uno de los amados por este semidiós; a causa de ello también, los amantes cambian sobre su tumba juramentos de ternura. Dícese aún que Herakles, hábil en medicina, salvó a Alkestis[143], mujer de Admetos[144], de una enfermedad desesperada; claro que si Admetos amaba a su mujer, no por ello dejaba de ser el amado del héroe. El propio Admetos, de creer a la fábula, fue amado de Apolo, que «a su servicio estuvo durante un año entero».

»Por cierto que el recuerdo de Alkestis viene a propósito de mi memoria. Ares nada tiene de común con las mujeres; pero cuando el amor se apodera de ellas, las inspira una audacia que llega hasta desafiar la muerte. ¿Hará falta invocar el testimonio de la fábula a propósito de esta afirmación? Vemos, por el ejemplo de Alkestis, por el de la mujer de Protesilaos[145], por el de Euridike de Orfeus[146], que Eros es el único dios

---

[141] Amfissa, ciudad de Lokride, cerca de la moderna ciudad de Solona.

[142] Iolaos era sobrino de Herakles y acompañó a éste en todos sus trabajos y hazañas (V. n. 101).

[143] Alkestis (Alceste) era una de las hijas de Pelias, rey de Iolkos, y de Anaxibia, su mujer. Casó con Admetos, rey de Feres, y Eurípides nos dice que su unión fue modelo de ternura conyugal. A tal punto, que Alkestis consintió en morir en vez de su marido. Y estaba ya en los Infiernos, cuando Herakles se precipitó a ellos, la sacó y la volvió a la tierra más bella y más joven que nunca.

[144] Admetos, rey de Feres. en Tesalia, tomó parte de joven en la caza del jabalí de Kalidón y en la expedición de los Argonautas. Cuando quiso casarse con Alkestis, el padre de ésta le impuso como condición que unciese a un carro un león y un jabalí. Apolo le dio los medios de hacerlo, y gracias a la ayuda del dios (que por lo visto era su amante) pudo casarse con Alkestis. Muerta Alkestis por su marido (Apolo había obtenido del destino que éste no muriese el día que le estaba fijado si otra persona consentía en hacerlo por él), y habiendo pasado Herakles por Feres de casualidad en aquel momento, bajó a por ella a los Infiernos, como queda dicho en la nota anterior.

[145] Protesilaos fue el primer héroe muerto por los troyanos al saltar de su navío para tomar pie en Asia. Le mató Héktor. Acababa apenas de casarse cuando tuvo que partir para la expedición que había de costarle la vida. Laodameia, su mujer, que le amaba con locura, al saber su muerte pidió a los dioses que le devolvieran a su marido siquiera por tres horas. Como Protesilaos, por su parte,

ante cuyas órdenes cede Haides[147]. A los ruegos de los otros inmortales, dice Sófokles, «Haides es inflexible y sólo de Justicia escucha los mandatos». En cambio, con los enamorados tiene las mayores atenciones y tan sólo ellos pueden triunfar en él y suavizarle.

»Por consiguiente, amigo mío, aunque sea bueno participar en las iniciaciones de Eleusis[148], yo veo que los que han sido admitidos en las devociones y en los misterios de Eros tienen luego una parte mejor en la mansión de Haides. Porque si no creo enteramente en las fábulas, tampoco soy enteramente descreído. Pues no solamente se acomodan a la razón, sino que por una dicha enteramente divina, perfectamente verdaderas son cuando aseguran que a los enamorados les está concedido volver a la luz desde los Infiernos. Pero, ¿en qué condiciones y cómo? Esto es lo que las propias fábulas no saben decirnos. Parece ser que han perdido el rastro de la vía que Platón ha sido el primero en advertir, gracias a la filosofía[149]. Y aunque es muy cierto que existen algunos vestigios indecisos y confusos de esta vía, sembrados en la mitología de los egipcios, hace falta para descubrirlos, una sagacidad maravillosa, y ser capaz, además, de emplear esfuerzos enormes para tan sólo conseguir resultados mínimos. Por consiguiente, renunciemos a tales investigaciones.

---

había rogado lo mismo, fue vuelto a la vida por este breve tiempo. Acabado el plazo, tuvo que partir de nuevo hacia el Hades, y Laodameia, para no dejarle, se suicidó en sus brazos.

[146] De Orfeus y Euridike, su mujer, ya me ocupo en otra nota, donde refiero cómo bajó a buscarla a los Infiernos, y cómo Hefaistos consintió en devolvérsela con la condición de que no volviese la cabeza hasta llegar a la tierra; cómo la perdió a causa de su impaciencia, y su trágica muerte posterior.

[147] Haides es el dios de los muertos, hermano de Zeus, de Poseidón y de Hera, y rey de los Infiernos, donde reina en compañía de Perséfone. Se le solía llamar Plutón en vez de Haides, pues se temía, de invocarle por este nombre (que significaba «el Invisible»), suscitar su cólera. Por extensión, la región de Haides o del Haides es el Infierno.

[148] Eleusis, ciudad y demo de Atica, célebre por el culto a Demeter, Perséfone e Iakchos, por sus famosos misterios y por sus iniciaciones. Más tarde fue adorado también allí Triptolemos, y el culto se complicó; pero los misterios siguieron secretos; de tal modo que nada se ha podido saber sobre ellos. En las «Grandes eleusinas» tenían lugar las grandes iniciaciones; estas fiestas se celebraban en el mes de Beodromión (septiembre); en las «Pequeñas eleusinas» tenía lugar el primer grado de la iniciación; éstas se celebraban en el mes de Antesterión (febrero).

[149] Véanse los mitos del «Gorgías», de «La República» y del «Fáidon» (los dos primeros en mis traducciones de la Colección La Crítica Literaria).

»Tras haber demostrado cuán grande es el poder de Eros, voy a considerar ahora lo que como benevolencia y dulzura despliega con los mortales. Por supuesto, no hablaré de los infinitos bienes que procura a los que le practican, puesto que estos bienes evidentes son a todos los ojos. Hay, además, otras ventajas aún más numerosas y considerables, que Eros pone al servicio de sus adeptos. Eurípides, pese a conocer bien el asunto, no se maravilla sino del menor beneficio de Eros, cuando dice: «Del mortal más grosero Eros hace un poeta». En efecto, esta pasión da inteligencia a quien carecía antes de toda actividad espiritual[150]. Que inspira valor al cobarde, ya lo hemos dicho, tal cual el fuego endurece la madera que lejos de él era flexible. Asimismo todo enamorado tórnase pródigo, franco, magnánimo incluso, si antes era el más roñoso de los hombres. Su mezquinería y avaricia se funden cuando ama, como el hierro tórnase líquido con la llama; es decir, que se es tan dichoso dando al ser amado, como recibiendo de los demás[151]. Sin duda, sabéis la historia siguiente: Anitos, hijo de Antemión, estaba enamorado de Alcibíades[152]. Un día que ofrecía a ciertos extranjeros un festín, en el cual había hecho puntillo de honor el demostrar su magnificencia, Alkibíades entró en plena orgía, quitó de la mesa la mitad de las cosas, y partió al instante. Los extranjeros se indignaron: «Ese joven, decían, obra contigo del modo más injurioso e insolente». «Decid, al contrario, del más benévolo, respondió

---

[150] Lo mismo dice Agatón, en su elogio de Eros, en el «Banquete», de Platón. Como asimismo que el amor inspira valor al cobarde. Ploutarchos sigue una vez más, y muy de cerca ahora, a su amado Platón. A punto de copiarle, o casi, muchas veces. Pero lo hace bien. Porque pese a estar este tratado lleno del diálogo citado, es, no obstante, cual puede ver el lector, sumamente interesante y variado.

[151] ¡Quién no copiará en letras, o quién, por lo menos, no se inspirará en los que escribieron antes! Claro que cómo decir cosas verdaderamente originales tras cuatro mil años que llevan los hombres pensando y escribiendo. Jacinto Benavente recogió esta misma idea en una breve poesía, o mejor, sartilla de versos, pues no era poeta, que termina: «Sólo los que aman saben decir tú». (V. en «Las mil mejores poesías», la Colección La Crítica Literaria.) Sería una forma más de admirar a este dramaturgo excelente, recoger lo que fue espigando aquí y allá (por ejemplo, en Molière, para sus «Intereses creados») y luego magnificando con su peregrino talento.

[152] Alkibíades, general, orador y estadista ateniense (450-404). Véase sobre él el retrato soberano que hace Platón en el «Banquete» y la excelente semblanza, asimismo, de Ploutarchos en su «Vidas paralelas». El Anitos de que habla asimismo Ploutarchos es el político ateniense que con Meletos y Likón fue causa del proceso que le costó a Sócrates la vida. (V. mi trad. del «Fáidon» y los estudios preliminares y notas.)

Antemión, pues hubiera podido llevarlo todo, y, vedlo, quedan aún muchas cosas».

Zeuxippos, exclamó encantado: «¡Por Herakles!, he aquí algo que casi absuelve a Anitos ante mis ojos, del odio, heredado, que sentía hacia él a causa de Sócrates y de la filosofía. Esta dulzura y esta generosidad a causa del amor, la apruebo enteramente». Mi padre añadió: «Sea, pero no es todo. Caracteres difíciles y feroces antes de amar, Eros los torna modelos de benevolencia y de amabilidad. La llama del hogar hace la casa alegre». Asimismo un hombre vuélvese más radiante, no hay duda, bajo la influencia del amoroso calor. Pero la extravagancia humana es singular. Vemos, por la noche, una casa iluminada brillantemente, y nos admiramos como contemplando algo maravilloso; pero vemos un alma pequeña, baja, vil, llenarse de pronto de sentimientos generosos y liberales, de nobleza, de gracia y de generosidad, y no sentimos la necesidad de decir como Telemachos[153]: «Un dios, estemos ciertos, ahí dentro reside».

«¡Por las Gracias!—exclamó Dafnis—, ¿no es también maravillosamente divino lo siguiente? El enamorado desdeña, pudiera decirse que todo y a todos; no solamente a sus amigos y a sus familiares, sino a leyes, magistrados e incluso al monarca. Nada teme tampoco, nada admira, nada respeta; nada hay, ni siquiera los «dardos vengadores»[154], que no sea capaz de desafiar; pero apenas ha visto a su queridito adorable, «Tiembla, cual el gallito que escapa alicaído». Su audacia desaparece y el orgullo de su alma se quiebra. Safo no hay duda que merece ser citada cuando se habla de las Musas. Pues, si Cacus, el hijo de Vulcano[155], como cuentan los romanos, vomitaba por la boca torrentes de llamas y de fuego, puede decirse con verdad que las palabras de Safo mezcladas están también con llama, y que en sus versos exhala el ardor que la abrasa. Las

---

[153] «Odisea», XVI, v. 163. Telémachos es, como se sabe, el hijo de Ulises.

[154] «Dardos vengadores», los rayos de Zeus, que se creían sólidos y los comparaban a mortíferos dardos de ballesta

[155] Cacus, dios del fuego o simple «numen» de un lugar, era un héroe local de Roma, cuyo mito iba unido al de Hércules. Se le hacía hijo de Vulcano, vivía en una gruta en el monte Aventino, y cuando Hércules volvía tras haber robado los bueyes de Gerión y dormía al borde del Tíber, Caco le robó cuatro vacas y cuatro bueyes, que llevó a su caverna haciéndolos marchar hacia atrás tirando de ellos por la cola. Pero sea que los animales mugiesen a la querencia de los otros o que la propia hermana de Caco, Caca, le dijese al semidiós quien le había robado, la lucha empezó entre ellos, y aunque Caco tenía tres cabezas y, por consiguiente, tres bocas por las que arrojaba fuego, Hércules le mató con su maza. Hay otras versiones.

Musas, como dice Filoxenos[156]. «Eran para su amor un remedio supremo».

Mi padre volvió a tomar la palabra: «Dafnis, si Lisandra no te ha hecho olvidar los juegos que te encantaban antes, acuérdate de los versos en que Safo dice que a la vista de su querida su voz se extingue, su cuerpo arde, que palidece, que se turba y que es presa de vértigo». Dafnis, en efecto, recitó la oda. Y luego, mi padre añadió: «He aquí un transporte divino, no hay duda, del amo del Olimpos[157]. Porque, ¿no hay aquí una turbación del alma enteramente sobrenatural? La Pitia, ¿siente transportes semejantes acercándose al trípode? ¿Quién puede ser, entre los inspirados, aquel a quien la flauta y los cánticos a Cibeles, madre de los dioses, o los tamboriles místicos, ponen de este modo fuera de sí? Pues no sé lo que Menandros entiende por su parte, ni le comprendo cuando dice:

> «Tan sólo, de ocasión, nuestra alma alcanzada
> Con implacable dardo es así traspasada».

»No, el autor de tales desórdenes es Eros. Él es quien lanza el dardo; él quien hiere este corazón o quien perdona a aquel.

»Hay una reflexión que he debido expresar antes, al empezar, Lo haré al menos ahora, «Puesto que en este instante se me ofrece a la boca», como dice Aischilos. Creo, pues, que no debo callarla. Tanto más cuanto que resume una verdad de las más importantes. De todos los conocimientos, querido, que llegan a nuestro entendimiento por otra vía que la de los sentidos, tal vez algunos deben su autoridad a la fábula ya de origen, otros, a la ley, otros aún, a la razón. En cuanto a nuestro sentimiento sobre lo que corresponde a los dioses, hemos tenido sobre ello por guías y maestros a la vez, a los poetas, a los legisladores, y, en tercer lugar, a los filósofos. Que haya divinidades, es algo que todos establecen sin desacuerdo; ahora bien, en lo que afecta a su número, rango, esencia y

---

[156] Filoxenos, poeta ditirámbico griego (435-380). Niño aún, cuando los espartanos se apoderaron de Kiterea, su ciudad natal, fue vendido como esclavo a Melanippides, el poeta lírico ateniense, que le educó. Suidas le atribuye veinticuatro ditirambos muy admirados por los antiguos.

[157] Olimpos, morada de los Dioses desde los poemas homéricos, muy, especialmente de Zeus. Había en Grecia varios montes de este nombre, pero el principal era, y es, el que se levanta en los confines de Macedonia y Tesalia. Más tarde esta palabra designó de un modo general «las moradas celestiales».

poder, en esto entre unos y otros las divergencias son enormes. Los dioses, tal cual los comprenden los filósofos,

>«Libres de enfermedades y de vejez exentos,
>ignoran las fatigas, los duelos y los males.
>El Destino implacable conduce a los mortales
>por mil varios caminos a riesgos violentos».

»También estos mismos filósofos miran las quejas y los ruegos como salidos del cerebro de los poetas. No quieren reconocer que el terror y el miedo sean hijos de Ares. Con ello baten en brecha a muchos de los dioses reconocidos por los legisladores. Así, Xenófanes[158], emprendiéndola con los egipcios, decía: «Si consideran a Osiris[159] como a un mortal, no deben prodigarle honores divinos; si le consideran como a un Dios, no deben llorarle».

»Por su parte, los poetas y los legisladores, viendo a los filósofos poner a las ideas entre el número de los dioses, y a los números, y a las mónadas, y a los vientos, no tienen la paciencia de escucharles ni pueden comprenderles[160]. En una palabra, las opiniones, en lo que a esto atañe, están en evidente discordancia y son de una variedad excesiva. A causa de ello, así como había en Atenas tres facciones, los paralios, los epacrios, y los pidienses, en continua hostilidad y lucha unos contra otros, pero que, habiéndose unido dieron por unanimidad sus sufragios a Solón, al que de común acuerdo escogieron por jefe y como legislador, porque parecía, sin duda alguna, el más sabio de los atenienses; así, las tres clases que de

---

[158] Xenófanes, poeta y filósofo fundador de la Escuela de Elea, cuyo representante principal fue, luego de él, Parménides, y después su discípulo Zenón.

[159] Osiris, forma griega del nombre del dios egipcio «Ousir», que parece haber sido, en su origen, un dios de la vegetación, adorado en el Delta, y opuesto a Set, que representaba el desierto. Pero ya antes de la época histórica una leyenda hacía a Osiris y a Isis de una parte, a Set y Neftis de otra, cuatro hermanos nacidos del dios-Tierra Geb y de la diosa-Cielo Nout. Pese a ser Osiris el primer dios que reinó sobre los hombres, a ser bueno y a haberles enseñado la civilización, fue destronado y hecho pedazos por Set. Pero Isis, ayudada por Anubis, Thot y Neftis, pudo hallar todos los pedazos, reconstituir su cuerpo y asegurar, mediante ritos apropiados, su conservación eterna. Siendo, pues, el primer ser resucitado. Osiris se transformó en el gran dios de los muertos.

[160] Las «ideas», Platón; los «números» y «mónadas», los pitagóricos, los elementos naturales, los Iónicos

modo tan diferente piensan en lo que afecta a los dioses, llevando su sufragio a lugares distintos y no aceptando fácilmente las Divinidades reconocidas por las otras dos clases; estas tres clases, digo, de acuerdo están, no obstante, y de modo permanente en un solo punto: en proclamar de común acuerdo que Eros ha sido colocado entre el número de los dioses por los más eminentes intérpretes de la poesía, de la filosofía y de las leyes. «Que del Amor, a coro, todo son alabanzas», como dice Alkaios[161] hablando del ardor con que los habitantes de Mitile se dieron a Pittakos por tirano. Del mismo modo nosotros vemos a Eros calificado de Rey, de jefe, de moderador soberano, por Hesiodos, por Platón y por Solón. Los tres le hacen descender de las alturas del Helikón[162] para presentarle a la Academia[163]. Ciñéndole la cabeza con una corona, lo introducen, ricamente ataviado, en medio de varias parejas de amigos y de asociados; pero esta asociación no es como esa de la que habla Eurípides: «Violencia maldita de hierros sólo libre». No; en vez de la fría y pesada necesidad de las que el poeta nos ofrece abrumado vergonzosamente a un personaje, Eros es llevado con alas ligeras hacia lo que hay de más hermoso y divino. Por supuesto, tema es éste del que ya otros han hablado más elocuentemente que yo»[164].

Cuando mi padre hubo acabado, Soklaros tomó la palabra: «¿No te das cuenta de que por segunda vez caes en la misma falta? Con negligencia incalificable te apartas y das de lado la verdadera cuestión. Es decir, seré sincero; que te niegas, contra toda justicia, a pagar la deuda que has contraído consistente en desarrollar ante nosotros las consideraciones verdaderamente santas. Por ejemplo, antes, tras haber dicho, casi de mala gana, algunas palabras relativas a Platón y los egipcios, las has dado de lado al punto; y lo mismo haces aún en este momento. Conque, ¡ea!, vengan esas palabras «dichas tan sabiamente»[165] por Platón, o más bien por las diosas aquí presentes, que tomaron a Platón por intérprete. Dínoslas, querido amigo, sin que tengamos necesidad de invitarte a hacerlo. Pues precisamente lo que no tienes derecho a ocultarnos

---

[161] Alkaios (Ἀλκαιος), corrientemente Alceo, poeta lírico griego, contemporáneo de Safo (siglo VII a. d. J.). Había nacido en Mitilene.

[162] Helikón, montaña de Beocia, célebre por el culto a Apolo que se celebraba en ella. Hoy se llama Zagora (Ver nota 71.)

[163] Akademia, jardín donde enseñaba Platón, a orillas del Kefisos y no lejos de Atenas. El nombre le venía de haber pertenecido a Akademos, un antiguo héroe.

[164] Platón en su «Banquete» y Xenofón en el suyo.

[165] «Odisea», XII, v. 453.

privándonos de ello, es lo que has dado a entender a propósito del acuerdo entre las fábulas egipcias y la doctrina de Platón relativa al amor. Conque ánimo, que por nuestra parte, con gran contento escucharemos algunas palabras tuyas sobre una materia de tanta importancia».

Y como los demás se uniesen a esta petición, mi padre dijo, volviendo a tomar la palabra: «Los egipcios reconocen dos Eros, lo mismo que los griegos, el Eros vulgar y el Eros celeste. Incluso suponen un tercero, que es el Sol, y también tienen a Afrodite en gran adoración. Ahora bien, nosotros vemos que existe una gran analogía entre Eros y el Sol, como entre Afrodite y la Luna. En sí, no son fuego ni uno ni otro, como piensan algunos; sino más bien un resplandor, un calor dulce y fecundante. El que viene del Sol da al cuerpo alimento, luz y crecimiento. El calor de Eros, hace lo mismo pero con las almas. Pero, así como el Sol, cuando se aparta de un medio de nubes y vapores, es más ardiente, así el Amor tras una escena de cólera, de celos o una reconciliación con el ser amado, despliega más ternura y ardor. Hay más; así como algunos opinan que el Sol se enciende y se apaga alternativamente, así en lo que afecta al amor ocurre igual como mortal y perecedero que es. Y tal cual un cuerpo que, no habiendo sido acostumbrado a soportar el Sol, no puede sostener su violencia, así un alma privada de los socorros de la educación no puede soportar el amor sin sufrir por su culpa. Cuerpo y alma son igualmente perturbados, igualmente enfermos; y acusan de ello al Dios en vez de acusar a su debilidad.

»No obstante, podría señalarse una diferencia. El Sol permite ver a los ojos humanos tanto las cosas hermosas como las feas; el Amor no tiene luz sino para lo hermoso; tan sólo hacia lo bello empuja a volverse a los enamorados para que puedan contemplarlo, despreciando enteramente lo demás. El nombre de Afrodite que algunos dan a la Luna no es en modo alguno motivado; no obstante roza a cierta analogía. Pues este planeta es divino y celeste; y el centro en que el elemento inmortal se mezcla a lo mortal[166]. Por sí misma es imponente y tenebrosa mientras el Sol no brilla, cual le ocurre a Afrodite privada de la presencia de Eros. Es, pues, muy verosímil que la Luna tiene más relación con Afrodite, y el Sol con Eros, que estos astros tienen con los otros dioses, sin que por ello la semejanza sea completa. El alma y el cuerpo no son una misma cosa; son, por el contrario, dos sustancias muy diferentes. Igualmente el Sol, que es visible a los ojos del cuerpo, mientras que Eros lo es a los de la inteligencia; y si la proposición no pareciese demasiado violenta, podría

---

[166] Idea pitagórica.

decirse que el Sol hace lo contrario que Eros; aparta nuestro pensamiento de los objetos intelectuales para traerle sobre los objetos sensibles. Mediante el encanto y esplendor de su contemplación, fascina a los espíritus; nos persuade para que busquemos en él y en torno a él los demás bienes, principalmente la verdad, sin que, por supuesto, lo pidamos. Pero «nuestras penas de amor sólo son en la tierra», como dice Eurípides, «Puesto que otra vida nos es desconocida»; o, más bien, porque habíamos olvidado las cosas de las que Eros nos atrae el recuerdo.

»En efecto, así como cuando nos despertamos en medio de una luz viva y abundante, todas las imágenes que se habían ofrecido a nuestra alma durante el sueño se desvanecen y desaparecen; igualmente cuando pasamos de otra vida a esta tierra es concebible que el Sol haga impotente nuestra memoria y vicie nuestro entendimiento; haciéndonos perder el placer y la admiración la memoria de lo precedente. Y sin embargo es allá donde está la realidad, allí donde el alma puede asirla. En este mundo, por el contrario, puede decirse que el alma no hace sino soñar, y que si admira al Sol es porque ve en él el ensueño más brillante y más divino, pues lo demás son tan sólo «Visiones nocturnas, sueños dulces, pero engañosos».

»Sí, el alma se persuade de que todo en este mundo apenas es hermoso y estimable, a menos de que tenga la dicha de encontrar un amor casto y divino que la cure, la salve y que, a través del cuerpo, la conduzca fuera del Infierno hasta la verdad, hasta la mansión en que reside esta verdad en la plenitud, pureza y sinceridad de sus encantos. Tras un tan largo espacio de tiempo se siente el deseo de unirse, de identificarse con ella. Es este amor bienhechor el que nos eleva y nos acompaña, semejante a un misterioso jefe de ceremonias que conduce a los iniciados. Luego, enviada aún a esta vida, el alma ya no puede acercarse por sí misma a la verdad; necesita para ello de los órganos del cuerpo.

»Así como cuando los niños estudian la geometría, y no son capaces de comprender aún las nociones puramente inteligibles de la extensión, mientras sus sentidos no son afectados por los cuerpos, se modelan figuras palpables y visibles, esferas, cubos y dodecaedros que se pone ante sus ojos; así este Amor celeste nos ofrece hermosos espejos de cosas esencialmente bellas. Los atributos de Dios los reproduce en criaturas perecederas; a lo puramente inteligible, presta pasiones y sentidos. Gracias a su arte maravilloso, nacen figuras, colores, formas, revestidas del brillante resplandor de la juventud; y esta contemplación, que despierta insensiblemente nuestros recuerdos, tiene como primer efecto el inflamarnos[167],

»¿Cuál es la consecuencia? Que algunos, a causa de la torpeza de sus amigos y de sus padres, esfuérzanse violentamente y sin razón en apagar esta pasión. A causa de ello no gozan de ninguna de sus ventajas; llénanse únicamente de nubes y de turbación; o bien lanzándose torpemente a placeres tenebrosos e ilegítimos, su existencia queda inmediatamente alterada. Pero otros, dirigidos por una razón sana y fieles al pudor, arrancan de este amor, que verdaderamente puede ser considerado como un fuego, lo que hay en él de demasiado violento; con lo cual no queda en el alma sino un luz brillante acompañada de calor. De ello resulta, no una conmoción que, como se ha dicho[168], mueve a los órganos, acariciados y halagados, a una eyaculación o deseo en el cual se sucumbe, sino una expansión maravillosa y fecunda, tal cual le ocurre a una planta que germina y se desarrolla. Se siente dilatar en nosotros los poros de la persuasión y de la benevolencia. Y no hace falta mucho tiempo; del cuerpo de aquellos a los que se ama se alcanza pronto lo interior, juntándonos a su alma. Sin velos ya los ojos, contémplanse y se identifican mediante conversaciones y actos. Pero es preciso que el objeto amado haya retenido en su alma un resto, una imagen, de la belleza primitiva; de otro modo, se abandona pronto al ser que se amaba. Se va hacia otros, como hacen las abejas, que desdeñan muchas flores pese a sus matices frescos y deslumbradores, porque en ellas no encuentran nada para su miel. Pero que se halle en el objeto amado un rasgo de la hermosura divina, una emanación, una semejanza que atraiga, y nos sentiremos transportados de bienestar y de admiración; entonces es el entusiasmo, el encanto total. Y volviendo a encontrar deliciosos recuerdos, se es lanzado con ardor hacia ese hogar de verdadero amor y de felicidad, que es fin de los votos y de las aspiraciones de todos los humanos.

»La mayor parte de las cosas que los poetas dicen de Eros parecen bromas; lo que escriben y cantan de este Dios es tan sólo inspirado por los

---

[167] Imitación perfecta de Platón, ¡Y no es poco decir! Y no solamente en las ideas tomadas de él enteramente (teoría de las «Ideas» y de la «reminiscencia» principalmente) y el tono y el lenguaje, sino hasta, como ya va ocurriendo, un torrente de palabras, como en Platón, no pocas veces, carentes de interés a fuerza de metafísica insustancial y de falta de posible realidad.

[168] Se ha pretendido que Epikouros, pero yo creo que se refiere a Pitágoras que, según Diógenes Laertios (VIII, 9), «como le preguntasen una vez en qué tiempo había que hacer el amor, respondió: Cuando se quiera debilitarse».

vapores del vino. Es raro que hablen de él de una manera seria; ora obran así a propósito y por cálculo, ora les haga falta la inspiración divina para encontrar la verdad. De este género es lo que dicen a propósito de su generación:

> El dios que el universo rige a su conveniencia,
> a Céfiro y a Iris les debe la existencia.
> Céfiro que del mundo llega hasta los confines
> Iris de pies ligeros y lindos brodequines[169].

»A menos que os dejéis persuadir por los gramáticos que pretenden que se trata de una ilusión con todos los matices tan variados y tan vivos propios de este sentimiento.—«¿Y qué otra cosa podría significar un acercamiento semejante?»—dijo Dafnis—. «Te lo voy a enseñar replicó mi padre; y en esto, la evidencia misma indica forzosamente lo que hay que decir. El arco iris es un efecto de refracción. La luz del Sol cayendo dulcemente sobre una nube húmeda, de mediocre densidad, quiébrase al atravesar esta nube; y el nuevo aspecto bajo el cual vemos el brillo de los rayos solares nos hace creer que esta Imagen brillante está en la nube misma. Pues semejante es la habilidad ingeniosa, la invención sutil de Eros. Persuade a las almas escogidas, a las almas virtuosas, que lo que aquí abajo es considerado como bello y como tal proclamado, acaece a causa dé un recuerdo, a causa de la reproducción de la divina, de la adorable, de la bienaventurada hermosura, única que merece nuestra admiración. Pero la mayor parte de los enamorados, tanto muchachos como mujeres, no son sino espejos en los cuales se persigue, en los cuales se cree asir una imagen ilusoria de esta belleza; no obstante, en vano se trataría de coger en tal amor algo superior a un placer mezclado de dolor.

---

[169] Céfiro («Zefiros», Ζεφυρος) era la personificación mitológica del viento del Oeste, viento húmedo y lluvioso. Más tarde se le consideró, al contrario, como un viento dulce y ligero, como la brisa templada de primavera que traía la liquefacción de las nieves. Los griegos hicieron de «Zefiros» un dios. Le representaban bajo la figura de un joven con alas matizadas, la frente cubierta de violetas y llevando en las manos una cesta con flores primaverales. En Atenas tuvo un altar.—Iris era, con Hermes, la mensajera de los dioses; estaba especialmente al servicio de Zeus y de Hera, de la que casi era la criada. Simbolizaba el arco iris y de un modo más general la unión entre la Tierra y el Cielo. Se la representaba alada y vestida de un ligero velo que, herido por el sol, tomaba los matices del arco iris.

Diríase el vértigo y el extravío de que era presa Ixión[170] cuando, ora en una nube ya en una sombra, buscaba poder estrechar entre sus brazos a la diosa que amaba. Se creería ver a niños tratando de coger al arco iris entre sus manos al lanzarse hacia su rastro luminoso.

»¡Qué diferentes son en cambio las disposiciones del enamorado cuya alma es sabia y hermosa! Este, es más allá de la imagen aparente donde va a buscar la hermosura divina, percibida tan sólo por la inteligencia. La hermosura visible del cuerpo, tal cual la ha encontrado, no es en cierto modo sino un medio para ayudar a su memoria. Si se une a ella, si de ella se enamora, es por que una simpatía deliciosa inflama aún más su pensamiento. Acercándose aquí a los cuerpos, no detendrá más en ellos su admiración y su deseo, que en su otra morada, luego de la muerte, no pensará en volver a la tierra como esclavo fugitivo, para rondar a la puerta y cerca de la habitación de los recién casados. No; es preciso no ver sino sueños penosos en las fantasías inspiradas por los sentidos y por la carne. Los hombres y las mujeres que limitan a esto su felicidad no merecen el título de amantes. El verdadero amante hace su morada en esos espacios lejanos en los que conversa, en la medida que le está permitido, con los seres verdaderamente hermosos. Es allí donde su vuelo le lleva; es allí donde comparte los santos transportes de la iniciación; donde salta y circula en torno a su Dios, en el seno del empíreo; hasta que al fin, vuelto a las praderas deliciosas de Afrodite y de Selene[171] duérmese con sueño profundo para empezar una nueva generación. Pero estas apreciaciones van más allá del tema que nos ocupa.

»Por lo demás, Eros, como los otros dioses tiene lo siguiente de particular, tal cual lo ha dicho Eurípides: «Que es sensible, ante todo, al culto de los hombres». Y recíprocamente; así como Eros está lleno de benevolencia respecto a aquellos que le acogen favorablemente, del mismo modo su enojo cae, en especial, sobre aquellos que le miran con ojos hostiles. Porque es preciso decirlo: el Dios hospitalario que se

---

[170] Ixión era un rey tesalio que reinó sobre los Lapital (Lápitas). Atacado de locura tras haber cometido varios crímenes, Zeus tuvo piedad de él y le libró de su mal. Pero ingrato con su bienhechor, no sólo se atrevió a enamorarse de Hera, sino que intentó forzarla. Entonces Zeus (o tal vez Hera misma) construyó una nube en todo semejante a la diosa, con la cual Ixión se unió, engendrando en ella un hijo, Kentauros, o tal vez los Centauros mismos. Zeus, para castigar su nuevo sacrilegio, le ató a una rueda inflamada que lanzó a través del espacio. Castigo eterno, pues habiéndole Zeus, al purificarle la primera vez, hecho probar la ambrosía, quedó con ello inmortal.

[171] Selene, nombre griego de la Luna.

interesa por los extranjeros y por los suplicantes desgraciados, el Dios protector de la familia, el Dios que acoge favorablemente las imprecaciones paternales, no persigue a los culpables con una intervención tan rápida como mediante la que Eros se apresura a vengar a los amantes no estimados debidamente y *a* castigar los desdenes groseros. ¿Habría necesidad de recordar ahora las aventuras de Euxintetos y de su amante Leikomantis, la que aún llaman hoy en Chipre «la que se asoma a la ventana»? Pero tal vez no conocéis el castigo que sufrió Gorgo la cretense, que tuvo una suerte análoga a la de la amante a la ventana. La única diferencia, es que Leukomantis fue cambiada en piedra en el momento en que se inclinaba para ver pasar el convoy de su amante. En cuanto a Gorgo, ésta era amada por un tal Asandros, joven encantador y de ilustre cuna, que, de una posición brillante, había caído en la humillación de la miseria. No por ello se creía menos digno de pretender a cuanto fuese preciso; y aunque Gorgo, a causa de ser muy rica, parecía ser partido difícil de obtener, tanto más cuanto que era muy pretendida, él pidió su mano, a título de pariente próximo. Tenía gran número de rivales del mayor mérito; pero encontró el medio de poner de su parte a todos los parientes y tutores de la joven[172]...

»Las causas que dan nacimiento al amor no son más particulares a un sexo que al otro; son comunes a los dos. Esas imágenes que entran, sin saber cómo, en el corazón de los enamorados y por ellos corretean, que agitan la masa de la sangre estimulándola a escapar en eyaculaciones como consecuencia de una disposición general de los órganos; estas imágenes, digo, no podrían emanar de los muchachos sin emanar igualmente de las jóvenes. Los sentimientos, llamados por nosotros recuerdos sagrados y nobles, que nos trasladan con el pensamiento a la belleza divina y verdadera de la que el Olimpos es la mansión, esos sentimientos que dan en dicho modo alas al alma, ¿por qué razón no habrían de despertar a la vista de los jóvenes y de los adolescentes, del mismo modo que despiertan por las jóvenes vírgenes y por las mujeres? La pureza y la nobleza de alma, ¿no brillan de un modo igualmente claro en la juventud de aquellos? El calzado bien hecho de que habla Aristón[173], es el que deja ver la elegancia del pie. En todo exterior

---

[172] Al llegar aquí hay una gran laguna en el texto. Libre, pues, el lector de acabar la aventura como le plazca. Yo daría con gusto dos o tres soluciones, pero sería hacer esta nota demasiado larga.

[173] ¿Que Aristón? ¿El rey de Esparta de este nombre contemporáneo de Kressos (Creso), cuyos dichos agudos, referidos por Ploutarchos, podrá ver el

hermoso, en todo cuerpo perfectamente puro, reconócense trazos brillantes, nobles e intactos, de un alma semejante, por poco que se esté habituado a apreciarlos. A un hombre que tan sólo se preocupa del placer, preguntadle; «Muchachas o muchachos, dinos lo que prefieres», y os responderá: «Donde hermosura veo a ella me dirijo»; y su respuesta está de acuerdo con los deseos que le animan. ¿Quiere esto decir qué aquél que tiene sentimientos nobles y elevados se determinará en cuestiones de amor, no según belleza y excelencia natural, sino según la diferencia de sexos? Un aficionado a los caballos no estima más las buenas cualidades do un caballo como Podargos que las de una Aeta, la yegua de Agamenón[174]. Un cazador apasionado no da a los perros machos una preferencia exclusiva; cría igualmente las perras de Krete que las de Lakonia. ¿Por qué entonces aquel que ama lo bello, entre lo humano, no tendría una simpatía igual y semejante por los dos sexos? ¿Por qué creería que deba haber en esto, como para los vestidos, diferencia entre el amor que inspiran los hombres y el que inspiran las mujeres?

»Se ha dicho que la belleza es flor de virtud. Luego, pretender que esta flor no se abra en la mujer, que la mujer no de ocasión a reconocer en ella una inclinación natural hacia la virtud, sería avanzar una cosa absurda. Nada más justo que estos dos versos de Aischilos:

> Las ardientes miradas que la bella ha lanzado
> demuestran sin engaño que el amor ya ha gustado.

»Si un carácter imperioso, libertino, corrompido, deja huellas reveladoras en los rostros femeninos, el pudor y la moderación, éstos, ¿no dejarían huella exterior? Y si estos últimos indicios existen e incluso sorprenden a las miradas, ¿no producirán sensación alguna ni invitarán a amar? Ni una ni otra de estas suposiciones, consideradas negativamente, seria razonable. Bajo este punto de vista hay comunidad completa entre

---

lector en el próximo volumen? Es muy probable que se refiera a éste, o a Aristón de Keas, el filósofo peripatético (siglo III, a. d. J.), o a Aristón de Kíos, filósofo estoico denominado «La Sirena» a causa de su persuasiva elocuencia (siglo III a. d. J.); pues no es fácil que se trate de Aristón de Kirene o de Aristón de Megalópolis, estadistas, ni de Aristón de Korintos, el astuto piloto cuya estratagema les costó a los atenienses una derrota naval el año 414.

[174] Podargos pertenecía a Héktor («Ilíada», VIII, v. 185) y Menelaos tenía otro del mismo nombre («Ilíada», XXIII, 295). Aeta es nombrado en el cap. XXIII, v. 295, y creo que aun en otros sitios.

los dos sexos, y según parece, diríase que quieren contribuir por partes iguales[175] ...

»Y ahora, Dafnis, vamos a atacar los razonamientos expuestos hace un momento por Zeuxippos. Pues confunde el amor con un deseo desordenado que arrastra a las almas hacia la incontinencia. Y no es que Zeuxippos esté persuadido él mismo de esta opinión, sino que la ha oído sostener con frecuencia a hombres amargados y que no entienden nada en cuestiones de amor. Unos, mediante el cebo de míseros bienes viudales, atraen a desgraciadas mujeres, las arrojan con su dinero en los cuidados caseros, en cuentas sórdidas, y las tienen sometidas, querellándose con ellas cuan largo es el día. Otros, más deseosos de hijos que de mujer, imitan a las cigarras que depositan su esperma en una cebolla u otra planta semejante. Fecundan a toda prisa el primer cuerpo que han hallado. Cogen el fruto, y luego dicen adiós para siempre al matrimonio. O bien, si persisten en él, no se inquietan ni preocupan ya de sus mujeres, ni tratan de amar ni de ser amados por ellas. Para mí, la similitud del verbo «erteguein, sterguestai» (amar, ser amado), con el verbo «steguein» (contener), del cual no difiere sino en una letra, esta similitud me parece ser como un emblema de la ternura mutua que, con el tiempo y la costumbre, acerca necesariamente a los esposos. Porque, en los compromisos que Eros favorezca con su apoyo e inspiración, ocurrirá como en la República de Platón; no habrá ni mío ni tuyo. Pues no es precisamente entre amigos que todo es común[176], sino entre aquellos que, haciendo desaparecer la separación opuesta por los cuerpos, acercan sus almas y las funden juntamente sin pensar ya en ser dos. Añadamos aún algo. El respeto mutuo, tan necesario en el matrimonio, y cuya observación está menos ordenada por un sentimiento voluntario que por circunstancias exteriores, la ley, el decoro, el temor, obstáculos numerosos que «Retienen el navío al tiempo que le dirigen», el respeto mutuo, decía, debe ser la preocupación constante de los esposos. El amor, por el contrario, de tal modo es dueño de sí, de tal modo púdico, de tal modo fiel, que, puesto en contacto con un alma desarreglada, la aparta de otros amores. Suprime en ella toda osadía; abate ese humor altanero e indócil, para reemplazarle por el pudor, el silencio y la calma; le da un exterior modesto, y le habitúa a no escuchar sino a una sola voz.

---

[175] Laguna aún.

[176] Según parece, el primero en afirmar que «entre amigos todo es común» fue Pitágoras (Diógenes Laertios, VIII, 10); luego Platón lo pone en boca de Sócrates en el «Lisis».

»Sin duda habéis oído contar la historia de Lais, esa cortesana tan célebre a causa de sus muchos amantes, que llenó de pasiones toda la Grecia, o más bien cuyos favores se disputaron los dos mares[177]. Pues bien, apenas fue cogida de amor por Hippolochos el tesalio, se la vio huir la pléyade numerosa de sus otros enamorados para irse a vivir honestamente con él. Pero las mujeres de la comarca, por odio o por envidia, la arrastraron hasta el templo de Afrodite, donde a pedradas la dieron muerte. A causa de ello, sin duda, el templo es llamado aún hoy el templo de «Afrodite Homicida». Sabemos también de modestas sirvientas que se niegan a vivir con sus amos y de jóvenes particulares que desdeñan reinas cuando Eros manda vencedor en sus almas. Pues así como en Roma el nombramiento de magistrado soberano hecho dictador, traía como consecuencia, según se dice, la anulación de la autoridad de los demás magistrados, así los corazones de los que Eros toma posesión viven en adelante libres y desligados do otros amos y soberanos; son cual esclavos entregados al culto de un solo Dios. Si; la mujer honrada, a la que Eros haya puesto en brazos de un esposo legítimo, soportará mejor los abrazos de osos y dragones[178] que dejarse tocar por otro hombre y acostarse con él.

»Y aunque haya multitud de ejemplos, al menos entre vosotros que sois compatriotas de Eros y sus adoradores fervientes, justo será que no pase en silencio la historia de Kamma, la mujer gala. Era una mujer de maravillosa hermosura, esposa del tetrarca Sinatos. Sinorix, uno de los más poderosos entre los galos, se enamoró de ella; y convencido de que, mientras el marido viviese, no podría conseguir a Kamma ni por la fuerza ni de buena voluntad, hizo, morir a Sinatos. La joven viuda halló un refugio y un consuelo a su desgracia en sus funciones hereditarias de sacerdotisa de Diana. La mayor parte del tiempo, lo pasaba a los pies de la diosa, sin recibir a nadie, Y sin embargo, una multitud de reyes y de personajes poderosos solicitaban su mano. Pero ella no cedió en su propósito, no hizo reproche alguno acerca de lo que había pasado; cual si el amor y la pasión, sin otro deseo criminal, hubieran determinado a Sinorix. Éste se presentó, pues, sin desconfianza y la pidió que se casase con él. Kamma salió a su encuentro, le tendió la mano, y habiéndole conducido ante el altar de la diosa, echó en la copa destinada a las libaciones una mezcla de vino y de hidromiel que más tarde se supo que estaba envenenada. Para hacer la libación, ella bebió la primera, como la

---

[177] El mar Aigeus (Egeo) y el más Iónico (Jónico).
[178] Los antiguos denominaban «dragones» a las serpientes.

mitad de lo que contenía la copa, y ofreció el resto a Sinorix. Luego, cuando le vio caer[179], estalló en sollozos y, pronunciando el nombre del esposo muerto, dijo: «Hasta hoy, ¡oh tú, el más amado de los esposos!, he esperado, y separada de ti vivía inconsolable. Ahora acéptame con alegría. Acéptame, pues he vengado tu muerte en el más cobarde de los hombres, y así como era feliz compartiendo contigo la existencia, feliz soy aun muriendo al mismo tiempo que él». Se llevaron a Sinorix en una litera, y al cabo de poco expiraba. En cuanto a Kamma, vivió todo el día y toda la noche, y dícese que vio llegar su última hora con una alegría y firmeza sin igual.

»A causa del gran número de hechos semejantes acaecidos, tanto entre nosotros como entre los bárbaros, ¿quién podría soportar que se calumniase a Afrodite diciendo que no se une a Eros ni le asiste sino para impedir que la amistad se produzca? Es más bien del amor hacia los muchachos o más bien de ese grosero y bestial acoplamiento del que, tras un momento de reflexión, podría decirse: «Es un placer infame que Afrodite reprueba». Por ello, los que gustan entregarse a este género de prostitución, considerados están entre nosotros como los libertinos más depravados. No les suponemos el menor sentimiento de buena fe, de pudor ni de amistad, y nada más verdadero que lo que Sófokles ha dicho de ellos:

> Libre de amigos tales, uno se felicita.
> Prudente quien los tiene si pronto los evita.

»En cuanto a los que sin haber nacido con inclinaciones perversas, se han visto obligados, por sorpresa o violencia, a ceder y entregar su persona, ningún hombre les inspira la repulsión que el autor del atentado de que fueron víctimas. Sienten hacia ellos un odio eterno, y si la ocasión se presenta, la venganza a la que se entregan es terrible. Archelaos cayó a los golpes de Krateas, del que había abusado. Alexandros de Peres[180], bajo los de Pistolaos. Periandros, el tirano de Ambrakia[181], preguntó a su querido si no iba pronto a parir, y éste, ciego de cólera, le mató.

«En cuanto a las mujeres, al contrario, al menos en lo que afecta a las mujeres legítimas, la maternidad es un principio de ternura hacia sus

---

[179] Esta misma historia se encontrará en el tratadito «Las Mujeres».

[180] Alexandros de Peres, en Tesalia, tirano del año 370 al 357 a. d. J. Llegó al poder y se mantuvo en él mediante el terror. Su mujer. Tebe, le hizo asesinar.

[181] Ambrakia o Amprakia (Ambracia), ciudad y comarca de Akarnania.

esposos y una especie de iniciación común a grandes misterios. El placer sexual poco interviene en ello. Al contrario, pronto se ve desarrollarle día tras día entre los esposos más deferencias y atenciones y más confianza, lo que prueba que los de Delfos no chocheaban dando a Afrodite el nombre de «yunta», como tampoco Homero dando a la unión conyugal el nombre de «ternura»[182]. Argumento es también en favor de Solón y de la profunda sabiduría de las leyes que dio a propósito del matrimonio. Había ordenado que los esposos no se acercasen menos de tres veces al mes, y ciertamente no lo hizo pensando en el placer. ¿Cuál era, pues, su pensamiento? Pues seguramente que así como las ciudades renuevan de tiempo en tiempo sus tratados de alianza, asimismo Solón quería que se renovase el pacto de himeneo y que se olvidasen, gracias a un acercamiento tan dulce, las contrariedades que nacen a cada instante en el seno del matrimonio. Pero se dirá: hay muchos crímenes, muchos furores y males en los amores inspirados por las mujeres... ¿Y qué? ¿No hay más aún en los inspirados por jovenzuelos?

> Sólo verle fui presa de pasión tentadora.
> ¡Qué vello delicado! ¡Qué boca encantadora!
> Morir entre sus brazos y luego ¡condenarme!
> Pues no tenerle, ¡dioses!, es peor que matarme.

Pues cuando ambas pasiones caen en la exageración y extravío, tanto una como otra aléjanse del verdadero amor.

«Sería, pues, absurdo decir que las mujeres no tienen las otras virtudes. En cuanto a su sabiduría, su penetración, su fidelidad y su justicia, ¿habría que encomiarlas? ¿Muchas no han dado en numerosas ocasiones prueba de un valor enteramente viril, de audacia y de magnanimidad? Y puesto que en todo lo demás se podría rendir homenaje a su mérito, ¿sería tan sólo en lo relativo a la amistad en lo que habría que dirigirlas reproches diciendo que la amistad es incompatible con su naturaleza? Hacerlo sería sentar una afirmación completamente extraña. Las mujeres aman tiernamente a sus hijos y a sus maridos, y hablando de modo general, la abnegación es en ellas como terreno fértil, capaz de producir todas las cualidades amantes; un suelo en el que no hay un lugar que no arda en deseos de persuadir y de agradar. No obstante, así como la poesía, acomodando a las palabras el encanto del número, de la medida y de la cadencia, da más vivacidad, es cierto, a sus enseñanzas, pero también más peligro a sus seducciones,

---

[182] «Ilíada», XIV, v. 209 y en otros sitios.

SOBRE EL AMOR   149

contra las cuales se tiene menos defensa, asimismo la naturaleza, al revestir a la mujer de encantos exteriores, al darle el encanto de la mirada, la persuasión de la voz, los atractivos irresistibles del rostro, halos armado, por ello mismo, de un gran poder para arrastrar al placer y a la seducción, de ser disolutas, para asegurar el amor y el cariño de sus maridos, si son prudentes.

»Platón, viendo a Xenókrates lleno de sentimientos nobles y elevados, pero demasiado austero de costumbres, le animaba «a sacrificar a las Gracias». A una mujer honesta y prudente podría aconsejársela que sacrificase a Eros, con objeto de que habituase a su marido a estar a gusto con ella en el gineceo. De este modo él no caería en otra unión ni estaría obligado a decir, como en la comedia:

> Agobio de pesares a la mujer más buena;
> soy un monstruo aún más grande que su pena.

»Pues en el matrimonio, amar es un bien aún mayor que ser amado. Es el medio de evitar muchas faltas o más bien de suprimir todas las que estropean y turban el hogar.

»En cuanto a la impresión y dolor causado por el primer acto del himen, no vayas, mi querido Zeuxippos, a temerlos como se temería una herida profunda o un grave desgarro. Incluso de haber ulceración no habría de qué inquietarse. Una mujer honrada a la que nos acercamos por primera vez es como un árbol hermoso al que se injerta. Este desgarro, por lo demás, es el principio del embarazo, puesto que la unión no puede consumarse sin que los dos esposos tengan que sufrir uno a causa del otro. El estudio de las matemáticas es penoso para los que empiezan, lo mismo que el de la filosofía para los jóvenes, pero así como ellas no están siempre llenas de dificultades, tampoco el amor conserva siempre sus espinas. Cual sucede cuando dos licores se combinan juntamente, el amor parece al principio producir una cierta fermentación, un cierto desorden; pero al cabo de poco tiempo se normaliza, todo se calma y vuelve a tomar la disposición más sólidamente asegurada. Pues la mezcla llamada «mezcla de un todo con un todo» es verdaderamente la que se opera entre dos esposos enamorados. El hecho de vivir juntos, por otra parte, aseméjase a esos contactos, a esos entrelazamientos de que habla Epikouros, que son seguidos de colisiones y de separaciones bruscas. En estos últimos acercamientos nada hay que constituya la unidad, que tan sólo Eros produce cuando preside el comercio íntimo de dos esposos.

»No se podría recibir de otro placeres más vivos ni se podría procurar a otro ventajas más constantes; en fin, ninguna unión podría darse más gloriosa y más envidiable

Que un buen hogar donde unidos tiernamente
dos esposos se arrullan dulcemente.

»Su unión está protegida por la ley, y la Naturaleza muestra claramente
que los dioses mismos, para procrear entre sí, tienen necesidad de Eros.
Por ello los poetas dicen que «la Tierra está enamorada del dios que vierte
las lluvias, y el Cielo, enamorado de la Tierra». Los físicos dicen
igualmente que el Sol ama a la Luna, que se acerca a ella, que la fecunda.
Y si es verdad que la Tierra es la madre común de los hombres, que ha
dado nacimiento a todos los animales y a todos los vegetales, ¿no habrá
que concluir necesariamente de ello que un día tendrá que perecer y
apagarse completamente cuando el poderoso Eros, dicho de otro modo, un
deseo emanado de Dios mismo, haya abandonado la materia, y cuando
ésta haya cesado de desear y de perseguir ese principio de creación y de
movimiento que no reside fuera de ella?

»Pero tengamos cuidado de no separarnos de nuestro tema o de parecer
que nos abandonamos a charlatanerías inútiles. Como sabéis, el amor de
los muchachos es frecuentemente citado a causa de sus inconstancias.
Dícese, por burla, que es un huevo que una crin corta en dos; que los que
le practican hacen como los pueblos nómadas, que tras haber pasado la
primavera en sitios cubiertos de yerbas y de flores, escapan de pronto cual
enemigos. Con lenguaje más enérgico aún, el sofista Bion[183] decía que los
pelos de la barba de los queriditos eran otros tantos Aristogitones y
Harmodios[184], porque creciendo libraban a los amantes de una dura
esclavitud. Pero esto sería injusto aplicado a los amores sinceros; las
palabras de Eurípides sobre ello están llenas de gracia. Decía, abrazando al
hermoso Agatón[185] que ya tenía barba, y, cubriéndole de besos: «Lo
hermoso hasta en otoño es bello». Pero cierto es que el amor inspirado por

---

[183] Este Bión es seguramente el filósofo griego (siglos II y III a. d. J.),
perteneciente a la escuela cínica, y célebre por sus dichos agudos y por su espíritu
satírico. Acusado de ateísmo, se refugió en la corte de Antígono Gonatas.
Estobalos y otros han conservado algunos fragmentos suyos.

[184] Es decir, otros tantos asesinos del amor, como Aristogeitón y Harmodios,
fueron asesinos, lo pretendieron, por mejor decir, de la tiranía de Hipparchos. (V.
n. 133.)

[185] Agatón, poeta trágico contemporáneo de Aristófanes. Es uno de los
personajes principales del «Banquete» de Platón. El anfitrión precisamente. Véase
en este diálogo su discurso sobre Eros, recordado frecuentemente aquí por
Ploutarchos en su manera de expresarse.

una compañera honesta no solamente conserva su vivacidad cuando el esposo tiene ya cabellos blancos y arrugas, sino que persiste más allá de la sepultura y de la tumba. Contra un reducido número de amores de muchachos en que la constancia haya sido mantenida, podrían citarse millares de esposos fieles, con tanta abnegación como ardor hasta el último momento, a la ternura que les unía. Voy a citar un ejemplo que ha ocurrido en nuestros días reinando el emperador Vespasiano[186].

»Julius, el que había causado la sublevación de la Galia, contaba, como es natural, con un gran número de cómplices, y entre otros, un tal Sabinus, hombre joven, lleno de valor y el más notable de los de su partido a causa de su crédito y de su riqueza. La empresa intentada era grande. Fracasaron, y como preveían el castigo que les estaba reservado, unos se dieron la muerte, los otros huyeron. Estos últimos fueron cogidos. Sabinus se hallaba en tales circunstancias que hubiera podido escapar sin riesgo y refugiarse entre los bárbaros. Pero estaba unido a la esposa mejor del mundo. En su país llamábase Empone, nombre que en griego respondería a «heroína». Y tan imposible le era llevarla con él como incapaz se sentía de abandonarla. Había en sus dominios cuevas subterráneas destinadas a esconder sus riquezas, conocidas tan sólo de dos de sus libertos. Alejó a los demás esclavos pretextando que iba a envenenarse y tomando con él a los dos servidores en los cuales se fiaba bajó a aquellos subterráneos. Envió al mismo tiempo a su mujer a su liberto Martalius para anunciarla que había sucumbido envenenado y que su casa de campo había ardido con su cuerpo. Trataba con ello de que la desesperación de su mujer concediese crédito a la noticia de su muerte. Que fue lo que sucedió.

»Al recibir la noticia, Empone se arrojó a tierra y, profiriendo lamentos y llantos, permaneció tres días y tres noches enteras sin tomar alimentos. Sabinus, al enterarse, tuvo miedo de que se dejase morir y envió a Martalius a decirla en secreto que vivía, que estaba escondido, pero que tenía necesidad de que ella continuase aún durante algún tiempo, fingiendo escenas de desesperación; ahora, tratando de dar a su aflicción simulada una verosimilitud perfecta. Empone cumplió su papel trágico de tal manera, que no había medio de dudar de su dolor, pero como ardía en

---

[186] Vespasiano. emperador romano (7-79 d. d. J.). Sitiaba Jerusalén cuando fue proclamado emperador. Tras dominar a sus rivales (Otón y Vitelius), restauró el Imperio gracias a una serie de medidas acertadas, tanto políticas como militares y cívicas. En cambio, siempre se le han censurado algunas faltas graves, entre ellas, esto que refiere Ploutarchos: su crueldad con Sabinus y Empone. Murió riéndose de la muerte y del más allá.

deseos de ver a su esposo partió una noche para estar de vuelta al día siguiente. Desde aquel momento, y sin que nadie lo advirtiese, vivió casi, por decirlo así, en el fondo de los infiernos, compartiendo el retiro de su marido, con el cual permaneció durante siete meses enteros.

»Al cabo de este tiempo disfrazó a Sabinus, vistiéndole de modo adecuado, cortándole los cabellos, ciñéndole la cabeza con cintas, de tal manera que era imposible reconocerle, y vino con él a Roma creyendo en ciertas esperanzas que le habían sido dadas. Pero no habiendo tenido suerte, volvió a conducirle a la cueva, donde pasaba con él, bajo tierra, la mayor parte de su existencia. Tan sólo de tiempo en tiempo volvía a la ciudad con objeto de hacerse ver de sus amigas y parientes. Pero lo más increíble es que las compañeras con las cuales se bañaba no advirtieron que estaba encinta. La untura con la cual las mujeres frotan sus cabellos para tornarles rojizos y brillantes como el oro, está hecha de sustancias grasas que dan a las carnes más grosor o cierto desarrollo, de tal modo que el cuerpo se dilata y se hincha. Ella frotábase profusamente por todas partes, evitando con ello las conjeturas sobre el volumen de su vientre, que, naturalmente, redondeábase de día en día. En cuanto a los dolores del parto los soportó, reducida a sí misma como estaba, cual una leona que pare en su antro. Y dio a su marido dos criaturas machos, iba a decir dos leoncillos, que alimentó con su leche. De estos dos hijos, uno murió en la guerra en Egipto; el otro estaba estos días últimos en Delfos con nosotros; se llama Sabinus.

»Volviendo a Empone, el emperador la hizo condenar a muerte. Pero esta muerte tuvo su expiación, pues en poco tiempo toda la posteridad del tirano había sido completamente aniquilada. En todo su reinado no hubo una perversidad más odiosa ni espectáculo del cual los dioses y los genios tuviesen que volver la cabeza con más horror. No obstante, toda piedad desapareció ante la admiración inspirada por la audacia y la magnanimidad de Empone al verla excitar hasta el último grado el furor de Vespasiano. Pues declaró que no aceptaba ninguna gracia y que cuanto pedía era que la reuniesen con Sabinus. «Sí—dijo—, bajo la tierra, en plenas tinieblas, yo he vivido más dichosa que tú en tu trono».

»Con esto, decía mi padre, terminó esta conversación sobre el amor. Estábamos cerca de la ciudad de Tespiai. Y vimos un hombre que acudía a todo correr. Era Diógenes, uno de los amigos de Pisias. Bien que estuviese aún lejos de nosotros. Soklaros le gritó: «¡Seguramente no es la guerra lo que vienes a anunciarnos!» «¡Nunca palabras de mejor augurio! El matrimonio se celebra, dijo Diógenes. Venid prestos. Se os espera para el sacrificio. Todos fueron presa de viva alegría. Zeuxippos preguntó si Pisias estaba aún furioso. «Al contrario, respondió Diógenes; él, que ofrecía tanta resistencia, ha sido el primero en ceder a ruegos de

Ismenodora. Y ahora es el mejor dispuesto de todos. Se ha puesto una corona, un traje blanco y es capaz de conducir a todo el cortejo hasta el templo en plena plaza pública». «¡Por Zeus!, vayamos, pues, dijo mi padre. Nos reiremos del hombre y haremos nuestras devociones al dios, pues evidentemente está contento y se muestra favorable a cuanto ocurre en este momento».

NARRACIONES AMOROSAS

ARISTOKLEIA Y SUS DOS PRETENDIENTES

En Haliartos, ciudad de Beocia, vivía una joven de notable belleza llamada Aristokleia. Era hija de Teofanes. Su mano había sido pedida por Stratón, de Orchómenos, y por Kallistenes, de Haliartos. Más rico que su rival, Stratón estaba asimismo más enamorado de la joven virgen, a causa de haberla visto bañarse en Erkuna[187] en el manantial, en Lebadeia[188], momentos antes de ir a hacer de Kanéfora[189] en su sacrificio a Zeus rey. No obstante, Kallistenes era preferido por ella por ser pariente próximo. En vista de ello, Teofanes estaba muy apurado. Temía a Stratón, a quien su fortuna y nacimiento ponían por encima de casi todos los beocios, y había decidido aconsejarse sobre la resolución a aceptar del oráculo de Trofonios[190]. Pero Stratón, a quien los esclavos de la joven habían hecho creer que se inclinaba más bien a su favor, pidió que se la dejase libre de escoger. Teofanes, en presencia de todos, le dijo, pues, que se explicase, y ella se pronunció por Kallistenes.

De momento Stratón no pudo ocultar su despecho y el enojo que le causaba tal afrenta. Pero apenas habían transcurrido dos días cuando se presentó ante Teofanes y Kallistenes para decirles que deseaba seguir siendo su amigo pese a que un genio malo había impedido su matrimonio. Le agradecieron estas palabras y fue invitado al banquete de boda. Pero habíase puesto de acuerdo con una pandilla de camaradas y un número considerable de criados suyos diseminados entre aquéllos. Pusiéronse, pues, en secreto de emboscada en el camino por donde la joven tenía que pasar para descender, según la costumbre del país, a la fuente llamada Kissoessa[191] para ofrecer a las ninfas[192] un sacrificio preliminar. De

---

[187] Erkuna, manantial cerca del antro de Trofonios, en Beocia. Y nombre de la ninfa de este manantial.

[188] Lebadeia, ciudad de Beocia.

[189] Es decir, joven encargada de llevar en una cesta las flores que se ofrecían a la divinidad en cuyo honor se celebraba una fiesta o sacrificio.

[190] Trofonios, fundador del templo de Delfos, más tarde divinizado e identificado a Zeus Trofonios. Este mismo Zeus Trofonios tenía un oráculo en Beocia, que es del que aquí se trata.

[191] Kissoessa, «La Puente de hiedra», cerca de Tebas.

pronto, todos aquellos que habíanse apostado, arrojáronse sobre la joven esposa, se apoderaron de ella y cayó en poder de Stratón. Hubo resistencia, como puede suponerse, por parte de Kallistenes y de los que le acompañaban, pero sin que tuviese tiempo de darse cuenta la pobre joven sucumbió entre las manos de los que la arrancaban y se la disputaban. Al mismo tiempo Kallistenes desapareció. ¿Se dio muerte? ¿Se desterró voluntariamente y abandonó Beocia? Nadie pudo decir lo que fue de él. En cuanto a Stratón, en presencia de todo el mundo se degolló sobre el cadáver de la joven virgen.

INFORTUNIO DEL JOVEN AKTAIÓN

Un tal Fidón soñaba con someter al Peloponeso. Quería que la ciudad de Argos, su patria, tuviese el imperio sobre todas las demás, y fue contra los corintios, contra quien dirigió sus primeros complots. Envió a pedirles mil jóvenes, los mejores a causa de su juventud y de su vigor. Los de Korintos envían los mil jóvenes, tras haber designado a Dexandros como jefe de esta pequeña tropa. Ahora bien, el pensamiento de Fidón era caer sobre ellos con objeto de tener a Korintos más debilitada y apoderarse de esta ciudad, pues le parecía ser el baluarte más importante de todo el Peloponeso. Expuso su proyecto a varios de sus camaradas. Entre ellos estaba un tal Abrón, que precisamente era huésped de Dexandros[193]. Y, claro, reveló el complot a este último, de modo que los fliasianos escaparon al ataque y volvieron a Korintos. Fidón trató de encontrar al que

---

[192] Ninfas, jóvenes que poblaban los campos, los bosques y las aguas. Personificaban la fecundidad y la gracia. Habitaban en grutas, donde pasaban la vida hilando y cantando. En las leyendas representaban un gran papel, como nuestras hadas en los cuentos infantiles. Aunque sus amantes ordinarios eran los espíritus masculinos de la Naturaleza (Pan, los Sátiros, Príapo, etc.), los dioses mismos (Zeus, Apolo, Hermes, Dionisos y otros), no desdeñaban unirse a ellas, o ellas se enamoraban de algún mortal, como de Hilai.

[193] La hospitalidad era sagrada entre los antiguos. El que había recibido hospitalidad de otro, estaba obligado a hacer con él otro tanto, y este deber se transmitía de padres a hijos. Incluso se cambiaban entre los huéspedes las llamadas «teseras de hospitalidad», que eran como fichas o prendas, mediante las que podrían reconocerse aun pasados muchos años. En la «Ilíada» vemos reconocerse en plena batalla a Diómedes y a Glaukos, ligados desde sus padres «por el sagrado nudo de la hospitalidad», y tras estrecharse las manos, cambiar, en prueba de fraternidad, sus armaduras: la de oro de Glaucos, que valía cien bueyes, por la de bronce a Diómedes, que valía nueve. («Ilíada», VI, v. 212 y sig.)

le había traicionado e hizo sus averiguaciones con la mayor actividad. Abrón, lleno de miedo, se refugió en Korintos, llevándose consigo a su mujer y a sus servidores, y se instaló en un burgo del territorio de los corintios llamado Melissos. Allí le nació un hijo, al que llamó Molissos, es decir, como la aldea. Este Melissos, a su vez, tuvo un hijo, Aktaión, el más hermoso y modesto de todos los de su edad.

Aktaión no tardó en verse rodeado de un gran número de enamorados. El más apasionado era un tal Archias, de la familia de los Heraclidas[194], superior a todos los corintios en riquezas y otras ventajas. No pudiendo ganar al niño mediante la persuasión, resolvió emplear la violencia y raptar al joven objeto de su amor. Vino, pues, en compañía de una nube de amigos y servidores, cual si se tratase de organizar una partida de juego, a la casa en que habitaba Melissos, y trató de robar al niño, Naturalmente, resistencia de parte del padre y de sus amigos. Los vecinos acudieron asimismo y arrancaron al niño, que a causa de la lucha no tardaba en expirar, mientras los raptores se batían en retirada. Melissos coge el cadáver del niño, le lleva a Korintos y en el ágora misma le expone a todas las miradas, reclamando justicia contra los autores de crimen tan odioso. Se limitaron a lamentar lo ocurrido, y tuvo que retirarse sin haber conseguido lo que pedía. Entonces decidió esperar la celebración de los juegos ístmicos[195]. Llegados, sube al altar de Poseidón y se deshace en imprecaciones contra los Bakchiadas[196], recordando al mismo tiempo el servicio prestado por su padre Abrón. Terminó invocando a los dioses y se precipitó desde lo alto de la roca. Poco tiempo después la sequía y el hambre cayeron sobre la ciudad. Los corintios consultaron al oráculo con objeto de verse libres de la plaga, y el dios les respondió que sufrían la cólera de Poseidón, cólera que no cesaría sino una vez vengada la muerte

---

[194] Heráklidas, descendientes de Herakles (Hércules).

[195] Los juegos ístmicos que se celebraban en Korintos, eran los más importantes luego de los olímpicos. Se decían instituidos por el propio Poseidón. Se celebraban cada dos años, el segundo y cuarto de cada Olimpíada, y generalmente en plena primavera (abril-mayo). Los organizaba Korintos, hasta su ruina el año 145 a. d. J. Precisamente en plenos juegos Istmicos Flaminius proclamó solemnemente la independencia de Grecia. Comprendían pruebas atléticas (pentatlo, pancracio, carreras diversas), y concursos dramáticos y musicales. Nerón tomó parte en estos últimos. La recompensa consistía en una corona de apio silvestre o de pino. El santuario de los Juegos Istmicos o «Poseidonion» estaba no lejos del canal de Korintos.

[196] Bakchiadas, descendientes de Bakchis, y Bakchis a su vez de Prunnis, que había reinado en Korintos.

de Aktaión. Cuando Archias, pues era él el que presidía la diputación, hubo oído tales palabras, se resignó voluntariamente a no volver a Korintos, y habiendo hecho vela hacia Sicilia fundó Siracusa. Allí llegó a ser padre de dos hijas, Ortigia y Siracusa. Más tarde, en una emboscada, fue muerto por Telefos, del que había hecho su querido, y que, encargado del mando de un navío, le había seguido por mar a Sicilia.

LAS DOS HIJAS DE SKEDASOS

Un pobre hombre, llamado Skedasos, habitaba en Leuktres, pequeña aldea del país de los tespios. Tenía dos hijas, llamadas Hippo y Miletia, o, según otros, Teano y Euxippe. Skedasos era un hombre honrado y practicaba religiosamente la hospitalidad, bien que poseyera poca cosa. Dos jóvenes de Esparta que llegaron a su casa los acogió con toda solicitud. Pero éstos, que habían sido subyugados por el encanto de las jóvenes, tan sólo habían contenido sus pretensiones audaces a causa de la bondad de Skedasos. Al día siguiente partieron en dirección al templo de Apolo Pítico, pues tal era el objeto de su viaje. Una vez que hubieron consultado al dios sobre lo que les interesaba, regresaron a sus casas, y como tenían que atravesar aún la Beocia, volvieron a detenerse en el domicilio de Skedasos. La casualidad quiso que éste no estuviese en aquel momento en Leuktres, pero sus hijas, fieles a las costumbres del padre, acogieron a los extranjeros. Y aprovechando el aislamiento en que estaban las jóvenes, abusaron de ellas. Tras lo cual, viendo en qué modo las muchachas estaban ofendidas de la afrenta de que habían sido víctimas, las mataron, las arrojaron a un pozo y desaparecieron.

A su vuelta, Skedasos no ve a sus hijas. Encuentra, no obstante, su casa tal cual la ha dejado, y no sabe cómo explicarse su ausencia. Al fin, como su perro gruñía, iba hacia su amo y luego corría hacia el pozo, sospechó lo ocurrido, y así fue llevado a retirar los cadáveres de sus hijas. Habiendo sabido por los vecinos que habían visto entrar la víspera a los lacedemonios, a los que había alojado precedentemente, conjeturó que habían sido ellos los que habían cometido el atentado, pues en su viaje anterior habían continuamente alabado a las jóvenes y repetido que quienes se casasen con ellas serían muy dichosos. Partió, pues, para Lacedemonia dispuesto a obtener una audiencia de los Eforos[197].

---

[197] Eforos, magistrados de la antigua Esparta. Eran cinco y tenían por misión contrapesar el poder del Senado y de los reyes. Su nombramiento hacíase por elección popular cada año.

Atravesaba la Argólide[198] cuando, sorprendido por la noche, detúvose en una posada en que había ya otro anciano, originario de Oreum, ciudad de Hestietide. Este hombre se deshacía en quejas e imprecaciones contra los lacedemonios. Oyéndole, Skedasos le preguntó qué daño le habían hecho los lacedemonios. El otro le contó que era súbdito de Esparta, que un cierto Aristodemos, enviado a Oreum por los lacedemonios en calidad de harmoste[199], habíase conducido con una ferocidad y una injusticia extremadas. Añadió: «Habiéndose enamorado de mi hijo, casi niño, y no pudiendo obtener nada de él mediante la persuasión, trató de emplear la violencia y de llevárselo por la fuerza cuando estaba en el gimnasio. Pero se opuso el maestro de ejercicios, ayudado por varios jóvenes que vinieron en su socorro. Mas al día siguiente robó al niño, y en una galera que había equipado bogó desde Oreum hacia el continente opuesto. Allí renovó sus tentativas, y como no obtuviese nada tampoco, degolló a mi hijo. En seguida volvió a Oreum y celebró un gran festín. Yo, apenas supe lo que había pasado, y tras de haber dado a mi hijo los honores de la sepultura, vine a Esparta y me presenté ante los Eforos, pero no han hecho el menor caso de mis palabras».

Oyendo lo anterior, Skedasos se desanimó profundamente, pues pensó que tampoco él sería acogido por los magistrados. Y a su vez refirió la desgracia que afligía a su propia casa. El extranjero le aconsejó que ni siquiera ensayase de dirigirse a los Eforos y que volviese a Beocia a erigir una tumba a sus hijas. Pero Skedasos no accedió a tal consejo. Fue a Esparta y marchó a ver a los Eforos. Éstos, no habiéndole escuchado, se dirigió a los reyes[200], y tras esta audiencia contaba sus desdichas a cada ciudadano que encontraba. Pero por todas partes no recibía sino desengaños. Así recorrió la ciudad, tendiendo sus manos al cielo; luego, golpeando la tierra, invocaba a las Furias vengadoras[201]. Así sucedió hasta el día en que al fin desembarazose él mismo de la existencia.

---

[198] Argólide, región del Peloponeso cuya capital era Argos, ciudad afamada por sus artes.

[199] Armostes, gobernadores que ponían los espartanos en las ciudades conquistadas.

[200] Reyes, porque eran dos, elegidos de por vida.

[201] Las Furias eran los demonios del mundo infernal en las creencias primitivas romanas. Correspondían a las Eriníes griegas (a las que se refiere el texto especialmente), llamadas también Euménides (es decir, las «Bondadosas», sobrenombre destinado a alabarlas, por miedo a atraer su cólera dándoles un nombre odioso). Nacidas de las gotas de sangre que, al ser mutilado Ouranos, impregnaron la tierra, no reconocían ni la autoridad de los dioses. Protectoras del

Más tarde, no obstante, la venganza del cielo alcanzó a los lacedemonios. Eran a la sazón dueños de toda Grecia, cuyas ciudades ocupaban sus soldados. El tebano Epameinondas empezó por degollar la guarnición que había en su ciudad. Entonces los lacedemonios llevaron la guerra a dicho país. Los tebanos salieron a su encuentro en territorio de Leuktra[202]. Este lugar les pareció de buen augurio, por haber recobrado en otra ocasión anterior su libertad en dicho sitio. Era en la época en que Amfitrión, desterrado por Stenelos, habíase retirado a la ciudad de Tebas. Había encontrado en ella que los habitantes eran tributarios de los calcidios y les libró del impuesto que pagaban, condenando a muerte a Chalkodontos, rey de Euboia[203]. Y ocurrió que los lacedemonios sufrieron una derrota completa cerca del monumento que Skedasos había erigido a sus hijas.

Dícese que antes de la batalla, Pelópidas, uno de los generales del ejército tebano, estaba turbado a causa de ciertos presagios que no juzgaba favorables, y que Skedasos se le apareció durante su sueño para animarle a tener confianza, «puesto que —le dijo—, los lacedemonios han llegado a Leuktra para sufrir la expiación reclamada por un padre y por sus hijas». La víspera del día en que Pelópidas debía de llegar a las manos con ellos, Skedasos le mandó que tuviese preparado un potro blanco y que le degollase sobre la tumba de las jóvenes. Pelópidas, mientras que los lacedemonios acampaban aún en Tegea[204], envió exploradores a Leuktra para pedir informes relativos a la tumba. Los habitantes del país confirmaron la exactitud de las indicaciones. Lleno de confianza, hizo avanzar a su ejército y obtuvo una victoria completa.

---

orden social, castigaban todos los crímenes susceptibles de turbarle; luego, poco a poco, fueron consideradas como divinidades de los castigos infernales, a medida que fue tomando cuerpo la creencia en el más allá.

[202] Leuktra, población de Beocia, hoy Lefka

[203] Euboia (Eubea), isla próxima a la costa del Atica, hoy Euripo o Negroponte, como la llamaban los navegantes italianos de la Edad Media.

[204] Tegea, ciudad de Arcadia, hoy ruinas, cerca de Piali.

SUERTE FUNESTA DE KALLIRÓN [205]

Fokos era beocio de nacimiento, pues había recibido el día en Klisas. Era padre de Kallirón, hermosa y prudente entre todas. Treinta jóvenes de las más nobles familias de Beocia la buscaban en matrimonio. Pero Fokos daba sin cesar pretexto para diferir el himeneo de su hija, de tal manera temía ser violentado por los desairados. Acabó, no obstante, a fuerza de instancia, por declarar que aceptaría como yerno al que designase Apolo Pítico. Estas palabras enfurecieron a los pretendientes, que, arrojándose sobre Fokos, le dieron muerte. En medio de tal escena y del tumulto, la joven había huido, corriendo hasta llegar al campo. Los jóvenes fueron en persecución suya. Ella encontró a unos labradores que amontonaban gavillas de trigo en una granja. Y a ellos debió su salvación, pues la escondieron entre las gavillas, y de este modo los que la perseguían siguieron su camino.

La joven salvada esperó con paciencia la fiesta llamada Pamboiotia [206], y entonces fue a Cheironeia. Allí, colocándose en actitud de suplicante al pie del altar de Aten a Itoniana [207], contó la conducta horrible de sus perseguidores, y precisó el nombre y el país de cada uno de ellos. Los beocios lamentaron unánimemente a la joven y todos se indignaron asimismo contra los jóvenes. Estos, informados de lo que había ocurrido, escaparon a Orchómenos, pero los orchomenenses no quisieron recibirles, y entonces cayeron en Ippotai [208], aldea situada cerca del Helikón, entre Tebas y Cheironeia. Allí fueron acogidos. Pronto los tebanos enviaron a por los asesinos de Fokos. Se los rehúsan, y entran en campaña con el resto de Beocia, conducidos por un tal Foebos, que entonces ostentaba el mando supremo en Tebas.

Bloquean la aldea, que estaba fortificada. La sed obliga a los habitantes a rendirse. Se apoderan de los jóvenes homicidas, que son lapidados. En cuanto a los de la aldea, son reducidos a la esclavitud. Demuelen sus bastiones y destruyen sus casas; el territorio es distribuido entre los de Tebas y los de Cheironeia. La tradición cuenta que en la noche que precedió a la toma de Ippotai se oyó una voz, viniendo del lado de

---

[205] Kallirón era también el nombre de una fuente de Atenas, cerca de la Akrópolis, y de una Oceánica.

[206] Pomboiotia, de todos los beocios.

[207] Itoniana, de los itonianos: Itón, ciudad de Tesalia.

[208] Ippotai, literalmente los Caballeros.

Helikón, que gritó varias veces: «¡Heme aquí!», y que los treinta pretendientes la reconocieron como la voz de Fokos. El día en que fueron lapidados, el monumento del anciano, en Klisa, dejó correr, según se dice, gotas de azafrán, y en el momento en que Foebos, primer magistrado y general tebano, volvía del combate, le anunciaron que le había nacido una hija, a la cual, a título de feliz augurio, dio el nombre de Nikostrate[209].

ENERGÍA DE DEMOKRITA

Alkippos era lacedemonio de origen. Habiéndose desposado con Demokrita, fue padre de dos hijas. Como sus consejos eran excelentes para la ciudad y ejecutaba las medidas más útiles a los lacedemonios, excitó la envidia de sus adversarios políticos. Estos últimos, habiendo engañado a los Eforos mediante discursos calumniosos, les hicieron creer que Alkippos quería turbar las leyes, y consiguieron provocar su destierro. Alejose, pues, de Esparta. Demokrita, su mujer, quería seguir a su marido en unión de sus hijas. Se opusieron a ello, y, lo que es peor, confiscaron los bienes del padre, con objeto de que las hijas quedasen reducidas a carecer de dote. Como aun en esta situación encontraban pretendientes a causa de la virtud de su padre, sus enemigos hicieron promulgar un decreto prohibiendo a todo hombre pretender en matrimonio a las hijas de Alkippos, «en vista de que, decíase en él, Demokrita, su madre, pedía frecuentemente al Cielo que sus hijas tuviesen pronto hijos que ardiesen en deseos de vengar a su abuelo».

Demokrita, acosada por todas partes, espió la llegada de una fiesta general, en la cual figuraban las madres con sus hijas jóvenes, sus servidores y sus hijos pequeños, y en la que las mujeres de los magistrados de la ciudad se reunían aparte en una gran sala para pasar en ella la noche. Ciñose una espada por debajo del vestido, tomó con ella a sus hijas y llegó de noche ya al templo, habiendo observado el momento en que todas las mujeres cumplían las ceremonias del misterio en la sala en cuestión. Las salidas estaban cerradas. Entonces ella amontonó en las puertas una gran cantidad de leña que los lacedemonios habían preparado para el sacrificio de la fiesta y la prendió fuego. Los hombres llegaron en socorro a toda prisa. Demokrita degolló a sus hijas y se apuñaló ella misma sobre sus cadáveres. Los lacedemonios, no teniendo víctimas contra las que descargar su rabia, hicieron arrojar fuera del territorio los cuerpos de Demokrita y de sus dos hijas. Tal conducta provocó el enojo de Dios, y los

---

[209] Habida el día de la Victoria.

historiadores aseguran que a causa de ello sobrevino un temblor de tierra espantoso, que asoló el país de los lacedemonios.

PRECEPTOS CONYUGALES

PLOUTARCHOS A POLLIANOS Y EURIDIKE, SALVE

Tras la ceremonia, legalmente instituida por nuestros padres, que la sacerdotisa de Ceres[210] os ha aplicado encerrándoos juntos, creo que unas palabras dirigidas a ambos juntamente con objeto de que se asocien a vuestro himeneo pueden tener alguna utilidad, precisamente por ofrecer cierta analogía con el acento de la ley. En efecto, entre los modos de música había uno a cargo de la flauta que era llamado Hippotoros[211], porque volvía, según parece, más ardientes a los caballos cuando tenían que acoplarse. Asimismo entre los hermosos y numerosos preceptos que ofrece la filosofía, los que da respecto al matrimonio no son los menos dignos de atención, por el hecho de ser apropiados a ejercer una especie de encantamiento entre dos esposos que acaban de asociar su existencia, destinado a inspirarles una dulzura y una mansedumbre recíprocas. He reunido, pues, los puntos capitales de los discursos que tanto uno como otro habéis oído con frecuencia cuando os alimentabais, durante determinados períodos, de filosofía, en ciertas similitudes, formuladas brevemente, con objeto de que sean más fáciles de retener. Os las envío como ofrenda común a ambos, deseando que las Musas asistan y secunden a Venus cuando esté con vosotros. Pues si el oficio de las primeras de estas diosas es acordar como es debido una lira o una cítara, no es menos conveniente y misión también digna de ellas el asegurar entre esposos, en el hogar, un acuerdo perfecto gracias a la palabra, la buena inteligencia y la filosofía. Los antiguos, en efecto, colocaron a Venus y a Mercurio[212] sobre un mismo pedestal con la intención de mostrar que los goces del matrimonio tienen necesidad sobre todo de la palabra, y acercaron

---

[210] Ceres es el nombre romano de la Demeter griega, diosa por excelencia de la tierra y de las cosechas, es decir, de la vegetación. Incluso etimológicamente la palabra Ceres se refiere a una raíz que significa «crecer». Sus leyendas y las de Demeter son asimismo idénticas.

[211] Hippotoros (ιπποθορος) era la música que se tocaba mientras un asno montaba a una yegua.

[212] Venus es, como se sabe, el nombre latino de la Afrodite griega, diosa del amor; y Mercurio, el de Hermes, dios del comercio y de los ladrones.

asimismo a la diosa Pito y a las Gracias[213], con objeto de que los esposos obtengan cuanto quieran uno de otro mediante la persuasión, sin luchar y sin complacerse en las querellas.

Solón ordenaba que la joven recién casada, antes de compartir el lecho de su esposo, comiese un buen pedazo de membrillo; sin duda para dar a entender que tanto su aliento como su voz ofreciesen un primer agrado que viniesen a unirse acertadamente al conjunto de sus encantos.

En Beocia[214], tras haber puesto el velo a la recién casada, la coronan de espárragos silvestres, porque esta planta da, en un tallo muy espinoso, un fruto muy agradable. Así la joven esposa, si el marido no se desanima y no se harta a causa de sus primeros rigores y de sus primeros desdenes[215], le hará gustar las dulzuras de la más agradable compañía. Además, no soportar las rebeliones que al principio tienen las vírgenes jóvenes es abandonar a los demás el racimo cuando está maduro, porque las uvas primeras eran aún verdes. Por su parte, muchas mujeres jóvenes que rechazan a sus maridos por el desagrado de los primeros contactos, se parecen a los que, por haber sido picados por una abeja, detestan los bollos de miel.

Precisamente es al principio cuando los recién casados deben evitar las diferencias y las querellas. Por tanto, bien pueden ver que hasta los utensilios de madera recién hechos se desunen con facilidad al primer choque que sufren, mientras que cuando el tiempo ha consolidado sus junturas, hasta el hierro y el fuego tienen que trabajar para desunirlos.

---

[213] Pito era la diosa de la persuasión y de la elocuencia. Las Gracias («Gratiae») eran las Charites griegas, divinidades de la Belleza que extendían en la Naturaleza, en el corazón de los hombres, e incluso en el de los dioses, la alegría. Se las representaba como tres hermanas, tres mujeres jóvenes desnudas, teniéndose por los hombros. Acompañaban con gusto a Atena, diosa de los trabajos femeninos y de la actividad intelectual, y también a Afrodite a Eros y a Dionisos. (V. n. 2.)

[214] Beocia (Βοιωτια, «Boiotia» en griego), comarca de Grecia central, cuya capital era Tebas.

[215] Estos rigores y desdenes de la joven recién casada hacia su marido, en los que insiste repetidamente Ploutarchos, se explican si tenemos en cuenta que en la antigüedad las jóvenes eran unidas por sus padres a los hombres que les parecían un partido conveniente para sus hijas, sin tener para nada en cuenta el gusto, opinión y voluntad de éstas. Y, claro, si aun mediando ese deseo fugitivo que se llama amor, las uniones matrimoniales rara vez son felices, difícil era que hubiese concordia, ni al principio siquiera, cuando este lazo engañoso estaba ausente.

Así como el fuego prende muy fácilmente en la paja, en la moleña[216] o en los pelos de liebre, pero también se apaga muy de prisa de no encontrar otras materias capaces de sostenerle y alimentarle, así entre los recién casados el vivo amor que enciende la hermosura exterior de los cuerpos debe ser considerado como poco sólido y duradero, a menos que apoyado en la sensibilidad moral y entrando hasta la parte pensante no tome tal amor el carácter de una afección del alma.

A la pesca hecha mediante ciertos cebos a los cuales se han mezclado determinadas drogas destinadas a coger fácilmente los peces, no es conveniente tocar, pues precisamente tales cebos la tornan incomible y peligrosa[217]. Asimismo las mujeres que preparan ciertos filtros, ciertos encantamientos destinados a sus maridos, y que subyugan a éstos por la voluptuosidad, les ocurre vivir con hombres víctimas del embrutecimieno, de la demencia y de la corrupción. Pues Kirke[218] misma tampoco sacaba provecho alguno de los hombres a los que embrujaba. Vueltos asnos o puercos no podía emplearlos en nada, Pero Ulises, que, sensato, conservó a su lado la razón, la inspiró un amor violento.

Las mujeres que quieren ser dueñas de maridos insensatos, de preferencia a obedecer a otros razonables, se parecen a ésos que en un camino prefiriesen conducir y dirigir ciegos que seguir a quienes, por el contrario, viesen claro y conociesen muy bien el camino.

No quieren creer que Pasifae[219], pese a tener un ley por marido, se enamoró de. un toro; no obstante, bien ven a algunas, casadas con maridos austeros y graves, unirse con gusto a otros cuya inconstancia, volubilidad y lujuria es su único móvil, es decir, como se unirían a perros o a machos cabríos.

---

[216] Molena, género de escrofulariáceas a las que pertenecen, por ejemplo, el gordolobo.

[217] Precisamente, tal vez por ello habla de la molena o gordolobo; esta planta se emplea (sus semillas) para embarbascar el agua.

[218] Kirke (Circe), célebre maga reina de la isla de Aea, a la que llegaron Ulises y sus compañeros tras haber perdido a once de sus naves en el país de los laistrigones. (V. el canto XII de la «Odisea» en mi trad. de la la Colección La Crítica Literaria.)

[219] Pasifae, mujer de Minos, rey de Creta, se unió a un toro enviado a su marido por Poseidón, y de él tuvo el Minotauros, al que su marido tuvo que encerrar en el Laberinto que mandó construir a Daidalos. Como se sabe, Teseus entró en el Laberintos, mató al monstruo y pudo salir de allí guiado por el hilo que le había dado Ariadne.

Los que, demasiado débiles o demasiado blandos, no pueden lanzarse de golpe sobre sus caballos, los acostumbran a doblar la rodilla y a inclinarse hacia el suelo. Asimismo algunos de esos que se han unido a mujeres de calidad o a mujeres honradas se complacen, en vez de hacerse ellos mismos más honrados cada vez, en disminuirlas y rebajarlas, esperando que con ello serán más fácilmente dueños de ellas una vez que hayan sido humilladas y despreciadas. Ahora bien, lo mismo que o un caballo, es preciso mantener a la mujer a la altura y dignidad que la es propia, sin dejar por ello de servirnos de la brida.

Todas las veces que la Luna está lejos del Sol, la vemos luminosa y brillante, pero se oscurece y se oculta a medida que se acerca a él. La mujer prudente, por el contrario, debe aparecer cuando está en compañía de su esposo y guardar la casa y mantenerse oculta cuando él está ausente.

Es un error que, como dice Herodotos[220]: «La mujer, al despojarse de su túnica, se despoja también de su pudor». Pues, si contrario, la mujer honrada hace entonces un vestido de este mismo pudor, y tanto más se aman dos esposos tanto más sienten cada uno por el otro un respeto que es la garantía de su ternura.

Así como si se cogen dos sonidos que estén acordes es la entonación del más grave la que se produce, así en una casa en la que reina la prudencia, todo acto es realizado en virtud del consentimiento de ambos esposos, pero no pone en evidencia sino la autoridad y decisión del marido.

El Sol ganó la partida a Bóreas[221]. En efecto, cuanto más el viento se esforzaba por arrancar el manto soplando con estrépito, más el hombre apretaba los pliegues y le mantenía envuelto en torno a su cuerpo. Pero cuando tras el viento fue el Sol quien hizo sentir su ardor, el hombre, con calor al principio y ardiendo luego, se despojó no tan sólo de su manto, sino de su túnica. Así hacen la mayor parte de las mujeres. Si los maridos se empeñan en que renuncien al lujo y a un fausto costoso, combaten tercamente y se enfurecen. Pero si ellos las persuaden mediante el lenguaje

---

[220] Herodotos, «Historias», I, 8 (historia de Giges y de Kandaules).

[221] Sol (el Sol) era una divinidad sabina, cuyo culto fue introducido en Roma, al mismo tiempo que el de la Luna, por el primer rey sabino. Titus Tatius. Las leyendas principales se formaron en torno al Sol heleno, es decir, en torno a «Helios».—Bóreas era el dios del viento. Habitaba Tracia, que era, para los griegos, el país frío por excelencia; por eso se le llamaba Norte, Septentrión o Bóreas. Era hijo de Eos (la Aurora) y de Astraeos, y tenía por hermanos a Zefir y a Notos.

de la razón, entonces ellas renuncian dulcemente y vuelven a una justa medida.

Catón expulsó a cierto senador del Senado al ver que éste daba un beso a su mujer en presencia de su hija. Fue tal vez demasiado riguroso. Pero si es vergonzoso que los esposos se acaricien, se besen y se abracen delante de testigos, ¿no lo es más aún que asimismo delante de testigos se querellen y se insulten? Hay que tener secretos nuestros retozos y caricias con nuestras mujeres, como asimismo no debe ser en público y delante de todo el mundo cuando se les deben hacer advertencias o reproches y decirles todo cuanto tenemos contra ellas.

Así como un espejo, aunque esté orlado de pedrerías y enmarcado en oro, no es útil en modo alguno si no refleja bien la imagen, así una esposa rica no trae tampoco ventaja alguna si no vuelve su vida y sus costumbres semejantes a las de su marido. Si cuando se está alegre el espejo presenta una cara enfadada, o cuando se está descontento y taciturno, una cara alegre y chispeante, es un espejo falso y que nada vale. Asimismo una mujer se hace detestable a fuerza de carecer de oportunidad, si pone cara agria cuando su marido se dispone a bromear y a ser amable, o si se pone ella a bromear y a estallar de risa cuando él está ocupado en asuntos serios. En el primer caso demuestra que carece de amenidad; en el segundo, que no hace caso de su marido. Es preciso que, así como las líneas y superficies no se mueven por sí mismas, como dicen los geómetras, sino que siguen los movimientos de los cuerpos, así la mujer no debe tener ninguna afección particular a ella, sino que compartirá las disposiciones de su esposo mostrándose con él como él con ella, seria o jovial, reflexiva o riente.

Así como ésos que ven con disgusto que sus mujeres coman y beban con ellos en los festines las enseñan a hartarse cuando están solas; igualmente los que jamás son alegres con sus mujeres ni comparten con ellas sus distracciones y risas, las enseñan a buscar lejos de sus maridos placeres que disfrutarán sin ellos.

La costumbre entre los reyes de Persia es que cuando comen, sus mujeres legítimas se sienten a su lado y coman con ellos. Pero cuando quieren entregarse al placer de la borrachera, las hacen salir y entrar, por el contrario, mujeres capaces de tocar instrumentos de música y cortesanas. Esto es obrar convenientemente, puesto que no asocian a sus compañeras legítimas a escenas de desorden y a orgías. Por consiguiente, y hablando de simples particulares, si un marido incapaz de resistir al placer y no sabiendo regular su conducta comete una falta con una querida o alguna joven criada de la casa, preciso es que su mujer no sienta ni indignación ni tristeza; debe decirse que precisamente porque siente respeto hacia ella es por lo que se entrega con otra a la bebida, al libertinaje y al escándalo.

Los reyes que aman la música hacen que nazcan numerosos músicos; los que aman el estudio, que aparezcan muchos sabios; los que gustan de las luchas de atletas, muchos aficionados a los ejercicios gimnásticos. Asimismo un marido que gusta de la elegancia inspira a su mujer el placer del vestido y del adorno del cuerpo; de ser apasionado del goce, hace de ella una mujer galante, una libertina; si es virtuoso y honrado, la vuelve prudente y modesta.

Una joven casada lacedemonia a la que preguntaban si su marido la había poseído ya: «No respondió—; soy yo quien le ha poseído». Tal debe ser, a mi juicio, la conducta de la mujer legítima. No debe huir ni encontrar desagradables los avances de esta clase que la haga su marido, pero tampoco debe tomar la iniciativa. Lo primero sería portarse como una mujer altanera y carente de ternura; lo segundo, portarse como una cortesana y una desvergonzada.

Es preciso también que una esposa no tenga amigos particulares; los de su marido deben ser los suyos también. Y puesto que los dioses son los primeros y más grandes de los amigos, conviene que los dioses en los cuales cree el marido sean también los únicos que reverencie y conozca la mujer. Cerrará la puerta de su hogar a devociones exageradas y a supersticiones extrañas, pues ningún dios agradecería los homenajes ofrecidos a escondidas por una mujer y sin que lo supiese su marido.

Platón dice que una ciudad es feliz y afortunada cuando no se oye decir en ella «Esto es mío, eso no es mío», a causa de que los ciudadanos gozan en su recinto en común, y con toda la extensión posible, de las cosas de alguna importancia. Pero es del matrimonio donde aún hay que desterrar más escrupulosamente semejante manera de hablar. Por lo demás, así como los médicos dicen que los golpes recibidos en la parte izquierda del cuerpo responden también en la parte derecha, así la mujer debe por simpatía compartir las afecciones de su esposo, y aún más todavía el esposo las de su mujer, a fin de que tal cual los nudos se refuerzan mutuamente entrelazándose, la ternura recíproca de los esposos garantice de una y otra parte la solidez de su unión. ¿Por qué la naturaleza nos mezcla mediante el cuerpo? Porque tomando una parte a uno de los sexos y otra al otro y confundiéndolas, hace comunes a los dos el resultado, de tal manera que no se pueda determinar ni distinguir lo que es de uno y lo que es de otro. Esta comunidad de bienes es esencialmente conveniente entre esposos. Habiendo confundido y mezclado en una sola fortuna la totalidad de lo que tienen, deben pensar no que una parte pertenece como cosa propia a uno y otra parte a otro, sino estar convencidos de que todo les es común, de que nada les es extraño[222]. Así como el vino con agua es siempre llamado vino, aunque el agua domine, así la fortuna y la casa deben estar bajo el nombre del marido aunque la mujer haya aportado una cantidad superior.

Helene amaba las riquezas, y Paris, la voluptuosidad; Ulises era prudente y Penélope era casta. Por ello el matrimonio de éstos fue soberanamente dichoso y digno de envidia, mientras que la unión de los primeros atrajo sobre griegos y bárbaros una Ilíada de males[223].

Un romano amonestado por sus amigos por haber repudiado a su mujer, que era prudente, rica y bella, se quitó una de sus sandalias y se la mostró: «Como ves —les dijo—, está bien hecha y a la moda última, pero lo que no sabes es dónde me aprieta». Pues bien, una mujer debe contar no con su dote, su nacimiento ni su belleza, sino con lo que la pone más estrechamente en contacto con su marido, es decir, con su propio trato, su carácter y su manera de portarse con él. Y que lejos de hacer diariamente esta prueba dura y enfadosa, debe aportar a ella concordia, alegría y ternura. Pues así como los médicos temen más las fiebres que provienen de causas ocultas amontonadas insensiblemente que aquellas cuya razón de existir es perfectamente visible, así esas pequeñas querellas continuas, renovadas incesantemente, bien que los demás no las vean, separan más dos esposos uno de otro y les hacen más odiosa la vida en común.

---

[222] Véase sobre el matrimonio, los consejos de Ischómachos a su mujer, en el tratado «De lo económico», de Xenofón (en «Sócrates», de Xenofón, la Colección La Crítica Literaria), que son de las páginas más delicadas y bellas que ha escrito, no solamente su autor, sino de cuanto se ha hecho sobre el matrimonio. Lo que dice inmediatamente Ploutarchos es una sabia advertencia que deberían tener muy en cuenta los incautos que, engañados por sus mujeres, dejan en sus manos cuanto tienen, haciendo con ello renuncia hasta de sus propias personas, pues en cuanto nada tienen nada valen.

[223] Es decir, infinitos males. Como se sabe, los amores de Paris y Helène, mujer de Menelaos, que huyó con el hijo de Príamos, encendieron la guerra de Troya. Ulises, uno de los héroes de esta guerra una vez acabada, trató de reunirse a su mujer, Penélope: su vuelta a Itaka y la venganza que tomó de los pretendientes de su mujer, constituyen el asunto de la «Odisea»; como la del episodio más importante de la guerra de Troya, el de la «Ilíada». (V. mi trad. de estos dos poemas incomparables en la Colección La Crítica Literaria.)

El rey Filippos[224] estaba enamorado de una tesalia a la que acusaban de atraerle mediante sortilegios. Olimpias[225] se apresuró a apoderarse de ella para tenerla a su merced. Pero cuando al verla ante sí pudo admirar su hermosura, su aire de nobleza y la dignidad y buen sentido de sus palabras, la dijo: «Que no me vuelvan a decir calumnias de ti. ¿Qué mejores sortilegios que los que en ti misma tienes?» Es, pues, un poder irresistible el de una mujer, y de una mujer legítima, cuando, rodeándose de todas sus ventajas: dote, nacimiento, encantos, incluso del cinturón de Venus[226], trabaja en ganar con su carácter, su virtud y sus ternuras el corazón de su marido.

Otra vez Olimpias supo que un joven señor de la corte se había casado con una mujer muy hermosa, pero de mala reputación: «Este hombre no tiene buen sentido —dijo—; de otro modo no se hubiese casado con los ojos»[227]. Luego no hay que casarse ni con los ojos ni con los dedos[228], como ésos que calculando tan sólo en lo que la mujer trae, la toman sin preocuparse de cómo vivirán una vez juntos.

Sócrates quería que entre los jóvenes que tienen la costumbre de mirarse al espejo, los feos corrigiesen esta desventaja mediante su

---

[224] Filippos de Macedonia, padre de Alexandros el Grande.

[225] Olimpias, la mujer de Filippos de Macedonia y madre de Alexandros el Grande, fue una de las mujeres más viciosas y desordenadas de su tiempo. Instigó la muerte de su marido y ella misma mereció morir en pago a sus muchos crímenes. Su hijo reunió en rara amalgama las grandes cualidades de su padre y muchos de los vicios de su madre; por eso anidaban en él las dotes del conquistador genial, capaz, a veces, de elevados sentimientos, junto al hombre vicioso, borracho, criminal y capaz, otras, de las más indignas atrocidades y crímenes.

[226] Lo del «cinturón de Venus», lo dice Ploutarchos acordándose del delicioso episodio de la «Ilíada», en que Juno, sabiendo a Júpiter enfadado con ella y deseando reconciliarse con él, tras engalanarse lo mejor que puede y sabe, que no es poco, ruega a Venus la preste su cinturón para estar aún más hermosa; y ya irresistible va al encuentro de su marido, le seduce, en efecto, con su hermosa presencia, y se refocilan en una nube mientras abajo se matan teucros y aqueos. (V. mi trad. de la «Ilíada» en la Colección La Crítica Literaria.)

[227] Es decir, casado, fiándose tan sólo en su hermosura y sin tener en cuenta otras desventajas muy graves.

[228] «Con los dedos», en el sentido de contar con los dedos; de no mirar sino lo que la mujer le trae si se casa con ella.

virtud[229], y que los que eran naturalmente hermosos se guardasen muy bien de empañar su encanto con los vicios. Asimismo es conveniente que una mujer casada, cada vez que tiene el espejo entre sus manos, se diga a sí misma si es fea: «¡Qué no sería si aún careciese de pudor!», y cuando es hermosa: «¡Qué no llegaré a ser si además soy prudente!» Pues es más honroso para una mujer ser, a pesar de su fealdad, amada a causa de su carácter que serlo a causa de su hermosura.

Vestidos y adornos del mayor precio habían sido enviados a las hijas de Lisandros por el tirano de Sicilia. Pero Lisandros no los aceptó: «Estos regalos—dijo—, en vez de embellecer a mis hijas las tornarían feas»[230]. Sófokles había expresado antes que Lisandros el mismo pensamiento:

> Lejos de engalanarte esos adornos,
> ¡desdichado!, te sentarían mal,
> puesto que harían ver a todo el mundo
> tu natural estúpido y brutal.

«Llamo adorno—decía Krates[231]—a todo cuanto embellece, y el verdadero adorno de una mujer es aquello que la hace más decente. Y esto no podrían producirlo ni el oro, ni las esmeraldas, ni la púrpura, sino un conjunto que ofrezca a la esposa rodeada de nobleza, de dignidad y de pudor».

Los que sacrifican a Juno Nupcial[232] no le ofrecen la hiel con las demás partes de la víctima; la separan y la tiran al pie del altar. El que instituyó esta práctica quiso dar a entender con ella que en el matrimonio no debe haber jamás ni amargura ni cólera. Sin duda en una mujer casada es necesaria la severidad de principios, pero yo quiero que esta austeridad se asemeje al vino que, aun siendo un poco áspero, debe ser sano y agradable y no tener la amargura y el sabor medicinal del acíbar.

---

[229] En Ploutarchos que, como se sabe, sigue ciegamente a Platón y a Sócrates, «virtud» quiere decir «sabiduría», como en aquéllos. Cuando habla, claro, de la virtud de los hombres.

[230] Lisandros, general lacedemonio que terminó, gracias a la ayuda de Kiros el Joven, la guerra del Peloponeso el año 405.

[231] Krates. Con este nombre se conoce a un filósofo cínico y a otro de la Academia. Y a un poeta de la antigua comedia.

[232] A Juno, porque esta diosa, como esposa legítima de Júpiter, era la diosa del matrimonio.

Platón decía a Xonókrates[233], cuyo humor era demasiado grave, bien que estuviese lleno de virtudes: «Sacrifica a las Gracias, te lo aconsejo». Igualmente yo creo que una mujer virtuosa tiene más que otra necesidad de las Gracias cerca de su marido; con objeto, como decía Metrodoros[234], de que sienta agrado permaneciendo con él y que no esté furiosa de ser mujer honrada. No es necesario que por ser sencilla deje de ser limpia y que por el hecho de consagrarse enteramente a su marido deje de darle muestras de su ternura, pues el humor arisco torna odiosa la virtud de la mujer, como la suciedad nada tiene que ver con la economía.

La mujer que no se atreve a reír y bromear delante de su marido por temor a parecer demasiado atrevida y falta de moderación, no se diferencia de la que, para no parecer que se perfuma los cabellos, abstendríase de aceite, o que, para no parecer acicalada, no se lavase siquiera la cara. Los poetas y los oradores que quieren evitar la trivialidad, la bajeza y el tono vulgar se aplican con cuidado a seducir y ganar a quienes les leen y escuchan mediante el fondo de lo que tratan, mediante la afortunada disposición de sus partes y gracias a la pintura fiel de las costumbres. Igualmente una mujer casada hará bien, ciertamente, en rechazar y huir de toda maña que huela a cortesana y a ostentación, pero no dejará de emplear con todo celo y cuidado, respecto a su marido, las gracias de su carácter y de su trato, con objeto de acostumbrarle a conciliar lo honrado con lo placentero. Claro que de ser de un natural austero, exclusivo y enemigo de toda alegría, preciso será que su marido se resigne sabiamente; y que, como Fokión, a quien Antípatros[235] pedía algo indigno de un hombre honrado e inadecuado, le respondió: «No podrás conseguir que yo sea a un tiempo tu amigo y tu adulador». Así el marido de una mujer rígida y virtuosa se dirá: «No es posible que sea a un tiempo mi mujer y mi querida».

Las egipcias, según una ley de su país, no tenían derecho a llevar calzado; era para obligarlas a permanecer en su casa todo el día. Si a la

---

[233] Xenókrates, filósofo griego (406-314), discípulo de Platón. Sucedió a Speusippos en la dirección de la Academia.

[234] Metrodoros, filósofo griego de principios del siglo IV a. d. J., natural de Chíos. Discípulo y continuador de las teorías de Demókritos y uno de los principales representantes de la Escuela atomista.

[235] Antípatros, general de Alexandros el Grande, vencedor de los atenienses. Huyendo de él, Demóstenes, se dio muerte.—Fokión, general y estadista ateniense, condenado a beber la cicuta pese a su sencillez, probidad y los servicios que había prestado a su patria.

mayor parte de las mujeres les quitasen su calzado recamado de oro, sus collares, sus brazaletes, su púrpura y sus perlas, tampoco saldrían de casa.

Teano[236], al echarse su manto, dejó ver al tiempo que su mano una parte del brazo. «¡Qué brazo más hermoso!», exclamó uno. «Sí—replicó ella—, pero no es de todos». Lo mismo que el brazo preciso es que las palabras de la mujer honrada no sean para todos. La emisión de su voz es, en cierto modo, una desnudez, de la que debe avergonzarse y privarse ante las personas extrañas. Pues sus sentimientos, sus costumbres y su carácter se descubren cuando habla.

La Venus que hizo Fidias para los eleatas[237] tenía los pies sobre una tortuga. Era un símbolo, que significaba que el oficio de las mujeres es permanecer en casa y guardar silencio. Es preciso que hablen o a sus maridos o por mediación de sus maridos; y no deben encontrar mal que sea mediante un órgano extraño a ellas, como los tocadores de flauta, como hagan oír un sonido más grave que el suyo propio.

Los ricos y los soberanos que gustan de filósofos y hombres de letras se encumbran al mismo tiempo que los honran, pero los filósofos que hacen la corte a los ricos y a los poderosos se degradan sin dar relieve a sus protectores. Lo mismo les ocurre a las mujeres. Cuando se someten a sus maridos se las estima, pero si quieren mandar, se degradan más que quienes sufren su yugo. Si propio es del marido conservar la autoridad sobre su mujer, no como el amo sobre el esclavo, sino como el alma sobre el cuerpo, compartiendo con su mitad todos sus afectos y siendo uno con ella a fuerza de ternura. Y así como es posible cuidar al cuerpo sin ser esclavo de voluptuosidades y deseos de los que el cuerpo es tan ávido, así se puede conservar la autoridad sobre la mujer sin dejar de ser agradables y complacientes con ella.

Los cuerpos, dicen los filósofos, unos se componen de partes distintas, como una flota, una armada naval; otros, de partes unidas entre sí, como una casa, un navío; otros, en fin, se confunden en una especie de unidad que les hace existir juntamente, cual es el cuerpo de cada animal. Lo mismo ocurre poco más o menos con los esposos. Los matrimonios que se hacen por amor representan la unidad primitiva e inseparable; los que se hacen teniendo en cuenta la dote o el tener hijos, representan las partes que

---

[236] Teano era la mujer de Pitágoras. Su honestidad era ya legendaria en la antigüedad. Diógenes Laertios cita algunas frases suyas memorables.

[237] Pidias, el más grande de los escritores antiguos (500-431 a. d. J.). Entre otras escrituras admirables, hizo un famoso Zeus olímpico y la Atena chriselefantina del Partenón.

han sido unidas juntamente; en fin, los matrimonios en los que cuanto se hace es dormir juntos bajo el mismo techo, matrimonios de los cuales se podría decir que los esposos cohabitan sin habitar juntos, estos matrimonios, digo, representan los cuerpos formados de unidades diferentes. Ahora bien, así como los físicos dicen que los cuerpos se mezclan entre sí mediante todas sus moléculas, así es preciso que ocurra con los esposos: que se confundan el uno con el otro en cuerpos, riquezas, amigos y parientes. En efecto, la legislación romana prohíbe a los casados hacerse donaciones mutuas, y ello no por impedir que uno reciba algo del otro, sino con objeto de que consideren todo cuanto tienen como una cosa totalmente común entre ellos.

En Lentis, ciudad de África, una costumbre nacional quiere que al día siguiente de las nupcias la nueva esposa envíe a casa de la madre del marido a pedir una marmita. Ésta no la da diciendo que no tiene. Y ello se hace con objeto de que desde el principio sepa que su suegra es para ella madrastra, y que si posteriormente recibe aún de su parte algo desagradable, ni se incomode ni se enfurezca por ello. Teniendo esto en cuenta es preciso que la joven casada evite todas las ocasiones de rozamiento. La suegra está, naturalmente, celosa del amor de su hijo, y el único medio de calmar esta envidia es asegurarse personalmente la ternura de su esposo sin separarle de su madre ni disminuir el cariño que siente hacia ella.

Parece ser que las madres aman preferentemente a los hijos a causa de que éstos pueden un día ser sus protectores, y los padres, a las hijas, por tener éstas necesidad de la protección paternal. Esta diferencia proviene también, quizá, de que los esposos, a causa del cariño que se tienen, quieren manifestar más inclinación y ternura en favor del niño cuyo sexo es el de su cónyuge. Tal vez esto sea una explicación sin importancia, pero lo que es seguro es que una mujer da prueba de buen gusto esforzándose más en honrar a los padres de su marido que a los suyos propios, confiándoles las penas que tiene y ocultándolas a su propia familia. Pues mostrar confianza y apego es inspirar uno mismo apego y confianza.

Los generales griegos que estaban en el ejército de Kiros[238] ordenaron a los soldados recibir al enemigo en silencio de venir ellos a atacarles gritando, y al contrario si cargaban sin decir nada, que les rechazasen lanzando gritos. Así las mujeres sensatas que ven a sus maridos

---

[238] Véase el nombre de estos generales en la «Anabasis», de Xenofón, o en las notas a la obra «Sócrates» de este mismo autor, la Colección La Crítica Literaria.

encolerizados soportan sus voces en medio del silencio más profundo, y cuando se callan, entonces les hablan, les consuelan y acaban por calmarles.

Con razón Eurípides[239] censura a los que tocan la lira cuando el vino corre a torrentes, pues debe ser en los momentos de cólera y de dolor cuando es preciso implorar el socorro de la música, más bien que excitar aún a los que ya son víctimas de la voluptuosidad. En cuanto a vosotros, amigos míos, no dudéis que es cometer una falta el acostaros juntos con la sola idea de gozar, como el dormir separados cuando se está enfadado o se ha tenido una querella. Porque ¿no es entonces, sobre todo, cuando hay que hacer intervenir a Venus? Para estos males pasajeros no hay médico como ella; tal cual el poeta lo hace saber al poner en boca de Hera estas palabras:

> Y así terminaré su enfado fastidioso
> atándoles de nuevo con el lazo amoroso[240].

No hay duda que es preciso evitar en todo instante que la mujer ofenda a su marido, así como el marido a la mujer, pero menos que nunca han de hacerlo cuando reposan y están acostados juntos. Una mujer que estaba a punto de dar a luz gritó viendo que la conducían al lecho: «¿Cómo podré curar aquí de un mal que aquí mismo he cogido?» No obstante, muy verdad es que las querellas, las injurias, las violencias que nacen en la cama difícilmente se calman en otro momento ni en otro lugar.

Hermiona[241] parece decir algo muy verdadero cuando exclama:

> El entrar en mi casa mujeres sin honor
> causa en este momento mi profundo dolor.

Ahora bien, no es solamente el que entren lo que produce estos resultados; estallan cuando no solamente la puerta de la esposa, sino aun sus oídos se abren, al mismo tiempo que a tales mujeres, a querellas y sospechas celosas contra su marido. Es entonces cuando la mujer de buen sentido debe, sobre todo, callar y ser prudente, con objeto de no atizar aún el fuego, no escuchando lo que la murmuran perniciosamente. Y tener muy presentes las siguientes palabras de Filippos. Dícese, en efecto, que

---

[239] En la «Medea», v. 190.
[240] «Ilíada», XIV, v. 205, 209.
[241] Eurípides. «Andrómache», v. 930.

sus amigos querían enconarle contra los griegos porque, llenos de beneficios por el rey macedonio, hablaban aún mal de él: «¡Qué sería entonces —respondió—si les perjudicase!» Así, cuando esas malas lenguas vengan a decirte que tu marido te hace sufrir a ti, que tanto le amas y que eras tan honrada, respóndeles: «¡Qué sería entonces si le odiase y me condujese mal con él!»

El amo de un esclavo fugitivo, habiéndole visto al cabo de algún tiempo, corrió tras él decidido a alcanzarle. El esclavo, que le había sacado ventaja, se refugió en un molino. Su amo le gritó entonces: «¿En qué otro sitio hubiera podido preferir que te refugiases mejor que en éste?» Asimismo una mujer que presenta demanda de divorcio, cuando su descontento llegue al máximo, debe decirse: «¿Podría una rival desear verme en situación distinta de ésta? ¿Qué podré hacer para satisfacerla más completamente que enfadarme con mi marido y abandonar mi casa y mi propio lecho nupcial?»

Los atenienses practican tres labores sagradas: la primera, en Sciros, en recuerdo de la fecha más antigua a la que remonta la agricultura; la segunda, en Raria; la tercera, al pie de los muros de la ciudadela, en el sitio llamado Ruzigie. Ahora bien, más sagrado que todas estas labores es el matrimonio, que siembra y fecunda en vista de la procreación de los hijos. Por ello el esposo y la mujer deben imponerse los escrúpulos más rigurosos, abstenerse de todo comercio profano e ilegítimo con otras personas, guardarse de sembrar allí donde no quieran ver nacer frutos, pues si estos frutos llegasen a darse, uno y otro tendrían que avergonzarse de ellos y disimularlos.

El orador Gorgias[242] había leído a los griegos en plenos juegos olímpicos un discurso sobre la concordia. «He aquí uno—dijo Melantus—que nos predica la concordia, siendo así que en su casa, pese a ser sólo tres, su mujer, su criada y él, no ha podido conseguir que la haya». Parece, en efecto, que Gorgias amaba a la criada y que su mujer estaba celosa de ésta. Preciso es, pues, empezar por hacer reinar la paz en la casa propia si se quiere hacer que triunfe en las asambleas públicas y entre sus amigos, pues me parece que las faltas de las mujeres pasan más pronto a la murmuración pública que las cometidas por los maridos contra sus mujeres.

Dícese que el gato se irrita de tal modo a causa del olor de los perfumes, que entra en verdadero furor. Si a las mujeres les ocurriese

---

[242] Gorgias, sofista célebre contemporáneo de Sócrates. Platón dio su nombre a uno de sus diálogos.

igualmente, que se pusieran furiosas a causa de los perfumes, los maridos serían culpables si no absteniéndose de olores vieran a sangre fría la desesperación de sus mujeres por procurarse ellos un breve placer. Y puesto que sufren no cuando su marido se perfuma, sino cuando frecuenta a otras mujeres, injusto es apenarlas tan profundamente y turbar su corazón tan sólo por experimentar nosotros un breve placer. No las pongamos en la situación de las abejas, que, según parece, se enfurecen y se lanzan rabiosas contra los que se acercan a ellas al salir del lecho de una mujer. Seamos irreprochables y puros de todo comercio adúltero cuando nos presentemos ante nuestras esposas legítimas.

Los que se acercan a los elefantes no se visten jamás de blanco ni los que se acercan a los toros de rojo, porque estos colores enfurecen a tales animales más que los otros. Los tigres, cuando oyen alrededor de ellos el ruido de un tambor, entran en tal furor, según se dice, que se destrozan ellos mismos. Y puesto que hay también hombres para quienes la vista de vestiduras escarlata o púrpura es insoportable; otros a los cuales el ruido de címbalos y tambores exaspera, ¿será muy penoso para sus mujeres abstenerse de tales ruidos y de tales vestiduras con objeto de no irritar a sus maridos y poder vivir con ellos en dulce paz?

Una mujer a la que Filippos obligaba a ir con él a pesar suyo, le dijo: «¡Déjame! Todas las mujeres son lo mismo en cuanto se llevan las lámparas». Estas palabras pueden servir perfectamente para los adúlteros y los libertinos. Pero la mujer casada no debe, sobre todo cuando la luz ha desaparecido, ser la misma que la primera mujer que se presente. Cuando su cuerpo no puede ya ser contemplado, es preciso que brille aún por su prudencia, la fidelidad exclusiva a su marido, la regularidad de carácter y el cariño conyugal.

Platón[243] recomendaba muy especialmente a los ancianos que respetasen a los jóvenes, con objeto de que éstos a su vez prestasen honor y reverencia a la vejez, pues si los hombres de edad pierden el pudor, los jóvenes, pensaba, no tendrán ya ni vergüenza ni reserva alguna. El marido debe tener constantemente presente esta recomendación y no respetar a nadie tanto como a su mujer, convencido de que la cámara nupcial llegará a ser para ella una escuela de pudor o una arena de lubricidad. Pero el que sin dejar de gozar de estos placeres se los prohíbe a su compañera, en nada difiere, a mi juicio, de aquel que la ordenase combatir a enemigos a los cuales se hubiese ya rendido.

---

[243] «Las Leyes», libro V.

En lo que afecta al amor del tocado, mi querida Euridike, lee los consejos que Timoxenos escribía a Aristilla a propósito de esto y trata de grabarlos en tu memoria. Y tú, marido, no creas que tu mujer debe abstenerse de frivolidades y de gastos si ve que tú mismo no te privas en las demás cosas; si ve que te gusta ver dorar tu vajilla, llenar de pinturas tus habitaciones, dar arzones nuevos a tus mulas, colleras a tus caballos; pues no es posible desterrar el lujo de las habitaciones de las mujeres si reina por todas partes en las del marido.

Puesto que ahora, Pollianos, estás en edad de practicar la filosofía, adorna tu alma de verdades que puedas presentar apoyadas de pruebas y demostraciones. Busca y frecuenta a aquellos cuya palabra es saludable. Luego, en interés de tu mujer, reúne de aquí y allá cuanto sea provechoso, como hacen las abejas, y guárdalo en tu pecho, para hacer partícipe a tu mitad conversando con ella y haciendo que la sean gratos y familiares los mejores razonamientos:

Pues eres para ella la madre y padre amado
y el hermano querido y admirado[244].

No es menos grato y digno oír decir a su mujer: «Querido esposo, eres para mí un guía, un filósofo, un maestro, pues eres tú quien me enseñas cuanto hay de más hermoso y divino». La primera ventaja de los estudios de este género es que mantienen a las mujeres alejadas de pasatiempos indignos de ellas. Una esposa, en efecto, enrojecerá mostrándose en un baile si está ya bajo la influencia y encanto de los discursos de un Platón o de un Xenofón. Que vengan a decirla: «Voy a hacer bajar a la Luna», y reirá de la ignorancia y de la tontería de las mujeres que creen en promesas semejantes, porque ya no será extraña a la astronomía y habrá oído contar la historia de Aganika, hija de Egetor el tesalio. Como esta Aganika conocía las causas de los eclipses de Luna y preveía de antemano cuándo le ocurre a este astro entrar en la sombra de la Tierra, se burlaba de las demás mujeres, persuadiéndolas de que hacía bajar a la Luna. No se sabe que una mujer haya jamás traído un hijo al mundo sin el concurso de un hombre; esos fetos informes, esas masas de carne que se forman en el seno de algunas mujeres tomando su consistencia de la corrupción son llamadas moles[245]. Pues bien, es preciso tener cuidado de que no se produzcan

---

[244] «Ilíada», VI, v. 145.
[245] He dejado el nombre de «moles» (del latín «moles», masa) a esas degeneraciones de las vellosidades de la envoltura del huevo fetal, que se

anomalías análogas en sus almas. Pero si no reciben gérmenes de conocimientos preciosos, si no participan de la instrucción de sus maridos, procrearán solas y reducidas a ellas mismas, una multitud de pasiones y proyectos cuya perversidad correrá parejas con su extravagancia.

Y tú, Euridike, trata de nutrirte principalmente de máximas dictadas por las mujeres más célebres a causa de su sabiduría y de su virtud; ten siempre en la boca los principios que de mí recibiste cuando eras niña, con objeto de que hagas las delicias de tu marido y la admiración de las demás mujeres, gracias a un tan noble y honroso adorno que nada te habrá costado. Las perlas de tal dama opulenta, los tejidos de seda extranjera, no podrías procurártelos ni lucirlos sin pagarlos muy caros. Pero los adornos de una Teano, de una Kleobulina, de una Gorgo, la mujer de Leónidas; de una Timokleia, la hermana de Teágenes; de una Claudia, ésta vestal de la antigüedad, de una Cornelia, la esposa de Scipión[246]; de todas cuantas, en

---

transforman en vesículas semejantes a las de los quistes hidatídicos. Se presentan raramente, una vez por cada cinco mil gestaciones. Se señalan mediante síntomas que hacen pensar en una autointoxicación, por hemorragias uterinas reiteradas, a causa de un volumen exagerado del útero. El aborto es su consecuencia habitual, y la muerte del feto, la regla.

[246] Teano era, como se sabe, la mujer de Pitágoras. (V. «Pitágoras» en la Colección La Crítica Literaria.) Klaobuline era la hija de Kleóbulos, uno de los Siete Sabios de Grecia. Se hizo célebre a causa de sus logogrifos y de sus enigmas. Gorgo era la hija del rey Kleómenes de Lacedemonia y esposa de Leónidas, el defensor de las Termópilas. Era admirada por su ingenio vivo y sus respuestas agudas. A la edad de dieciocho años aconseja a su padre, a quien Aristágoras de Miletos trataba de corromper: «Huye, padre, o este extranjero te corromperá». Como otro dijese que tan sólo las mujeres de Lacedemonia, entre todas las del mundo, mandaban en los hombres, Gorgo le replica: «Ello se debe a que somos las únicas que hacemos verdaderos hombres». Timokleia (siglo IV a. d. J.). Habiendo sitiado Alexandros a Tebas, fue violada por un oficial tracio. Para vengarse, le condujo a un pozo en el que le dijo haber escondido su dinero. Al inclinarse el oficial sobre él, le empujó y le arrojó dentro y luego le acabó a pedradas. Su arrojo y furia impresionaron a Alexandros. que hizo que la devolviesen la libertad. Sancho Panza hubiese juzgado de otro modo. Claudia Quinta, vestal romana descendiente de Appius Claudius. Habiendo acusado sus costumbres, respondió con un prodigio; el año 217 a. d. J., Aníbal asolaba Italia. La Sibila de Cumas aconsejó a los romanos que hicieran venir de Pessinonte la Piedra Negra, emblema de Cibeles. El barco que la traía naufragó a orillas del Tíber, y los augures declararon que una joven casta podría únicamente moverle. Claudia hizo un ruego ferviente a la diosa, desató su cinturón y con él remolcó sin esfuerzo la nave. Entre las varias Cornelias célebres, hay dos relacionadas con dos

fin, se han hecho dignas de admiración y de celebridad, estos adornos, digo, pueden llevarse sin que cuesten nada, y engalanar con ellos la persona de tal modo que permitan y ayuden a llevar una existencia a la vez afortunada y gloriosa. En efecto, si Safo pudo estar orgullosa de su talento poético hasta el punto de escribir a una dama opulenta los versos siguientes:

> Hete aquí descendida a las eternas sombras
> sin ningún recuerdo merecer.
> Por no haber cogido las rosas inmortales
> que el Parnaso ayuda a florecer[247].

¿No podrías tú estar orgullosa y llena de gloria por haber cogido no ya las rosas, sino los frutos que las Musas producen y con los que gratifican a los que se apasionan por la filosofía y la instrucción?

Scipiones: la hija de Scipión el Africano, madre de los Gracos, mujer absolutamente extraordinaria, y la hija de Metellus Scipión, mujer de Publius Crassus, y luego, a la muerte de éste, de Pompeyo; mujer de gran belleza, sumamente instruida y virtuosa.

[247] Safo, poetisa griega, nacida en Eresos (isla de Lesbos) al principio del siglo VI a. d. J. Pertenecía a una familia noble de Lesbos. Vivió sobre todo en Mitilene y más tarde emigró a Sicilia, volviendo a su país cuando Pittakos llamó a los desterrados. Según una leyenda, enamorada del bello Faón y desdeñada por éste, se arrojó desde lo alto de la roca de Leukade. Otras tradiciones no más dignas de crédito hacen de ella una cortesana o una sacerdotisa del vicio lesbiano. En realidad, se sabe muy poco sobre su vida, y nada sobre su muerte. Fue rival, en poesía, de Alkaios y tuvo en Lesbos una escuela de poesía y de música, donde formó a muchas poetisas. Creó la estrofa llamada «sáfica» y perfeccionó la técnica de su arte. Sus poemas forman nueve libros, muy variados, de ritmo y de inspiración. Cantaba, sobre todo, la belleza, el amor, la pasión alegre o melancólica, irritada o celosa, con acento muy personal, ardiente e ingenuo, y un arte sabio y sencillo al mismo tiempo. Quedan de ella dos «Odas» casi completas y un gran número de fragmentos. Su atrayente figura ha inspirado a numerosos pintores y escultores de todos los tiempos.

SOBRE LA HIGIENE

(Personajes del diálogo: MOSCHIÓN Y ZEUXIPPOS.)

MOSCHIÓN.—¿Eres tú, Zeuxippos, el que ayer disuadió a Glaukos el médico cuando quiso discutir con nosotros a propósito de filosofía?

ZEUXIPPOS.—Desde luego, querido Moschión, no le disuadí; además, no quería hablar de filosofía con nosotros. Cuanto hice fue evitar lo que temía, a saber: darle ocasión de satisfacer su gusto por las polémicas. Porque no hay duda que cuando se trata de medicina, como dice Homero: «Podría él solo hacer frente a varios»[248]. Pero en lo que afecta a la filosofía, nunca está bien dispuesto en su favor; siempre hay algo rudo y desagradable en sus palabras. Y esta vez aun venía contra nosotros como adversario; desde lejos ya gritaba que nuestra temeridad era de las más grandes y censurables; que entablar una discusión sobre el modo de vivir sanos era, por nuestra parte, confundir lamentablemente el límite de las cosas, «pues hay—decía—, límites entre los filósofos y los médicos, como los hay entre los habitantes de Misia y los de Frigia»[249]. Luego, repitiendo ciertas opiniones expuestas por nosotros no de gran alcance ciertamente, pero tampoco carentes en absoluto de utilidad, no las dejaba de sus labios sin haberlas deshecho a su gusto.

MOSCHIÓN.—Pues no sabes, Zeuxippos, con el gusto que escucharía cuanto sobre ello u otras cosas hablasteis; sería todo oídos para escucharte.

ZEUXIPPOS.—Es que, en realidad, Moschión, teniendo como tú tienes natural gusto e inclinación por la filosofía, no apruebas en modo alguno que un filósofo no guste de la medicina. Te indignas si estima más conveniente para él ser visto ocupándose en estudiar geometría, dialéctica o música que tratar de saber «lo que para su mansión es propicio o funesto»[250], llamando mansión ahora a su cuerpo. Y no obstante muchos más espectadores van al teatro cada vez que se distribuye a cuantos acuden a ver los juegos algunas monedas, cual es costumbre en Atenas. Ahora bien, entre las artes liberales, la medicina no es inferior a ninguna otra en

---

[248] «Ilíada», XI, v. 514,
[249] Misia, comarca del Asia Menor. Había otra Misia vecina de Iliria.— Frigia, comarca de la Grecia antigua, al NE. del Asia Menor, bañada por el mar Egeo, la Prepántide y el Ponto-Euxino.
[250] Homeros, «Odisea», XI, v. 392.

lo que afecta a hermosura, a excelencia, a encanto; sin contar que ofrece al mismo tiempo a quienes la estudian con amor una gratificación importante: la conservación de la vida y de la salud. He aquí por qué lejos de considerar como algo fuera de sus dominios cuando los filósofos discurren sobre lo que se refiere a la higiene, habría que censurarles si no suprimiesen tantos obstáculos, si no creyeran deber considerar el campo de estudio como un terreno común a todos, terreno donde les es preciso explotar todos los bellos conocimientos que conviene perseguir a la vez cuando se busca lo agradable y lo necesario.

MOSCHIÓN.—Pues dejemos querido Zeuxippos, a Glaukos y a la seriedad con que cree bastarse a sí mismo sin tener necesidad de recurrir a la filosofía, y tú cuéntame lo que discutisteis. Empezando, si te parece bien, por aquellos puntos que Glaukos atacó, bien que, como dices, tú no les dieses gran importancia.

ZEUXIPPOS.—Pues bien, nuestro amigo refería haber oído decir a alguien que es muy importante para la salud tener las manos siempre calientes y no dejarlas enfriarse; que, por el contrario, de estar las extremidades frías, el calor se concentra dentro, lo que da en cierto modo un estado de fiebre continua, y que, por lo tanto, es muy saludable echar hacia el exterior no solamente el calor, sino aquello que le mantiene, de modo a conseguir que salga y se distribuya por todo el cuerpo. Cuando ocurre, añadía, que hagamos un trabajo manual, el ejercicio basta para atraer allí el calor y mantenerle, pero si no se tiene ocasión de darse a los ejercicios manuales, es preciso arreglárselas de modo que, sea como sea, las extremidades no se enfríen.

He aquí una de las opiniones que fue puesta en la picota. La segunda, si no recuerdo mal, era relativa a las sustancias que vosotros, los médicos, dais a los enfermos. Nuestro amigo aconsejaba probarlas y emplearlas de vez en cuando con objeto de habituarse á ellas cuando se tiene buena salud y con objeto de no sentir luego por ellas, como los niños, espanto y repugnancia. Conviene, decía, adaptar y familiarizar con ellas poco a poco el gusto con objeto de que si se llega a caer enfermo, no se vea en tales sustancias remedios desagradables y que no resulte penoso ponerse a un régimen simple en el cual no entren ni guisados ni carnes asadas. Tampoco es preciso, continuó, temer el sentarse a la mesa alguna vez sin haberse bañado, tomar agua pese a tener vino a discreción ni beber caliente en verano cuando se tiene hielo ante sí. Pero habrá que guardarse muy bien de dar a estas abstinencias un carácter ostentoso, una prudencia afectada, es decir, como si quisiéramos que nos fuesen estimadas como un mérito. Habrá de ser en particular y sin alabarse de ello ni decirlo como se conseguirá el hábito de subordinar el gusto sin esfuerzo a lo que más conviene. Y es preciso librarse muy pronto de esa pusilanimidad que empuja a ciertos enfermos a gemir y lamentarse de verse privados de voluptuosidades deliciosas, grandes y reducidos a un régimen innoble y abyecto. Hermoso es el dicho: «Escoged la vida mejor y el hábito os la hará agradable». Dicho que, si de aplicación útil en general en todas circunstancias, muy especialmente lo es en lo que afecta a los diferentes regímenes. Es preciso habituarnos sin dolor al mejor para nuestra salud y constreñirnos a lo que hemos reconocido como más apropiado a nuestro temperamento. Acordémonos de lo que sienten y hacen ciertas personas cuando están enfermas, que se impacientan y enfurecen cuando so las ofrece el agua caliente, tisanas o pan seco. Régimen que, a oírlas, es detestable e indignante, y que es preciso ser detestables y sin piedad asimismo para aconsejarle y obligarles a aceptarle. No obstante, no pocos son aquellos a los que un baño costó la vida, bien que al principio su mal no fuese grave, pero es que fueron incapaces de permanecer en ayunas hasta después de tomarle. Entre ellos estuvo el emperador Tito[251], de creer a quienes le asistieron en su enfermedad.

También se dijo poco más o menos lo siguiente: que lo más sencillo es siempre lo más saludable para el cuerpo; que es preciso evitar comer y beber demasiado, ante todo, y entregarse a la sensualidad muy particularmente cuando se está a la expectativa de una fiesta próxima, de un convite entre amigos o cuando se prevé uno de esos festines dados por un príncipe o un gran personaje, en que los platos y los vinos circulan con incontenible continuidad. Cuando el viento y la tempestad van a llegar, es preciso, estando aún el tiempo en calma, proteger el navío, es decir, el cuerpo, manteniéndole libre y descargado. Porque, en efecto, en las comilonas, en las reuniones de amigos es difícil conservar la moderación habitual, a menos de pasar ante los demás por un invitado aburrido y desagradable[252]. Si se quiere, como suele decirse, no añadir fuego al

---

[251] Tito (Titus Flavius Sabinus Vespasianus), emperador romano, apodado «amor y delicia del género humano» (40-81 a. d. J.). Soldado hábil (tomó Jerusalén y destruyó el Templo), elocuente, poeta, músico, buen administrador, humano, su breve vida y corto reinado (poco más de dos años), no le permitieron manifestarse cuan grande y beneficioso era en realidad. El incendio de Roma, la erupción famosa del Vesubio el año 78, y aun una mortífera peste, ensombrecieron la felicidad que sembraba en torno suyo. Una fiebre perniciosa acabó con él.

[252] Sócrates. sabio en todo, seguía en esto de la alimentación el mejor y más saludable de los regímenes. De ordinario sobrio de un modo perfecto, su cuerpo, en condiciones de salud e integridad totales, le permitía, si el caso llegaba, comer y beber sin desmerecer de los demás, y aun superándoles, sin dar la menor

fuego, repleción a repleción, vino al vino, hay que imitar lo que hizo una vez Filippos[253] mediante una broma ingeniosa. He aquí lo sucedido. Había sido invitado a comer por uno de cierto país donde se encontraba, creyendo su huésped que el séquito que le acompañaba era poco numeroso. Y claro, al verle llegar con aquella multitud que le seguía, como no había preparado comida para tantos, quedó aterrado. Pero Filippos, dándose cuenta, hizo decir por lo bajo a cada uno de sus acompañantes «que no se hartasen, pues lo mejor eran las golosinas finales». Los otros creyeron comprender, y siempre en espera de las últimas delicias apenas comieron de lo demás; con ello, lo que había bastó para todos. Asimismo es preciso estar preparados, cuando el caso llega, contra ese asalto inevitable de plato tras plato circulando sin interrupción; hay que dejar sitio para un guisado, para un pastel, para la borrachera misma, por decirlo así, y prepararse, cuando sea preciso, un apetito nuevo y bien dispuesto.

Porque supongamos que estando atascados y en mala disposición, hechos como los que acabo de mencionar se nos ofrecen de repente: personajes importantes que se presentan de improviso, huéspedes que nos caen del cielo. ¿Deberemos, por no hacer mal papel, entrar en liza con gentes perfectamente dispuestas y luchar con ellos con el vaso en la mano? No; jamás la ocasión sería tan necesaria como para resistir a «tal vergüenza, a ese respeto a los demás tan funesto a los hombres»[254], diciendo, en cambio, como el Kreón de la tragedia:

> Prefiero no seguirte ahora, amigo mío,
> que lamentar más tarde mi torpe desvarío[255].

Exponerse, por temor a parecer carecer de modales, a una pleuresía o a una congestión cerebral sería, en realidad, comportarse como un bárbaro, desprovisto de razón y buen juicio e incapaz de dirigirse a los demás sino rodeado de botellas y del olor de los manjares. La negativa a hacer los honores a todos los platos que circulen no será vista con menos agrado si se hace con tino y discreción, que grato será el banquete mismo. Será

---

muestra de fatiga y malestar. (V. en el «Banquete» de Platón, el elogio de Alkibíades a Sócrates, y los «Recuerdos socráticos», la Colección La Crítica Literaria.)

[253] Se trata de Filippos de Macedonia, el padre de Alexandros el Grande.

[254] Hesiodos, «Los Trabajos y los Días». V. 318.

[255] Eurípides. «Medea», v. 290.

como un sacrificio en el que no se guste luego de la víctima, y por poco que el que ofrece el festín, incluso no comiendo él nada ni honrando los vasos, sepa burlarse espiritualmente y con alegría de sí mismo, los invitados le encontrarán mucho más agradable que si se emborrachase o rivalizara en devorar los manjares con ellos. A propósito de esto, nuestro amigo recordó, entre los antiguos, el ejemplo de Alexandros, que, tras haber bebido considerablemente, no fue capaz de resistir a la provocación de Medius. Éste le animó a lanzarse aún en el vino puro, y el monarca murió. Entre los de nuestro tiempo citó a Régulus, el pancracista[256]. Habiéndole invitado el emperador Tito, al alba, a acompañarle al baño, fue y se bañó al mismo tiempo que el príncipe, pero apenas se había sentado a la mesa murió súbitamente, cogido, dícese, de una apoplejía. Glaukos recordaba estos ejemplos para reírse de ellos y los trataba de dichos de pedantes. Y si poco dispuesto estaba a escuchar más, nosotros no lo estábamos tampoco a seguir hablando en su presencia. Pero tú presta, por el contrario, la mayor atención a cada una de las cosas que entonces fueron dichas.

Sócrates, empezaremos por él, invitaba a desconfiar de los manjares y bebidas que invitan a comer y beber más cuando no se tiene ni hambre ni sed. No los prohibía enteramente, pero enseñaba a no usar de ellos sino cuando era necesario hacerlo y a subordinar el placer que causan a esta necesidad, como los gobiernos aplican al mantenimiento del ejército el dinero destinado a ser empleado en los juegos. Lo que los alimentos tienen de agradable no aprovecha sino en la proporción exacta en que nutren. Que cuando se tiene hambre se coma cosas buenas dentro siempre de la necesidad que se siente de comer, enhorabuena; pero es preciso no provocar deseos ficticios, a no ser excepcionalmente, cuando los apetitos naturales están ya satisfechos. Así como Sócrates no consideraba el baile tampoco como un ejercicio desagradable, así aquellos para quienes pasteles y golosinas sirven de comida en vez de carnes, no sufrirán sensiblemente por ello[257]. Pero una vez que se tiene nuestra medida normal y que ya se está suficientemente harto, es preciso evitar con todo cuidado el tocar estas golosinas, pues en estas cosas tanto el golosinear

---

[256] Pancracista, luchador de «pancracio». Pancracio, especie de «cach-as-cach-can» de aquellos tiempos en que todo estaba admitido, golpes, patadas, zancadillas, con tal de vencer. Inventado por los griegos, estuvo más tarde muy en boga en Roma.

[257] Sobre la opinión de Sócrates a propósito del baile, véase el «Banquete» de Xenofón, en «Sócrates», la Colección La Crítica Literaria.)

como la glotonería deben ser no menos abandonadas que la incontinencia y la vanidad. Estos dos defectos nos excitan frecuentemente a comer y a beber sin que tengamos hambre ni sed, y para poder hacerlo nos sugieren las fantasías más locas y perjudiciales. Nos figuramos por el hecho de que un manjar sea raro o costoso que sería gran torpeza no aprovechar la ocasión que se nos brinda de regalarnos con él como por ejemplo, cuando se trata de ubres de marrana, de champiñones de Italia, de pasteles de Samos o de nieve de Egipto. La tonta vanidad tórnase entonces en una especie de husmo apetitoso que nos empuja a comer manjares encomiados y raros, obligando a nuestro estómago a recibirlos sin necesidad tan sólo por poder alabarnos de ello y hacer envidiar la dicha que hemos tenido gustando cosas de tan alto precio y tan difícil de procurarse. Esto recuerda lo que les ocurre frecuentemente a los marinos, cuyas mujeres gozan de excelente reputación. Acostados con ellas, que muchas veces no solamente son muy hermosas, sino que les quieren muy tiernamente, permanecen completamente indiferentes y tranquilos a su lado, mientras que a veces se pagan los favores de una Friné o una Lais[258], esforzándose con ellas, impotentes y agotados como están, tratando a fuerza de libertinaje de despertar el placer, excitados únicamente por una falsa vanagloria. Y ello hacía decir a Friné, cuando ya era vieja, que vendía más cara su hez tan sólo a causa de su celebridad.

---

[258] Friné, cortesana griega (siglo VI a. d. J.). Muy joven pasó de Tespies (Beocia), su patria, a Atenas, donde de tocadora de flauta llegó sin tardar a ser una de las hetairas de moda. Pronto también empezaron a correr leyendas cimentadas sobre su hermosura. Por ejemplo, la que cuenta Quintiliano: acusada de impiedad, y cuando ya iba a ser condenada, Hipérides, el famoso orador, que la defendía, arrancó la túnica que la cubría, y bastó su deslumbrante hermosura para que los jueces la absolviesen. Dícese también, y esto es ya menos sospechoso (bien que si cierto es que la mejor recomendación es un rostro hermoso, si a la hermosura del rostro se une la del cuerpo, sea muy difícil, aun para los jueces más íntegros, no prevaricar), que querida de Praxíteles, éste se servía de ella como modelo para sus Afrodites. Parece ser que este gran artista hizo tres estatuas admirables copiando su cuerpo: un mármol para Tespies, un bronce dorado para Delfos y su célebre «Afrodite Anadiomene» (Venus surgiendo del mar), tras verla, con ocasión de las fiestas de Eleusis, salir del agua enteramente desnuda, retorciéndose los cabellos.—Con el nombre Lais hubo varias cortesanas griegas célebres. Una, nacida en Korintos, y que vivía hacia el año 390 a. d. J., fue no solamente célebre a causa de su belleza y de su avidez, sino querida de Diógenes y de Aristippos. Otra, nacida en Hikkara (Sicilia) hacia el 420 a. d. J., pasaba por hija de Timandra, amiga de Alkibíades. De otra Lais se dice que estuvo en relación con Apelles, el pintor, y con Demóstenes, el orador.

En cambio, ¡cosa admirable!, si concedemos tan sólo a nuestro cuerpo los placeres que la naturaleza autoriza o, lo que es mejor aún, si luchamos contra este cuerpo, si retardamos siempre el momento en que tendremos que transigir, a pesar nuestro, con apetitos, al aguijón de los cuales y a cuya violencia nos veremos obligados, como dice Platón, a ceder al fin, jamás será en detrimento nuestro como saldremos de esta lucha no en vano sostenida. Por el contrario, cuando el alma, comunicando sus deseos al cuerpo, obliga a éste a ser el agente y el cómplice de sus pasiones, entonces no hay medio alguno de impedir que no quede muy gravemente, muy profundamente alterado tras estos placeres tan superficiales como pasajeros. Es preciso, pues, que no sea el deseo del alma el que excite al cuerpo al placer, pues ello es un trato contrario a la naturaleza. Así como las cosquillas en los sobacos producen en el alma una risa que en nada le es propia ni nada tiene de dulce y de graciosa, pues trátase de una risa penosa y casi convulsiva, así todos los placeres que el cuerpo no disfruta sino luego de haber sido estimulado y quebrantado por el alma le ponen fuera de sí, le turban y son contrarios a la naturaleza. Por ello cuantas veces la ocasión se ofrezca de gustar estos goces raros y alabados es preciso tener el mérito de abstenerse más bien que satisfacerlos, acordándose de las palabras de Simónides[259]: «Con frecuencia me he tenido que arrepentir de haber hablado; jamás de haber guardado silencio». Del mismo modo jamás nos habremos arrepentido ni de haber rehusado un plato ni de haber bebido agua en vez de Falerno[260], sino al contrario. Y no solamente es preciso no violentar a la naturaleza, sino que de ofrecérsela semejantes tentaciones aun teniendo y sintiendo necesidad de comer, vale más, en atención a nuestras costumbres y a nuestro régimen de vida, volver estos apetitos hacia lo más sencillo y ordinario. «Si hay que cometer un crimen —dice ese tebano cuyas palabras censuro—, conviene que de este crimen un trono sea el precio»[261]. Si hay ocasión de

---

[259] Simónides, poeta lírico, natural de Keos (556-467). Sus epigramas, de los cuales han llegado unos ochenta hasta nosotros, fueron muy celebrados en la antigüedad.

[260] Falerno, ciudad célebre de la Italia antigua cuyo vino era muy afamado. Las viñas que producían este caldo tan apreciado estaban en Campania y se dividían en varios pagos, entre los cuales los de «massique» y «faustin» eran los más célebres. El falerno nuevo era áspero y muy alcoholizado, pero el viejo, de diez años, adquiría un gusto y un perfume exquisito. El falerno actual, que se cosecha en las inmediaciones de Nápoles, es un vino muy perfumado, de color pálido y de gusto a uva muy agradable.

[261] Eurípides. «Las fenicias», v. 527.

mostrar ambición en estas cosas de que hablamos, que sea haciendo prueba de moderación, con objeto de mantener la integridad de la salud. Ocurre también que la bajeza de alma y la mezquinería fuerzan a algunos a retener en su casa los deseos y a mortificarlos, pero cuando están en casa extraña, entonces se llenan y regalan de los manjares más costosos, como de botín enemigo que se devora sin miramiento alguno. Claro que para partir luego en tristísimo estado, porque ¿qué les ha ocasionado su glotonería? La indigestión que les espera al día siguiente. Por todo ello, Krates había acabado por convencerse de que era la sensualidad y el exceso de lujo lo que introducía en los Estados las sediciones y el despotismo, y decía como bromeando: «¡Cuidado! No caigáis en las revoluciones por hacer los platos desproporcionados a las lentejas». Del mismo modo cada uno debe decirse a sí mismo: «No hagas, de ordinario, tu plato más grande que tus lentejas; no desdeñes jamás el berro y el aceite por la hoja de higuera[262] y el pescado. Pues de otro modo habrá revoluciones en tu persona, porque tu glotonería expondrá a tu cuerpo a desórdenes y a perturbaciones». Los manjares sencillos mantienen el apetito en los límites naturales; pero el arte de los cocineros y pasteleros, sus guisados y sus golosinas «reculan sin cesar cada vez más lejos los límites de la sensualidad», según expresión del poeta cómico. Sobrepasan lo que hay en ellos de bueno para nosotros; y, no sé a causa de qué inconsecuencia, mientras que nos llenamos de odio y de aversión respecto a las mujeres que preparan filtros y brebajes encantados contra sus maridos, dejamos que mercenarios y esclavos hechicen y envenenen en cierto modo nuestros alimentos y nuestros platos. Aunque parezca dura la expresión de Arkesilas[263] contra adúlteros y libertinos: «Si se es depravado, lo mismo da que sea por delante que por detrás», este dicho

---

[262] Dice «la hoja de higuera», porque se envolvía en hojas de este árbol un picado de carne y otros productos y condimentos que era sumamente estimado. Lo envolvían, claro, para cocerle, estimando, tal vez con razón que la hoja de higuera le prestaba ciertas calidades apreciables. Hoy mismo se suelen echar, o de apio, cuando se cuecen castañas.

[263] Arkesilas, filósofo griego (311-241 a. d. J.), fundador de la nueva Academia. Enemigo del dogmatismo de los estoicos, sostenía contra ellos, y en particular contra Zenón, que no existiendo signo cierto de verdad, era preciso suspender todo juicio categórico, ya que era preciso decidirse tan sólo en vista de lo posible. Este mismo nombre lo lleva un héroe de la «Ilíada» (muerto por Héktor en Troya), un escultor griego del siglo VI conocido por un verso de Simónides, otro muy estimado, del tiempo de César, un pintor, Arkesilas de Paros, del siglo III a. d. J.) y cuatro reyes de Kirene.

puede aplicarse indudablemente con mucha más precisión al sujeto que tratamos. Porque, ¿qué diferencia hay en realidad entre el que emplea afrodisíacos[264] para excitarse al desenfreno y a la voluptuosidad y el que irrita su apetito mediante aromas y condimentos? ¿No es evidente que se sentirán picazones a consecuencia de las cuales se tendrán siempre ganas de sentirse halagado y rascado?

Tal vez hable más adelante contra las voluptuosidades al tiempo de demostrar en qué modo es noble y hermoso el tener imperio sobre ellas; hoy abogo la causa de los placeres considerada desde el punto de vista de su número y de su vivacidad. Con frecuencia son menos las enfermedades que los placeres, lo que en nuestros actos, esperanzas, viajes y diversiones son causa de privaciones y amarguras. Es, por consiguiente, a los hombres que persiguen los placeres con más apresuramiento a quienes más importa no descuidar los cuidados que reclama su salud. Numerosos ejemplos prueban que los achaques no impiden dedicarse a la filosofía, mandar ejércitos y gobernar reinos. Pero hay ciertas voluptuosidades, ciertos goces corporales que no habría medio de gustar estando enfermos. Otros determinados pueden producirse entonces, cierto; pero nada tienen que les sea propio, que sea puro: todo en ellos está mezclado y corrompido por afecciones extrañas, cual si hubiese habido tormenta y tempestad. No es cuando hay repleción cuando conviene entregarse a los retozos de Venus, sino más bien cuando hay calma y serenidad en la carne. ¿Cuál es el fin que se proponen estos retozos? El placer, que es asimismo el fin a que tienden comida y bebida[265]. Ahora bien, es bajo los auspicios de la salud como el placer se dilata, así como la calma del Océano prepara a los alciones una nidada tranquila y una hermosa progenie. Se considera como lleno de exactitud este dicho de Prodikos[266] «que entre los condimentos,

---

[264] Literalmente «satirions», planta de la familia de las orquídeas.

[265] Como preguntasen a Pitágoras cuándo convenía entregarse a los placeres de Venus, respondió: «Cuando queramos debilitarnos.» También decía de estos placeres: «Es preciso darse a ellos en invierno y no en verano, y muy moderadamente en primavera y en otoño; por supuesto, en toda estación son malos para la salud». (V. mi libro «Pitágoras», publicado en la Colección La Crítica Literaria.)

[266] Prodikos, sofista griego, contemporáneo de Sócrates. Platón le saca a escena en su «Protágoras». Aristófanes se burló de él en «Las Nubes», en «Los Pájaros» y también en la «Tegenistai», comedia que no ha llegado a nosotros. Discípulos suyos fueron, entre otros hombres luego célebres, Eurípides e ISócrates, e incluso se dice que el propio Sócrates, Luciano, Silio Itálico y San Basilio le imitaron. Su alegoría relativa a Herakles se hizo celebérrima en la

el mejor es el fuego». Con no menos verdad podría decirse que el condimento más divino y delicado es la salud. Hervidos, asados o cocidos, ningún placer causarían los alimentos, ninguna satisfacción a personas enfermas, o ebrias, o mareadas, mientras que el apetito puro y natural de una persona sana la hace encontrar todo exquisito y delicioso; como dice Homeros, «Todo es ávidamente cogido, todo devorado»[267].

Demades[268], hablando de que los atenienses eran belicosos a destiempo, decía: «Los atenienses no decretan jamás la paz sino tras estar vestidos de duelo». Asimismo nosotros no pensamos en un régimen sobrio y moderado sino cuando nos cauterizan o nos cubren de cataplasmas. Mientras nos estamos curando condenamos con energía nuestras faltas anteriores, sublevándonos contra los recuerdos de ellas que nos trae la memoria; ahora bien, cual suelen hacer la mayor parte de los hombres que gustan achacar sus males ora a la atmósfera, ora a las condiciones de la comarca tachándola de malsana; ora a los viajes (o a epidemias), así con gusto suprimimos de las causas que nos han causado la enfermedad nuestra intemperancia y nuestro amor a los placeres. Hacemos como el rey Lisimachos, que, atormentado por la sed en el país de los ghetas, y habiéndose entregado prisionero con todas sus tropas, exclamó tras haber bebido agua fría: «¡Oh dioses! ¡Qué corto ha sido el placer por el cual he sacrificado tantas voluptuosidades!»[269]. Asimismo es preciso acordarnos en las enfermedades que es a causa de una bebida demasiado fresca, por un baño tomado a destiempo, por un festín, por lo que envenenamos un gran número de placeres y perdemos la ocasión de cumplir actos honrosos

---

antigüedad. Véase esta alegoría en los «Recuerdos socráticos», de Xenofón, la Colección La Crítica Literaria.

[267] «Odisea», VIII, v. 164.

[268] Demades, orador ateniense (384-320 a. d. J.). Hecho prisionero por Filippos de Macedonia en la batalla de Cheironeia (338), llegó a ser su hombre de confianza, y fue enviado a Atenas para negociar la paz. Posteriormente cumplió importantes cargos financieros e incluso fue estratega. Tras la muerte de Alexandros, hizo votar al pueblo la muerte de Demóstenes y de otros oradores que habían huido, pero acusado de traición por los macedonios. fue ejecutado en unión de su hijo.

[269] Lisimachos, rey de Tracia, vino de los generales de Alexandros el Grande, a quien le tocó esta región cuando el reparto, a la muerte de aquél. Tomó parte en la batalla de Ipsos (301), en la que Antígono y su hijo fueron deshechos, y ello engrandeció su reino, pero con los getas no tuvo suerte. Murió en la batalla de Koroupedión, tras haber cometido actos abominables a instigación de su mujer Arsinoé.

o de entregarnos a distracciones llenas de encantos. Los remordimientos que producen tales reflexiones llegan a ser para la memoria como una plaga dolorosa. Parece que la cicatriz dura aún cuando se está ya en buena salud, y que debemos ser más atentos al régimen que es preciso seguir. En efecto, en el cuerpo sano jamás se producen de un modo excesivo esos deseos furiosos y desacostumbrados de los que es difícil hacerse dueño ni por la persuasión ni por la violencia. En cuanto a las fantasías súbitas que se inclinan con avidez hacia los goces, preciso es resistirlas denonadamente. No tienen más importancia que los caprichos de un niño mimado que llora. Se calman apenas se ha quitado la mesa y sin quejarse de que no se las haya escuchado. Lejos de provocar pesadez y náuseas, los apetitos a que nos referimos son, por el contrario, puros, alegres y esperan con paciencia el día siguiente. Es a lo que sin duda hace alusión Timoteos[270], que la víspera en casa de Platón, en la Academia, había participado a una cena frugal y digna de las Musas; «Cuando se come en casa de Platón, decía, hasta el día siguiente se encuentra uno bien». Se cuenta también que Alexandros, habiendo despedido a los cocineros que le enviaba la reina Ada, dijo que los tenía mejores con él, a saber, para su almuerzo las marchas de noche, y para su cena la sencillez misma de su almuerzo[271].

No ignoro, claro, que a veces los hombres son víctimas de la fiebre por causas diversas: por haberse fatigado, por haber tenido demasiado calor o frío excesivo. Pero así como el perfume de las flores es débil por sí mismo, pero mezclado con el aceite adquiere fuerza e intensidad, asimismo las causas exteriores y primeras encuentran en cierto modo cuerpo y sustancia allí donde hay repleción de humores. Sin esta repleción

---

[270] Este Timoteos tiene que ser el poeta y músico griego nacido en Miletos (447-357 a. d. J.), que ganó una porción de premios en los concursos, y revolucionó la música, entre otras cosas, añadiendo varias cuerdas a la lira. No obstante, fue acusado de reblandecer y afeminar la música. De sus muchos poemas se conservan algunos fragmentos. Por la misma época hubo otro músico del mismo nombre, pero no del mismo renombre, nacido en Tebas, y un general ateniense, hijo de Konón.

[271] Ada, reina de Karia, hermana de Mausole (siglo IV a d. J.). Destronada por su hermano, Alexandros la devolvió sus Estados el año 334. Y no hay duda que conocía los gustos de su protector por banquetes, borracheras y juergas, cuando le envió cocineros. La respuesta de Alexandros es excelente, pero poco digna de crédito, sobre todo en Ploutarchos, que en tantas ocasiones habla de la depravación y malas costumbres privadas del gran conquistador, bien que en otras haga con gusto su panegírico.

jamás se declara nada grave, las influencias malignas se neutralizan, se disipan; toda indisposición cede ante la limpieza de la sangre, ante la pureza de los espíritus. Pero cuando hay repleción y atascos es como un fango espeso que es removido, resultando con ello una corrupción en la economía interior y unos desórdenes difíciles de conjurar. Por consiguiente, no imitemos a esos audaces navieros que, tras haber cargado su buque más de lo conveniente, pasan el tiempo en desalojar el agua que entra en ellos y en vaciarlos. Igualmente no vayamos a llenar nuestro cuerpo y a tornarle pesado para estar luego obligados a purgarle y lavarle continuamente. Mantengámosle siempre ligero, y si alguna vez está sobrecargado, que su ligereza natural le haga siempre ascender cual el corcho.

Es preciso sobre todo prestar siempre la mayor atención a los primeros síntomas y a los primeros golpes. Las enfermedades no vienen todas, como ha dicho Hesiodos, «En silencio, la voz habiéndoles sido negada»[272]. La mayor parte de ellas se anuncian mediante dificultades de respiración y de movimiento. Estos son cual mensajeros, correos, heraldos de los cuales se hacen preceder. Las pesanteces y las laxitudes que vienen por sí mismas pronostican la enfermedad, como lo dice Hipócrates[273]. Y ocurre, por lo visto, porque la abundancia de humores molesta y obstruye la circulación de los espíritus que van a los nervios. Y no obstante, cuando el cuerpo se resiste y empuja a la gente hacia el lecho y el reposo, unos por glotonería y sensualidad, tras arrojarse al baño corren a la mesa a hincharse de víveres cual si se tratara de sostener un sitio; diríase temen ser víctimas de la fiebre antes de haber comido. Otros, menos recatados, no toman las cosas así, pero su tontería es aún más torpe. Dándoles vergüenza confesar que han bebido demasiado o que tienen una indigestión y que necesitan permanecer en la cama, se dejan arrastrar por otros que van al gimnasio. Levántanse, pues, se despojan, como ellos de sus vestidos y obran exactamente como los que están bien. Pero la mayor parte cede a la intemperancia y a la sensualidad, y la esperanza que les da

---

[272] «Los Trabajos y los Días», v. 102.

[273] «Aforismos», II, 5.—Hippókrates, nacido en la isla de Cos el año 460 a. d. J., fue el médico más grande de la antigüedad. Murió en Larissa (Tesalia) de edad muy avanzada. Si no fue ni el creador ni el fundador de la medicina, sí, tal vez, el genio más grande que ha habido en este arte y ciencia en todos los tiempos. Sus tratados y aforismos aun hoy son admirados. Ploutarchos le sigue y obsérvese la razón y buen juicio de cuanto dice.

cierto proverbio[274] les determina y empuja a laventarse. Vanse resueltamente a sus pasatiempos habituales, como sí el vino echase y disipase al vino, cual si una indigestión curase otra. A esta esperanza de la que se alaban hay que oponer el temor reservado de que hablaba Catón[275]: Temor, decía este gran hombre, que debilita las causas de la enfermedad cuando son graves y que las disipa enteramente cuando no tienen importancia. Vale más, añadía, condenarse sin necesidad a la dieta y al reposo que exponer la salud corriendo a un baño o a una comilona. Si el mal incuba sería exponerse el no tomar precauciones para ahogarle; de no tener nada no habría perjuicio alguno restringiendo el régimen ordinario y purgándose con ello. Pero el hombre que, a causa de una vergüenza infantil, teme que sus amigos y criados vean que ha comido o bebido demasiado, éste, por no haber osado confesar hoy una indigestión, confesará mañana un flujo de vientre, una inflamación o cólicos. «Pobreza que avergüenza es aún más vergonzosa»[276] porque ¿no es aún más degradante confesar ardores de estómago, pesanteces, plétoras, y arrastrar su cuerpo al baño, como se arrastra al mar un viejo casco podrido que hace agua por todas partes? Me parece ver, en realidad, a ciertos navegantes que al llegar una tempestad se ven en la humillación de esperar en la orilla, y que una vez embarcados hállanse en el más lamentable estado, gimiendo y víctimas del mareo. Asimismo si a la primera sospecha, al primer síntoma de enfermedad nos creemos deshonrados por permanecer en el lecho un día y por no sentarnos a la mesa, más vergonzoso será tener que guardar cama durante varios, que sufrir purgas y cataplasmas y engatusar a médicos y a aquellos que nos cuidan con objeto de conseguir un poco de vino o de agua fresca, en fin vernos obligados a decir y a hacer, por dolor o por miedo, mil cosas indignas e inoportunas. Por lo demás, a los que el placer vuelve incapaces de dominarse y ceden a la cuesta o a la impetuosidad de sus pasiones, inútil es tratar de enseñarles y

---

[274] Se cita como tal proverbio, que Ploutarchos no da, ora «hay que tomar pelo de la bestia que nos ha mordido», bien «un clavo saca a otro clavo».

[275] Catón (Marcus Porcius), denominado el «Antiguo» o el «Censor» (234-149 a. d. J.), prototipo, entre los romanos, y a causa de ellos después, del hombre sencillo, grave y honrado a toda prueba. Su nombre ha quedado para designar a todo hombre de costumbres severas y rígidas. (V. n. 127.)

[276] Verso atribuido a Menandros; el poeta cómico representante principal de la «comedia nueva» (342-294).

recordarles que es del cuerpo mismo de donde las voluptuosidades toman sus mayores goces[277].

Y así como los lacedemonios, tras haber dado al cocinero sal y vinagre, le encargaban que encontrase lo demás en el animal inmolado, así en la persona que toma alimentos son también los condimentos mejores, si estos alimentos entran en un cuerpo limpio y en buen estado. Que los manjares sean dulces o que sean caros, cualidades son éstas fuera de nosotros y que tan sólo a ellos pertenecen; pero el placer que procuran reside esencialmente en aquel que los gusta, de estar el tal en el estado que la naturaleza requiere[278]. Ahora bien, para aquellos que están hartos, o cargados de vino o mal dispuestos, todos los alimentos pierden su agrado y su encanto. He aquí por qué hay que examinar, no si el pescado es fresco, si el pan es de trigo puro, el baño convenientemente templado, la cortesana hermosa, sino si no estamos sujetos a náuseas, a repugnancias, a ganas de devolver y a dolores de estómago. Pues de otro modo así como personas embriagadas que entran tras una orgía en una casa en duelo, en vez de traer a ella consuelo y alegría hacen redoblar los gemidos, así el amor, el vino, los manjares delicados y los baños, de tratarse de un cuerpo que no está como es debido, sino, al contrario, cargado de humores corrompidos, abaten este cuerpo y le arruinan aún más, pues hay movimiento y desbordamiento de bilis y de pituita, con lo que no se siente ninguna satisfacción ni ninguno de los goces de que nos alabábamos.

Por otra parte, un régimen demasiada regular, que procede, como suele decirse, a fuerza de peso y de medida, vuelve al cuerpo excesivamente meticuloso y poco seguro de sí. La vivacidad misma del alma se embota, si en placeres como en penas, preciso la es preocuparse de todo, del menor reposo, del acto más mínimo, y jamás emprende algo con seguridad y resolución. Ocurre con el cuerpo como con las velas de un navío, que no deben ser ni plegadas y apretadas del todo si hace bueno, ni desplegadas completamente cuando se teme una tormenta. Hay que obrar según los temperamentos y, cual hemos dicho, tener el cuerpo siempre ligero y bien

---

[277] Es decir, que siendo en gran parte, cuanto nos afecta, puramente subjetivo, no habrá goces grandes si previamente el cuerpo no está en estado de recibirlos como tales. Y que, por lo tanto, nada tan necesario hasta para gozar como es debido y con intensidad, que tener el cuerpo en el estado más perfecto para que pueda magnificar, al recibirlas, las sensaciones.

[278] Esto es de tal modo verdad, que puede observarse que jamás los alimentos tienen, para nosotros, tanto gusto y sabor que cuando los probamos en ayunas, es decir, con el cuerpo descargado, por decirlo así, y limpio de alimentos.

dispuesto, sin esperar las malas digestiones, los flujos de vientre, las inflamaciones o las somnolencias, todos ellos indicios precursores de la fiebre que llama ya a la puerta. Pero tan sólo al acercarse este cortejo y con mucha pena, empiezan algunos a temer y a hacer esfuerzos sobre sí mismos; pero hubiera hecho falta tomar las precauciones con la debida antelación

> Antes que el huracán estalle en triple viento
> sublevando del mar el elemento.

Porque, ¿no será torpe e inconsecuente esta manera de obrar? El graznido del cuervo, el kikirikí del gallo, las evoluciones del puerco en su cenagal, como dice Demókritos[279], son objeto de observación atenta para ver en ellos presagios de vientos y lluvias; y las agitaciones del cuerpo, sus sacudidas, sus predisposiciones, ¿no serán capaces de darnos cuidado y de hacernos ocuparnos de ellas? ¿No veríamos en ellos los signos de una tormenta que se prepara en nosotros y que está a punto de estallar?

Por consiguiente, no es tan sólo en relación con los alimentos y con los ejercicios como tenemos que observar nuestro cuerpo con objeto de asegurarnos de que tanto respecto a unos como a otros se halla bien dispuesto no siendo víctima de esas hambres y de esa sed antinaturales sino que igualmente debemos ocuparnos del sueño, darnos cuenta de si es tranquilo y continuo, exento de irregularidades y sobresaltos, examinar si los ensueños mismos no son en realidad extraños, si no nos ofrecen imágenes raras, desacostumbradas, insólitas, denotando con ello que en nuestro interior existe la repleción y espesamiento de los humores o bien que nuestros espíritus vitales están perturbados. Yendo más lejos aún, el alma misma, mediante sus movimientos, indica asimismo si el cuerpo está amenazado de algún mal. En efecto, a veces somos víctimas de

---

[279] Demókritos, filósofo griego, nacido en Abdera (Tracia) hacia el año 460 a. d. J., y muerto el mismo que Hippókrates, con el que tuvo gran amistad. Según se dice, las «homeomerías» de Anaxágoras le dieron la primera idea de los «átomos». Mientras que Herákleitos no parecía ver sino el lado trágico de las cosas, Demókritos, mediante un optimismo razonado, trataba de recoger cuanto de bueno había en el mundo. Sus escritos, muy célebres en la antigüedad, no han llegado hasta nosotros. Su sistema filosófico es enteramente contrario al de los eleatas para quienes el Ser era Uno e idéntico, no existiendo el movimiento ni el vacío; para Demókritos, el Ser consistía en un número infinito de partículas indivisibles e idénticas, moviéndose en el vacío infinito. Estas partículas eran los «átomos».

debilidades y de terrores instintivos que de pronto, y sin causa aparente, apagan nuestras esperanzas. Nos tornamos como sobreexcitados, coléricos, furiosos; nos afligimos o nos desesperamos por nada. Todo esto ocurre cuando las exhalaciones malignas, los vapores espesos, vienen, como dice Platón[280], a obstruir las vías del alma. Por ello es preciso tener en cuenta estos síntomas cuando se producen y ver de buscar entre los recuerdos si alguna causa moral no ha obrado en el cuerpo, y si a causa de ello no será conveniente emplear astringentes y calmantes.

Es asimismo muy útil, cuando se ha ido a ver a amigos enfermos, informarse de la causa de su enfermedad, no para dárselas de sabio y de solícito llenándonos la boca de grandes palabras y hablando de «incompatibilidades», de «coincidencias», de «afinidades», o para demostrar que se saben términos y fórmulas de medicina, sino para escuchar atentamente las respuestas que serán dadas a preguntas sencillas y corrientes: «¿Qué es lo que sientes, hartura o debilidad, o bien fatiga? ¿Duermes bien?» Y sobre todo, «¿Qué régimen seguías cuando se ha presentado la fiebre?» Luego, así como Platón cuando veía cometer una falta se preguntaba al volver a su casa: «¿No soy yo acaso como él?», nos aprovecharemos prudentemente en lo que a nosotros respecta de lo que le sucede al vecino; tomaremos nuestras precauciones; reuniremos nuestros recuerdos, para no caer en accidentes semejantes, con objeto de no vernos clavados en el lecho y haciendo precisamente por lamentar lo ajeno, el elogio de la salud, este tesoro tan precioso. Juzgando lo que sufren los demás es como podremos darnos cuenta del precio de la salud y del cuidado que debemos tener en economizarla. No es menos útil hacer un examen severo de nuestro propio régimen. De tener ocasión de beber, de comer más que de costumbre, de fatigarse o de hacer algún otro exceso sin que el estado en que se encuentra nuestro cuerpo permita tener temor alguno, no por ello deberemos dejar de tomar precauciones y de ser circunspectos de antemano. A los placeres del amor, al aumento de fatiga se hará seguir el sueño y el descanso; tras un banquete en que nos hayamos embriagado, nos condenaremos a beber agua pura; pero, sobre todo, si se han comido cosas pesadas, carnes, guisos variados, nos pondremos a dieta con objeto de no dejar nada que cargue el estómago. Porque además de que todos estos excesos son por sí mismos causa de enfermedad, dan pretexto y fuerza a las otras causas para que lleguen a estallar. He aquí por qué se dice con mucha razón que salir de la mesa con

---

[280] En el «Tímalos», al final (V. mi trad. en esta misma Colección La Crítica Literaria.)

hambre, no retroceder ante el trabajo y economizar el licor espermático son tres prácticas esencialmente conservadoras de la salud. Cierto es, en efecto, que el abuso inmoderado del coito, quitando más que toda otra cosa fuerza y vigor a los espíritus que elaboran los alimentos, engendran una dañosa superabundancia de humores superfluos.

Pero volvamos a tomar lo que nos ocupa desde el principio y punto por punto. Hablemos ante todo de los ejercicios convenientes a los hombres de estudio. Así como el autor que ha dicho: «Respecto a los que viven cerca de las costas del mar, no escribo nada de lo que concierne a los dientes», con lo que con ello mismo indica ya que usemos el agua del mar, asimismo podríamos decir que no es preciso escribir nada en interés de los estudiosos referente a los ejercicios a los cuales deben entregarse. En efecto, el uso diario de la declamación, que es practicada mediante la voz, es maravillosamente útil no solamente para mantener la salud, sino incluso para darla fuerza. No me refiero a esa fuerza que se adquiere en la palestra, que aumenta y espesa las carnes al exterior, haciendo de un hombre una especie de torre, sino de la que comunica a las partes esenciales, a las partes más vitales, una energía íntima, una intensidad de buena ley. Que el juego de los pulmones hace al cuerpo más robusto es lo que demuestran hasta la evidencia los maestros de gimnasia cuando ordenan a los atletas resistir las fricciones, tensar siempre y arquear los miembros de su cuerpo a medida que se les frota y se les da masaje. La voz no es otra cosa que un movimiento del aire en estos mismos pulmones. He aquí por qué cuando se la fortifica, no superficialmente, sino alrededor de las entrañas y, por decirlo así, en su fuente, aumenta el calor, aclara la sangre, limpia las venas, abre todas las arterias e impide que haya jamás espesamientos de humores inútiles y que una especie de sedimento atasque los vasos destinados a recibir los alimentos y a elaborarlos. Es por ello por lo que los hombres de estudio deben hacer principalmente de este ejercicio un uso asiduo y continuo cuando discurren, y caso de temer que su cuerpo se debilite o se fatigue, le suplirán leyendo o hablando en voz bien alta. Lo que el movimiento es para el ejercicio del cuerpo, la lectura en voz alta y clara lo es respecto a la emisión de la palabra. Las palabras de otro que se pronuncian tórnanse en una especie de vehículo que pasea dulcemente la voz y le da un movimiento que no tiene nada de forzado. La conversación añade lucha y vehemencia, porque el trabajo del alma se junta al del cuerpo. Es preciso evitar, no obstante, los gritos demasiado apasionados y que se lanzan con desgarramiento. Pues estos estallidos irregulares de la voz, estos esfuerzos de respiración provocan roturas y espasmos. Tras una lectura o una conversación es útil el empleo de la pomada para fricciones untuosas y tibias; suavizan las carnes, penetran tanto como es posible en las entrañas, regularizan dulcemente la circulación de los espíritus y los distribuyen hasta los extremos del cuerpo. Se medirá la multiplicidad de estas fricciones por la duración del tiempo que se guste sentirlas sin que causen dolor. Cuando de este modo se ha calmado la turbación interior y la demasiada tensión de los espíritus, los humores superabundantes no sufren, y si el mal tiempo, un contratiempo o una necesidad impiden el paseo, ello no será grave, puesto que ya la naturaleza habrá tenido lo necesario. Pero es preciso no suprimir jamás este ejercicio bucal con el pretexto de que se navega o de estar en una hostelería, incluso si con ello se diera ocasión de reír a los demás. Allí donde no hay vergüenza en comer, menos la debe haber en ejercitar el cuerpo. Lo que sería vergonzoso más bien sería el temer a marineros, palafreneros o taberneros por un mal entendido respeto humano. Si tales gentes no se burlan de los que juegan a la pelota o esgrimen contra su sombra, ¿por qué habrían de reír al oír a un hombre que hablando en voz alta instruye a los demás, trata de instruirse él mismo y cultiva su memoria al mismo tiempo que hace gimnasia? Sócrates decía: «Cuando queremos ejercitarnos en el movimiento mediante la danza, una sala de siete lechos es suficiente»[281]. El ejercicio, pues, de la voz o del canto basta por sí solo a quien le practica, ora de pie, ora echado, y cualquier lugar es bueno. Pero hay que tomar una precaución. Si se siente que se está demasiado lleno, que se ha abusado de los placeres del amor, si se tiene la conciencia interior de una fatiga cualquiera, es preciso no forzar demasiado violentamente la voz, como les sucede a muchos oradores y maestros de retórica. Estos últimos, por pura gloria y por la vanidad de exhibirse; los primeros, por ganar honorarios o para lanzarse con ardor en las discusiones políticas se dejan arrastrar a luchas que comprometen su salud. Es lo que hizo nuestro amigo Niger, que enseñaba retórica en Galacia[282]. Sucedió que se había tragado una raspa de pescado. Se presentó un retórico forastero, que se puso a lanzar una arenga pública. Niger, temblando ante la sola idea de quedar como inferior, quiso declamar a su vez, bien que tuviese aún la raspa en la garganta. Sobrevino una inflamación tan violenta y tenaz, que, no

---

[281] «Siete lechos», es decir, un comedor en que pudieran sentarse siete invitados en torno a la mesa. Recuérdese que los antiguos no usaban sillas para comer, sino que se echaban en lechos. (V. «Recuerdos socráticos», de Xenofón, y el «Banquete», de Platón, en la Colección La Crítica Literaria.)

[282] Galacia («Galatia, Gallo-Graecia»), comarca en el corazón del Asia Menor, rodeada por la Bitinia, la Pafiagonia, el Ponto y la Capadocia, la Likaonia y la Frigia.

pudiendo soportar el sufrimiento, se sometió a una profunda incisión por el exterior. La raspa, cierto, salió por esta abertura, pero habiendo tomado la herida mal cariz, se formó un absceso, del cual murió. Ya habrá ocasión, por lo demás, de volver sobre esto más tarde y cuando sea oportuno.

Tras el ejercicio debe venir el baño. Bañarse en agua fría es más bien una ostentación y una bravata de joven que una práctica saludable. La insensibilidad exterior y el endurecimiento del cuerpo que parecen ser su consecuencia tienen su repercusión en el interior y ocasionan un mal mayor. Los poros se aprietan, los humores se coagulan, hay condensación de vapores que cuanto pedirían es disolverse y disiparse. Además, cuando nos bañamos en agua fría entramos forzosamente en ese régimen de exactitud y de precisión rigurosas que queríamos evitar; en ese régimen que pide una atención de cada momento y al cual es peligroso faltar bajo pena de ver la menor infracción severamente castigada. El baño caliente, al contrario, es saludable por muchos conceptos, pues nos quita menos vigor y fuerza que lo que contribuye a nuestra salud preparando y facilitando la digestión. En lo que toca a las materias que resisten a la elaboración del estómago, el baño caliente, a menos que permanezcan enteramente crudas y flotantes, ayuda a resolverlas sin que sintamos impresión alguna de dolor, así como hace pasar las laxitudes pesadas. No obstante, cuando la naturaleza nos haga reconocer que el cuerpo está en condiciones regulares y suficientes, convendrá dejar los baños. Mejor será hacerse frotar con aceite, delante del fuego, si el cuerpo tiene mucha necesidad de calor, pues con ello regularemos nosotros mismos la elevación de la temperatura, mientras que la del sol no puede ser ni aumentada ni disminuida; obligados estamos a tomarla en la proporción en que se extiende por la atmósfera. Y ya es suficiente sobre los ejercicios del cuerpo.

Pasemos a los alimentos. Si se ha sacado algún provecho de nuestros consejos anteriores, cuyo fin es calmar y dulcificar los apetitos, debemos formular otras prescripciones que vienen inmediatamente. Cuando estos mismos apetitos se separan de algún modo de todo lazo, se dejan conducir difícilmente, y debiendo luchar contra el vientre, que, como dice Catón, no tiene oídos, hay que arreglárselas de tal modo que la calidad de los alimentos haga a su cantidad más ligera para el estómago. Los alimentos sólidos y nutritivos, tales que las carnes ricas, los quesos, los higos secos, los huevos duros, no se tomarán sino con ciertas precauciones; porque, claro, prohibírselos siempre sería difícil. Pero es preciso darse de preferencia a los manjares ligeros y medianamente sustanciosos, como son la mayor parte de las legumbres, las aves y los pescados de carne poco grasienta. Esta clase de manjares tienen la propiedad de satisfacer agradablemente el apetito sin cargar el estómago. Hay que temer, sobre todo, las indigestiones de carne, porque no solamente empiezan por fatigar terriblemente, sino que dejan tras de sí consecuencias muy desagradables. Lo mejor es acostumbrar al cuerpo a no tener necesidad en modo alguno de comer carne de animales. La tierra suministra con suficiente liberalidad no solamente nuestra alimentación habitual, sino incluso satisface nuestra sensualidad y a nuestro gozo mediante los alimentos que, salidos de su seno, no necesitan preparación alguna, sin contar los que mediante combinaciones y aderezos variados se tornan aún más sabrosos. No obstante, puesto que costumbres opuestas a la naturaleza han llegado a ser en cierto modo una segunda naturaleza, preciso es permitirse el uso de las carnes no para saciar la glotonería, como los leones o los lobos, sino para hacer de ellas de cierto modo el fondo y la base de la alimentación. El resto de lo que se coma se compondrá de manjares y de condimentos más apropiados a la naturaleza del cuerpo y menos susceptibles de embotar la inteligencia especie de llama que se mantiene de materias sutiles y ligeras.

Hablemos de los líquidos. Es preciso emplear la leche no como bebida, sino como alimento consistente y muy sustancioso. En cuanto al vino, hay que decirle lo que dice Eurípides a Venus:

«Llega hasta mí; con precaución te llamo;
mas no trates jamás de ser mi amo».

Pues el vino es de todas las bebidas la más útil, de todos los remedios el más agradable, de todas las golosinas aquella de la que menos nos cansamos. Pero es preciso moderarla no ya mediante el agua que le añadimos, sino especialmente mediante el cuidado de no usar de él sino debidamente. El agua, no solamente cuando se la mezcla con el vino, sino bebida sola, incluso haciendo uso del vino mezclado con ella, tiene la propiedad de hacer al vino menos perjudicial. Es preciso, pues, acostumbrarse, en nuestro régimen diario, a beber dos o tres vasos de agua con objeto de moderar la fuerza del vino y para familiarizar a nuestro estómago con ella, con objeto de que en un momento de necesidad no la encontremos demasiado extraña y nos neguemos a tomarla. Porque ocurre, en efecto, que algunos acuden al vino cuando tendrían necesidad de beber más agua, por ejemplo, cuando han sido quemados por el sol o, al contrario, transidos por el frío, o cuando se ha hablado con vehemencia, o meditado con una tensión de espíritu demasiado fuerte. En general, cuando se han sufrido fatigas y luchas considerables nos figuramos que es el momento de beber vino, porque la naturaleza, nos decimos, reclama para el cuerpo un cierto bienestar y un cambio propio a complacerla tras los trabajos. Pero la naturaleza no reclama bienestar, si por esta palabra se entiende lo que es pura sensualidad. No pide sino un cambio que guarde el término medio entre el placer y el dolor. Por consiguiente, en tales ocasiones hay que hacer restricciones incluso con los alimentos y suprimir enteramente el vino o no beberle durante cierto tiempo sino mezclado, por mejor decir, ahogado, disuelto en agua. Pues como es un licor que hiere y que penetra, aumenta los desórdenes de la economía animal, agria e irrita las partes ya ofendidas y precisamente cuando tendrían necesidad de ser calmadas y suavizadas, cosa que el agua produce mejor que todo. En efecto, si se bebe agua, incluso sin tener sed, si se bebe agua caliente tras las fatigas, los esfuerzos penosos y las quemaduras, sentimos que nuestro interior se afloja y reblandece. La humedad del agua es bienhechora y no produce frecuencias en las pulsaciones, mientras que la humedad del vino tiene un mayor alcance y una violencia enteramente opuesta y enteramente funesta a las indisposiciones que acaban de producirse. En esas circunstancias en que se temen los ardores de estómago y las amarguras engendradas, según dicen algunos, por la falta de alimentos, o cuando se está contrariado, como les ocurre a los niños, por no poder sentarse a la mesa por ser necesario prevenir la fiebre cuya invasión se sospecha, el agua pura es una especie de término medio perfectamente apropiado al caso. En efecto, Baco mismo es celebrado frecuentemente mediante «nefalias»[283], lo que prueba que hay que acostumbrarse a no buscar siempre el vino puro. Minos[284], en consideración a los duelos, suprimió en los sacrificios las flautas y las coronas, y no obstante bien sabemos que un alma afligida no lo es más a causa de las coronas y de las flautas. Al contrario, no hay cuerpo tan robusto que, víctima del desorden y de la inflamación, el vino, añadido a todo ello, no le sea enteramente funesto.

Se cuenta que durante un período de hambre los lidios no comían sino un día cada dos, y que pasaban el resto del tiempo en divertirse y en jugar a los dados. Asimismo si un hombre amante del estudio y de las Musas tiene necesidad de retardar el momento de comer, hará bien en tener

---

[283] Sacrificios que se celebraban sin vino.

[284] Minos, rey de Creta. Su fama de buen legislador le valió ser más tarde uno de los jueces del Infierno. Él fue el que mandó a Daidalos (Dédalo) que construyese un inmenso palacio (el famoso Laberintos), con tal cantidad de salas y pasillos, que nadie, a excepción de su constructor, era capaz de salir de él. Y allí encerró al Minotauros. monstruo con cuerpo de hombre y cabeza de toro, que su mujer, Pasifae, había tenido apareándose con un toro enviado a Minos por Poseidón. Habiendo ido más tarde Minos a Sicilia al frente de un ejército a buscar a Daidalos, que estaba en la corte del rey Kokalos, fue muerto, cuando estaba en el baño, por las hijas de este Kokalos, instigadas por Daidalos.

delante de los ojos una figura geométrica, un libro o un instrumento de música, pues ello le impedirá ser víctima de la tiranía de su vientre. Distrayendo siempre su atención y dirigiéndola hacia tales objetos en vez de pensar en la mesa expulsará, con la ayuda de las Musas, los apetitos violentos que caerán sobre él como Harpías[285]. El escita, cuando bebe, ¿abandona su arco? ¿No hace, al contrario, sonar su cuerda, con objeto de reanimar su valor que la embriaguez podría embotar? Y un griego, ¿temería las burlas por reprimir, por disipar dulcemente, mediante las letras y el estudio, deseos irrazonables y obstinados? En Menandro varios jóvenes son víctimas de seducciones insidiosas de un proveedor que llega, cuando están en la mesa, a traerles hermosas cortesanas ricamente vestidas, y todos, según dice el pasaje en cuestión, «Bajan la cabeza y trituran caramelos», ocupados enteramente en lo que hacen, y pareciéndoles mal levantar los ojos. Y los filósofos, aun suponiendo que ante una mesa servida no pueden contener un hambre feroz canina, ¿no serían capaces de hallar diversiones honestas y distracciones encantadoras? Los masajistas de los baños y los maestros de gimnasia repiten a cada instante que hablar de estudios en la mesa estropea la comida y aturde la cabeza. Tales efectos serían de temer, en efecto, de proponernos, estando comiendo, resolver algún sofisma, como, por ejemplo, el del Indio o disertar sobre el Dominante[286]; semejante a la medula de la palmera, la cual, siendo de un gusto muy agradable, causa, según se afirma, jaquecas, así la lógica, regalo no ciertamente exquisito en la mesa, ataca la cabeza y fatiga considerablemente. Pero si esas gentes no permiten que comiendo busquemos otra cosa que comer, si nos prohíben en la mesa ciertas lecturas que, al mismo tiempo que honestas y útiles, ofrecen aún la atracción del placer que causan a causa de su agrado, les

---

[285] Las Musas, como se sabe, eran hijas de Mnemosine y de Zeus. Eran nueve, fruto de nueve noches de amor, y presidían las artes liberales; Kalliope, la poesía épica; Klío, la historia; Polimnia, la pantomima; Euterpe, la flauta; Terpsíchora. la poesía ligera y el canto; Erato la lírica coral; Malpómene, la tragedia; Ourania, la astronomía; Talía, la comedia.—Las Harpías eran genios alados, hijas de Taumas y Elektra, la Oceánica. Eran tres, y sus nombres, Nikotoe, Okipete y Kelaeno, significaban, respectivamente, Borrasca, Roba-Aprisa y Oscura (como el cielo al que atraviesa una nube de tempestad). Se las representaba como mujeres provistas de alas o como pájaros con cabeza de mujer y garras agudas. Su unión con Zefir, el dios-viento, produjo caballos rapidísimos, como Xantos y Balíos, los caballos de Aquiles, y Flogeos, y Harpagos, los de los Dioscouroi (Dioscuros).

[286] Enunciados de problemas de dialéctica sumamente difíciles.

rogaremos que no nos importunen. Volver, les diremos, a vuestras galerías cubiertas y a vuestras palestras; id a decir cosas semejantes a vuestros atletas, a los que suprimís toda clase de libros. A los que acostumbráis a no oír, de la mañana a la noche, sino burlas, gracias de bufón, y, empleando las palabras espirituales de Aristón[287]: «los tornáis tan brillantes como las columnas de vuestros gimnasios, hacéis de ellos verdaderas piedras». Nosotros, al contrario, dóciles a los consejos de los médicos que aconsejan dejar siempre un intervalo entre comida y sueño, nos guardaremos de cargar nuestro estómago de alimentos, de comprimir los espíritus animales y de hacer pesada al punto la digestión de alimentos que están aún crudos y que fermentan. Acordamos a esta digestión una especie de plazo, de descanso. Así como los que quieren que hagamos ejercicio tras las comidas recomiendan no la carrera o el pancracio, sino paseos tranquilos o danzas moderadas, así nosotros creeremos que es preciso tras la comida distraer el espíritu, pese a no ocuparle ni de asuntos graves ni de pensamientos profundos o de debates de sofística en los cuales la lucha a entablar requiere aparato e imaginación. ¿Es que no hay en la física una porción de cuestiones tan fáciles como interesantes, en la historia rasgos de moral, resúmenes que lejos de ser fatigosos para el espíritu ofrecen el «encanto consolador» de que habla Homeros?[288]. Estos recreos, tomados de la historia y de la poesía, son llamados por algunos de un modo agradable, el postre de los sabios y de los hombres de letras. Hay, además, cuentos entretenidos, fábulas, conversaciones a propósito de la flauta o de la lira, dichos que, por cierto a causa de su gracia y ligereza, son aún más agradables al oído que los sonidos mismos de liras y flautas. La oportunidad de todo ello no hay sino medirla con el tiempo mismo que los alimentos necesitan para asentarse poco a poco, es decir, para conspirar en favor de una digestión victoriosa y enteramente propicia.

Aristóteles opina que si nos paseamos inmediatamente después de haber comido se reanima el calor, mientras que el sueño inmediato la neutraliza y la sofoca. Otros estiman que el reposo hace mejores las digestiones y que el movimiento contraría a la difusión de los principios

---

[287] Aristón, rey de Esparta, contemporáneo de Kressos, famoso por sus salidas y dichos agudos.

[288] Literalmente: «ofrecen lo que el poeta Homeros llama «menoeikes» (μενοεικης), que agrada al espíritu, que alegra el corazón, agradable. Sentido en que es encontrada esta palabra frecuentemente, tanto en la «Ilíada» como en la «Odisea», así como en el de «abundante», refiriéndose a una comida. («Ilíada», IX, 227; «Odisea», VI, 76.)

nutritivos. A causa de ello el que unos se determinen por el paseo, otros por el descanso inmediatamente que han comido. Yo creo que hay un medio de conciliar perfectamente ambas opiniones, a saber; permanecer calentitos y en reposo tras la comida, sin por ello condenar el pensamiento a una quietud y a una inacción rápida. Así se podrá, como ya lo hemos indicado, hacer circular dulcemente los espíritus, aclararlos, ora hablando uno mismo, ora escuchando propósitos agradables que no tengan nada de incisivos ni de fatigantes.

En cuanto a los vómitos y evacuaciones alvinas, fastidioso remedio de la repleción, no usemos de ellos sino acosados por una necesidad absoluta. No hagamos como muchos que se llenan el estómago para tener luego que vaciarle, o que al revés y en contra de la naturaleza, le vacían para llenarle; gentes que sufren tanto de lo lleno como de lo vacío, o por mejor decir, que molestos a causa de la repleción como obstáculo que se opone a su goce, hacen el vacío en su estómago con objeto de tener en cierto modo un campo abierto siempre a la sensualidad. El peligro que resulta de estas prácticas es evidente: ambos estados fatigan el cuerpo y le deshacen. El inconveniente especial de los vómitos es que aumentan y entretienen la insaciabilidad. Ocasionan esas hambres que recuerdan lo que hay de abrupto y de desordenado en las corrientes de agua agitadas con fuerza; tragan con violencia el alimento, y como al mismo tiempo hacen invariablemente sufrir, se asemejan menos a un apetito que necesita manjares que a inflamaciones que piden remedios y cataplasmas. Los placeres que procuran estas hambres aplacadas, son rápidos e incompletos. El goce va acompañado de palpitaciones violentas y seguido de tensiones dolorosas. Hay obstrucción de conductos, retención de vientos, y los que no pueden esperar a hacerse una vía natural, se extienden por todo el cuerpo. Diríase un navío demasiado cargado que tiene necesidad de que se le desembarace de su carga, y no de que se le cargue más aún. En cuanto a las evacuaciones por abajo provocadas mediante remedios, debilitan las entrañas y engendran más humores que los que hacen salir. Tal cual haría un príncipe que cansado de ver su ciudad llena de numerosos griegos llenase sus muros de árabes y escitas extranjeros, así algunos se dejan arrastrar a un total error. Para desembarazarse de los humores que les son propios y familiares introducen, de fuera, otros, en su cuerpo: escamonea[289], azafrán de Kanidos y otros remedios violentos; pero estos

---

[289] Escamonea, gomorresina medicinal sólida y muy purgante. Se extrae de una hierba del mismo nombre que se cría en Siria y en otras partes. Es ligera, quebradiza, de color gris subido, olor fuerte y sabor acre y amargo.—El azafrán se

remedios se identifican mal con su constitución, y tendrían más bien necesidad de ser purificados ellos mismos que capaces son de purgar la naturaleza. Lo mejor, pues, es obrar de modo por medio de un régimen prudente y moderado, que el cuerpo se baste constantemente y se acostumbre él mismo a la regularidad en lo que concierne a las evacuaciones y a las repleciones. Si alguna vez la necesidad se presenta de vomitar, se procurará hacerlo, pero sin usar para ello drogas medicinales ni remedios demasiado rebuscados. No se trata sino de prevenir la indigestión poniendo al estómago, de estar demasiado lleno, en condiciones de desembarazarse sin dolor. Pues así como la ropa lavada con jabón y nitro, con objeto de blanquearla, se usa más pronto que lavada simplemente con agua pura, así los vómitos originados por los medicamentos son perjudiciales al cuerpo y alteran el temperamento. Cuando el vientre detiene sus funciones no hay droga más eficaz que ciertos manjares que provocan suavemente el deseo natural y que aflojan las entrañas sin esfuerzo. La experiencia de estos alimentos es familiar a todos, y su uso no tiene nada de doloroso. Si el vientre no obedece y cede preciso será durante varios días recurrir al agua y a la dieta, a los lavados, todo mejor que a los purgantes. Estos últimos turban y desorganizan, y no obstante la mayor parte los emplean gustosos, cual ciertas mujeres libertinas emplean drogas que provocan el aborto con objeto de hacerse llenar de nuevo y satisfacer su lubricidad.

Pero dejemos a tales gentes. Otros hay que cayendo en el exceso contrario, se imponen periódicamente dietas rigurosas, cuya fecha y exactitud son para ellos como términos judiciales. Tal cosa es enseñar torpemente a la naturaleza, que no lo pide, la necesidad de comprimirse: es hacer necesaria una privación inútil, en un momento en que el cuerpo reclama lo que le es habitual. Más vale aplicarse esta clase de castigos usando de ellos con libertad, sin que se tenga presentimiento o sospecha alguna de enfermedad. Es mejor, de una manera general, constituirse, cual queda dicho, un conjunto de régimen que pueda, según las circunstancias acomodarse a los cambios necesarios, más bien que aprisionar el cuerpo y que someterle a un solo y único medio de vida, a causa del cual haya que preocuparse de observar tales épocas tales números o tales períodos determinados. Tal sistema no es ni seguro ni fácil, y difícil de conllevar con las obligaciones de la vida civil y de la sociedad. Sería vivir como una ostra, como un zoquete, el someterse a una regla imperiosa para alimentos

---

emplea también en medicina como estimulante y amenagogo.—Knidos era una ciudad de Karia, hoy ruinas, cerca del cabo Erío.

y abstinencias, para el movimiento y el reposo, condenarse a una existencia retirada, ociosa, monótona, lejos de todo amigo, de toda ocasión de adquirir gloria, de toda participación en los asuntos políticos. «Tal no es mi opinión», decía nuestro amigo.

En efecto, la salud no debe comprarse a costa de la inacción y de la ociosidad que son, por el contrario, los males más grandes encadenados a las enfermedades. ¿Qué diferencia habría entre un hombre que por conservar sus ojos los tuviese siempre cerrados, que por economizar su voz guardase perpetuo silencio y el que se imaginase tener necesidad, para permanecer en buena salud, de no hacer nada útil y estar constantemente inactivo? El mejor partido, no obstante, que se puede sacar de la salud es consagrarla lo más frecuentemente posible a realizar actos útiles a sus semejantes. No es preciso creer en modo alguno que la ociosidad sea saludable, puesto que destruye el fin que se propone la salud; como no es verdad tampoco que las gentes que no hacen nada sean quienes están mejor, Xenókrates no tenía mejor salud que Fokión, ni Teofrastos que Demetrios[290], y de nada sirvió a Epikouros y a sus discípulos[291], con objeto de adquirir el equilibrio de la carne de que hizo tantos elogios, el haber esquivado el cumplimiento de todo acto que hubiera podido excitar en ellos una noble competencia. Hay aún otros cuidados mediante los cuales el cuerpo puede ser mantenido en ese buen estado que la naturaleza pide, siendo así que todo género de vida es dado igualmente a la enfermedad y a la salud. No obstante, en lo que afecta a los estadistas (habla siempre nuestro amigo) hay que hacerles una recomendación

---

[290] Xenókrates, filósofo griego (405-314 a. d. J.), discípulo de Platón. Sucedió a Speusippos en la dirección de la Academia. (V. n. 231.)—Fokión, general y estadista ateniense. cuya fidelidad y servicios a su patria fueron mal recompensados: acusado de traición, fue condenado a beber la cicuta. (V. n. 233.)—Teófrastos, filósofo peripatético, discípulo de Aristóteles (372-287). Sucedió a su maestro en la dirección del Liceo.—Demetrios de Falerón, estadista, orador y polígrafo griego, muerto el año 283 a. d. J. (se ignora la fecha de su nacimiento). Compara dos filósofos cuya vida se supone tranquila desde el punto de vista del movimiento y de las vicisitudes corporales, con dos generales, o un estadista y un general, cuya vida transcurrió, por el contrario, en medio de la movilidad y la agitación propias a sus cargos.

[291] Epikouros, filósofo griego (341-270), natural de Sanios. Ha sido censurado injustamente a partir de Horacio que, sin duda, andaba mejor de musas que de filosofía, pero es el más grande de los filósofos de la antigüedad. No reunía, como Platón, en felicísimo consorcio, un poeta y un filósofo, pero como doctrina, a juzgar por lo que se sabe de él, yo le considero aún superior.

contraria a la que Platón dirigía a los jóvenes[292]. Éste, una vez su lección acabada solía decir: «Ea, hijos míos, que vuestro ocio sea empleado en algo decente». Nosotros, a los que se ocupan de los asuntos públicos, les recomendaríamos consagrasen sus trabajos a ocupaciones decentes e indispensables, más bien que fatigar su cuerpo con cosas frívolas e indignas de ellos. Tal es, sin embargo, la conducta de la mayor parte de ellos: se esfuerzan en frivolidades, se consumen a fuerza de vigilias, en idas y venidas, sin fin alguno útil y honroso, y únicamente por perjudicar a otro, por satisfacer su humor envidioso y querellador o por obtener triunfos estériles y vanos. Es precisamente a hombres de esta clase, tal creo al menos, a quienes van dirigidas estas palabras de Domókritos: «Si el cuerpo demandase al alma en justicia como reparación de malos tratos, difícilmente escaparía ésta a una condena». Igualmente encierran una gran verdad estas palabras de Teofrastos, que son la contrapartida de las precedentes: «Que el alma paga muy caro al cuerpo el cobijo que éste le da». Por otra parte, no obstante, la mayor parte de los males que sufre el cuerpo provienen de que el alma no hace de él un uso razonable ni le cuida como conviene. Cuando el alma se entrega a movimientos que le son especialmente particulares, a sus luchas, a sus ardores, no tiene ningún miramiento con el cuerpo. Jason[293], no sé bajo el imperio de qué sentimientos, decía que es preciso ser injustos en las cosas pequeñas con objeto de ser justos en las grandes. Llevados del mismo espíritu de sabiduría aconsejaríamos a los estadistas que tratasen lo pequeño sin cuidado ligeramente, hacer de ello un motivo de reposo, de querer, cuando llegasen los asuntos brillantes, las negociaciones de importancia, tener un cuerpo que, lejos de estar fatigado, agotado, sin fuerza ya, estuviese vigorizado por el reposo como un barco en astillero, y entonces, cuando el alma tuviese necesidad de servirse de él, «Sería como el potro no destetado aún que corre tras su madre»[294].

He aquí por qué cuando las circunstancias lo permiten hay que rehacerse no negando al cuerpo el sueño, las comidas y esa quietud que tan alejada está de la blandura voluptuosa como lo está del sufrimiento. Pero generalmente no se tiene medida. Agotamos el cuerpo a fuerza de cambios bruscos; diríase que se trata de una lámina de hierro (al rojo) que

---

[292] En el libro I de las «Leyes».

[293] Jasón, tirano de Feres (Tesalia), muerto el año 370 a. d. J. Cuando estaba a punto de imponer su autoridad a toda Grecia, fue asesinado en condiciones que no se han podido esclarecer.

[294] Atribuido a Simónides.

tratamos de templar. Ora se abusa de él abrumándole de trabajo, ora se le agota y se le debilita bajo el fardo do voluptuosidades excesivas. Luego, del seno de los placeres amorosos, tras libaciones copiosas que le dejan como disuelto y enervado, se le lanza de nuevo a la plaza pública, a la corte o a algún asunto importante que exige un celo ardiente y continuo. Pongamos un ejemplo. Herakleitos[295], enfermo de hidropesía, pedía a su médico «que cambiase la lluvia en sequía». Asimismo, cegados completamente por el error, la mayor parte de los hombres, cuando están agotados a causa de la fatiga, del trabajo y de la necesidad, se liquefactan en cierto modo, se funden en agua más que nunca bajo la influencia de los placeres, y tras estas voluptuosidades vuelven a tomar bruscamente su contención de espíritu. La naturaleza no quiere estos cambios bruscos para el cuerpo. Lanzarse desde las fatigas, lanzarse con el arrebato vergonzoso de un verdadero frenesí a los placeres y a insolentes goces, como hacen los marinos, para luego, tras estos placeres, meterse de nuevo en trabajos fatigosos, con objeto de hacer dinero, es no permitir al alma gustar de esa tranquilidad, de esa calma de que tiene esencialmente necesidad; es hacerla salir de su camino, es turbarla a fuerza de irregularidades. Las gentes sensatas se guardan muy bien de ofrecer placeres a su cuerpo cuando está sobrecargado de trabajo. No sintiendo entonces necesidad alguna de ellos, ni se acuerdan siquiera. Su pensamiento se concentra sobre lo que de bueno hay que hacer, y los demás deseos se borran y desaparecen para ellos ante los goces serios del alma. Se ha atribuido a Epameinondas[296] este dicho agradable a propósito de un hombre de corazón que había muerto de enfermedad cuando la batalla de Leuktra[297]: «¡Por Herakles! ¿Cómo pudo encontrar tiempo para morirse cuando tanto había que hacer?» Estas palabras pueden aplicarse con verdad a aquel que está ocupado en un negocio político o en una importante cuestión moral, ¿Qué tiempo encontraría para darse una indigestión, para embriagarse o para gozar de los placeres del amor? Una vez los asuntos acabados, los hombres prudentes dejan al cuerpo en reposo, le conceden descanso. Evitan, huyen las fatigas inútiles y aún más los placeres que no son necesarios, mirándoles como verdaderos enemigos de la naturaleza.

---

[295] Herákleitos, filósofo griego (576-480), llamado el «Oscuro» por sus contemporáneos. Los fragmentos que nos han quedado de él justifican este apodo.

[296] Epameinondas, general tebano (418-360), muerto en la batalla de Mantineia. Creador, con Pelópidas, de la efímera grandeza de su patria.

[297] Leuktra, batalla cerca de la ciudad de este nombre, en Beocia (hubo otra del mismo nombre en Arcadia), donde Epameinondas derrotó a los espartanos.

He oído decir que Tiberio[298] repetía con frecuencia: «Un hombre que ha pasado los sesenta años y que ofrece el pulso a un médico, merecería ciertamente que se burlasen de él». Encuentro la cosa un poco fuerte, pero lo que me parece exacto es que cada uno debería estar familiarizado a la pulsación de su vena, la cual varía singularmente en cada individuo. Deberíamos conocer nuestra complexión, el grado de calor y de sequedad de nuestro cuerpo, así como qué cosas le son naturalmente útiles y cuáles perjudiciales. Es no sentirse a sí mismo, habitar su propio cuerpo como sordo y ciego eso de aprender de otro lo que le afecta, preguntar a un médico sobre lo que nadie mejor que nosotros debería conocer: «¿Te parece que me conviene más el verano que el invierno? ¿Qué me es más útil, lo húmedo o lo seco? ¿Es mi pulso vivo o débil?» Para detalles semejantes que tan útil es conocer, ¿qué mejor que la experiencia propia, pues que continuamente estamos en nosotros mismos? Y en lo que respecta a alimentos y bebidas, conviene conocer lo que es útil mejor que lo que es agradable, haber experimentado mejor lo que es bueno para el estómago que lo que es agradable a la boca, lo que no turba la digestión que lo que acaricia vivamente el gusto. Pues preguntar a un médico qué manjares digerimos fácil o difícilmente, cuáles son los que hacen daño al vientre y cuáles no, no es menos vergonzoso que preguntar ¿qué es dulce?, ¿qué amargo? Porque es curioso que siendo capaces de enmendar los errores de nuestros cocineros, de distinguir perfectamente si un manjar está soso, salado o agrio, no seamos capaces de discernir qué sustancias de las que entran en nuestro cuerpo nos serán fácilmente digestibles, inofensivas y provechosas. Es decir, que ocurre que no habiendo frecuentemente faltas en lo relativo a la manera cómo son preparadas las salsas que son servidas a la mesa, en cambio, en lo que respecta a las mismas personas tan hábiles en sazonar lo que comen, a sí mismos se sazonan a diario de la peor manera y del modo más funesto, dando con ello abundante trabajo a los médicos. Porque no consideran como salsa mejor la más suave, sino que la añaden cantidad de condimentos amargos que arañan la garganta. Introducen en su cuerpo a saciedad toda suerte de golosinas, por haber olvidado, o por ignorar, que la naturaleza une a los goces sanos y útiles un placer exento de penas y de sentimientos. Y esto es lo que habría que recordar constantemente. Pues es de la mayor importancia conocer lo que es apropiado y conveniente a nuestro cuerpo y

---

[298] Tiberio, el segundo de los emperadores romanos (42 a. d. J.-32 d. d. J.). Buen administrador, instruido, excelente general, todo fue borrado por su conducta tiránica y brutal durante los últimos años de su reinado.

lo contrario. Como debemos estudiar los cambios de estación y demás circunstancias naturales y saber acomodar a ellas prudentemente nuestro género de vida.

¿Necesitaré hablar de los accidentes que muchos sufren como consecuencia de una mezquindad sórdida cuando se trata, por ejemplo, de sembrar y de vigilar penosamente la futura cosecha y cuando a fuerza de insomnios y de idas y venidas han originado la causa de enfermedades internas que no tardan en declararse? Nada semejante es de temer respecto a los hombres de letras ni de los estadistas, en interés de los cuales se escribe este tratado. Pero sí hay en ellos otra especie de cálculo falso, una especie de mezquindad sutil y refinada en lo que afecta al trabajo que produce el escribir o el aprender; mezquindad de la que deben preservarse. Y ésta es cuando se esfuerzan hasta el punto de no guardar consideraciones con su cuerpo, de no tener cuidado de él, de no darle descanso ni cuando pide gracia; cuando le obligan, pese a su naturaleza perecedera y terrestre, a luchar en competencia de esfuerzos y de servicios con el alma, que es celeste e inmortal. Con lo que pronto están en el caso de la historia del buey y del camello que estaban al servicio del mismo amo. El camello no quería aliviar al buey de una parte de su carga: «Pronto tendrás que llevarla toda— le dijo el buey—y a mí de propina». Lo que sucedió, en efecto, cuando el buey murió de fatiga. Así le ocurre al alma cuando no quiere dar un poco de descanso y de tregua al agotado cuerpo que se la pide. Al cabo de poco tiempo sobreviene la fiebre, el vértigo, Es preciso dejar entonces los libros, el estudio, la escuela, y el alma obligada se ve a sufrir con el cuerpo, obligada a compartir su mal. Prudentemente, pues, Platón recomienda[299] no ejercitar el cuerpo sin el alma ni el alma sin el cuerpo, sino hacerles marchar constantemente a la par, como dos corceles enganchados al mismo carro. Más el cuerpo se asocia a los trabajos y fatigas del alma, más hay que darle en atenciones y cuidados. En recompensa recibiremos la salud, tesoro tan hermoso y deseable. Pues entre los bienes que nos estén reservados, el más precioso, estemos convencidos, es la certeza de que cuando sea preciso ora hablar, ora obrar, no sentiremos suscitarse en nosotros, a propósito de estos ejercicios, nada que se oponga a la práctica y a la adquisición de la virtud.

---

[299] En el «Timaios», al final. (V. mi trad. en esta misma Colección La Crítica Literaria.)

SOBRE LA MUERTE

(CONSUELOS A APOLLONIOS)

Hace ya mucho tiempo, Apollonios, que comparto tu dolor y tu postración; es decir, desde que supe la muerte prematura de tu hijo, al que amábamos tan tiernamente; del querido joven modelo de buena conducta, de prudencia y que cumplía cual una verdadera religión, con una equidad por encima de todo elogio, no solamente sus deberes con los dioses y con sus padres, sino con sus amigos. ¿Debí entonces, cuando acaeció la dolorosa pérdida, llegarme a ti y exhortarte a que soportases valerosamente la desgracia que te agobiaba? Tal cosa hubiese sido desconocer los deberes de la amistad, en un momento en que tu alma y tu cuerpo estaban rotos por el inesperado golpe. Lo más prudente entonces era asociarse a tu dolor, haciendo cual los médicos expertos que, llamados en casos de rápidos y violentos derrames de humores, no aplican tampoco al punto el socorro de los remedios, sino que se limitan a linimentos y a tónicos exteriores, dejando que la intensidad de la inflamación baje por sí misma.

Hoy ya el tiempo, que tiene costumbre de madurarlo todo, ha pasado sobre tu desgracia, y la disposición en que te encuentras parece reclamar la asistencia de tus amigos. He juzgado a causa de ello que sería útil ofrecerte palabras de consuelo, palabras útiles para calmar tu pena, con objeto de hacer que cesen lamentaciones desoladas y quejas ya superfluas.

El médico más diestro para un alma herida
es la palabra amiga, el consuelo sincero
que a razón y a reposo dulcemente convida[300].

Pues según Eurípides,

Hay para cada mal un remedio apropiado:
para el amigo triste, las palabras amigas;
el aviso severo para el hombre malvado.

---

[300] Eurípides, «Prometeus encadenado», v. 378

Ahora bien, entre las numerosas afecciones del alma la más funesta de todas es la tristeza, pues esta tristeza llega incluso, según se afirma, hasta producir con frecuencia la locura.

¡Cuántas veces el hombre víctima de la suerte
no busca su consuelo en brazos de la muerte![301]

El dolor y desesperación que causa la pérdida de un hijo son el resultado de una tristeza natural que no somos dueños de dominar. Por mi parte, yo no soy de ésos que aprobarían a los que preconizan una insensibilidad implacable y feroz. Tanto más cuanto que sobre ser imposible, sería inútil, puesto que ahogaría en nosotros esa benevolencia que nace del cariño recíproco, más necesaria de mantener que toda otra cosa. Ahora bien, sobrepujar a la naturaleza y abismarse en el dolor, exceso es contrario a lo lógico y causado por un razonamiento vicioso. Por lo mismo preciso es evitar esta exageración, como cosa funesta, culpable y enteramente indigna de un hombre razonable. Bien que, repito, que una sensibilidad moderada no debe ser desaprobada. «¡Ojalá pudiéramos no estar jamás enfermos! —decía Krantor el académico[302]—; pero si lo estamos, tengamos conciencia de nuestro mal siempre que nos sea preciso alguna incisión o amputación. Porque nada paga tan caro el hombre como el privilegio de no sentir el dolor; insensibilidad que, tras embrutecer el cuerpo, embrutece al punto el alma misma».

Por ello, la razón quiere que los hombres que reflexionan no permanezcan impasibles en medio de tales desgracias y que asimismo no sean afectados por ellas demasiado penosamente. Una cosa seria apatía; otra, debilidad, tan sólo buena para las mujeres. La sana razón consiste en mantenerse en límites adecuados, es decir, en aceptar de un modo digno tanto las alegrías como las tristezas que nos deparan los acontecimientos de la vida. Es preciso decirse de antemano lo siguiente: así como en una república en la que los magistrados son designados por la suerte, el ciudadano a quien ésta ha señalado debe ejercer el mando y el que no ha sido favorecido por ella sufrir sin lamentarse su destino, asimismo es preciso aceptar lo que los acontecimientos nos deparen sin quejarnos,

---

[301] Atribuido a Menandros o a Filemón.

[302] Krantor, filósofo de la antigua Academia, del siglo III a. d. J. Fue discípulo de Xenókrates y, según Proklos, fue el primer comentarista de Platón. No quedan sino fragmentos de sus muchos escritos. Cicerón, en las «Tusculanas» y en su «Consolación», imitó el tratado «De la aflicción», de Krantor.

dócilmente. Los que son incapaces de tener esta resignación tampoco serán capaces de soportar los triunfos con prudencia y mesura. Entre las cosas bien dichas, he aquí una que es un excelente consejo:

> Que ni el triunfo te robe la calma
> ni infortunio deshaga tu juego.
> Siempre el mismo, conserva tu alma
> cual el oro, que no altera el fuego.

Pues los hombres que han recibido una buena educación y que son sabios, se reconocen en este signo: en el permanecer los mismos en medio de esos acontecimientos considerados como dichosos que en la adversidad; en uno y otro caso saben conservar valerosamente una actitud digna. Resultado de un cálculo hábil es saber evitar el mal que amenaza, corregirle una vez acaecido, reduciéndole a sus más estrechas proporciones, y organizar contra él una resistencia varonil y vigorosa. En lo que afecta a los acontecimientos venturosos, la prudencia marca cuatro caminos a seguir: o adquirir bienes, o conservarlos, o aumentarlos o, en fin, hacer de ellos un uso conveniente. Estas reglas que dicta la prudencia, como, por supuesto, las que dictan todas las virtudes, hay que aplicarlas tanto en la próspera como en la adversa fortuna. En efecto, «no hay mortal alguno que sea siempre dichoso».

> Ni nadie hacer podría
> bien que el destino es vario,
> que aquello que es debido
> no sea necesario.

Porque así como los árboles ora se cubren de frutos, ora no dan ninguno; que los animales unas veces son sumamente fecundos y otras estériles; que en el mar unas veces hay calma y otras tempestad, así en la vida circunstancias numerosas y diversas acaecen, a consecuencia de las cuales los hombres son empujados a fortunas contrarias, y tras haber meditado sobre estas fortunas podría decirse con razón:

Si Agamenón, tu padre, cuando te dio la vida
creyó que al mismo tiempo te daba la ventura,
olvidó que la dicha al dolor confundida
son aquí abajo mezcla de pena y de dulzura[303].

Se podría citar también a Menandros[304]:

Los dioses, ¡oh Trofimos!, al darte nacimiento
te habían prometido un eterno contento.
Tan sólo tú dichoso serías en el mundo;
te lo garantizaba juramento rotundo.
Pero te han engañado; de su palabra sabia
comprendo que maldigas con legítima rabia.
Al destino corriente te encuentras sometido.
¿Cómo cosa contraria hubiera sucedido?
(Si en tono grave hablo, es porque el caso es triste
tú aún en tono más grave tu suerte maldijiste.)
Bueno será, Trofimos, que sepas resignarte,
he aquí, caro amigo, lo que debe calmarte:
Eres, como cualquiera, una pobre pavesa;
del Destino implacable la deleznable presa.
Unas veces al cielo, como el viento a la hoja,
te empuja; otras al barro sin compasión te arroja.
Y es que los dioses quieren en esto hacer justicia:
la virtud ensalzando, hundiendo la malicia.
En cuanto a ti, Trofimos, tu suerte no es muy triste.
ni mucho, no, gozaste, ni tampoco sufriste.
Tu lote es aceptable. Tu parte infortunada
junto a la de otros muchos créeme que no es nada.

---

[303] Eurípides, «Ifigenia en Aulis», v. 29.
[304] Menandros, poeta cómico griego, principal representante de la «comedia nueva» y el más célebre de los poetas cómicos, después de Aristófanes (342-292). Teofrastos y Epikouros fueron sus maestros. Elegante, rico, dado a los placeres. Glicerisi y Tais fueron sus queridas. De sus muchas comedias no han llegado hasta nosotros sino fragmentos. Son aún mejor conocidas por las imitaciones que de ellas hicieron Plauto y Terencio. En 1907, un papiro de Egipto permitió conocer una gran parte de cuatro de sus obras: «Los Héroes», «El Arbitraje», «La Hermosa de los bucles cortados» y «La Mujer de Samos».

Y no obstante ser tal la condición de las cosas humanas, algunos, faltos de juicio, obedecen a todos los malos instintos de una tonta vanidad. Por poco que se encuentren por encima de los demás, ya a causa de una mayor cantidad de bienes, sea por ocupar un puesto de mando de alguna importancia, ora por su procedencia política, bien a causa de los honores y la consideración que les rodea, ya no saben hablar a sus inferiores sin tener en la boca la amenaza y la injuria. No se les ocurre pensar que la fortuna es inestable y vacilante, que con gran facilidad lo que dominaba es dominado, mientras que lo que mordía el polvo se eleva desplazado por las rápidas evoluciones de la casualidad. He aquí por qué buscar algo sólido en lo que no lo es, es lo propio de los que razonan de modo falso respecto a las cosas de este mundo.

> La rueda en su rodar tan pronto se levanta
> como hunde en el polvo poco después su llanta.

El mejor preservativo contra la pena es ejercitar la razón y gracias a ella estar siempre preparado para todos los cambios de la vida. Pues es preciso convencerse no solamente de que se es mortal por naturaleza, sino de que en el reparto de cosas buenas y malas se ha recibido una vida igualmente mortal y una condición en la que todo cambia con la mayor movilidad. Sí, nuestros cuerpos de hombre son esencialmente mortales y efímeros, como perecederas son nuestras fortunas, nuestras afecciones, así como las diversas fases de toda nuestra existencia, a las cuales «en modo alguno un mortal podría sustraerse». Y como dice Píndaros[305],

> Del fondo del sombrío Orco[306] como un cuchillo
> de la necesidad sentirás el pesado martillo.

He aquí por qué nada más prudentes que las reflexiones de Demetrios de Falerón a propósito de esta sentencia de Eurípides: «La dicha huye veloz; apenas dura un día»[307], y sobre esta otra:

---

[305] Píndaros, poeta lírico griego (521-441), del que tan sólo han llegado a nosotros sus «Odas triunfales». Fue celebradísimo en la antigüedad.

[306] En las creencias populares romanas, el Orco era el demonio de la muerte, y también los infiernos, como morada de los muertos, sentido en el que aquí está empleada esta palabra. Orco llegó a ser como otro nombre de Plutón o de Dis Pater, con la diferencia de que Orco quedó en la lengua familiar, mientras que las divinidades quedaron relegadas a la mitología sabia.

Un hada nos destruye; basta tan sólo un día
para vernos subir y bajar a porfía.

No hay duda, decía Demetrios, que estas palabras son hermosas; pero hubiera sido más justo decir no «basta tan sólo un día», sino «basta un momento imperceptible de nuestra existencia».

De los hombres, las razas; de las tierras labradas
las cosechas, son esto: se elevan un instante
para ser al momento prestamente segadas.

En otra parte Píndaros exclama:

¿Quién se dice? ¿Quién es? ¿Quién triunfa? ¿Quién se nombra?
¡Nadie! El hombre sólo es esto: el sueño de una sombra[308].

Hipérbole sorprendente e ingeniosa que caracteriza perfectamente la existencia humana. Pues ¿habrá algo más débil que una sombra? El «sueño de una sombra» es, pues, la imagen de algo que imposible sería analizar claramente. En sentido análogo, Krantor, para consolar a Hippokles de la pérdida de sus hijos, le decía: «Estas reflexiones toda la antigua filosofía las proclama y las recomienda. Si entre todas hay algunas que no aceptamos, una cuando menos es profundamente verdadera, a saber, que para muchos hombres la vida es trabajosa y difícil de soportar. Y si naturalmente no ha sido hecha así, si en todo caso nosotros la hemos desnaturalizado. La invisible fatalidad nos sigue de lejos desde el primer día, sin traernos nada bueno. Apenas nacemos ya el mal se mezcla a cuanto nos está reservado. Empezando por los gérmenes mortales, que participan los primeros a este vicio de nuestra naturaleza; y de estos gérmenes nacen entre nosotros los malos instintos del alma, las enfermedades, los sufrimientos y todo cuanto constituye el lote de la humanidad».

Pero, ¿por qué razón he venido a parar a esto? Pues con objeto de que sepamos sin la menor duda que la desgracia en modo alguno es nueva para el hombre, y que todos somos víctimas de ella. «La Fortuna—dice Teofrastos—camina sin rumbo, siempre dispuesta a abatir el edificio más

---

[307] «Las fenicias», v. 561.
[308] VIII.ª «Pítica», v. 136.

laboriosamente construido y a derribar lo que creíamos nuestra prosperidad, sin respetar ningún tiempo marcado, ningún plazo convenido». He aquí las reflexiones, como otras semejantes, que cada uno puede hacerse a sí mismo, reflexiones que por supuesto ya fueron pronunciadas por muchos sabios antiguos, entre los cuales hay que colocar en el primer rango al divino Horneros cuando dice:

De los seres, ninguno cual el hombre inseguro.
Mientras el cielo quiere alejarle de apuro
cree que la desgracia no volverá a su lado;
pero víctima al punto del capricho del hado
se abate, se lamenta y gime sin medida[309]
deplorando su suerte, maldiciendo la vida.

Y

¿Qué sentir o pensar puede el hombre a porfía?
Lo que a Zeus, el amo, le inspire cada día[310].

Y aun en otra parte:

¿Para qué, Diomedes, pensar ahora en mi cuna?
Una gran semejanza tienen, sin duda alguna,
del hombre la fortuna y del árbol la hoja
que del otoño el viento, seca, al suelo arroja,
para en la primavera, que a natura despierta,
renacer a la vida savia que estaba muerta.
Así de hombres y hojas es destino implacable
el pasar sin retorno en rodar miserable[311].

La belleza de esta imagen, mediante la cual el poeta expresa la brevedad de la vida humana (comparando el rodar de las generaciones al de las hojas de los árboles) resalta aún más en otros versos de más adelante:

¿Para qué combatimos? ¿Qué somos? ¿Qué queremos?

---

[309] «Odisea». XVIII, v. 129 y sig.
[310] «Odisea», XVIII, v. 123-36.
[311] «Ilíada», VI, v. 145 y sig.

¡Hojas caducas de árbol que cual hojas caemos!
¿A qué coger el fruto con mano despiadada
si mañana ya habremos retornado a la nada?[312].

Simónides, el poeta lírico, estaba con Pausanias, el rey de Lacedemonia, y éste, a quien sus hazañas llenaban continuamente de orgullo, le rogaba con aire burlón que le dijese alguna cosa sabia. El poeta, conociendo la vanidad de su interlocutor, le aconsejó «que se acordase de que era hombre». Filippos, rey de Macedonia, acababa de recibir a un tiempo tres noticias afortunadas: la primera, que a causa de su cuadriga había quedado vencedor olímpico; la segunda, que su general Parmenión había vencido a los griegos en una batalla; la tercera, que Olimpias, su mujer, acababa de darle un hijo. Entonces, levantando las manos al cielo, exclamó: «¡Oh suerte, no turbes tanta alegría mediante alguna expiación inmoderada!» Porque sabía que la fortuna es naturalmente envidiosa de la excesiva prosperidad. Teramenes, que fue uno de los treinta tiranos de Atenas, cenaba con varios convidados cuando la casa hundiose sobre ellos, salvándose él tan solo. Y como todo el mundo le felicitase, exclamó en voz alta: «¡Fortuna! ¿Qué destino me reservas entonces?» En efecto, poco tiempo después sus colegas le hacían perecer en medio de crueles torturas[313].

El más maravilloso modelo de consolación que el gran poeta parece ofrecer a sus admiradores es el pasaje de su Ilíada en que Aquiles se dirige a Priamos, venido para rescatar el cadáver de Héktor. Le dice:

Ven, anciano, a sentarte a este trono conmigo.
Borremos un instante del llanto enemigo
la angustia, tan ajena a toda paz y amor.
Los dioses nos han hecho víctimas del dolor
del que tan sólo ellos por voluntad del Hado

---

[312] «Ilíada», XXI. v. 463 y sig.

[313] A la cabeza de estos colegas, es decir, de los Treinta tiranos que los espartanos pusieron al frente del gobierno, en Atenas, al acabar la guerra del Peloponeso, estaban Kritias (el tío de Platón), y Charikles, el almirante. Condenaron a muerte a Teramenes por oponerse éste a sus desmanes y crueldades. (V. en los «Recuerdos socráticos», de Xenofón—la Colección La Crítica Literaria—. no solamente detalles sobre los Treinta tiranos, sino la interesantísima conversación de Sócrates, advertido por Kritias y Charikles, que de seguir aconsejando a la juventud podría costarle la vida, y estos dos tiranos.)

exentos ya nacieron y exentos han quedado.
Zeus, en cambio, puso, arriba en su morada
del Olimpo, dos cubas, justamente a la entrada,
una llena de bienes, la otra de males llena,
y de ellas distribuye sin contento ni pena
a buenos como a malos con bastante justicia.
Pero si por desgracia con suerte no propicia
alguno de la cuba de males solamente
recibe tristes dones en dádiva inclemente,
su suerte desdichada será digna de pena,
pues miseria, desgracias, cuanto de mala vena
pueda haber en el mundo a él irán veloces
despreciado y maldito de hombres y de dioses[314].

El poeta que tanto por la gloria como por el tiempo en que vivió más próximo está de Homeros, el que se proclama discípulo de las Musas, Hesiodos, encerró también los males en una urna, y nos hace ver a Pandora[315] abriendo esta urna y dejando escapar dichos males en tropel a través de la superficie de la tierra y por sobre las aguas. He aquí el pasaje:

La urna abierta, al punto han salido los males
a afligir, siniestros, a los pobres mortales.
Y tan sólo en el fondo de la urna ha quedado
la Esperanza: Pandora adrede la ha dejado.
Desde entonces la pena con sus amargas hieles
víctima hace al hombre de desdichas crueles.

---

[314] «Ilíada», XXIV, v. 522 y sig.

[315] Pandora es, en la mitología hesiódica, la primera mujer. Fue creada por Hefaistos y Atena, ayudados por todos los dioses, por orden de Zeus. Cada uno la engalanó con una cualidad, pero Hermes puso en su corazón la mentira y el engaño; además, Zeus la destinó para que castigase a la raza humana, a la que Prometeus acababa de dar el fuego. Tal fue el presente, que los dioses ofrecieron a los hombres para labrar su desgracia. En «Los Trabajos y los Días», Hesiodos cuenta que Zeus se la envió a Epimeteos que, olvidado el consejo que le había dado su hermano Prometeus relativo a que no aceptase nada del padre de los dioses, hizo de Pandora su mujer, seducido por sus encantos. Pero había una urna que contenía todos los males y, claro, apenas en la tierra, Pandora, devorada de curiosidad, abrió esta urna y los males se extendieron por la tierra; tan sólo la Esperanza, que estaba en el fondo, no pudo escapar, por haber cerrado Pandora la urna inmediatamente.

La enfermedad, la guerra, mil plagas silenciosas
por voluntad del cielo nos llegan presurosas[316].

El poeta cómico[317] se suma a este mismo orden de ideas cuando, al hablar de los que, como consecuencia de semejantes desgracias, se dejan anonadar por el dolor, dice:

Si los males pudieran acabar con el llanto,
y lágrimas pudieran terminar su quebranto,
las lágrimas serían más preciadas que el oro
y todos buscarían su dulcísimo coro.
Pero llores o rías, con silencio o discurso
intentarás en vano del mal parar el curso.
¿Qué hacer, pues? ¿No hay remedio? No; es eterno el tributo.
Las lágrimas del hombre siempre serán su fruto.

Diktis, consolando a Danae, víctima de profundo dolor, exclama:

¿A tus lágrimas crees que Platón es sensible?
¿Que te dará a tu hijo su pecho inconmovible?
Cesa, pues, de llorar. De la humana grey
el dolor y la pena son la constante ley.
Muchos en una cárcel ven acabar su vida;
otros, desde muy alto, mueren de la caída.
Ciertos, faltos de hijos, suspiran tristemente.
El dolor liega a todos y, ¡ay!, constantemente[318].

Incita a Danae a reflexionar sobre la condición de aquellos a quienes los infortunios igualan o sobrepujan los suyos, con objeto de que esté menos abrumada.

Sería el momento de citar asimismo las palabras de Sócrates mediante las cuales expresa este pensamiento: «que si tuviéramos que poner en

---

[316] «Los Trabajos y los Días», v. 94 y sig.

[317] Se supone que este poeta cómico es Filemón, poeta griego (361-252), uno de los principales representantes de la comedia nueva. Se conocen de él sesenta obras, ora por sus títulos, ya gracias a fragmentos. Plauto se inspiró en él. Su talento cómico, su chispa, era superior a sus dotes de observador y a su profundidad.

[318] Atribuido a Eurípides.

común nuestras miserias con objeto de tomar cada uno una parte igual del montón que hicieran, la mayor parte de los hombres preferirían irse con su lote particular». Citemos aún el argumento dado por el poeta Antímachos[319]. La muerte le había arrebatado a su mujer Lidé, a la que amaba tiernamente. Para calmar su dolor compuso la elegía conocida con el nombre de Lidé, en la que enumeraba las desgracias que habían herido a los semidioses, y mediante este recuerdo de los infortunios extraños hizo su propio dolor menos pesado de llevar. Es también evidente que si para consolar a un afligido se le muestra que la desgracia que le hiere es común a muchos de sus semejantes, la vista de lo que asimismo ha sucedido a los otros disminuirá la opinión que se había hecho, la modificará y acabará por convencerse de que su infortunio no es tan grande como se lo había figurado.

Me parece muy hermoso el pasaje de Aischilos en el cual condena en estos términos a los que miran la muerte como un mal:

> No hay remedio más dulce para todos los males
> que la muerte, que a todos nos hace el fin iguales.
> Ni mayor injusticia que de cruel tacharla,
> ni flaqueza cual esa de temerla y odiarla.

Le ha imitado aquel que ha dicho:

> ¡Llega, llega por fin, oh muerte deseada,
> paz del dolor humano, ventura asegurada![320].

---

[319] Antímachos, poeta épico que vivía en Kolofón a fines del siglo V a. d. J. Había compuesto un poema épico, «La Tebaida», y dos elegías.

[320] Recuérdense los bellísimos versos del comendador Escrivá:

> Ven muerte tan escondida
> que no te sienta venir,
> porque el placer de morir
> no me vuelva a dar la vida....

y los también archiconocidos de Santa Teresa, que empiezan:

> Vivo sin vivir en mí,
> y tan alta vida espero
> que muero porque no muero.

No menguada ventaja es poder exclamar con convicción y audacia: «Quien desprecia la muerte, ¿podría ser esclavo?»[321], y también «El Infierno es mi puerto; yo no creo en las sombras».

En efecto. ¿Qué hay de penoso ni de triste en morir? Puesto que todo cuanto se refiere a la muerte nos es tan familiar, tan natural, ¿por qué ella misma, por el contrario, nos parece temible? ¿Podremos asombrarnos de que sea cortado y quemado aquello que para ser cortado y quemado ha sido hecho? ¿De que se funda lo que es fusible y de que lo perecedero perezca? ¿Hay acaso un solo momento en que la muerte no esté en nosotros? Y, como dice Herakleitos, ¿no es lo mismo estar vivos que estar muertos, estar despiertos que dormidos, ser jóvenes que viejos? Que uno de estos estados cambie y se tornará en el otro y recíprocamente. Así como la misma arcilla, en la mano que la trabaja, puede tomar la forma de un ser vivo, al punto volver a ser un pedazo informe, luego tomar el aspecto de una figura para de nuevo ser informe, y esto sucesivamente sin tener jamás fin; así la naturaleza con la misma materia formó, en tiempos, a nuestros abuelos, engendró luego a nuestros padres, que fueron sus sucesores inmediatos, y tras ellos a nosotros mismos, como de este modo deben reemplazarse las generaciones mediante evoluciones sucesivas. Este río de generación que corre sin ser interrumpido no se detendrá jamás, como tampoco se detendrá, por otra parte, la corriente de muerte, ora sea llamada Kokitos, ora Acherón[322] por los poetas. La causa primera a la que debemos el favor de contemplar la luz del sol es asimismo la que trae para nosotros las tinieblas del infierno, y no sé si no tenemos de ello una imagen en el aire que nos rodea, en el cual se producen alternativamente el día y la noche, las vicisitudes de la vida y de la muerte, las de velar y dormir. Es por lo que se dice aún que la vida es un préstamo del destino, una fecha exigible contractada por nuestros antepasados. Cumplamos, pues, sin esfuerzo y sin gemidos cuando el acreedor se presente. No habrá mejor medio de probar nuestra moderación perfecta.

Pienso aún que es viendo la incertidumbre y la brevedad de nuestra existencia por lo que la naturaleza ha ocultado el término fatal de la

---

[321] Atribuidos a Eurípides por Ploutarchos. Hermosísimo pensamiento, pues ¿qué sino el temor a morir nos hace esclavos y víctimas del miedo, soportar injusticias y tiranías, o realizar infamias y bajezas en que libres de tal esclavitud no incurriríamos?

[322] Kokitos (Κωκυτος) y Acheron ('Αχερων), llamados corrientemente Cócito y Aquerón, ríos del Infierno. (V. el admirable mito de Platón en el «Fáidon», relativo al Infierno, que relata Sócrates poco antes de morir.)

muerte. Hacer tal cosa era lo mejor, pues si conociésemos de antemano el instante fatal, hombres hay que, de antemano también, se consumirían de desesperación y morirían antes de estar muertos. La naturaleza consideraba, además, en qué modo la existencia es penosa, por cuántas angustias está abrumada. Si nos pusiéramos a enumerarlas maldeciríamos de la existencia y confirmaríamos la verdad de esta opinión, acreditada por algunos de que más vale estar muertos que vivos. Escucha, por ejemplo, a Simónides:

> En su corta carrera do el trabajo le mata
> el hombre triste y débil por nada se consume.
> La muerte, suspendida sobre él, en vano trata
> de apartar: bueno o malo forzoso es que le abrume.

Escucha a Píndaros:

> Por dos males, al hombre, sólo un bien da el destino.
> Impotente, el cuitado, maldice de su sino[323].

y a Sóflokes:

> ¿Te quejas porque ha muerto cual todos moriremos?
> De vivir, ¿ganaría? Es lo que no sabemos.

y Eurípides:

> Conocer estas cosas ¿has llegado a alcanzar?
> Mas ¿cómo lo sabrías? Te lo voy a enseñar:
> Estamos condenados de antemano a la muerte.
> El no ver el mañana sin duda es nuestra suerte.
> La marcha del destino escapa a nuestros ojos
> (Más vale no ver nada que sólo ver abrojos)[324].

Luego si la existencia humana es tal cual la dicen los poetas, ¿no es mucho más conveniente felicitar a los que se han librado de ella cual de penosísima esclavitud, que lamentarlos y deplorar su suerte, como lo hace el vulgo ignorante?

———————————————————

[323] «Píticas», III, v. 144.
[324] «Alkestes», v. 792.

Sócrates decía[325] que la muerte aseméjase a un sueño muy profundo, o a un viaje largo y de mucha duración, o, en tercer lugar, a una especie de destrucción y de desaparición del alma y del cuerpo, pero que en ningún caso la muerte es un mal; y desarrollaba sucesivamente estas tres semejanzas, tratando en primer lugar de la primera hipótesis. Sí la muerte es una especie de sueño, decía, y los que duermen no experimentan mal alguno, evidentemente es que los muertos no podrían experimentarlos tampoco. Por lo demás, ¿habrá necesidad de probar que el sueño más agradable es el más profundo? La cosa es clara para todos los hombres. Tenemos, además, el testimonio de Homeros, que dice a propósito del sueño: «¡Encantador reposo, dulce imagen de muerte!»[326]. En otros muchos sitios expresa el mismo pensamiento: «Dirigiéndose al sueño, hermano de la muerte»[327]; y «la muerte y el sueño, los dos hijos gemelos»[328]. De tal modo pone ante nuestros ojos su semejanza porque, en efecto, nada ofrece una similitud más perfecta que la existencia de dos gemelos. Aún en otra ocasión dice aún que «la muerte es un sueño de bronce»[329], haciendo alusión a la insensibilidad en que nos hunde. Tampoco está carente de poesía la imagen que pinta al sueño como «siendo en pequeño de la muerte el misterio», puesto que en realidad el sueño es una iniciación a ella. Muy justo es también el siguiente dicho breve de Diógenes el Cínico. Había caído en un sueño profundo e iba a abandonar la vida. El médico le despertó para preguntarle si sentía algún

---

[325] Platón, «Apología de Sócrates».. (V. mi trad en la Colección La Crítica Literaria.)

[326] Qué diferencia con nuestro poeta que, en el conocido soneto «Al sueño», empieza llamándole enfática y falsamente: «Imagen espantosa de la muerte». Claro que cuando el equivocado poeta escribió esto, hacía siglos que la Iglesia había sembrado de horror, de castigos y de tinieblas su fantástico más allá. Nada tiene, pues, de extraño que los que la siguen y creen, teman. Pero Ploutarchos, ¿ignoraba acaso que la antigüedad no tuvo mejor paladín de la muerte que Epikouros? ¿Desconocía sus doctrinas? Sin duda, o tal vez no tenía otra referencia de ellas que las que había dado Horacio, que tampoco sabía gran cosa del segundo gran Maestro de Samos, cuando escribió esa necedad que ha hecho fortuna «Epicuri de grege porcum»; de otro modo, jamás hubiese escrito su tratadito titulado «Que ni siquiera es posible vivir agradablemente de acuerdo con la doctrina de Epikouros».—El verso de Homeros es el 80 del capítulo XIII de la «Odisea».

[327] «Ilíada», XIV, v. 231.

[328] «Ilíada», XVI, v. 672.

[329] «Ilíada», XI, v. 241.

dolor: «No —dijo—; veo al hermano que llega precediendo a su hermana, en este sueño que precede a la muerte».

De ser a un viaje lejano a lo que la muerte se parece, tampoco desde este punto de vista es un mal. No sé si incluso no es un bien, por el contrario. No ser ya esclavo de la carne y de las pasiones de la carne, que se disputan nuestra alma y la llenan de futilidades de la condición mortal, es una especie de dicha y de felicidad. Escucha lo que dice Platón: «... En efecto, el cuerpo nos rodea de mil molestias, a causa de la necesidad que tenemos de cuidarle, nutrirle y demás necesidades de la vida; sin contar que, de sobrevenir enfermedades, henos detenidos en nuestra persecución de lo real. Si a ello añadimos que nos llena de amores, de deseos, de temores, de quimeras de todas clases y de innumerables tonterías, fácil es comprender que nos quita real y verdaderamente toda posibilidad de pensar. Guerras, disensiones, batallas, de todo esto tan sólo es causa el cuerpo y sus apetitos, ya que no se hace la guerra sino por amontonar riquezas, y si nos vemos obligados a esto es a causa del cuerpo, cuya servidumbre nos reduce a continua esclavitud. Consecuencia de todo ello es que no nos queda tiempo para consagrarnos a la filosofía. Mas lo peor de todo es que incluso si nos deja algún reposo y nos ponemos a examinar algo, continuamente interviene en nuestras averiguaciones, turbándonos, confundiéndonos y paralizándonos a punto de hacernos incapaces de discernir la verdad. Todo ello nos prueba evidentemente que si queremos tener alguna vez conocimiento puro de alguna cosa, preciso nos será separarnos de él y mirar tan sólo con el alma las cosas en sí mismas. No alcanzaremos, pues, a lo que parece, aquello que deseamos y pretendemos amar, es decir, la sabiduría, sino luego de nuestra muerte, cual lo prueba nuestro razonamiento: jamás durante la vida. Porque si en verdad imposible nos es mientras estamos con nuestro cuerpo conocer algo de una manera pura, una de dos: o bien este conocimiento es cosa que nos está absolutamente prohibida o no lo obtendremos sino tras la muerte, cuando el alma esté al fin sola consigo mismo, o sea sin el cuerpo, no antes. Por consiguiente, mientras estemos en vida, el mejor medio, a lo que parece, de acercarnos al conocimiento será no tener, en lo posible, ningún comercio ni comunión con él, salvo caso de absoluta necesidad. No dejarnos contaminar por su naturaleza. Permanecer puros de sus manchas hasta que la divinidad nos libre de él. Sólo cuando nos hayamos purificado de este modo, cuando nos hayamos desembarazado de la locura del cuerpo, estaremos verosímilmente en contacto con las cosas puras y conoceremos por nosotros mismos todo lo que es sin mezcla. En lo que seguramente consiste la verdad. Y puesto que a lo impuro no le es permitido alcanzar lo puro»[330]. Por consiguiente, si, como parece probable, la muerte nos transporta a otro lugar, en modo alguno es un mal. Es más, evidentemente es un bien, como Platón lo ha demostrado. He aquí por qué el lenguaje de Sócrates ante sus jueces es un lenguaje divino: «Jueces —dijo—, temer la muerte no sería otra cosa que parecer sensato sin serlo, pues parecería saber lo que no se sabe. Porque nadie sabe lo que es la muerte, como nadie sabe si después de todo no es para el hombre el mayor de los bienes. En cambio, se la teme cual si se supiese que es el mayor de los males»[331]. No parece expresarse en otro sentido el poeta cuando dice: «No temamos la muerte: es el fin de los males». Añadamos: «De todos, e incluso de los más grandes».

Preténdese incluso que los dioses mismos testimonian esta verdad. La tradición nos enseña que muchos hombres han recibido de ellos la muerte a modo de presente, como recompensa a su piedad. Dejo aparte la mayor parte de los ejemplos, para no hacer demasiado largo este escrito, limitándome a mencionar tan sólo los más célebres, los acreditados por todas las bocas. En primer lugar te contaré la historia de Kleobis y de Bitón, los dos jóvenes de Argos[332]. Su madre, según se dice, era sacerdotisa de Hera. Tenía que subir al templo, las muías que debían conducir su carro no llegaban y la cosa urgía. Entonces Kleobis y Bitón se engancharon al carro de su madre y ellos mismos la llevaron al templo. Ella entonces, movida de la propia alegría que la inspiraba la piedad de sus hijos, rogó a la diosa que les concediese lo que hubiera de mejor en el mundo. Durmiéronse y no despertaron más. La diosa les dio el don de la muerte con objeto de que su piedad no quedase sin recompensa. He aquí ahora lo que Píndaros cuenta de Agamedes y de Trofonios[333]. Una vez que hubieron construido el templo de Delfos, pidieron a Apolo el salario que les correspondía; el dios declaró que se lo daría al séptimo día y que hasta entonces comiesen, bebiesen y disfrutasen a placer. Hicieron cual les

---

[330] Platón, «Fáidon», según mi traducción de este diálogo. (Colección La Crítica Literaria.)

[331] Platón, «Apología de Sócrates». (V. mi trad. en la Colección La Crítica Literaria.)

[332] Argos, ciudad del Peloponeso. capital de la Argólide. Fue muy renombrada a causa de sus artes. En ella nacieron Hegeiadas y Polikleitos, escultores famosos.

[333] Agámedes y Trofonios eran dos héroes beocios, hijos de Erginos, rey de Orchómenos. Decíase que ellos eran los que habían construido el templo de Apolo de Delfos. Más tarde fueron identificados con Zeus.

decía, y, llegada la séptima noche, durmiéronse y no despertaron. Dícese aún que habiendo enviado los tebanos diputados al templo de este dios, Píndaros mismo les encargó que preguntasen cuál era el mayor bien que podía caberles a los hombres. La sacerdotisa respondió: «¿Cómo lo puede ignorar, puesto que es él quien ha escrito lo concerniente a Agamedes y Trofonios? No obstante, si quiere saberlo por experiencia propia, dentro de pocos días no tendrá ya dudas». Al conocer esta respuesta, Píndaros se recogió pensando en la muerte, y, en efecto, poco después ya no existía. He aquí ahora lo que le ocurrió, según se dice, al italiano Eutinoos. Su padre, Elisios, era el primero de su país, Tirrenia, a causa de su virtud, sus riquezas y la consideración de que gozaba. El joven murió súbitamente, y la causa de su muerte quedó en el misterio. Elisios creyó lo que otro tal vez hubiera creído asimismo: que su hijo había sido envenenado a causa de ser el heredero único de su fortuna, es decir, de riquezas considerables. Pero queriendo conocer la verdad de un modo seguro, fue a cierto lugar donde se evocaba a las almas. Previamente hizo un sacrificio, cual mandaba la ley religiosa. Durmiose luego, y vio cómo se le aparecía su propio padre, a quien contó la muerte de su hijo, suplicándole insistentemente que le ayudase a descubrir a su asesino. «Para ello precisamente he venido —dijo el abuelo—; recibe de éste lo que te trae y verás en ello la explicación de cuanto te causa el dolor que te aflige». Y diciendo esto señalaba a un joven colocado detrás de él, en todo semejante, tanto por su edad como por su estatura, al hijo muerto. Elisios le preguntó quién era. «Soy —le respondió—el genio de tu hijo», y diciendo esto le ofreció un pequeño escrito. Elisios le desenrolló y leyó en él los versos siguientes:

> ¡Imprudente pregunta! Vosotros los mortales
> ignoráis los secretos del hado que os aterra.
> Sabe que hubiera sido el mayor de los males
> que Eutinoos, tu hijo, estuviese en la tierra.

Tales son los relatos que para ti he extraído de los libros antiguos.

Admitamos, en fin, que la muerte sea una destrucción completa, una separación del alma y del cuerpo, tercera de las suposiciones de Sócrates. Pues bien, aun desde este punto de vista la muerte no es mala, puesto que resulta con ella una insensibilidad que nos libra de toda pena y de todo cuidado, y caso de no ser un bien para nosotros, tampoco podría ser un mal. Pues así como cuanto tiene vida y sustancia contiene siempre algún elemento de bien, del mismo modo contiene un elemento de mal; pero lo que no es, lo que ha sido llevado de entre las cosas existentes, no participa de ninguno de los dos estados. Por ello los muertos vuelven a la condición en que estaban antes de su nacimiento. Y como antes *de* nacer no sentíamos ni mal ni bien, igualmente tras la muerte no sentiremos ni bien ni mal. Por la misma razón de que lo que nos ha precedido no ha sido nada para nosotros, lo que vendrá después tampoco nos afectará.

> ¿Qué efecto, tras la muerte, produce el mal? Ninguno.
> Aun no ser, ya no ser, en suma, todo es uno.

El mismo estado que precede al nacimiento es el que sigue tras de la muerte. ¿Crees que pueda haber diferencia entre no haber sido jamás y cesar de ser tras haber sido? Creer tal cosa sería suponer que pudiese haber igualmente diferencia para nuestra casa o nuestros vestidos entre el tiempo en que aquélla será destruida y éstos gastados y aquél en que aún no habían llegado a ser algo. Ahora bien, si para casa y vestidos esto es así, evidente es que igualmente para nosotros no hay diferencia entre la muerte y el estado que precedía a nuestro nacimiento. Por mi parte encuentro muy agradable el dicho de Arkesilas: «La muerte, que solemos poner entre el número de los males, es, entre todos los demás de esta clase, el único que no ha afligido jamás al hacerse presente; cuando aún no ha llegado, cuando se le espera es cuando semejante mal causa dolor». En efecto, nada más verdadero que muchos hombres a causa de su pusilanimidad y de las calumnias acumuladas contra la muerte mueren con objeto de no morir. Por ello Epicharmos tenía razón en decir:

> Todo estaba mezclado: todo se separó.
> En su sitio primero cada elemento entró.
> En la tierra, la tierra; en espacio, el espacio.
> ¿Qué hay en ello de triste? Meditadlo despacio.

En un pasaje de Eurípides Kresfontes dice hablando de Herakles:

> Si el mundo subterráneo hoy es ya su morada,
> mezclado con los muertos su fuerza ya no es nada.

Cambia una palabra y podrás decir:

> Si el mundo subterráneo es hoy ya su morada,
> mezclado con los muertos sus males no son nada.

Hay asimismo una gran nobleza en este pensamiento lacedemonio: «Hoy, nosotros; ayer, otros; otros aún mañana de los cuales no veremos la descendencia». Y en este otro: «La muerte o la vida no tenían valor para los nobles muertos sino calculando cómo servía mejor a sus fines». Nada más hermoso que las siguientes palabras de Eurípides:

> Odio a esas gentes que creen que la mesa,
> los manjares, los vinos y los filtros secretos,
> han de ser de Charón temidos parapetos,
> y con ello la muerte no les hará su presa.
> Bien tendrán que dejar, sin nada haber dejado,
> el puesto a los que llegan, en el plazo marcado[334].

Merope[335], con lenguaje enteramente viril, conmueve profundamente a los espectadores. He aquí sus palabras.

> ¿Soy yo la sola madre, soy yo la sola esposa,
> a quien así ha afligido la fortuna envidiosa?
> Mil otras han sufrido como yo estos dolores
> (cortejo necesario de pasados amores).

Junto a los pasajes anteriores puede ponerse el siguiente:

> ¿Dónde están esos grandes, potentados, monarcas?
> ¿Les perdonó el Destino y olvidaron las Parcas?
> ¿Qué fue del lidio Kressos, de Xerxes orgulloso
> que encadenar quería al Ponto proceloso?[336].

Todos descendieron «a las mansiones sombrías», «al lugar del olvido», y sus riquezas acabaron al mismo tiempo que sus personas.

Cierto, se dirá; pero es que en general los hombres, en presencia de una muerte prematura, se entregan naturalmente al dolor y a las lágrimas. A lo que yo respondo que trátase asimismo de una desgracia a la cual no es difícil tampoco ofrecer consuelo. Los primeros poetas ya consideraron la cosa cara a cara, y encontraron palabras para dulcificarla. Ve, en efecto, lo

---

[334] «Las Suplicantes», v. 1.109 y sig.

[335] Del drama «Merope», de Eurípides, hoy perdido.

[336] Las Parcas, en Roma, era como las Moiras en Grecia: tres hermanas que hilaban a su capricho la vida de los mortales. Una presidía el nacimiento, otra el matrimonio y otra la muerte. Estaban representadas en el Forum por tres estatuas llamadas las Tres Hadas (las «tría Pata»).

que dice a este propósito cierto autor cómico dirigiéndose a un hombre que deplora la muerte demasiado prematura de uno de los suyos:

Dime, amigo, en el tiempo que deja de vivir,
¿no hubiera, de haberlo hecho, tenido que sufrir?
De haber sido su vida una pura ventura
lloremos, en efecto, su muerte prematura.
Mas si los males siempre habían de cercarle,
¿no ha hecho bien la muerte viniendo a liberarle?

Por consiguiente, puesto que se ignora si ha sido mejor o no para un mortal detenerse y escapar, dejando la vida y males más graves, preciso es no mostrar un abatimiento cual sí estuviésemos seguros de perder todos los bienes que esperábamos de él. No son consuelos sin valor los que el poeta pone en la boca de Amfiaraos[337]. La madre de Archemoros se desoía porque ha visto morir prematuramente a su hijo aún en la cuna. Amfiaraos le dice:

Tú tienes tus dolores, cual todos sus cuidados;
los seres que perdemos son pronto reemplazados.
Luego nos llega el turno; podemos estar ciertos
de un día ser llevados al campo de los muertos.
La vida es comparable a un prado que se siega:
hierba apenas cortada, nuevo brote que llega.
Es la ley, y por ello habrás de consolarte.
Impotente ante ella, ¿para qué rebelarte?

Hay que reflexionar con cuidado, ora meditando, ya conversando con otros, con objeto de convencerse de que la mejor existencia no es, por lo general, la más larga, sino la que ha sido mejor empleada. ¿Se suele alabar a los que más han tocado la cítara, abogado o conducido un navío? No; sino a aquellos que lo han hecho mejor. Es preciso, pues, hacer consistir el bien no en la duración del tiempo, sino en la virtud y proporción adecuada que se puede dar a todo. He aquí lo que es considerado como feliz privilegio, como don de la Divinidad. Ve cómo a causa de ello los héroes

---

[337] Amfiaraos era un adivino protegido por Zeus y Apolo. Al mismo tiempo, un guerrero y un jefe afamado a causa de su bravura y su piedad. Tras muchas y notables aventuras, Zeus le concedió la inmortalidad, y Anfiaraos continuó dando oráculos en Oropos (Atica).

más ilustres, los hijos de los inmortales son ofrecidos por la tradición poética como habiendo abandonado la vida antes de llegar a viejos; escucha, por ejemplo,

> Que, amado de Apolo y del Dios soberano,
> pudo, gracias a ellos, no envejecer en vano[338].

Es a un empleo oportuno del tiempo, más bien que a la mucha edad, a lo que vemos conceder constantemente la prioridad. Los vegetales más excelentes son aquellos que dan la cosecha más abundante en un espacio corto de fructificación; los animales más estimados son los que en poco tiempo nos ayudan mucho en las necesidades de la vida. Por lo demás, la poca o mucha duración de algo, ¿pueden ofrecer una diferencia notable al que considera la inconmensurabilidad de la eternidad? Mil años, diez mil, no son, por decir como Simónides, sino un punto imperceptible, o más bien no son sino la ínfima subdivisión de un punto. Hay animales, según se dice, que viven en la región del Ponto, que nacen por la mañana, a mediodía están en la fuerza de la edad, por la noche son ya decrépitos y no tardan en morir[339]. ¿No experimentarían los mismos sentimientos que nosotros de tener una inteligencia y una razón como las humanas? Sí, sucederíales lo que nos sucede a nosotros mismos: la suerte de los que pereciesen antes del mediodía provocaría en ellos lamentaciones y llantos, y los que hubiesen vivido el día entero serían considerados dichosos; pero repito que la vida hay que medirla por el buen empleo que se haga de ella, no por el tiempo que dura.

Por consiguiente, como insensatas y fuera de razón deben ser juzgadas exclamaciones como ésta: «¡Qué necesidad había de que fuese arrebatado tan joven!» Porque, ¿quién será capaz de decir jamás lo que es necesario? ¡Cuántos acontecimientos de los cuales se ha podido decir «¡Qué necesidad había...!» fueron cumplidos, se cumplen todavía en este momento y se cumplirán frecuentemente! No se olvide que no hemos venido al mundo para establecer leyes, sino para obedecer los decretos

---

[338] «Odisea», XV, v. 345.

[339] Nadie ha expresado mejor esta idea de la brevedad absoluta a la vida humana, que Calderón en el soneto llamado «A las flores», de su obra «El Príncipe constante». (V. en el tomo de Calderón de la Colección La Crítica Literaria.) Y la ilusión de vivir en «La vida es sueño», que se hallará en el mismo volumen.

instituidos por los dioses, esos árbitros supremos, y los decretos del Destino y de la Providencia.

Porque en fin de cuentas, llorando a los muertos de este modo, ¿por quién nos afligimos, por nosotros o por los que ya no son? Si es por nosotros, es decir, porque perdiéndoles nos vemos privados de un placer, de un provecho, de la esperanza que teníamos de ser alimentados por ellos en nuestra vejez, el egoísmo únicamente inspira tal dolor, pues evidentemente no es su persona lo que lamentamos con nuestros llantos, sino la utilidad que esperábamos sacar de ellos. Si, por el contrario, es por ellos por los que corren nuestras lágrimas, pensemos que no sienten ya mal alguno y nuestra aflicción se disipará. Y con ello obedeceremos a este precepto tan sabio de la antigüedad: «que es preciso desarrollar lo bueno lo más que nos sea posible y reducir el mal y comprimirlo lo más que podamos asimismo»[340].

---

[340] La razón que da Ploutarchos en este párrafo es la más sólida de todo el excelente tratadito. En efecto, sin darnos cuenta, cuando lloramos a un ser querido que ha muerto, lo que arranca nuestro dolor es el egoísmo puro. Lloramos su pérdida por lo que esta pérdida representa para nosotros, no por lo que a él le acaece. Si se trata de un niño, porque en adelante nos veremos privados de su presencia tan grata, de sus sonrisas, de sus encantos infantiles, de sus gracias adorables. Si de un joven, porque con él se van todas las esperanzas que en él teníamos puestas. Si de un marido o una mujer, por lo que de presencia, de ayuda, de gozo inclusive representaba su vida, su compañía y su actividad para nosotros. Una vez más, y ahora con doble y triple fuerza, pues el hecho es sin apelación, la «utilidad» es la base, la norma, el móvil de nuestros sentimientos y de nuestros actos. Y ello es así, y no tiene más remedio que ser así, porque es humano, es decir, dentro de la ley que nos obliga, para poder perpetuarnos, a enarbolar como bandera suprema el «egoísmo». Por él, y a causa de él tan sólo, podemos sentir aquello que nos «perjudica». Ésta es la verdad, y todo lo demás son tontas hipocresías y sentimentalismos tan falsos como inconsistentes. ¿Habrá nadie que con sinceridad se atreviese a afirmar que no sentiría más la pérdida de algo suyo, que estima, que la de un continente entero donde no tenga amigos ni beneficios? En cuanto a la pérdida de los que amamos, que en ella nos guía también, y sin que nos demos cuenta, la «utilidad», lo prueba cuán mucho más cortas suelen ser las lágrimas que derramamos por la muerte de los padres ya viejos, que por los hijos que acaban de nacer. ¿Por qué? Porque de aquéllos ya no se espera nada; muchas veces, al contrario, el tener que mantenerlos y cuidarlos, mientras que de los hijos lo esperamos todo. ¿Injusticia, se dirá, puesto que de aquéllos lo recibimos todo y todo lo dieron por nosotros, mientras que los hijos olvidan muchas veces los deberes que creemos tienen respecto a nosotros? Cierto, pero una vez más la Naturaleza manda, y la Naturaleza quiere que así sea, como he dicho, para la

Si, pues, el dolor es un bien, debemos extenderle, ampliarle con todas nuestras fuerzas. Pero si confesamos, cual verdad es, que es un mal, debemos restringirle, disminuirle como podamos y del mejor modo que podamos, hacerle desaparecer si ello nos es posible. Y esto es cosa fácil, como lo prueba hasta la evidencia el consolador apólogo siguiente. Dícese que la reina Arsinoe lloraba la muerte de su hijo, cuando uno de los antiguos filósofos vino hasta ella y la habló de este modo[341]: «En el

---

conservación de las especies. En cuanto a que el «egoísmo» nos guía hasta en el lamentar, evidente es, pues, si, como dice Ploutarchos, pensáramos en el bien de los muertos, en vez de pensar en el nuestro propio, gemiríamos al ver nacer una criatura y celebraríamos su muerte. Porque, ¿qué le espera al nacer? Si en la balanza de la vida más favorable pusiéramos de un lado lo bueno que ha habido para ella y de otro lo malo, ¿estamos seguros de que inclinaría de aquel lado? Y este caso favorabilísimo, si existe, es decir, una persona en que la salud, el temperamento y las circunstancias de la vida, todo le haya sido favorable, ¿cuántas veces se repite en cada país durante cada siglo? Mientras que lo seguro es, que la muerte es la paz para siempre, la vuelta a la nada, el no sentir, puesto que el cuerpo con el que podríamos hacerlo, se destruye; el no pensar, ni querer, ni anhelar, ni sufrir, puesto que el cerebro es más pronto disuelto que lo demás del organismo; y en estas condiciones una palabra expresa cuanto somos al cesar la vida: PAZ. Paz eterna. Y puesto que es así, si llorásemos verdaderamente por los que mueren, ¿lloraríamos, como dice Ploutarchos, mucho tiempo? Al contrario, veríamos llegar la muerte para ellos con gozo. Pero ya digo que para que ocurriese tal cosa habría que cambiar la naturaleza. La naturaleza nuestra y la Naturaleza toda. Y entonces el planeta pronto se vería privado de la vida, cuya esencia es la mencionada palabra: EGOISMO.

[341] ¿A qué Arsinoe puede referirse el apólogo si es que no pasa de una fantasía que no se dirige a ninguna de las Arsinoes que fueron? Porque la historia recuerda de las siguientes: una Arsinoe concubina de Filippos de Macedonia y luego esposa de Lagos y madre de Ptolemaios I. Otra Arsinoe, princesa egipcia, hija de Ptolemaios Lagos, es decir, del anterior, nacida hacia el año 3|16 a. d. J. Ésta fue sucesivamente mujer de Lisimachos, rey de Tracia; de Ptolemaios Keraunos, y, en fin, de Ptolemaios II. Filadelfos, su propio hermano, que dio su nombre a varias ciudades. Hasta fue adorada en Egipto y en Grecia con el nombre de Venus Kefiritis. Ésta tiene categoría como para merecer el apólogo, pues como reina, como esposa, como mujer y como diosa, lógico es que se multiplicase abundantemente y que, claro, perdiese alguno de los amados frutos de sus noches de pasión. Aún hubo otra Arsinoe, hija de Ptolemaios III, Evergetes, esposa de Ptolemaios IV, su hermano, con el que asistió a la batalla de Rafia, y contribuyó a la derrota de Antiochos el Grande (menos grande, en todo caso que su derrota; claro que ya sabemos la facilidad con que la adulación cortesana atribuye los adjetivos sonoros a toaos aquellos que pueden otorgar). Por cierto que el

momento en que Zeus repartía entre los Genios[342] las diversas atribuciones, el Duelo no estaba presente; tan sólo después del reparto se le vio aparecer, pero ya era demasiado tarde. Y como quiso que también a

---

hermano-esposo, hablo de Ptolemaios IV, subyugado por los encantos de la cortesana Agatokleia, hizo matar a Arsinoe, sin pararse en el doble y estrecho parentesco que le unía a ella, En fin, aun una Arsinoe de ilustre ascendencia tuvo un fin desdichado: la, hija, de Ptolemaios Auletes (¡cuántos Ptolemaios ha habido!, si aplicamos lo de la mala semilla, fastidiamos a Egipto) y hermana de Kleopatra. César, tutor de estas dos princesas, tras hacer con ellas cosas impropias de un tutor decente, tal vez para dejarlas aún mejor recuerdo, dio Egipto a la preferida, a Kleopatra, y la isla de Chipre a Arsinoe. No pagaba mal el disoluto vencedor de los galos. Si me atrevo a calificarle de tal es porque historiadores dignos de crédito dicen de él formalmente que era «el marido de todas las mujeres y la mujer de todos los maridos», prácticas éstas que hoy, si no se disimulan, no están bien vistas. No, no pagaba mal a sus mujeres. Claro que para lo que le costaba ser generoso. De los maridos no nos ocupemos ahora; volvamos con la Arsinoe chipresca. Pues ésta, descontenta, ¡y cuidado que la isla de Chipre es bonita! Con mucho menos me contentaría yo. Pero ella, rabiosa, trató de quitarla la corona y el Nilo a su hermana. Error profundo. Fue vencida (sin duda no había medio de resistir a Kleopatra), relegada a una ciudad de Oriente, y de propina, condenada a muerte el año 41 a. d. J., por Antonio, sucesor de César, en la posesión de los encantos de la seductora egipcia. Seductora pese a su miopía y tal vez a causa de ella, pues las Evas miopes ¡miran de un modo tan dulce! Y, ¡qué diablo!, puesto que he citado a tanta Arsinoe, no voy a dejarme en el tintero ni al planetita núm. 404 (un planetita muy interesante, capicúa y todo), descubierto en 1895 (el año que yo me negué ya, por lo visto, a andar a gatas), por Charlois y al interesantísimo personaje hembra, de este nombre, de la comedia «El Misántropo», de Molière, tipo acabado de la coqueta rancia, que cuando ya no puede adorar al diablo se entrega a la gazmoñería y a la devoción. A una de estas Arsinoes que me odia hace muchos años, brindo los cuatro versos siguientes de Molière, que la van como anillo al dedo; ¡flojo conocimiento del alma humana tenía el gran comediógrafo!:

> Elle est bien a prier exacte au dernier point;
> Mais elle bat ses gens, et ne les paye point.
> Dans tous les lieux dévots elle étale un gran zèle;
> Mais elle met du blanc, et veut paraitre belle.

[342] Genios, demonios, dioses menores, semidioses, (V. en el «Timaios», de Platón, la Colección La Crítica Literaria.) la concepción, antigua sobre el Dios superior, por decirlo así, ordenador del mundo, y los dioses menores, obra suya, a los que encarga la creación del hombre y de las cosas.

él le correspondiese algo, Zeus se vio muy apurado, pues cuanto podía dar habíalo ya distribuido entre los presentes. Entonces imaginó conferirle las atribuciones relativas a los muertos, es decir, las lágrimas y los lamentos. A causa de ellos el Duelo protege, como hacen los demás Genios, a aquellos que le adoran; pero si tú le olvidas, reina, no te visitará. Si, por el contrario, le rindes con cuidado las prerrogativas y homenajes propios de su lote, se hará tu protector y no dejará de enviarte siempre con qué servirle y honrarle sin cesar». Se asegura que este apólogo convenció a la reina tan perfectamente, que disipó su dolor y su desesperación.

En general, a una persona que se aflige podría presentársela este argumento: «¿Cesarás algún día de lamentarte, o bien piensas que te será preciso llorar durante toda tu vida? Si debes continuar en esta aflicción dispone, a causa de tu debilidad y de tu cobardía, o vivir en la más deplorable de las condiciones y en el más amargo de los infortunios. Si, por el contrario, cambiarás un día, ¿por qué ese día no será hoy mismo? Los razonamientos que hayas de emplear más tarde aplícatelos desde este mismo momento: sal inmediatamente de los penosos pensamientos que te afligen. En lo que a los dolores corporales afecta, el mejor recurso es desembarazarse de ellos lo más pronto posible. Pues asimismo lo que estás dispuesto a conceder más tarde a la obra apaciguadora del tiempo, concédeselo hoy mismo a la razón, a la experiencia que has adquirido, y líbrate de tus males»[343].

El desdichado insiste: «Yo creía, dice, que jamás tendría que deplorar esta pérdida; jamás pude pensar que tal cosa me ocurriese...» Pues bien, precisamente lo que hacía falta era preverla: de antemano debías de estar advertido sobre la inestabilidad y la nada de las cosas humanas. De haberlo hecho no hubieras sido cogido de improviso, de un modo cruel, por enemigos que de pronto han caído sobre ti. Una hermosa situación, en

---

[343] Las reflexiones de Ploutarchos en este tratadito son perfectamente justas. Tan justas como inútiles si se tratase de llevarlas a la práctica. Y ello por la simple razón de que como precisamente a la «razón» se dirigen, no pueden tener el menor efecto sobre una persona que gime y piensa y obra bajo la acción del «sentimiento». Los sentimientos son pasiones, es decir, lo contrario de lo que cae bajo el dominio de la reflexión, de la razón y, por consiguiente, no solamente extraño a ésta, sino hasta refractario. De poder reflexionar, meditar sobre lo que le acaece, podría un afligido por un dolor moral, cesar de sufrir; pero como sus sentimientos, excitados y embargados por la pena y el propio sufrimiento se lo impiden, cuantos razonamientos se le hagan serán inútiles mientras su angustia le domine. Sólo el tiempo que todo lo duerme y apaga lentamente, es capaz de mitigar, por lo menos en parte, los grandes dolores del espíritu.

Eurípides, es esa en la cual Teseus[344] hace ver que está preparado contra los males que le acaecen. El héroe dice:

> De un sabio, viejo amigo, adoptando el consejo
> he aprendido a obrar, de joven, como un viejo.
> Cuantos males el cielo se pluguiera enviarme,
> previstos de antemano, no podrán asustarme.
> Pérdida de los que amo, destierros, mil querellas,
> no pueden largo tiempo en mí dejar sus huellas.
> De antemano advertido, alerta, preparado,
> si el Hado es un ariete, yo roca contra el Hado.

Pero los corazones débiles y no preparados jamás piensan en inclinarse hacia las resoluciones nobles y saludables. Al contrario, déjanse arrastrar hasta los límites extremos de la desesperación; maltratan con ello su cuerpo, que no es de nada responsable, y siguiendo la expresión de Áchaios[345], constriñen a la parte sana de su ser a compartir el sufrimiento.

Por ello Platón me parece perfectamente sabio cuando nos exhorta a permanecer tranquilos ante semejantes desgracias, puesto que nada indica de un modo claro lo que en ellas hay de bueno o de malo, por lo que no se saca en definitiva provecho alguno en afligirse. Cuanto hace la aflicción es impedirnos tomar una decisión segura sobre lo que sucede. Este gran filósofo quiere[346] que tal cual en una partida de dados sepamos, según lo que nos depare la suerte, disponer nuestros asuntos del modo que el buen sentido indique como el más provechoso. Es preciso no hacer, al primer tropiezo, como los niños que llevan las manos al sitio lastimado lanzando gritos. Lo lógico es poner el alma en estado de curar y reparar los accidentes que puedan resultar de una caída o de una enfermedad, de tal modo que el remedio haga desaparecer los dolores. Dícese que el legislador de los licios había ordenado a sus compatriotas que cada vez que tuviesen que llorar una pérdida que se vistiesen lo mejor que pudieran de mujer para dirigir el duelo: quería, evidentemente, mostrar que el llorar era propio de la debilidad de la mujer, pero en modo alguno adecuado a

---

[344] Teseus, uno de los más grandes héroes griegos, hijo del rey Aigeus y de Aetra. Sus hazañas fueron innumerables y asimismo sus empresas amorosas, hasta morir asesinado a traición por el rey Likodemes. (V. la nota núm. 163 de «Sócrates», de Xenofón, la Colección La Crítica Literaria.)

[345] Achaios, poeta trágico.

[346] «República», libro X.

hombres que se respetan y que han recibido una educación liberal. Propio, en efecto, es de una naturaleza afeminada y baja el multiplicar sus lamentaciones. Pues no hay duda que las mujeres gustan más que los hombres entregarse al dolor, los bárbaros[347] más que los griegos, los hombres vulgares que los de mérito. E incluso entre los bárbaros no vemos entregarse a tales debilidades sino a los pueblos menos viriles. Los celtas, los galos y cuantos la naturaleza ha llenado de sentimientos generosos, no lo hacen. Más bien son los egipcios, los sirios, los lidios y aquellos que se les asemejan. En efecto, algunos de éstos incluso llegan, según se afirma, a meterse en cuevas estrechas donde permanecen varios días, negándose a ver la luz del sol porque aquel al que lloran ya está privado de ella. Ion[348], el poeta trágico, demuestra que no ignoraba esta extravagancia cuando hace decir a una mujer:

> Yo, que a ti y a tus hijos he cuidado,
> por echarme a tus pies heme salida
> del antro al que me había condenado.

Algunos de los bárbaros llegan hasta cortarse partes del cuerpo mutilándose nariz, orejas y lo demás. Se figuran que con ello son agradables a los que han perdido, tanto más cuanto más se alejen de la moderación de sentimientos que indica la naturaleza cuando se es víctima de semejantes pruebas.

Al llegar aquí, algunos nos detienen. De escucharles no hay que llevar duelo por todos los muertos, sino tan sólo por los que partieron prematuramente. Y ello porque éstos no han podido gozar de aquello que es considerado en la tierra como bienes, a saber: del matrimonio, de la instrucción, de la edad madura, de las funciones públicas y de las magistraturas. Y esto es lo que más deploran los que se afligen de tales muertes, a causa de ver en ellas esperanzas perdidas antes de lo que hubiera sido justo. Y es que no se dan cuenta que las muertes prematuras, bien consideradas, en nada difieren de las otras. Habiendo sido anunciado a todos el viaje a la patria común como algo necesario e inevitable, hay quienes toman la delantera, otros van después; pero todos se dirigen al mismo destino. Así, de este modo, la Humanidad encamínase hacia el fin

---

[347] No se olvide que los griegos llamaban «bárbaros» a los extranjeros.

[348] Ión, poeta trágico e historiador griego (484-422 a. d. J.). Fue a Atenas muy joven y estableció amistad con Kimón. Sus obras, más elegantes que dotadas de nervio trágico a creer al autor de «Lo Sublime», no han llegado hasta nosotros.

fatal, y los que le alcanzan más lentamente no hallan ventaja alguna respecto a los primeros llegados.

Si la muerte prematura es un mal, la más prematura sería la de los niños de pecho y más aún la de los recién nacidos. Y entonces, ¿por qué se acepta estas pérdidas fácilmente y con resignación? En cambio, cuando desaparecen los que estaban avanzados en la vida es cuando más nos indignamos y afligimos. Y ello porque nos habíamos forjado esperanzas quiméricas, porque nos figurábamos que llegados a tal edad su existencia estaba seguramente afirmada. Ahora bien, si la duración de la vida humana fuese de veinte años, no consideraríamos como prematura la muerte de un joven de quince: estimaríamos que su carrera había sido suficientemente larga. Y al que hubiera pasado del plazo fatal de los veinte o que se hubiese acercado mucho, le consideraríamos como perfectamente dichoso, cual si hubiese recorrido una vida enteramente afortunada y completa. Por otra parte, si la media de la existencia fuese de doscientos años, aquel que muriese a los cien años nos parecería que era arrebatado en la flor de la edad, y su muerte produciría en nosotros llantos y gemidos.

Es, pues, evidente que la muerte misma que consideramos prematura admite consuelos muy legítimos. Los consuelos que establecen estas últimas reflexiones, así como las que habíamos expuesto precedentemente. Troilos[349], en efecto, llora menos que Príamos, y Príamos, a su vez, hubiese sentido menos aflicción de haber muerto antes de ver cómo era destruido su floreciente reino y la brillante fortuna cuya pérdida deploraba. Oídle hablar a su hijo Héktor, cuando trata de disuadirle de medirse con Aquiles. Le dice:

> Héktor, hijo querido, ven aquí tras los muros
> Para todos en Troya no hay bastiones seguros
> sin tu brazo esforzado. En cambio, para Aquiles.
> ¡qué gozo si cayeras bajo sus golpes viles!
> En cuanto a mí, abrumado por la edad y los daños,
> imploro tu obediencia, ¡ten piedad de mis años!
> Es ya mucha la sangre, muchos los funerales,
> muchos mis hijos muertos al hierro ¡por mis males!

---

[349] Troilos, hijo de Príamos. Príamos, como se sabe, era el rey de Troya, padre, entre otros hijos, de Héktor, el más esforzado paladín de la ciudad, y de París, el raptor de Helène. Rapto que desencadenó el sitio de la ciudad y todos los males, tan hermosísimamente descritos en la «Ilíada». (V. mi trad. en la Colección La Crítica Literaria.)

Mis hijas y mis nueras caerán en las manos
de vencedores fieros, de griegos inhumanos.
En cuanto a mí, ¿quién sabe? Tal vez en su coraje
seré una presa más de su humillante ultraje.
De ese palacio pronto quebrantados los hierros
mí cuerpo será pasto, ya muerto, de los perros.
¡Oh, no! Hijito, escucha, pues sería espantable
que el cuerpo de un anciano, su testa venerable,
fuesen así ultrajados tan miserablemente».
Así decía Príamos; la encanecida frente
librando de cabellos con manos temblorosas.
Mas convencer a Héktor no es entonces posible.
Víctima de su sino escuchaba impasible[350].

Los numerosos ejemplos puestos de este modo ante nuestros ojos deben, pues, convencernos de que la muerte preserva a infinitos humanos de males penosísimos e insoportables a los cuales no hay duda que hubiesen pagado duro tributo de continuar viviendo. Me abstendré de citar otros ejemplos con objeto de mantener este discurso en las justas proporciones; déjolos, pues, de lado. Los que ya he dado bastan para que no te abandones, Apollonios amigo, a inútiles dolores y a lamentaciones indignas fuera de razón.

No ser causa de su propio infortunio, dice Krantor, es alivio no mediocre en la adversidad. Por mi parte diré más aún: es el remedio más eficaz contra la angustia. La amistad, la ternura hacia los muertos consiste, no en lamentarse, sino en hacerse útil al ser tan amado. Pero no hay otro medio de ser útiles a los seres perdidos sino honrándoles mediante dulcísimo recuerdo. Los hombres de bien no merecen llantos, sino himnos y elogios; no duelos, sino un recuerdo glorioso; en vez de lágrimas dolorosas, tiernas ofrendas, de ser verdad que han cambiado esta vida contra una existencia más divina en la que están libres tanto de la servidumbre del cuerpo como de los cuidados devoradores y de las desgracias que este cuerpo provoca. A los que sufren nuestra vida mortal, impuesta les es la necesidad de todas estas miserias, hasta el momento en que hayan acabado el término de su existencia: existencia que la naturaleza no nos ha dado para siempre, sino que distribuye a cada uno su parte según las leyes del Destino.

---

[350] «Ilíada», XXII, v. 56 y sig.

Por consiguiente, los hombres de espíritu sensato deben, lamentando a los muertos, no sobrepujar los límites de un dolor moderado y natural, no abandonarse a transportes de desesperación que, sobre ser inútiles, no son propios sino de los bárbaros. Se ha visto más de una vez a gentes persistir de tal modo en su angustia, que, minados por la pena, dejaron de vivir sin tener un momento de descanso en su dolor. Bajaron miserablemente a la tumba, y en ella se enterraron en compañía del dolor y de los males que ellos mismos se causaron con su extravagancia, de tal modo que podría aplicárseles este dicho de Homeros: «Gemían aún cuando llegó la noche sombría»[351]. Debemos, pues, decirnos constantemente a nosotros mismos: «Pero, bueno, ¿es que no vamos a acabar nunca con esta aflicción? ¿Vamos a condenarnos durante toda la existencia a un dolor incesante?» Creer en la eternidad del duelo sería la mayor de las locuras. ¿No nos ocurre ver que los que soportaron con más impaciencia sus dolores y manifestaban las mayores demostraciones de duelo, con el tiempo los vemos frecuentemente más tranquilos que otros cualesquiera? ¡Qué digo! Junto a los monumentos fúnebres ante los cuales se deshacían en sollozos y se golpeaban el pecho, ¿no celebran a veces alegres banquetes con acompañamiento de músicos y otras demostraciones de gozo? Es, pues, demencia sentar como principio que nuestro duelo será eterno[352]. Luego si el razonamiento nos hace comprender que nuestro duelo cesará un día en virtud de una causa, ¿no nos dice asimismo que esta causa será el tiempo? Un dios no podría hacer que lo que ha sucedido no fuese; y puesto que lo que desconcierta nuestras esperanzas y previsiones viene a demostrarnos que hemos sido víctimas a nuestra vez de dolores que a otros muchos humanos les atribulan como a nosotros, ¿no podríamos asimismo, gracias al estudio y a la reflexión, darnos cuenta de que «tierra y mar llenos están de males»[353], y que «el destino aprieta en torno nuestro de tal modo los males que ni el aire podría pasar a su través»?

---

[351] Tal cual está citado el verso no se encuentra en Homeros. Es más bien un arreglo de los tres siguientes: «Y aún se hallaban junto al cadáver sollozando lastimeramente, cuando la aurora de rosados dedos despuntó suavemente» («Ilíada», XXII, v. 109-110). Mejor aún estos otros dos: «Por su parte, los pretendientes volvieron, luego de escucharle, a solazarse con la danza y el deleitoso canto, hasta que se hizo de noche». («Odisea», I, v. 423-424.) «Sobrevino la oscura noche cuando aún se solazaban». («Odisea», XVIII, v. 305.)

[352] V. el célebre pasaje de «El Satiricón», de Petronio, titulado «La Matrona de Efeso». (la Colección La Crítica Literaria)

[353] Hesiodos, «Los Trabajos y los Días», v. 94.

No es cosa de hoy, dice Krantor, sino que hace ya muchos siglos que una multitud de sabios han deplorado la humana condición, persuadidos de que la vida es un castigo, y para el hombre la mayor de las desgracias es haber nacido. Aristóteles nos enseña que Silenos[354], conducido prisionero ante Midas[355], hizo la misma declaración. Pero más vale reproducir las palabras mismas del filósofo. He aquí cómo se expresa en su tratado intitulado «Eudemos o sobre el alma»: «... Es por lo que, ¡oh tú, el más poderoso y feliz de todos!, pensamos que los que han muerto gozan de una dicha y de una felicidad perfectas. Por otra parte, consideramos como un sacrilegio toda mentira y toda blasfemia dicha contra ellos, considerando que son seres mejores, seres que han llegado a ser, para lo sucesivo, superiores a nosotros. Ésta es una creencia tan antigua, acreditada hace tanto tiempo en nuestros espíritus, que nadie sabe ni la época de su origen ni el autor que la estableció el primero; establecida está entre nosotros, pues, de toda eternidad. Por lo demás, bien conoces la máxima que los hombres no dejan caer de la boca, máxima que hace muchos años, desde los tiempos más remotos, circula repetida sin cesar». «¿Qué máxima es ésta?», pregunta el personaje. Eudemos respondió: «Que lo mejor de todo es no haber nacido, y que más vale estar muerto que vivir». Tal cosa fue testimoniada a varios por la Divinidad; yo, por mi parte, puedo dar este ejemplo. El famoso Midas, habiendo cogido a Silenos un día que estaba de caza, dícese que le preguntó con objeto de saber lo que de mejor había para los hombres y lo que éstos debían desear con preferencia a toda otra cosa. Al principio el dios no quería responder; se encerró en un mutismo absoluto; pero como el rey empleó todos los medios posibles para hacerle hablar, Silenos, cediendo ante la fuerza, se expresó de este modo: «Gérmenes efímeros, condenados a los dolores y al sufrimiento por vuestro destino y por la fortuna, ¿por qué me obligáis a deciros lo que mejor haríais en ignorar? Sólo engañándose sobre sus

---

[354] Silenos, personaje mitológico que decíase haber sido criado por Dionisos. Poseía una gran sabiduría, pero no la enseñaba a los hombres, sino obligado por la fuerza. Por la fuerza le capturó el rey Midas, deseoso de oírle hablar. Se le representaba muy feo: chato, los labios gruesos, una mirada de toro, el vientre enorme y llevado por un asno con dificultad, pues casi siempre estaba borracho.

[355] Midas, rey de Frigia y héroe de muchas historias populares. Entre ellas, la de su encuentro con Silenos, al que habiéndole preguntado qué era lo mejor que podía ocurrirle a un hombre, éste le respondió: «No nacer; o, de hacerlo, morir lo más pronto posible». Este Midas era el que, según otra leyenda, convertía en oro cuanto tocaba. Y a quien gratificó Apolo con un par de orejas de asno por haber estimado que Marsias tocaba la flauta tan bien como él la lira.

propios males pueden los hombres llevar una vida menos desdichada. Porque no se os ha concedido el obtener la dicha suprema ni el participar a la naturaleza perfecta por excelencia. Lo mejor para todos y para todas sería no haber nacido. Luego de este bien, el primero de los que pueden ocurrir, pero que, no obstante, no es sino el segundo, es pasar lo más pronto posible de la vida a la muerte». Por consiguiente, Silenos, cual se ve, consideraba la condición de los, muertos mejor que la de los vivos. Podrían acumularse ejemplos sobre ejemplos confirmando esta conclusión, pero es inútil extendernos más sobre ella.

Es preciso, pues, no llorar a los jóvenes que mueren ni pretender que hayan sido privados de imaginarios bienes unidos a una larga existencia. Nada hay más incierto, cual lo hemos dicho varias veces, que saber si de lo que se ven privados es de bienes o de males. En todo caso, éstos son mucho más numerosos. Los bienes no llegan a nosotros sino penosamente y a costa de mil inquietudes, mientras que los males lo hacen con una facilidad sin igual. En efecto, dícese que tienen la forma redonda, que se sostienen unos a otros y se ayudan y que son atraídos entre sí por afinidades numerosas, mientras que los bienes, al contrario, están aislados, se acercan difícilmente, y si lo hacen, tan sólo es al final de la vida. Diríase, pues, que tan sólo nos han sido prestados. Eurípides dice, por consiguiente, con razón: «No hay mortal alguno que posea los bienes como cosa propia». Y no tan sólo los bienes, sino incluso las cosas humanas. Por lo que se debe decir de un modo general:

Préstamo son los bienes, a los dioses el dar.
Por eso cuando quieren los vuelven a tomar.

No hay, pues, que indignarse si los dioses reclaman lo que nos dieron en préstamo por algún tiempo; y del mismo modo que los banqueros, cual solemos decir frecuentemente, no ponen dificultades, si son honrados, para devolver los fondos que se les ha confiado y que de nuevo se les reclama, así debemos hacer nosotros. Y al que lo hiciese de mala voluntad se le podría decir: «¿Olvidas que los recibiste con la condición de restituirlos?» Tal ocurre a todos los mortales. Tenemos la vida como un depósito que los dioses nos han confiado y que necesariamente tenemos que devolver. Ninguna época ha sido fijada para esta restitución, cual ocurre con los banqueros depositarios de denarios[356], que ignoran el

---

[356] Denario, antigua moneda romana, que valía 10 ases. Como el «as liberalis» valía unos 24 céntimos, fácil es calcular el valor del denario.

momento en que el acreedor los reclamará. ¿Por qué, pues, esa indignación excesiva cuando se está a punto de morir o cuando se ha perdido algún hijo? ¿No es olvidar enteramente que nosotros mismos somos criaturas humanas y que hemos dado vida a seres perecederos? Todo hombre de buen sentido no debe ignorar que el hombre es un animal mortal y que ha nacido para morir. Si Niobe[357], de la que hablan las fábulas, hubiera tenido presentes en su espíritu los siguientes pensamientos:

> Ni la infancia es eterna ni es eterno el consuelo
> de verse rodeado de los seres queridos,
> que para nuestra dicha suele enviar el cielo,

que sus hijos y ella misma acabaría por morir, no se hubiera desesperado hasta el punto de querer, en un exceso de dolor, abandonar la vida, ni hubiera invocado a los dioses con objeto de ser arrebatada por la más cruel de las muertes. Hay en el frontón del templo de Delfos dos inscripciones, tal vez las más necesarias para la conducta a seguir en nuestra vida: «Conócete a ti mismo» y «Nada en exceso». A estos dos preceptos se supeditan todos los demás, y tienen entre sí tal analogía y relación, que parecen venir el uno en apoyo del otro con objeto de probar su fuerza mutua. «Conocerse a sí mismo» implica «no cometer excesos»; «nada en exceso» implica «conocerse a sí mismo». Por ello, escuchad lo que sobre estas máximas dice Ión:

> Bastan cuatro palabras, «conócete a ti mismo»,
> para expresar el dicho. Mas para practicarle,
> ¡tan sólo Zeus sabe para el hombre qué abismo!

---

[357] Hay dos Niobes, una la bija de Foroneus el primer hombre, según las leyendas del Peloponeso. y, por consiguiente, la primer mujer mortal, la «madre de los vivos»; y otra de la que aquí se trata, hija de Tántalos, hermana de Pelops y esposa de Ámfión, que la hizo madre de siete hijos y de siete hijas. Feliz y orgullosa de sus retoños, se atrevió a decir un día que era superior a Leto (la madre de Apolo y de Artemis, a los que engendró con Zeus), que no había tenido sino un hijo y una hija. Leto, ofendida, pidió a sus hijos que la vengasen, y éstos mataron con sus flechas a los vástagos de Niobe, menos a un hijo y una hija. Niobe, desesperada, huyó junto a su padre a Sipilos, donde fue transformada en roca. Pero sus ojos continuaron llorando, y se mostraba la roca, de la que salía un manantial. Hay otras leyendas sobre la suerte de hijos y madre.

Escucha también a Píndaros: «Nada en exceso. ¡Bravo! Hasta el sabio te admira».

Feliz, pues, el mortal que tenga siempre estos dos preceptos grabados en su espíritu, ¡cual preceptos emanados de Apolo Pítico! Podrá aplicarlos sin dolor a cada acontecimiento de la vida y soportará como hombre inteligente todas las pruebas. Y como jamás perderá de vista su propia naturaleza, conservará, ocurra lo que ocurra, la justa moderación. Y ni se hinchará neciamente hasta llegar a la insolencia ni se dejará abatir o descenderá hasta los lamentos y los gemidos. Se pondrá sobre las debilidades del alma, por sobre el temor natural inspirado por la muerte a los que desconocen el curso ordinario de la vida y la influencia que en ella tienen y se reservan la necesidad y el destino. Los pitagóricos tienen un hermoso precepto que formulan de este modo:

Del mal con que el destino quiera gratificarte,
acepta el infortunio sin llanto y sin quejarte.

Escucha aún a Aischilos el Trágico:

Nunca en la adversidad un pecho generoso
se vuelve airado y torpe contra el Dios poderoso.

Y a Eurípides:

Ceder, sin lucha impía, a la necesidad,
es aceptar, en sabio, a la divinidad.

y en otro lugar:

Aquel en quien desgracia no hace mella ni agravio,
yo le honro cual hombre, cual héroe y cual sabio.

Pero la mayor parte de los hombres no saben sino perderse en lamentaciones. Cuanto les sucede contrario a las esperanzas que habían concebido lo atribuyen a la envidiosa fortuna adversa y a los dioses celosos de su dicha. Todo excita sus lamentos y gemidos; no cesan de acusar al infortunado destino. Podríamos anticiparnos a sus quejas y decirles: «No imputéis vuestros males al cielo, sino a vosotros mismos»; es decir, a la irreflexión, a la locura, de que vuestra ignorancia es causa. Y es aun a causa de esta opinión errónea y embustera por lo que se quejan de toda muerte. Si un hombre muere en el curso de un viaje, exclaman:

> ¡Pobres, tristes sus padres, a quienes negó el cielo
> de cerrarle los ojos el postrero consuelo![358]

De expirar en el sitio mismo que le vio nacer, rodeado de sus familiares, deploran que haya sido arrancado a su afecto y que hayan tenido sus ojos que presenciar tan terrible desgracia. De morir sin hablar, sin decir nada, los gemidos que lanzan van acompañados de estas palabras:

> ¿Por qué, ¡ay!, de sus labios ni siquiera ha salido
> algo que, cual recuerdo, para mí hubiera sido?[359]

De haber podido hablar, tienen siempre sus últimas palabras en la boca, cual para reavivar incesantemente el dolor. Si ha muerto de repente dicen con desesperación: «Ha sido arrebatado». De haber sido su agonía lenta y larga, quéjanse «de que ha muerto agotado por el sufrimiento». Todo pretexto es bueno para excitar el dolor y los lamentos. Y los poetas son quienes han puesto en circulación estas quejas; Homero el primero e incluso más que los demás. Escúchale:

> Así el padre llora entregando a la llama
> los restos de su hijo que pronto iba a casarse.
> Nada puede aliviarle de perder lo que ama[360].

Y aún para demostrar que la desesperación es legítima, añade: «Hijo único, nacido para tantas riquezas»[361].

Pero, ¿sabemos si Dios, dada su providencia paternal y su solicitud por el género humano, no se ha llevado a algunos de la vida antes de tiempo porque sabía de antemano lo que tenía que suceder? No hay que creer, pues, que su suerte sea desdichada: «Nada es importuno tratándose de cosas necesarias». Trátese de un principio general o de una consecuencia de este principio, estemos convencidos de que la mayor parte de las muertes ha evitado a sus víctimas otras desgracias que hubiesen sido mucho más angustiosas. Sí, es en su ventaja por lo que muchos no han nacido, que otros han muerto al hacerlo, otros aun vivido poco y aun otros

---

[358] «Ilíada», XI, v. 453-54.
[359] «Ilíada», XXIV, v. 744-45.
[360] «Ilíada», XXII, v. 222, y XVII, v. 37.
[361] «Ilíada», IX, v. 478.

desaparecieron en la flor de la edad. Todas estas clases de muertes deben causar penas moderadas pensando que no hay medio de escapar al destino. Y por poco que estemos instruidos en esta cuestión habremos hecho de antemano la reflexión siguiente: que los que parecen haber perdido la vida antes de tiempo nos han precedido de muy poco, pues poca cosa es la existencia más larga; en comparación con la eternidad, un punto; ocurriendo que muchos de estos afligidos inconsolables no han tardado en reunirse con los que tanto habían llorado, de modo que, sin haber sacado provecho alguno de su aflicción, cuanto hicieron fue consumirse en desesperación inútil. La vida no es sino una peregrinación de duración corta; ¿para qué ajarla mediante penas que agotan, mediante un duelo que la torna suplicio? ¿Para qué torturarse con dolores y tribulaciones que arruinan el cuerpo? Busquemos, al contrario, encontrar un partido mejor y más humano. Tomemos como obligación el conversar con personas que lejos de compartir nuestro dolor y de reavivar, por adulación, nuestra pena, sean capaces de disiparla ofreciéndonos exhortaciones llenas de nobleza y de dignidad. Escuchemos y tengamos presentes en el espíritu las palabras que en la Ilíada, Héktor dirige a Andromache para tranquilizarle; le dice:

No aumentes aún mi pena; si la Suerte
lo ha decidido, nadie me causará la muerte.
Nadie puede tampoco fallar a su destino:
el bravo y el cobarde seguirán su camino[362].

Y sobre este destino el poeta dice en otra parte que «su trama comenzó apenas nació un día»[363].

Penetrémonos bien, pues, de estas reflexiones, y sentiremos disiparse un dolor tan inútil como vano. La vida, bien mirada, ¡es tan corta! Procurémosla por lo mismo un curso propicio y exento de turbaciones causadas por lágrimas y aflicción; depongamos las insignias del duelo; pensemos en cuidar nuestro cuerpo y en salvar a los que viven con nosotros. Bueno es que no olvidemos tampoco los discursos y consuelos que sin duda hemos dirigido, lógicamente, a nuestros parientes o amigos heridos por desgracias semejantes. Les consolábamos, les persuadíamos de que soportasen, cual todos hacen, los accidentes que a cada uno le suceden en la vida, que sufriesen como hombres las tribulaciones propias a la humanidad. ¿Y será posible que hayamos tenido medios para combatir

[362] «Ilíada», VI, v. 486 y sig.
[363] «Ilíada», XX, v. 128; XXIV, v. 210.

en otros la desesperación y que no sepamos aprovechar en nuestro beneficio los consejos que dimos entonces, ni calmar los dolores de nuestra propia alma con los remedios saludables que conoce nuestra propia razón? Nada urge tanto como librarse de una pena.

> Quien con plazo retarda un negocio presente
> llama al destino adverso, que llega prontamente[364].

Verdad es ésta que corre en boca de todo el mundo; pero aplícase mucho mejor aún a aquel que deja para mañana el cuidado de curar las aflicciones y penas del alma.

Llevemos también nuestros ojos hacia esos hombres llenos de nobleza y de magnanimidad que han conservado una actitud tranquila cuando la muerte alcanzó a sus hijos: Anaxágoras de Klazomenes, Demóstenes el ateniense, Dión de Siracusa, el rey Antigono y tantos otros, ora en la antigüedad, ora en nuestro tiempo[365]. La tradición nos enseña que, en efecto, Anaxágoras ocupábase de cuestiones de física y discurría con sus amigos cuando vinieron a anunciarle la muerte de su hijo. Se detuvo un momento y dijo a los que le rodeaban: «¡Ya sabía que había engendrado un hijo mortal!» Perikles, a quien el poder superior de su palabra y de su inteligencia hacían que fuese llamado el Olímpico, acababa de saber la muerte de sus dos hijos Paralos y Xantippe... Pero dejo la palabra a Protágoras[366] para que él haga el relato: «Eran—dice—dos hermosos

---

[364] Hesiodos, «Los Trabajos y los Días», v. 413.

[365] Sobre Anaxágoras y Demóstenes, véanse las notas 104, 277, 363, 233, 266, 398 y 442. Dión era el cuñado de Dionisio el Antiguo, preceptor y consejero de Dionisio el Joven, y amigo de Platón, que por él fue a Sicilia. En cuanto a Antígonos, no sé a cuál se refiere Ploutarchos. pues hay varios personajes conocidos de este nombre (Antígonos el Cíclope, Antígonos II, Dosón; Antígonos de Soka, un rey judío así llamado, etc.). Tal vez se refiera, no obstante, a Antígonos Gometas, hijo de Demetrios Poliorketes, que se hizo proclamar rey de Macedonia el año 277 a. d. J.. y muerto en 239.

[366] Protágoras, sofista griego (485-411), que residió mucho tiempo en Atenas, donde conoció a Perikles, que fue su discípulo y con el que trabó gran amistad (por ello que sea él quien cuente la anécdota), y a Sócrates. Acusado de impiedad por haber dicho que el sol era una piedra, tuvo que huir, pereciendo en un naufragio.—Perikles, como se sabe, fue el gran estadista griego (499-429), rival de Kimón, y jefe del partido democrático de Atenas; dio nombre a su siglo, estuvo en relaciones íntimas con una mujer también extraordinaria, Aspasia, y, en fin, murió de la peste el año citado.

jóvenes en la flor de la edad que habían muerto en el plazo de ocho días. Perikles soportó el golpe sin manifestar dolor. Conservó una calma perfecta, ganando de día en día no solamente en seguridad y resignación, sino en estima ante la opinión de la mayor parte de los ciudadanos. Porque todos, viendo con qué constancia sufría sus penas personales, le consideraban como un hombre magnánimo, heroico y superior a ellos, sabiendo como sabían muy bien su propia impotencia en casos semejantes». No por haber sabido la muerte de sus dos hijos dejó Perikles de presentarse ante la asamblea, coronada la cabeza según era costumbre nacional y vestido de blanco. Luego, tomando la iniciativa en consejos llenos de nobleza, exhortó a los atenienses a declarar la guerra. En lo que afecta a Xenofón, el familiar de Sócrates, un día, estando celebrando un sacrificio, mensajeros llegados del teatro de hostilidades le comunicaron la muerte de su hijo Grilos, que había perdido la vida en el combate. Quitándose la corona, preguntó cómo había muerto: «Tras haber realizado prodigios de valor—dijeron los enviados— y haber hecho morder el polvo a gran número de enemigos». Entonces, apenas inmutado un instante y haciendo que su razón fuese más fuerte que su dolor, volvió a ponerse la corona, acabó el sacrificio y dijo a los portadores de la noticia: «Había pedido a los dioses para mi hijo, no la inmortalidad, no una existencia larga, visto que nada prueba que esto sea una ventura, sino valor y patriotismo, lo que se ha cumplido»[367]. Dión de Siracusa conversaba con varios amigos cuando gritos que anunciaban algo desacostumbrado se dejaron oír en la casa. Preguntó qué pasaba y le hicieron saber lo ocurrido: su hijo acababa de morir cayendo de un tejado. Sin manifestar la menor emoción, ordenó que el cuerpo del niño muerto fuese entregado a las mujeres con objeto de ser enterrado según la costumbre, y volvió a tomar el hilo de la conversación que había entablado[368]. Este hermoso ejemplo

---

[367] Los testimonios que tenemos sobre este sucedido cuentan el hecho de un modo diferente, atribuyendo a Xenofón, no lo que Ploutarchos pone en su boca, sino las palabras que atribuye a Anaxágoras. (V. «Sócrates», de Xenofón, la Colección La Crítica Literaria.)

[368] Lamento mucho no poder creer a Ploutarchos. Siento demasiada admiración hacia el amigo de Platón para creerle capaz de una insensibilidad semejante. Que obrando en verdadero filósofo hubiese mitigado pronto su dolor, al menos las manifestaciones exteriores, pase; de acuerdo y conforme con cuantos piensen que la muerte no es un mal, sobre todo para los alcanzados por ella; pero tener un hijo niño aún, es decir cuando más pródigos son en ternura y apego hacia nosotros, cuando son más nuestros y nosotros más para ellos, puesto que lo somos todo: padres, mentores, consejeros y maestros, que este niño se mate de pronto y

fue imitado, según se dice, por el orador Demóstenes cuando perdió a su única y muy amada hija. He aquí cómo Aischines[369] habla de esta hija creyendo con ello acusar al padre: «Siete días después de la muerte de su hija, antes de terminado el duelo, antes de cumplir los deberes establecidos por el uso, se coronó de flores, revistió su túnica blanca e inmoló un buey. Verdadero sacrilegio consumado por el miserable, pues que acababa de perder a su única hija, ¡la primera que le había dado el nombre de padre!» El énfasis oratorio empleado por Aischines exponiendo este relato, tenía por intención incriminar a Demóstenes, sin darse cuenta de que lo que precisamente hacía era elogiarle, puesto que Demóstenes, ahogando su dolor y sus sentimientos domésticos, se entregaba, como siempre, a su ardiente patriotismo. Y paso al rey Antígonos. Éste, habiendo sabido la muerte de Alkioneus, su hijo, caído en batalla campal, lanzó a quienes le traían la noticia una mirada llena de decisión; luego, tras haber inclinado unos instantes la cabeza, exclamó: «¡Ay, Alkioneus! ¿Cómo no habías de morir prematuramente lanzándote como te lanzabas contra los enemigos sin pensar en tu vida ni en mis recomendaciones?» Todo el mundo aplaude la grandeza de alma de estos personajes, todo el mundo les admira; pero una pusilanimidad hija de la ignorancia impide imitarlos cuando llega el

---

recibir la noticia con tan fría indiferencia como para decir: «Que las mujeres hagan con él lo necesario. En cuanto a nosotros, amigos, decíamos que los trigos necesitan sólo aguas de otoño y primavera, o ¿estáis conformes con que la virtud puede ser engañada?»... no; esto no puedo creerlo sin sentir hacia él una especie de instintiva repugnancia. Por lo mismo, prefiero no admitirlo y ver en la anécdota el simple deseo de Ploutarchos de sacar la cosa un poco de quicio con tal de defender su tesis. Más creíble es el caso de Perikles y el de Demóstenes. Pero es que en estos dos casos hay dos cosas que hacen compatible el amor paternal con la vanidad política: una, el plazo de siete u ocho días entre la muerte de los hijos y la exhibición pública de ambos oradores, plazo suficiente, en hombre de temple, además de seguros de que el morir es ganar, para recobrar ánimos y dominando los recuerdos, cumplir otros deberes inexcusables; la segunda cosa o motivo, muy de tener en cuenta para comprenderles, es la consideración de en qué modo embargan los deberes políticos que, en ciertas circunstancias, sobre todo, llegan a dominar de tal modo a los personajes mezclados en los asuntos del Estado, como para hacer de ellos verdaderos esclavos de un fanatismo que, como todos los fanatismos, lo mismo los empuja a los actos más magnánimos y admirables, que a los más odiosos crímenes. Y en estos casos, claro, los llamados deberes o principios políticos, sobrepujan y arrinconan a los deberes y principios humanos.

[369] Aischines, orador griego, rival de Demóstenes. Nada tiene que ver con el filósofo de este mismo nombre, discípulo de Sócrates.

momento de hacerlo. Por lo demás, la historia griega, como la historia romana, nos ofrecen una multitud de ejemplos de hombres que han soportado con generosa firmeza la muerte de seres queridos de su corazón. Pero ya hemos dado un número suficiente de ejemplos, bastantes como para enseñar a librarnos de duelos y dolores vanos y de vanas demostraciones que no podrían sernos útiles de modo alguno.

Los mortales superiores a los demás a causa de sus virtudes debieron a la benevolencia de los dioses el favor de sufrir jóvenes la ley del destino; ya lo he indicado precedentemente, pero voy a tratar de volver ahora sobre ello con pocas palabras, luego de rendir homenaje a esta hermosa expresión de Menandros: «Al que los dioses aman, joven le hacen morir». Mas tal vez quisieras decirme al llegar a este punto, mi querido Apollonios, que el joven Apollonios había sido hasta el momento de su muerte maravillosamente favorecido por el destino, y que eras tú el que hubieras debido, una vez él ya hombre, recibir de él las honras fúnebres cuando hubiese muerto: que tal lo quería la naturaleza. Sí, nuestra naturaleza y la de la humanidad, pero no la ley de la Providencia, que dirige todas las cosas y que anima el universo. Reservado para la felicidad suprema, ese joven no podía, según su condición, permanecer en esta vida más allá del tiempo que le había sido asignado. Tras haberle cumplido regularmente debía, como suele decirse, emprender el viaje fatal, puesto que el Destino le llamaba a sí. Pero su fin, dices, ha sido prematuro. Pues por ello precisamente es más dichoso, puesto que no ha sufrido los males de este mundo. Porque Eurípides dice: «Lo llamado la vida es de hecho un tormento». Él, por el contrario, ha desaparecido en la más bella flor de la edad. Era perfecto, radiante de juventud, objeto de emulación y de la admiración de sus familiares. Adoraba a su padre y a su madre; amaba a aquellos con los cuales convivía; gustaba de las letras. Por decirlo todo en una palabra: amaba todo lo humano. Su respeto hacia los ancianos era filial, y éstos le honraban con su amistad; hacia sus camaradas y jóvenes de su edad le unía la más viva adhesión. Estaba lleno de deferencia respecto a los que le habían dirigido, de bondad tanto con extranjeros como con los conciudadanos. Todo el mundo gustaba de él con dulzura infinita, todos se interesaban por él a causa de los encantos de su persona y de sus instintos dados a la benevolencia y a la afabilidad. No obstante, este amable joven, honrado cual debía serlo a causa de vuestra piedad y la suya, ha desaparecido para siempre de la vida. Ha salido de ella como de un banquete, antes de haber sucumbido a esa especie de embriaguez que es la consecuencia de una existencia prolongada. Si los antiguos poetas y los filósofos dicen la verdad, y es conveniente creerlos, si, tal cual ellos pretenden, hay para los mortales piadosos, tras su muerte, honores, privilegios y una mansión reservada en la que residen las almas, tú

Apollonios, debes estar lleno de las más consoladoras esperanzas en lo que a tu bienaventurado hijo afecta; debes creer firmemente que irá a reunirse con esas almas escogidas y a aumentar su número.

He aquí cómo se expresa Píndaros el lírico acerca de los mortales piadosos que están en la mansión del Haides:

> Allí, en nuestras noches oscuras,
> del sol ciega el resplandor;
> valles do todo es color
> cuajados de mil flores puras.
> Pero si de frondas oscuras
> apartados quieren gozar,
> la penumbra de un bosque dorado
> de frutos y bayas cargado
> les invita, gozosa, a llegar.
> Fiestas, músicas, distracciones,
> caballos, todo es allí a placer.
> Todo un continuo amanecer,
> todo placer y diversiones.
> Y aún en torno de ellos la tierra
> llena de misterio y de amor,
> olvidando que en ella el dolor
> es hermano de la cruda guerra,
> de la paz la perpetua alborada
> llega amena al ansiado confín
> do ventura es ventura sin fin,
> celestial, musical, perfumada.

Y un poco más lejos, en otro canto, quejumbroso, sobre el alma, dice:

> El hombre de sus males y temores
> es liberado por la muerte.
> Muere el cuerpo como menos fuerte,
> vive el alma entre resplandores.
> Sí, el alma es como Dios mismo
> emblema de la eternidad.
> Cuando el cuerpo baja al abismo
> ella es luz y serenidad.
> Y aun ella la que al cuerpo envía
> sueños de paz y bienestar
> prometiéndole para un día
> un venturoso despertar.

El divino Platón ha hablado frecuentemente de la inmortalidad del alma en su «Fáidon, o Tratado del alma», en su «República», en su «Menón», en su «Gorgias» y en diversos sitios de otros diálogos[370]. Lo que ha dicho en el «Tratado del alma» será objeto de un comentario especial, que ya te enviaré, puesto que así has manifestado el deseo. Hoy no te propongo sino aquello que es apropiado y útil a las presentes circunstancias, a saber, las palabras dirigidas a un ateniense, amigo y discípulo del orador Gorgias[371]. He aquí cómo Platón hace hablar a Sócrates: «Escucha, pues, como suele decirse, una hermosa historia, que tal vez tomes por un cuento, pero que yo por verdadera historia tengo, y que como verdadera te la voy a dar, Tal cual Homeros lo refiere[372], habiendo recibido Zeus, Poseidón y Hefaistos el imperio de su padre, lo repartieron entre ellos. Pero había en tiempos de Kronos, y sigue habiendo hoy entre los dioses, una ley relativa a los hombres, según la cual aquel que muere tras una vida enteramente justa y santa va a las islas Bienaventuradas, en las que mora al abrigo de todos los males con inacabable felicidad, mientras que las almas injustas e impías van a parar al lugar donde han de expiar su pena, que es lugar denominado Tártaros[373]. En tiempos de Kronos, y al principio del reinado de Zeus, eran los vivos los que de este modo juzgaban a otros vivos y rendían su sentencia el día en que éstos debían morir. Mas sucedía que tales juicios no eran debida y puntualmente entregados, por lo que Hefaistos y los guardianes de las islas Bienaventuradas se quejaban a Zeus de que en una y otra parte se amontonaban almas que no debían pasar. «Voy a hacer que cese este mal—dijo Zeus—Si hasta aquí los juicios han sido mal rendidos es por haber juzgado a los hombres vestidos aún, puesto que se los ha juzgado mientras vivían. Y sucede que muchos hombres, cuyas almas son perversas, están recubiertos de cuerpos hermosos y de honores y riquezas, por lo que el día de su juicio acuden en tropel muchas gentes a atestiguar que han vivido de acuerdo con la justicia. Entonces los jueces, ante aquel aparato, quedan estupefactos, y como por otra parte ellos son víctimas de

---

[370] V. mis traducciones en la Colección La Crítica Literaria.

[371] Gorgias, sofista célebre, contemporáneo de Sócrates. Platón ha dado este nombre a uno de sus más bellos diálogos.

[372] «Ilíada», XV, v. 187.

[373] Homeros habla del «Tártaros» como de una especie de prisión de los dioses. Las islas «Bienaventuradas» no aparecen hasta Hesiodos («Los Trabajos y los Días», v. 170-171.)

apariencias análogas, puesto que sus almas se hayan recubiertas de los ojos, de las orejas y del cuerpo entero que las envuelve, todo ello constituye un verdadero obstáculo no solamente para ellos, sino para aquellos a quienes han de juzgar. Lo primero que hay que hacer, pues, es privar a los hombres de que conozcan la hora en que han de morir, cosa que hoy poseen. Ya he dado órdenes a Prometeus para que tal haga. En seguida es preciso que sean juzgados después de su muerte. De este modo, y estando el juez muerto también y desnudo, su alma verá directamente a cada una de las almas que se le presenten recién muertas y sin asistencia de parientes ni de toda esa pompa que habrá quedado en la tierra, sin lo cual no hay medio de hacer una justicia exacta. Todos estos males, que hay que evitar, los he reconocido antes que vosotros, y por ello ya he instaurado como jueces a tres de mis propios hijos: Minos y Radamantos de Asia y Aiakos de Europa[374]. Una vez muertos los hombres, darán sus sentencias en la pradera de la que parten dos caminos que conducen, uno, a las islas Bienaventuradas; otro, al Tártaros. Radamantos estará especialmente encargado de juzgar a los asiáticos, y Aiakos, a los de Europa. Minos está encargado de decidir en caso de duda de los anteriores, con objeto de que la decisión que envíe a los hombres a uno u otro lado sea perfectamente justa». He aquí, Kalikles, lo que me han contado, lo que tengo por verdadero y de lo que saco la siguiente conclusión: «La muerte, al menos tal me parece, no es sino la separación de dos cosas distintas: el alma y el cuerpo, que una vez separados permanecen poco más o menos en el mismo estado que tuvieron durante la vida»[375].

Tales son, mi muy querido Apollonios, las reflexiones que he recogido y coordenado con todo el cuidado de que soy capaz, con objeto de componer un discurso propio para consolarte. Mucha necesidad tienes de ello, con objeto de que destierres la tristeza que le abruma y de disipar el duelo más sombrío que se puede ver. Tributo a ese hijo favorecido de los dioses, a tu Apollonios, el homenaje que le conviene y que desean por sobre todas las cosas los ya vueltos inmortales; quiero decir el homenaje

---

[374] Minos y Radamantos, que ran hermanos, tuvieron por padre a Zeus y por madre a Europe, hija de Foinix, que reinaba en Fenicia. Minos, por su parte, reinó y legisló en Creta. Afamado, lo mismo que Radamantos, por su amor a la justicia, merecieron ambos ser nombrados jueces de los Infiernos. Aiakos (llamado vulgarmente Eaco), hijo de Zeus y de la ninfa Aigina, fue el más piadoso de todos los griegos, y mereció asimismo, a causa de su rectitud y amor a la justicia, acompañar a los anteriores en el tribunal infernal.

[375] Según mi traducción, del «Gorgias», de Platón.

debido al recuerdo de sus hermosas cualidades y al concierto de elogios de que no cesará de ser objeto. Por tu parte, tú acto harás de prudencia escuchando mis palabras. Sí, de querer ser agradable a ese hijo hoy venturosísimo renuncia a una aflicción que altera y consume sin utilidad tu cuerpo y tu alma; vuelve a tu estado habitual, a un género de vida conforme a la naturaleza. Pues así como si tu hijo estuviese entre nosotros no estaría satisfecho viéndote, así como a su madre, hundidos en la desolación, del mismo modo ahora que está con los dioses y admitido a sus banquetes, no aprobará la conducta a la que os entregáis. Vuelve a ganar los sentimientos de un hombre firme y generoso, de un, padre tierno; libera de semejante estado de miseria no tan sólo a ti mismo, sino a la madre del querido joven y a sus parientes y amigos. Volved a una situación más tranquila. Nada podrá causar más placer a tu hijo y a cuantos nos interesamos por vuestro bien tanto como lo merecéis.

CONSOLACIÓN A SU PROPIA MUJER

PLOUTARCHOS A SU MUJER, SALUD.

El correo que me has expedido para darme noticia de la muerte de nuestra querida hija se ha, según veo, equivocado de ruta al dirigirse a Atenas. Ha sido en Tanagra adonde había ido, donde mi sobrina me dijo lo ocurrido. Supongo que cuanto afecta a la sepultura ya está realizado. ¡Que todos estos detalles hayan sido hechos de modo que tanto ahora como en lo por venir tengas la menor pena posible!

Tal vez te quede aún a este respecto algún otro propósito, para cumplir el cual esperas mi opinión, por parecerte quizá que su realización pueda aliviar tu dolor. Pues bien, en ello, como en todo lo demás, procura librarte de toda averiguación exagerada, de toda superstición. Nadie más alejado que tú de tales cosas.

Ahora bien, esposa querida, cuida mucho de conservar, tanto por amor hacia mí como a ti misma, la calma necesaria ante una desgracia tan grande. Por mi parte, bien mido y bien comprendo la importancia de nuestra pérdida. Pero de saberte entregada a una desesperación excesiva, ello me causará aún más pena que este terrible golpe que nos anonada, Y no es que yo sea de encina o de piedra, no, bien lo sabes tú mejor que nadie, puesto que juntos hemos criado tan gran número de hijos, como juntos hemos prodigado a nuestra familia los cuidados que necesitaba y juntos hemos alimentado a todos en nuestra propia casa. Como sabes asimismo de qué modo esta hija, tan ardientemente deseada por ti, a la que trajiste al mundo tras haber tenido cuatro hijos, y que me dio ocasión para ponerla tu nombre, de qué modo amaba con todo mi corazón a esta hija.

Sin contar que un dolor aún más vivo se añade en mi pecho al amor que siente un padre por los hijos de esta edad, y este dolor es el recuerdo de la dulzura de la hijita querida, de su inocente candor, de su mansedumbre, incapaz ni de queja ni de enfado. Por naturaleza estaba dotada de una serenidad de alma y de una dulzura maravillosas, y la manera de corresponder a nuestra ternura nos hacía gustar y apreciar al mismo tiempo la bondad de su corazón. No era tan sólo a los otros niños, sino a sus juguetes preferidos, a sus muñecas, a las que quería que su nodriza diese también de mamar. A aquel pecho, que era como su mesa particular, su humanidad invitaba a cuantos la hacían feliz, gustando compartir con ellos lo que de mejor tenía.

Pero no veo, esposa querida, por qué estas cualidades y tantas otras que nos encantaban mientras estaba viva, sumirían hoy nuestra alma en la aflicción y la desesperación al traerlas a la memoria. Al contrario, por mi parte temería más bien que la influencia del dolor borrase tales recuerdos, como ocurre con Klimene, cuando dice: «Ya detesto mi arco y cualquier ejercicio». Y huye constantemente y teme cuanto la recuerda a su hijo, porque la recuerda al mismo tiempo su dolor. Y es que la naturaleza huye, en efecto, instintivamente de todo cuanto la aflige. Ahora bien, como esta criatura era para nosotros la delicia más querida, nuestro espectáculo más grato, el más deleitoso concierto, así su recuerdo debe conservarse más fielmente en el fondo de nuestros corazones. O, por mejor decir, habremos de sentir más alegría que tristeza, de ser verdad que los razonamientos que dábamos a otros deban ahora sernos útiles a nosotros mismos y de ser conveniente que no nos abatamos, que no maldigamos del destino, oponiendo con ello penas aún mucho más numerosas que lo eran las alegrías anteriores.

Me ha sido dicho por los que se encontraban junto a ti y te admiraron que no te has puesto vestiduras de luto y que ni tú ni tus sirvientas os habéis puesto prendas ridículas que os hubiesen desfigurado. Así como que no has desplegado con motivo de los funerales una ostentación costosa. Que todo ha tenido lugar de un modo conveniente y en silencio, junto a las personas indispensables, amigos y parientes. Nada de todo ello me ha extrañado, pues bien sé que jamás te adornaste para ir a un espectáculo o figurar en un cortejo. Así como consideras el fasto inútil en cuanto a los placeres afecta, igualmente veo has sabido conservar en la aflicción tus hábitos de sencillez y economía. Pues no es tan sólo en las orgías de las bacanales en donde la mujer prudente tiene el prurito de quedar siempre libre de manchas. Debe de estar convencida que no importa menos permanecer moderados en medio de la turbación causada por el dolor y en las agitaciones originadas por la desesperación. Porque entonces se trata de combatir, no como algunos se lo figuran, sentimientos muy queridos, sino la intemperancia del alma. Pues si satisfacer la ternura de estos sentimientos es dar prueba de amargura y rendir con ello homenajes y recuerdos a los que ya no son, por otra parte, un deseo inmoderado de dolor, que va hasta estallar en lamentos e incluso golpearse, no es menos vergonzoso que la incontinencia de las voluptuosidades. Y ninguna consideración podría hacer perdonar este deseo, v ello no tan sólo porque únicamente en él hay pena y amargura y ninguna satisfacción, sino por estar lleno de fealdad y de vergüenza.

¿Podría, en efecto, darse una inconsecuencia más grande? ¿Nos prohibiríamos los excesos en el reír y los goces demasiado vivos, y, en cambio, dejaríamos libre curso a los lamentos y a las lágrimas cuando tienen origen en la misma fuente? Ocurriendo que algunos arman querella a sus mujeres a causa de los perfumes y de los vestidos de púrpura, ¿sería justo que luego en los duelos las permitiesen afeitarse el cabello, cubrirse con vestidos teñidos de negro y adoptar posturas ridículas y aptitudes penosas? Pero hay aún algo peor: si castigan a sus criados y servidumbres sin medida e injustamente, los maridos intervienen para impedirlo, y cuando es en ellas mismas donde tienen lugar estos rigores y malos tratos, ¿las permitirían llevarlos a cabo en momentos y circunstancias en que precisamente hay que buscar la calma y la moderación?

En lo que a nosotros respecta, esposa querida, jamás entre tú y yo ha habido esta suerte de combates, ni creo que los habrá nunca. La sencillez de tu tocado y la sobriedad de tu vida son extremadas. No hay un filósofo de nuestros amigos o de los que alternan habitualmente con nosotros al que no hayas causado admiración, ni un solo ciudadano nuestro para quien la modestia de tu atavío en ceremonias religiosas, sacrificios y espectáculos no haya sido objeto de contemplación. Por lo demás, contra desgracias del mismo género desplegaste ya gran firmeza cuando, por ejemplo, te fue arrebatado el mayor de tus hijos, y aun una segunda vez cuando aquel encantador Charón nos abandonó antes de tiempo. Siempre me acordaré. Nos habían llegado huéspedes por mar cuando nos anunciaron la muerte del niño adorado, y ellos entraron en nuestra casa en aquel momento preciso. Y al ver en qué modo estaba todo tranquilo y silencioso (lo han contado después a diferentes personas), creyeron que no había ocurrido desgracia alguna y que se trataba de un rumor vano y falto de veracidad que había circulado; ¡de tal modo era irreprochable el orden con que tenías tu hogar en un momento en que el desorden total hubiera podido reinar! Y, sin embargo, habías alimentado a aquel niño con tu leche pese a haber sufrido una incisión en el seno a consecuencia de una contusión. He aquí lo que prueba la firmeza y la abnegación.

Porque, ¿cuántas madres no vemos que esperan a que sus hijos hayan sido limpiados y arreglados por manos extrañas antes de tomarles en las suyas, cual si se tratase de lindos juguetes? En cambio, que vengan a morir y las veremos sumirse en lamentaciones inútiles y desagradables, en las cuales nada tienen que ver los sentimientos de afecto verdadero; pues estos sentimientos, cuando se producen, de un modo razonable y honrado lo hacen. Claro que hay un poco de dolor natural, pero a él va mezclada mucha afectación, y ésta es la que engendra esos duelos feroces, furiosos e implacables. Aisopos, como se ve, no lo ignoraba. Cuenta que como Zeus estuviese haciendo el reparto de atributos y honores entre los dioses, el Duelo reclamó a su vez los suyos. Zeus le confirió, en efecto, los suyos (las lágrimas y los lamentos), pero a voluntad y discreción de quienes acogiesen a tal dios. Así ocurrían las cosas al principio. Sólo con libertad completa era admitido el Duelo en cada hogar. Mas cuando con el tiempo se ha instalado a su gusto, ha llegado a ser un comensal, un familiar de la casa, y en vano se le quiere expulsar, pues no se va.

He aquí por qué debemos combatirle en cuanto se muestra en el umbral de la puerta y no dejar que se instale, ora cambiando nuestros vestidos, ora afeitando nuestros cabellos, bien librándonos a otras prácticas del mismo género. Repetidas día tras día, estas prácticas acaban por traer la falsa vergüenza. La inteligencia se empequeñece y se encoge. Acabamos por no saber cómo salir de tal estado; nos volvemos huraños y nos asustamos al menor ruido. Nos prohibimos el sol, la luz, la risa, las dulces familiaridades de la mesa; somos absorbidos y dominados por el duelo. La negligencia de los cuidados que reclama el cuerpo viene inmediatamente tras este primer mal. Se maldice de las fricciones, de los baños y de otros detalles de higiene; mientras que, por el contrario, habría que llamar a todos estos medios en ayuda y socorro de la enfermedad del alma y mediante ellos fortificar el cuerpo. En efecto, el dolor se calma en gran parte y se apacigua cuando el cuerpo está reposado; como las olas cuando el tiempo está sereno. Pero si a consecuencia de un régimen demasiado austero hay recalentamiento e inflamación; si del cuerpo no emana nada hacia el alma que sea benéfico y provechoso, sino solamente dolores y tristezas, es decir, como exhalaciones amargas y enfadosas, entonces, aunque lo quisiéramos, no es fácil el conseguir dominarnos; ¡de tal modo son violentas las pasiones que se apoderan del alma así maltratada!

Aún hay en semejante caso un peligro más grande y más dañino; pero yo no puedo temerle para ti: se trata de la visita de esas mujeres detestables, siempre dispuestas a gritar y a lloriquear con todos. Ellas son las que despiertan y agudizan el falso dolor, no permitiendo que gracias a los consuelos de otros o tan sólo por sí mismo llegue a calmarse. Bien sé, a propósito de ello, las luchas que recientemente tuviste que sostener cuando tratabas de ser útil a la hermana de Teón. Cómo tuviste que combatir con una nube de extrañas que venían con gritos y gemidos, como llenas verdaderamente de fuego que hubiese abrasado aún más a aquella pobre alma, ya suficientemente abrasada. Cuando se va a la casa de un amigo o de un vecino presa de las llamas, se emplea en apagarla prestamente cuanto vigor se tiene, pero si lo que arde en él es su alma, entonces se le suele llevar con qué alimentar el incendio. Si una persona tiene malos los ojos no se la permite que lleve a ellos las manos ni nosotros llevamos nuestras manos a la parte en donde está la inflamación. Pero si alguien sufre de una pena que le obliga a permanecer encerrado en su casa, todos so creen autorizados a ir a verle, a agitarle cual se agitaría una fluxión, a irritar su dolor de tal modo, que lo que era un ligero cosquilleo y una pequeña picazón se torne un mal considerable y difícil de curar una vez inflamado. Peligro es éste contra el cual ya sé que estarás en guardia.

Procura asimismo llevar tu pensamiento más de una vez a la época en que no habiendo aún nacido esta niña, no teníamos motivo para acusar a la fortuna. Procura reunir de algún modo aquel tiempo con el momento actual, cual si hubiésemos vuelto al mismo estado. Porque considera, esposa querida, que parecería que maldecimos del nacimiento de nuestra hija, de juzgar nuestra situación presente menos favorable que lo era antes de que viniese al mundo. Y no es que quiera que borremos de nuestra memoria estos dos años, no; nos han procurado demasiada felicidad y demasiados goces para que dejen ahora de ser un recuerdo delicioso. Pero tampoco hay que mirar como un gran mal un bien porque haya sido demasiado corto. Si la fortuna no ha añadido a este bien lo que aún esperábamos, no por ello debemos ser ingratos con ella no estimando lo que nos concedió.

La costumbre de hablar respetuosamente de los dioses, de recibir con serenidad y sin quejarse las pruebas de la suerte da siempre frutos tan bellos como agradables. ¡Dichoso aquel que, en semejantes circunstancias, sabe ahondar mejor en los recuerdos felices; el capaz de llevar su pensamiento a los momentos radiantes y más prósperos de su existencia apartándola de las circunstancias sombrías y agitadas! El que tal hace extingue completamente su dolor, o por lo menos, atemperándole mediante imágenes contrarias, le dulcifica y le disminuye. Pues así como el perfume, al mismo tiempo que deleita el olfato es un remedio contra los malos olores, así en las aflicciones el pensamiento de bienes anteriores ofrece la ventaja de un socorro indispensable a quienes no huyen el recuerdo de las alegrías pasadas ni se quejan de la fortuna en todo y por todo. No; error es éste en el que no conviene que caigamos. Pues ¿tendremos derecho a calumniar nuestra existencia porque en el libro de esta existencia haya un borrón, si todas las demás páginas están puras y limpias?

Que de razonamientos rectos, que acaban por restablecer la paz del alma, depende la verdadera felicidad, contra la cual no podrían prevalecer seriamente los reveses de la fortuna o los accidentes pasajeros de la vida, ya lo has oído repetir con frecuencia. No obstante, si nosotros, lo mismo que los demás mortales, debemos dirigirnos de acuerdo con las consideraciones exteriores; si es preciso que enumeremos lo que ambos hemos recibido de la fortuna, tomemos como jueces de nuestra dicha, consiento en ello, a los primeros hombres venidos, sin hacer caso de las lágrimas actuales y a las lamentaciones de los que vengan a visitarte; formalidad vulgar, que un uso detestable hace que haya que soportar; reflexiona más bien cómo las gentes mismas te consideran dichosa a causa de tus hijos, de tu casa y de tu condición. ¿Y no sería vergonzoso que cuando los demás aceptarían con gusto tu suerte, incluso con la desgracia que nos aflige en este momento, tú estuvieses descontenta y enojada con tu estado? ¿No sería vergonzoso que el golpe mismo que te abruma no contribuyera a hacerte apreciar en qué modo lo que aún te queda contiene de bueno? Tal cual ésos que haciendo una compilación de versos de Homero a los que les falta el principio o el fin y que se saltan otros muchos versos admirables que se encuentran en sus poesías, ¿querrías tú someter a una averiguación minuciosa y acusadora las penas de la vida, mientras que de sus bienes harías una simple masa, un montón? Tal cosa sería imitar a esos avaros de alma miserable que, amontonando tesoros sobre tesoros, en vez de gozar de lo que tienen se lamentan y desoían de lo que tal vez han perdido.

Si es porque nuestra hija ha muerto sin haberse casado y sin haber tenido hijos por lo que deploras su suerte, razones tendrás, por el contrario, para considerarte tú como más dichosa, puesto que ni has sido privada ni se han frustrado en ti tales ventajas. Pues no sería posible que los bienes fuesen grandes cuando nos faltan y mediocres los mismos cuando los poseemos. En cuanto a ella, admitida en un lugar en que el dolor es desconocido, ninguna necesidad tiene de nuestro dolor particular. ¿Qué mal puede, pues, venirnos a causa de la querida hijita, puesto que nada tiene ya que pueda ser capaz de afligir? La privación de los mayores bienes pierde toda amargura cuando se ha llegado a no tener necesidad de ellos. Tu Timoxena no ha perdido sino mínimos goces. Otros no los conocía ni otros tenía, y no habiendo pensado ni deseado aquellos de los que no ha tenido conocimiento, ¿cómo decir que ha sido privada de ellos?

Por lo demás, ya oirás a otros repetir, haciéndoselo creer a muchos, que tras la disolución del cuerpo ya no hay ni dolor ni aflicción. Doctrina es ésta de la que sé estás libre, tanto a causa de los principios que has recibido de tus padres como por los símbolos sagrados de los misterios de Bakchos, que practicamos y en los cuales mutuamente nos hemos iniciado. Convencida, pues, de que el alma es imperecedera, imagínate también que le ocurre lo que a los pájaros en cautividad. De haber sido alimentada largamente en un cuerpo, si se ha familiarizado con esta vida a causa de un manejo repetido de los negocios y a causa de una serie de hábitos, vuelve a ella de nuevo, se encarcela una vez más en el cuerpo; durante varias generaciones no cesa de estar encadenada a las afecciones y vicisitudes de este mundo. Pues, créelo firmemente, si se acusa y se censura a la vejez, no es a causa de sus arrugas, de sus cabellos blancos y de sus achaques corporales. Lo que esta edad tiene más de engorroso es que hace contraer al alma una especie de decrepitud hacia los recuerdos de otros tiempos. La hace aficionarse demasiado a los intereses terrestres, la dobla a ellos, la aplasta bajo ellos, y conserva la forma y figura que sus afecciones con el cuerpo la han hecho contraer. Pero el alma, que tras haber sufrido una servidumbre penosa, ha sido librada de ella al cabo de poco tiempo, se agarra sin pena a una condición más dichosa. Parece como si enderezada de la inclinación y de la curvatura a que primeramente se había sometido, tomase más fácilmente una disposición más conforme con su naturaleza. Del mismo modo que un fuego recién apagado, si de nuevo se le enciende toma al punto nuevo vigor, mientras que si, al contrario, ya se ha enfriado hace mucho tiempo, hace falta más trabajo para reanimarle; igualmente un alma que no ha permanecido sino poco tiempo en nuestra mansión de muerte y de tinieblas, se lanza rápidamente a la luz y brillo de la vida primitiva, vida enteramente radiante. Pero las almas que no han tenido la dicha, según la expresión del poeta. «De pasar prontamente las puertas del infierno», tan sólo añoranzas perpetuas por las cosas de aquí abajo les quedan. El cuerpo las ablanda y se enervan completamente bajo una influencia envenenada.

Las leyes y los usos antiguos de nuestro país demuestran, aún mejor, estas verdades. A los niños muertos en edad temprana no se les ofrecen libaciones y no so celebran por ellos ninguna de las ceremonias que es natural practicar por las demás personas muertas. Estos niños nada tienen que ver con la tierra ni con algo de la tierra. Nadie se detiene ni junto a sus tumbas ni junto a sus monumentos; sus cuerpos no son expuestos en público; no se permanece a su lado. Más aún: las leyes no permiten que se lleve luto por muertos de una edad tan temprana, porque el luto sería antirreligioso respecto a almas que han pasado a una condición y a una mansión mejor y más divina.

No ignoro que sobre esta cuestión hay muchas opiniones. Pero como es más peligroso negarse a admitir estas, creencias que adoptarlas, conformémonos, en lo que al exterior respecta, a las prescripciones de las leyes. En cuanto a nuestros sentimientos íntimos, esforcémonos en conservarlos aún más libres de toda mancha, aún y cada vez más puros y más sabios.

SOBRE EL CARIÑO FRATERNAL

Los espartanos llaman «dokana»[376] a las imágenes emblemáticas levantadas antiguamente en honor de los Dioskouroi[377]. No son otra cosa sino dos pedazos de madera paralelos unidos mediante dos travesaños, y la unión indisoluble de estas piezas parece representar perfectamente la amistad que unía a los dos hermanos. A mi vez yo quiero, mi querido Nigrinus y mi querido Quintus, ofreceros este escrito que he compuesto sobre el cariño fraternal. Es como un presente del que sois dignos. Los consejos que encierra ya los practicáis, de tal modo que más parecéis a este respecto poder servir de modelo que necesitar lecciones. Espero, no obstante, que seáis dichosos viendo el hermoso ejemplo que dais, acogido, cual si se tratase de un teatro, por los espectadores virtuosos y amigos de lo hermoso. Esta satisfacción servirá para animaros en la resolución de perseverar en vuestra conducta.

Aristarchos, padre de Teodektes[378], burlándose de la nube de sofistas que había entonces, decía que en otros tiempos había costado gran trabajo encontrar siete sabios mientras que entonces sería muy difícil hallar siete ignorantes. En cuanto a mí, yo veo el cariño fraternal tan raro entre nosotros como antiguamente era raro el odio entre hermanos. Cuando se producían ejemplos de este odio pasaban de la vida real a las tragedias y al teatro, precisamente por encontrarlos raros y fabulosos. Pero en nuestros días cada vez que se encuentran dos buenos hermanos no quedamos

---

[376] Dakona (δοκανα), piezas de madera bien sostenidas por travesaños, como dice Ploutarchos, símbolo del cariño y unión fraternal, a ejemplo y en honor de Kástor y Poludeikes (Cástor y Pólux). V. el signo astronómico de la constelación de los Gemelos.

[377] Dioskouroi (les Dioscuros), nombre que significa etimológicamente «hijo de Zeus», se aplicaba, sobre todo, para designar a Kástor y a Poludeikes, hijos de Leda, mujer de Tindáreos, y de Zeus. Éste, habiéndose unido a Leda transformado en cisne, la misma noche que Tindáreos, hizo que al cabo de nueve meses Leda diese nacimiento a un huevo, del que salieron ambos gemelos: Kástor, mortal, como hijo de Tindáreos, y Poludeikes, inmortal, como hijo de Zeus. Muerto Kástor, su hermano se negó a sobrevivirle. Zeus, conmovido de tal cariño fraternal, consintió en que aquél compartiese la inmortalidad de su hermano, a causa de lo cual pasaban ambos seis meses en la tumba y seis en el Cielo.

[378] Teodektes, retor y poeta trágico, discípulo de Isócrates, el logógrafo y maestro de elocuencia ateniense.

menos sorprendidos que si se viese a los hijos de Molioné[379] que por lo visto tenían el cuerpo unido el uno al otro. Sí, ver a dos hermanos disfrutar en común de bienes amigos, esclavos y cuanto les han dejado sus padres, tal armonía parece un prodigio no menos increíble que si para su servicio una sola alma dispusiera de las manos, ojos y pies de un cuerpo doble.

No obstante, tenemos un ejemplo de unión fraternal que la naturaleza no ha colocado muy lejos de nosotros. En nuestro cuerpo mismo la mayor parte de los órganos indispensables que tan industriosamente aquélla, ha dispuesto, son dobles, son hermanos y hermanos gemelos, a saber, las dos manos, los dos pies, los dos ojos, los dos agujeros de la nariz. La naturaleza, ¿no nos enseña con ello que es con objeto de hacer concurrir a todos esos órganos a la conservación y a la acción común y no para que se combatan y se querellen, por lo que los ha combinado así? Las manos, por no ocuparnos sino de ellas, divididas naturalmente en varios dedos, que son desiguales, constituyen el útil más ingenioso y diestro de todos; a tal punto que Anaxágoras el Antiguo vinculaba en la mano la causa de la inteligencia y de la superioridad humana. Pero parece que para estar en lo cierto hay que decir todo lo contrario. No que porque el hombre tiene dos manos es el ser más inteligente, sino que porque la naturaleza le ha creado razonable e industrioso le ha provisto, para que lo pueda ser, de instrumentos perfectos[380]. Evidente es para todos que haciendo salir de un

---

[379] Molioné, madre de los Moliónides, hermanos nacidos de un huevo de plata, semejante al del que salieron los hijos de Leda (V. n. 375). Se les suele considerar como formando un ser monstruoso con dos cabezas y un solo cuerpo. Pero en la «Ilíada», donde se citan sus primeras hazañas, aparecen como dos hombres separados, de un tamaño y de una fuerza considerables, pero humanos. Néstor había estado a punto de matarlos en su juventud, luchando con ellos. Augeías, el rey de Elis, cuyos establos limpió Herakles en un solo día, llamó a los Moliónides para que lucharan contra el héroe, pero éste los venció y mató, así como a Augeías.

[380] Aunque no le cita, pues sin duda a causa de la rivalidad entre Platón y Xenofón, Ploutarchos; tan amante y admirador de aquél, no parece muy inclinado hacia éste; aunque no le cita, decía, la observación es de Xenofón («Recuerdos socráticos», I, IV, conversación de Sócrates con Aristodemos), que escribe: «El animal que tuviera la forma del buey y la inteligencia del hombre, no podría llevar a la práctica sus voluntades. Concédele manos y prívale de la inteligencia, y no sería menos limitado». Donde, como se ve, Sócrates refutaba la opinión de Anaxágoras, su maestro, que decía, como repite Ploutarchos, que el hombre era el más razonable de los animales, porque tenía manos. Sócrates, al contrario: que tiene manos porque es el más razonable. (V. mi trad. de los «Recuerdos socráticos» en el tomo *Sócrates de Xenofón*, de la Colección La Crítica Literaria.)

mismo germen y de un principio único a dos, tres o más hermanos, la naturaleza los ha creado no para que estén en desacuerdo y lucha, sino para que la acción individual de cada uno de ellos les fuese a todos mutuamente un socorro más útil. Esos gigantes con tres cuerpos y cien manos, si es que existieron alguna vez, no podían, estando indisolublemente unidos por todos sus miembros, hacer nada fuera de sí mismos, ni aparte los unos de los otros, mientras que esta facilidad de acción les es concebida a los hermanos. Los hermanos pueden permanecer juntos, viajar juntos, ocuparse juntos de los asuntos públicos, de agricultura, todo, de saber conservar el principio de benevolencia y de buen acuerdo que la naturaleza ha puesto en su corazón. Si no, no diferirán en nada de pies que quisieran suplantarse, de dedos que se molestarían los unos a los otros y que se romperían al forzar a la naturaleza.

Hagamos una comparación más justa. Así como en un cuerpo los principios contrarios, lo húmedo y lo seco, lo frío y lo caliente, participando de la misma naturaleza, de las mismas causas de conservación, se mantienen, gracias a su unión y a su buena armonía, en un equilibrio y una relación que constituye la buena salud, pues sin la salud decimos:

...ni riqueza, ni poder, ni goces, ni el trono que hace al hombre
semejante a los dioses.

ofrecen placer ni utilidad, y así como, al contrario, cuando estos principios están en revolución y en lucha la destrucción y la muerte del individuo es la consecuencia, igualmente la buena inteligencia de dos hermanos asegura a una casa la salud y la prosperidad. Gracias a su influencia, los amigos, los familiares, unidos mediante un acuerdo maravilloso, no hacen, no dicen, no piensan ni unos ni otros jamás nada contrario. «Pero el perverso triunfa donde discordia reina», como acaban por triunfar el esclavo que se escurre por debajo de la puerta y el conciudadano envidioso. Pues así como los enfermos no quieren aquello que les sería provechoso porque la enfermedad suscita en ellos apetitos tan desordenados como perjudiciales, igualmente cuando nace la costumbre de calumniar a los parientes y a sospechar de ellos, esta costumbre da lugar a otras intimidades malas y funestas, que se insinúan desde fuera en el vacío dejado por la desunión.

El adivino de Arkadia se vio obligado a hacerse fabricar un pie de madera, según cuenta Herodotos, porque había perdido el suyo. Pero un hermano que declara la guerra a su hermano, que va a buscar en el ágora o en la palestra un extranjero por camarada, parece no hacer otra cosa que arrancar un pedazo de su propio cuerpo para coger y ajustarse un andrajo postizo. La necesidad misma que nos hace acoger y buscar amigos y compañía nos enseña a apreciar a los que son de nuestra misma sangre, a tratarles con tiento, a conservarles como si no pudiesen vivir fuera de nuestra amistad, de nuestro comercio, como no debiendo permanecer aislados de nosotros, cual si no hubiesen sido creados con tal propósito. Por ello Menandros ha tenido razón en decir:

> De molicie, de lujo, del placer que maldigo,
> ¿Seríamos felices siendo sus prisioneros
> sabiendo, cual sabemos, que son males certeros?
> ¿Que no valen la sombra de un verdadero amigo?

Porque en realidad la mayor parte de las amistades no son sino sombras. Apariencias, imitaciones de esa amistad primitiva que la naturaleza ha inspirado a los niños por los autores de sus días, a los hermanos por los hermanos. Si un mortal no reverencia, no honra esta amistad, ¿qué fe puede inspirar a los demás su abnegación? ¿Qué hombre con lenguaje lleno de ternura hablando o escribiendo, dará el nombre de hermano a un camarada, para luego no ser capaz de ir por la calle por donde va su propio hermano? Así como sería acto de locura engalanar la estatua de un hermano y en cambio golpearle o mutilarle en persona, igualmente afectar ante los demás respeto y deferencia hacia el nombre de hermano, en general, cuando en verdad se detesta a su propio hermano, sería no gozar de una cabeza sana, sería no comprender la dignidad ni la importancia de un parentesco tan sagrado.

Me acuerdo a propósito de esto que una vez acepté en Roma el papel de conciliador entre dos hermanos, uno de los cuales pasaba por ocuparse de filosofía. Pero tuve ocasión de reconocer que si en verdad no merecía el nombre y título de hermano, tampoco el de filósofo. Yo quería que a causa de esta cualidad se condujese respecto a su hermano como hermano, incluso como hombre poco ilustrado cual el otro era, «La consideración que sacas relativa a que tiene pocas luces es justa —me dijo—; pero en cambio para mí no tiene ningún valor ni la menor importancia el que hayamos salido del mismo seno». «Ya veo—le respondí—que la comunidad de nacimiento no te ofrece nada de respetable ni de interesante. No obstante, los demás hombres, incluso cuando no lo piensan personalmente, dicen y repiten que después de los dioses nuestros padres son los seres con respecto a los cuales la naturaleza, y con ella la ley, encargada de hacer obedecer a la naturaleza, nos imponen los primeros y mayores respetos. Que con nada puede el hombre ser más agradable a los dioses que recompensando con solícita ternura a aquellos a quienes debe la existencia, pagándoles con usura los beneficios antiguos y los bienes recientes que reciben de ellos. Por el contrario, el mejor modo de probar que se es un ateo es alardeando de desprecio e indiferencia hacia sus padres». Efectivamente, con respecto a los extraños se nos prohíbe simplemente el perjudicarles; pero en lo que atañe a nuestro padre y a nuestra madre, si dejamos de decir, demostrar y hacer siempre cuanto puede tornarles dichosos, pasaremos por impíos y sacrílegos. Ahora bien, ¿mediante qué acto, mediante qué beneficio, en virtud de qué demostración conviene más a nuestra piedad filial alegrar a los autores de nuestros días, que mediante una verdadera benevolencia y una amistad sólida hacia aquellos que tenemos por hermanos?

Cosa es de la que fácil es convencerse mediante los argumentos contrarios. Si un esclavo nacido en la casa y hacia quien el padre y la madre muestran atenciones es insultado por los hijos de éstos, o si estos hijos desdeñan los árboles y las tierras que aman sus padres, éstos se resienten del desagrado. Las personas de edad cuyo corazón es generoso y sensible no gustan ver que se trate mal a un perro o a un caballo nacido en la casa. Les es penoso oír a uno de sus hijos despreciar y ridiculizar los conciertos, los espectáculos y los atletas que causaban antes su admiración. Con más motivo, ¿podrían ver a sangre fría vivir a sus hijos entre sí con desacuerdo, detestarse, hablar mal unos de otros, contrariarse en todos sus trabajos, en todos sus actos, y no pensar sino en echarse por tierra torpemente? No, se dirá; ciertamente los padres no podrían resignarse a semejante espectáculo. Por consiguiente, los hermanos que se aman y se tratan como es debido, que, si bien separados de cuerpo por la naturaleza, no por ello dejan de desear acercarse todo lo posible mediante el cariño y la conducta; los hermanos que continuamente se tratan con afecto, cuyas ocupaciones y juegos son los mismos, estos hermanos, mediante su amor fraternal, procuran a sus padres la más deliciosa vejez. Pues no hay padre que ame más el estudio, los honores y las riquezas que a sus hijos. Como tampoco hay padre que sea más feliz sabiéndoles notables a causa de su elocuencia, de su fortuna o de sus dignidades, que dichoso es viéndoles bien unidos entre ellos.

Se cuenta que Apollonis de Kizike, madre del rey Eumenos y de tres príncipes, Attales, Filetairos y Ateneo, se felicitaba siempre y daba gracias a los dioses, no a causa de sus tesoros y de su poder, sino porque veía a dos de sus hijos servir de guardianes del mayor y a éste vivir sin temor en medio de sus hermanos armados de lanzas y de espadas. Por el contrario, Ochos, habiendo tendido emboscadas a sus hermanos, su padre,

Artaxerxes[381], murió de desesperación cuando le informaron de ello. Las guerras fraternales, como dice Eurípides, son guerras crueles sobre todo para los padres. Pues los que detestan a su hermano y no pueden soportarle, éstos no podrían dejar de maldecir al padre que ha engendrado a tal hermano y a la madre que le llevó en su seno.

Pisistratos[382] se volvió a casar cuando sus hijos eran ya mayores; decía que sabiéndoles buenos y virtuosos quería darles aún un mayor número de hermanos que se les pareciesen. Los hijos amigos del deber y de la justicia no se contentarán con amarse más entre ellos a causa de sus padres, sino que amarán más también a éstos a causa de sus propios hermanos. Pensarán y dirán constantemente: «Mucho debemos a nuestros padres, pero sobre todo les debemos agradecimiento a causa de los hermanos que nos han dado». Y estarán siempre convencidos de que no recibieron de su familia tesoro más precioso y agradable. Homeros ha hecho bien, pues, representándonos a Telemachos[383] considerándose desgraciado por no haber tenido hermanos: «Zeus diome por solo vástago de mis padres»[384]. En cambio, Hesiodos hace mal pidiendo que un padre no tenga como heredero sino a un hijo único[385]. Y, sin embargo, Hesiodos era un discípulo de las Musas, las cuales han sido así llamadas a causa de que su amor y su ternura de hermanas las hacía inseparables.

Hay, pues, relaciones tan estrechas entre la piedad filial y el amor fraternal, que todo el que ama a su hermano prueba con ello mismo lo mucho que quiere a su padre y a su madre. No podría dar él mismo a sus hijos preceptos y ejemplos de amor fraternal que valgan lo que éste; como los ejemplos paternales, cuando son contrarios, autorizan por imitación a detestarse. Cuando un padre ha envejecido en medio de procesos, querellas y luchas con sus hermanos, y predica al mismo tiempo a sus hijos la unión y la concordia, será como el médico que «Teniendo él la

---

[381] Artaxerxes, nombre de tres reyes persas. Artaxerxes «Longimano», Artaxerxes II «Mnemón» y Artaxerxes III «Ochus». Se trata, pues, del tercero.

[382] Pisistratos, tirano de Atenas (600-527). Consiguió el poder mediante una estratagema engañosa, pero gobernó bien. Desterrado dos veces, volvió aún al poder, que conservó hasta su muerte. Lo dejó a sus dos hijos, Hipparchos e Hippias, de los que he tratado en la nota 133.

[383] Telémachos, es el hijo de Ulises y de Penélope.

[384] «Odisea», XVI, v. 117.

[385] «Los Trabajos y los Días», v. 376.

gangrena quiere curar los otros»[386], cuyos actos invalidarán sus palabras. Si el tebano Eteokles[387], tras haber dicho a su hermano:

> Yo quisiera llegar del cielo a lo más alto,
> sondear de la tierra el tenebroso velo,
> ser Todopoderoso en la tierra y el cielo[388],

hubiese, por otra parte, recomendado a sus hijos:

> Respetad la igualdad, cuya virtud amable
> a ciudades y pueblos concede la ventura
> llevándoles un bien verdadero y durable[389],

¿quién despreciaría a Eteokles? Asimismo, ¿qué pensaríamos de Atreis[390] si tras el horrible festín que ha ofrecido a su hermano dijese a sus hijos sentenciosamente:

> El lazo de la sangre es el lazo más puro
> contra todos los males abrigo el más seguro?

Por consiguiente, no tan sólo porque ello sería un suplicio para la vejez de los padres, sino porque sería aún más funesto para los hijos es por lo que es preciso garantizarse del odio entre hermanos. Este odio es, además, un motivo de quejas y acusaciones explotado por los demás. Pues se

---

[386] Atribuido a Eurípides.

[387] Eteokles, hermano de Polineikes, ambos hijos de Oidipous y de Iokaste. Cuando su padre se arrancó los ojos, los dos hermanos se apoderaron del poder, Convinieron en reinar alternativamente durante un año cada uno. Pero transcurrido este plazo, Eteokles se negó a entregar el trono a su hermano. Éste, ayudado por su suegro, Adrastos, rey de Argos, vino a sitiar Tebas con otros seis jefes («Los siete contra Tebas»). Los dos hermanos murieron, uno a manos del otro. Kreón, que heredó el trono, hizo solemnes funerales a Eteokies; el cuerpo de Polineikes mandó que le arrojasen insepulto. Como Antigona, su hermana, le diese sepultura, fue condenada a muerte por Kreón.

[388] Eurípides, «Las Fenicias», v. 505.

[389] Eurípides, «Las Fenicias», v. 539.

[390] Atreis, hijo de Pelops y de Hippodameia. Su leyenda se formó a base del odio entre él y su hermano Tiestis y sobre las venganzas atroces que ejercieron uno contra otro. Atreis mató a los tres hijos de su hermano y además se los sirvió en un banquete. Luego él fue muerto por otro hijo de Tiestis.

figuran que los hermanos, tras haber sido criados juntos y con las mismas costumbres y la misma familiaridad, no pueden haber llegado a declararse la guerra sino a causa de saberse mutuamente cómplices de un gran número de malas acciones. Porque no hay duda de que hacen falta razones poderosas para romper los lazos de una sólida amistad, y esto es lo que hace las reconciliaciones tan difíciles. Que piezas que han estado unidas lleguen a desencolarse y a desunirse, se comprende que sea posible pegarlas y ajustarías de nuevo. Pero que lo que no forma sino un solo cuerpo se rompa y se parta, difícil empresa será volver a ponerlo en pie y restablecerlo tal cual estaba. Asimismo si las amistades fundadas sobre el interés se desunen, sin gran trabajo él interés de nuevo puede volver a unirlas. Pero los hermanos, por el hecho mismo de haber quebrantado una ley natural, se reconcilian con gran dificultad. O caso de que lo hagan, siempre queda, pese a la paz, una primera cicatriz que nunca llega a cerrarse de un modo seguro y total. Todo odio de un hombre contra otro no penetra en el corazón sino con las pasiones que dañan más: la rivalidad, la cólera, la envidia, el rencor, originando un sentimiento acompañado de turbaciones y amarguras. Pero cuando se trata de un hermano, con el cual se está obligado de asistir a los sacrificios, a los cultos familiares, a compartir las mismas sepulturas, a habitar con frecuencia la misma casa o, cuando menos, una casa inmediata, se tiene continuamente ante los ojos el objeto de su tormento. Este hermano os recuerda sin interrupción que a causa de vuestra locura, de vuestro delirio, el rostro que debería seros más agradable, el ser que os es más próximo, es este mismo ser el que os inspira una horrible repugnancia. Os recuerda que la voz que os era tan querida de niños, a la que estabais acostumbrados, ha llegado a ser insoportable a vuestros oídos. Que, cual veis, mientras muchos otros hermanos no tienen sino una misma casa, una mesa, bienes, esclavos y todo es indiviso entre ellos, vosotros no tenéis ni los mismos amigos, ni vuestros huéspedes son los huéspedes de vuestro hermano, y ello porque no veis sino adversarios en todos cuantos le testimonian amistad. No obstante, os sería tan fácil razonar, tan fácil deciros: «Puedo procurarme amigos e invitados; puedo contraer alianzas mediante matrimonio y uniones nuevas si las primeras ya no existen, como se compran armas e instrumentos para reemplazar otros usados o rotos; pero mi hermano, imposible me sería reemplazarle, como no podría reemplazar tampoco una mano cortada o un ojo saltado». Esa mujer de Persia que había preferido la vida de su hermano a la de sus propios hijos tenía razón afirmando «que podía tener otros hijos, pero que, privada como estaba ya de los autores de sus días, nadie podría darla un nuevo hermano».

Pero entonces se podrá decir: ¿cómo obrar cuando se tiene un mal hermano? Desde luego hay que tener en cuenta lo siguiente: que toda clase de amistad está manchada de imperfección. Como ha dicho Sófokles:

Si se llega hasta el fondo de las cosas del mundo
se ve todo arrastrado en lo bajo y lo inmundo.

Uniones de parentesco, uniones de camaradería, uniones de amor imposible sería encontrar todas sinceras, todas libres de pasiones y de vicios. A causa de ello, un lacedemonio que se había casado con una mujer pequeña decía «que de los males había que escoger los menores». En cuanto a los hermanos, perfectamente prudente sería aconsejarles que se contentasen con los males domésticos y no ir a buscarlos fuera. Porque si por los primeros no podrían reprocharnos, ya que son impuestos por la necesidad, sí tendrían derecho a censurarnos por los segundos, puesto que de éstos nos cargamos voluntariamente. La amistad de un compañero de mesa, de un amigo de juventud, de un huésped, «no es lazo de hierro; sin vergüenza se quiebra». Pero otra cosa distinta ocurre con las relaciones respecto al ser que disfruta nuestra misma sangre, que ha sido criado a nuestro lado, que tiene el mismo padre y la misma madre que nosotros. A éste es al que es justo perdonarle algunos errores. Es a un hermano, si ha cometido una falta, con el que conviene mostrarse indulgente y decirle: «¿Podría abandonarte viéndote desgraciado[391], viéndote vicioso, viéndote privado de razón? De agobiarte con mi odio, ¿no sería demasiado severo y cruel contigo? ¿No castigaría en ti, sin saberlo, alguna enfermedad de nuestro padre o de nuestra madre, enfermedad que nos han transmitido con su sangre?»

A los extraños, decía Teofrastos, es preciso no vincularnos a ellos antes de haberlos puesto a prueba, y ponerlos a prueba antes de unirnos a ellos. Por el contrario, cuando la naturaleza no nos autoriza a hacer preceder nuestra amistad de reflexiones, cuando no tenemos tiempo para esperar que «él famoso celemín de sal»[392] haya sido consumido, cuando el nacimiento es el principio de la unión, entonces no hay que ser demasiado severos ni demasiado rigurosos en el examen de las faltas cometidos. ¿Y qué diremos de ésos que, habiéndose liado de modo vergonzoso con sus

---

[391] «Odisea», XIII. v. 331.
[392] Decían los antiguos que para ser verdadero amigo de alguien, y recíprocamente, hacía falta haber consumido juntos «un celemín de sal»; es decir, haber convivido largo tiempo con objeto de conocerse y estimarse debidamente.

huéspedes o con extranjeros, como consecuencia de un festín, de una excursión de placer o de ejercicios gimnásticos, toleran con complacencia los desórdenes de estas gentes y hasta gozan con ellos, y, en cambio, son inflexibles y exigentes respecto a sus hermanos? Los hay que tienen perros o caballos resabiados; muchos crían lobos cervales, gatos, monos o leones y los aman; pero, en cambio, de sus hermanos no soportan ni la cólera, ni la ignorancia, ni la ambición. Los hay que enajenan propiedades en la ciudad o del campo en favor de sus queridas y de mujeres de mala vida, tras lo cual disputan obstinadamente a sus hermanos un terreno en el que hay que construir o un rincón de prado. Luego, envolviendo su enemistad con el nombre de odio hacia los malos, van por todas partes publicando y condenando los defectos fraternales, mientras que en los de los extraños ni se fijan siquiera. Incluso a veces se asocian a ellos y con ellos se aprovechan.

Expuestas las consideraciones precedentes a modo de preámbulo a este discurso, daremos principio a nuestra enseñanza no como los otros moralistas, con la distribución de los bienes paternos, sino con las maniobras de rivalidad y envidia que los hermanos ejecutan a veces estando vivos aún los autores de sus días. Los Eforos, habiendo sabido que Agesilas ofrecía siempre un buey como homenaje de estimación, a cada uno de los que habían sido designados senadores, le condenaron a una multa. Dieron como razón que atrayéndose con ello la popularidad y el tratar de agradar, Agesilas hacía afectos a su persona a aquellos cuyos desvelos eran propiedad de todos. Asimismo se puede recomendar a un hijo que trate de ganar el afecto de sus padres, pero sin permitirle que con ello trate de obtenerlo todo para él y que desvíe el cariño de los padres en su solo provecho. Algunos, obrando como verdaderos demagogos, suplantan de este modo a sus hermanos, envolviendo esta habilidad en pretextos especiosos, pero injustos. Sobre que privan con ello a sus hermanos de su patrimonio más precioso y bello: el cariño paternal. Proceden mediante maniobras bajas e intrigas, aprovechando las ocupaciones o la ignorancia de lo que hacen por parte de sus hermanos y presentándose ellos como modelos de buena conducta, de docilidad y de prudencia frente a aquello en que sus hermanos han cometido o parecen haber cometido faltas. Cuando, por el contrario, deberían, si el padre está enfadado, aceptar y sufrir una parte de su cólera, aliviando con ello su peso, cual si se tratase de un trabajo a compartir; y asimismo hacer participar a sus hermanos, a partes iguales, en las atenciones de que ellos mismos puedan disfrutar. Si el hermano está en falta en alguna ocasión, deberían alegar que fue a causa de otro asunto que le ocupaba; que en virtud de sus aptitudes naturales en otra cosa será más útil y triunfará mejor. Ved, por ejemplo, cuanto hay de oportuno y de decoroso en estas palabras de Agamenón cuando dice de su hermano:

«No es ineptitud indolente o ignorancia,
sino que en mí contaba dada mi vigilancia[393],

y a mí a quien había encargado el cumplimiento de este deber».

Los padres, por su parte, aceptan benévolamente estos amables cambios de palabra. Creerán con gusto al hijo que llama puro descuido a la indolencia del hermano; que dará a la torpeza el nombre de sencillez de corazón; a la terquedad batalladora, el nombre de conciencia recta y justa. De este modo, defendiendo la causa fraternal, sobre calmar la cólera paterna se tendrá más derecho al cariño del defendido.

Por supuesto, tras haber justificado de este modo al hermano, hay que llamarle aparte en seguida, reprocharle con severidad su falta y demostrarle con toda franqueza en qué ha faltado. Pues no hay más razón para disculpar los errores de un hermano que para abrumarle cuando los ha cometido. Hacer una cosa sería mostrarse contento por lo que en modo alguno hay que estarlo; otra, hacerse su cómplice. Es preciso, pues, al amonestarle, hacerle ver que hasta uno mismo está afligido y avergonzado, y los reproches serán tanto más severos cuanto más nos mostremos su defensor ante la familia. Pues si este hermano ha sido acusado sin ser culpable, en otras circunstancias convendría sostener a los padres, no entonces, y poner a su servicio cuanta cólera e indignación se siente a causa de lo ocurrido. Ahora bien, de tratarse de un hermano del que se sospecha sin razón o castigado injustamente, la resistencia y las reclamaciones, lejos de ser inconvenientes, son perfectamente honrosos, sin que haya que temer el que puedan decirnos, como en Sófokles: «¡Hijo ingrato! ¡Traer a justicia a su padre!» Sí, toda franqueza está permitida en favor de un hermano cuya inocencia es desconocida. Más aún: semejantes luchas hacen la derrota más dulce a los vencidos que grata les hubiese sido la victoria de haberla obtenido.

De morir el padre, es preciso que los hermanos se esfuercen en unir aún más estrechamente los lazos de cariño que les atan. Ante todo, su piedad filial deberá confundirse en una común manifestación de lágrimas y de dolor. Y ponerse en guardia contra las sospechas provocadas por criados infieles, que puedan ponerse de parte de tal hermano o de tal otro.

---

[393] «Ilíada», X, v. 122.

Se sacará provecho, entre otras enseñanzas, de la tradición que nos ha conservado la fábula, a propósito de la amistad fraternal de los Dioskouroi. Como un hombre murmurase al oído de Kástor insinuaciones malvadas contra Poludeikes, le dio tal puñetazo que le mató. De tratarse de dividir los bienes de la sucesión no hay que declararse la guerra. No se gritará como hacen otros muchos: «Concédeme lo que quiero y ¡adelante! oh hija de la guerra». Ni habrá que constituirse, deliberadamente, en oposición mutua. Es preciso tener el mayor cuidado este día, pues él es el que decide ora del odio y la enemistad irreconciliables, ya, por el contrario, de la amistad y abnegación a toda prueba. Y cuando la distribución llegue, ésta se hará entre los interesados mismos, o cuando más, en presencia de un amigo común que servirá como testigo. Se aceptará, obrando como personas sensatas, «la distribución de la justicia», como la llama Platón. Todo será respectivamente tomado y cedido de tal modo que no se olviden las preferencias y conveniencias recíprocas. Dividiendo de preferencia el cuidado y administración de los bienes, pues el goce de la propiedad conviene dejarle en común y proindiviso. ¿Y qué decir de esos que se. disputan y arrancan las nodrizas y los niños con los cuales ellos mismos han sido criados y nutridos? Puede ocurrir que, continuando los amos tras la subasta, se retiren con el esclavo adjudicado al que ofreció más. Pero con ello se habrá perdido el lote más importante y precioso de la sucesión paterna, quiero decir la amistad y abnegación de un hermano. Sabemos de algunos que incluso, sin pretender con ello provecho siquiera y tan sólo llevados de un gusto por la disputa, no mostraron más pudor en repartirse lo que pertenecía a su padre que si se hubiese tratado de botín tomado al enemigo. Entre éstos estuvieron Charikles y Antiochos, de la ciudad de Opoeis. Rompieron una copa de plata, cortaron un manto y se fueron luego, cual si tras una imprecación trágica, hubiesen «Repartido la herencia al filo de la espada». Otros van hasta contar incluso a los amigos con aire satisfecho cómo a fuerza de habilidad, sutilidad e impostura han encontrado el medio de conseguir en el reparto un lote mejor que el de sus hermanos, cuando, por el contrario, de haber motivo para felicitarse y glorificarse de algo sería de haberse mostrado superior en cortesía, amabilidad y condescendencia. La conducta de Atenodoros es digna de ser citada, y todo el mundo entre nosotros se complace en no olvidar el recuerdo. Había un hermano mayor llamado Zenón que, encargado de la tutela, había disipado la mayor parte de la fortuna. Este Zenón acabó, a consecuencia de una condena por crimen de rapto, por perder todos sus bienes, que fueron a parar al tesoro del emperador. Atenodoros no era entonces aún sino muy joven, pues no había alcanzado la edad de la pubertad. Pero cuando se le puso en posesión de su fortuna, lejos de abandonar a su hermano, puso a su disposición cuanto poseía, y lo compartió con él. Durante la distribución el otro le trató aún con la mayor ingratitud. Pero sin indignarse por ello ni concebir la menor enemistad, Atenodoros opuso la mayor dulzura y la mayor serenidad a la demencia de su hermano, demencia que, por supuesto ha llegado a ser notoria en toda Grecia.

Solón dice que en un gobierno la igualdad impediría todas las sediciones. Ello es un principio demasiado favorable a la multitud, visto que sustituye la proporción aritmética, base de la democracia, a la hermosa proporción geométrica. Pero en las familias aquel que aconsejase a los hermanos, como Platón lo hacía con sus conciudadanos, desterrar en lo posible entre ellos lo Tuyo y lo Mío, o cuando menos mimar la igualdad y aferrarse a ella, el que tal hiciese ofrecería una base sólida y duradera de paz y de concordia. Podría citarse a propósito de esto, ejemplos ilustres: el de Pittakos entre otros. El rey de Lidia le preguntaba si tenía dinero: «Dos veces más de lo que quisiera—le respondió Pittakos—, pues mi hermano ha muerto»[394].

No es solamente en lo que afecta a la posesión de las riquezas y en su aminoración que lo más se torna enemigo de lo menos. En general, como dice Platón, la desigualdad produce la agitación. La igualdad, por el contrario, es prenda de estabilidad y de permanencia. Asimismo toda desigualdad entre hermanos es una pendiente que puede conducirles a la discordia. Claro que su posición respectiva no podría ser en todo igual e idéntica; esto es cosa imposible. La naturaleza, en el instante mismo en que dos hermanos vienen al mundo, y más tarde la Fortuna, hacen desigual lo que a cada uno de ellos les toca. De aquí esas rivalidades, esos odios, llagas vergonzosas y fatales que arruinan no sólo las familias, sino las ciudades. Es preciso prevenir tales males y, de originarse, remediarlos. Yo aconsejaré, ante todo, al más favorecido, el compartir con sus hermanos las ventajas que parecen colocarse por sobre ellos, ilustrarles de este modo con su gloria, asociarles a sus amistades, poner su talento en la palabra a su disposición como si este talento les perteneciese tanto como a él. Le aconsejaría al punto no mostrar jamás ni fasto ni desdén, afectar más bien una gran condescendencia de carácter, rebajarse, con objeto de no hacer su superioridad insoportable y compensar en la medida de lo posible la desigualdad de posiciones mediante la modestia de conducta. Lucullus[395], aunque era el mayor, no creyó conveniente entrar en

_____

[394] Pittakos, uno de los siete sabios de Grecia.
[395] Sin duda se refiere Ploutarchos a Lucius Lieinías Lúcullus, general romano (109-57 a. d. J.). Este Lúculo, pese a haber dejado, sobre todo, una

funciones públicas antes que su hermano, y dejó pasar el momento en que hubiera podido ser elegido por esperar a que este hermano pudiera serlo igualmente. Poludeikes no quiso ser dios él solo. Prefirió no ser sino semidiós en compañía de su hermano y participar con él en la condición mortal para que él participase en la inmortalidad. Pero tú, querido amigo, podría decirte alguien, a ti te es fácil, sin disminuir los bienes de que gozas, elevar a tu hermano a tu mismo nivel y llevar un poco de tu brillo hasta él, asociándole a tu gloria, a tu mérito y a tus ventajas. De este modo Platón, haciendo figurar a sus hermanos en los más hermosos diálogos que ha compuesto, Glaukón y Adimantos en la «República», y Antifón, el más joven de todos, en el «Parménides», ha hecho sus nombres inmortales.

Otra cosa aún. Así como la naturaleza y la fortuna constituyen desigualdades entre los hermanos, del mismo modo es imposible que uno de ellos sea enteramente y por todos conceptos superior a sus otros hermanos. Los elementos que se componen, según se dice, de una misma y única materia, tienen cualidades y fuerzas enteramente opuestas. Pero de dos hijos nacidos del mismo padre y de la misma madre jamás se ha visto que uno de ellos haya sido sabio como el sabio de los estoicos[396], y que al mismo tiempo haya sido hermoso, gracioso, liberal, honrado, rico, elocuente, instruido y compasivo, mientras que el otro era feo, desagradable, despreciado, pobre, mal orador, opuesto al estudio y enemigo de sus semejantes. Hay, hasta cierto punto, en los más oscuros y humildes, una cierta parte de gracia, de fuerza o de aptitud natural para lo que está bien.

Así cerca del cardo y la zarza malvada
brilla, alhelí, tu flor, tan blanca y delicada.

Si el que parece más favorecido se rebaja y no borra a su hermano, si no aparta de este hermano todas las coronas como en uno de esos juegos en que son disputados los premios, sino que, al contrario, le cede algunas, esforzándose en mostrar que su hermano es frecuentemente mejor y más útil que él, tal cuidado en quitar todo pretexto al odio como se niega

---

reputación de lujo y de riqueza, de tal modo, que su nombre ha quedado para designar a todo hombre amante de la buena mesa y que gusta tratar a sus amigos y huéspedes con magnificencia, fue no sólo uno de los mejores generales de su tiempo, sino un excelente orador. Cicerón, Catón y los hombres más ilustres de Roma, eran sus amigos. Se le debe, además, la introducción del cerezo en Europa.

[396] Es decir, como el tipo de sabio perfecto que habían forjado los estoicos.

alimento al fuego, no tardará en hacerle desaparecer, o más bien impedirá que nazca y se desarrolle.

Asociaos, pues, a vuestro hermano, incluso en aquellas cosas en que parezcáis serle superiores. Escuchad sus consejos respecto a vuestras causas, si sois oradores, para el ejercicio de vuestros cargos si sois magistrados, y lo mismo respecto a vuestras relaciones si tenéis muchos amigos. Breve, no permitáis que quede fuera de cualquier acto importante y capaz de darle relieve. Procuradle un puesto en todo cuanto de importante hagáis. Si está presente, utilizad sus servicios; si está ausente, esperadle. Ponedle siempre en primer plano. Probad que no es menos hábil que vosotros. Demostrad que únicamente cede más fácilmente que vosotros cuando se trata de adquirir gloria y poderío. De este modo, sin disminuir en nada vuestros propios méritos, añadiréis mucho a la estimación que a él se le conceda.

He aquí de qué modo yo aconsejaría que obrasen aquellos que son superiores a sus hermanos. En cuanto a aquel que fuese inferior, a éste le diría: «Reflexiona que tu hermano no es él sólo y único en ser superior a ti en riqueza y reputación gloriosa. Que hay otros muchos que son superiores a él, e incluso son millones, «Entre aquellos que mar y tierra nutren». Por consiguiente, ora tengas envidia de la suerte de tanto favorecido, ora te aflijas tan sólo del éxito del hombre al que deberías amar más y al que más estrechamente estás unido, en todo caso, y de ser así, no habrá persona en el mundo más digna de lástima que tú». Lo mismo que Metellus[397] pensaba que Roma debía dar gracias a los dioses por no haber hecho nacer en otra parte sino en esta ciudad un gran ciudadano tal que Scipión, así cada uno debe desear obtener personalmente una dicha superior a la de los demás. Pero si tal deseo no puede cumplirse, se debe desear para el hermano esta superioridad y poderío que deseamos para nosotros mismos. Desgraciadamente hay muchos hombres que en lo que a nobles sentimientos respecta no han sido muy favorecidos. Si se sienten orgullosos de la gloria de sus amigos y de contar magistrados y ricachones entre sus huéspedes, el brillo de sus

---

[397] Es difícil saber a qué Metellus (Metelo) se refiere Ploutarchos porque con este nombre hubo una porción de romanos ilustres, y lo mismo Scipiones. Pero si se conjetura que este Scipión es el más ilustre de todos los patricios de este nombre, es decir, el africano, entonces Metellus pudiera ser Q. Caecilius, muerto el año 175 a. d. J. Pontífice en 216, edil en 209, legado del Cónsul Nerón en 204, el que luchó ventajosamente contra Aníbal y fue embajador junto a Filippos. Era, además, un notable orador,

hermanos, por el contrario, parécele a sus ojos como un velo tras el cual se imaginan desaparecer ellos mismos. Son dichosos de la prosperidad de sus padres, se glorifican de las hazañas guerreras de sus abuelos, hazañas que jamás les han producido beneficio alguno, ni a las que han sido asociados. Pero que sus hermanos reciban herencias, ocupen cargos públicos, contraigan matrimonios ventajosos, y ya les tenéis desanimados y humillados. No obstante, y aunque lo mejor es no envidiar a nadie, al menos, de tener este defecto, haría falta tan sólo hacerle recaer sobre aquellos que no son de nuestra familia. Sobre los extraños es sobre quienes deberíamos lanzar nuestros dardos envidiosos, como hacen los que promueven las sediciones fuera de los muros de su ciudad, llevándolas a las de sus enemigos. «Otros muchos troyanos y aliados ilustres, muchos griegos también...»[398] ofrecen naturalmente pretexto a nuestra envidia y a nuestras rivalidades.

A los hermanos no les debe ocurrir como a los platillos de una balanza, que se mueven en sentido contrario, bajando uno mientras el otro se eleva. Debe ocurrirles más bien como a los números, en que los más pequeños multiplican a los mayores y son multiplicados por ellos. Que un hermano contribuya a engrandecer a su hermano y crezca él mismo a costa de la grandeza fraternal. Entre los dedos de la mano, el que sostiene la pluma o hace vibrar la lira no pasa por ser superior a los que no pueden hacer lo mismo por ser naturalmente incapaces de ello. Sin embargo, todos los dedos se mueven, todos, hasta cierto punto, obran juntamente. Y parece que hayan sido a propósito hechos desiguales, con objeto de que. colocados alrededor del mayor y más fuerte, puedan apoyarse sólidamente en él. Así Krateros, que era hermano del rey Antigonos, Perilaos, que era el hermano de Kasandros, rey de Macedonia, se imponían junto a estos príncipes las funciones de lugartenientes suyos, y se ocupaban de sus asuntos domésticos comunes. Mientras que por el contrario, los Antiochos, los Seleukos y lo mismo los Gripus y los Kizikenos, que no queriendo resignarse a un papel secundario, aspiraban a la púrpura y a la diadema, se hicieron mutuamente mucho daño y llenaron de calamidades toda el Asia.

Es principalmente en los espíritus ambiciosos en los que nacen los odios y las envidias contra los que tienen más gloria y honores que ellos. Por ello sería muy útil que los hermanos no fuesen todos del mismo modo a conquistar las distinciones y el poder, sino que tratasen de conseguirlo por caminos diferentes. Entre las fieras que se alimentan de lo mismo hay

---

[398] «Ilíada», VI, v. 227.

siempre lucha. Los atletas que se ejercitan para combates semejantes son enemigos unos de otros. Por el contrario, veréis a los púgiles amigos de los pancracistas, y los corredores mostrarse benévolos con los luchadores y ayudarse y favorecerse mutuamente. Así de los dos hijos de Tindareos, Poludeikes sobresalía en el pugilato y Kástor en la carrera. Y no es por casualidad, sino a propósito y acertadamente por lo que el cantor de la «Ilíada» hace de Teukros un ilustre arquero, mientras que su hermano, Aiax, es el primero en los combates a pie firme: «Y con su escudo Aiax protege a Teukros»[399]. En los gobiernos, a los generales no se les ocurre hacer sombra a los oradores populares. En cuestiones de elocuencia los abogados no envidian a los filósofos. Si se trata del arte de curar, los médicos no lo son de los cirujanos. Todos, por el contrario, se ayudan mutuamente mediante su asistencia y testimonios recíprocos. Si los que quieren alcanzar con la misma profesión o mediante la misma facultad la reputación y la gloria tienen el alma viciosa, en nada se diferencian de esos amantes que, apasionados de la misma querida, tratan de obtener preferentemente sus favores y de aventajar junto a ella a sus rivales. Sin duda, cuando se siguen caminos diferentes, tal vez no se puedan ayudar mutuamente; pero cuando uno ha escogido un estado, y el otro sobre defenderse de la envidia trabajan mutuamente para sí. Tal hacían Demóstenes y Chares, Aischines y Eiboulos, Hipérides y Leostenes[400];

---

[399] «Ilíada», VIII, v. 271.

[400] Demóstenes es el gran orador ateniense enemigo implacable de Filippos de Macedonia. Ya me he ocupado de él en otra nota.—Chares, general ateniense (400-330), fue un verdadero «condottiere». Aunque mediano estratega, era, además de muy resistente, un verdadero atleta y hábil para alimentar a sus soldados mediante el pillaje. Mandaba, en unión de Lisikles, el ejército ateniense en Cheironeia (338), pero tuvo la suficiente astucia para cargar la culpa del desastre sobre su compañero, y éste fue condenado a muerte y él no.—Aischines es el orador ateniense rival de Demóstenes.—Eiboulos, estadista ateniense, amigo y protector de Aischines, y por ello en oposición con frecuencia a Demóstenes. Era partidario decidido de la paz.—Hipérides, orador y estadista ateniense (389-322), discípulo de ISócrates y tal vez de Platón. Aliado, al principio, de Demóstenes, luego se separó de él, llegando incluso a ser uno de sus acusadores en la cuestión de Harpale. Tras la muerte de Alexandros, volvió a reconciliarse con él. Luego de la victoria de los macedonios, huyó; pero cogido por Archias, en Egina, fue condenado a muerte. Hipérides fue el defensor de Friné, la cortesana, cuando su famoso proceso. Los poetas cómicos pusieron en la picota su glotonería y sus relaciones con las cortesanas.—Leóstenes, general ateniense muerto el año 323 a. d. J. A la, muerte de Alexandros el Grande, reunió en Tenaros ocho mil mercenarios y contribuyó a levantar contra Macedonia una gran parte de la Grecia

unos en la tribuna y proponiendo decretos, los otros a la cabeza de los ejércitos y obrando. Es preciso, pues, que los deseos y las ambiciones de los hermanos se satisfagan en medios muy alejados unos de otros, de no sentirse nacidos para compartir sin celos la gloria y el poder. De este modo, lejos de perjudicarse, serán felices pudiendo ayudarse mutuamente.

Y más que contra todos otros estarán prevenidos contra los familiares, contra los criados y algunas veces contra las esposas. Las palabras funestas de unos y otros se aplican con frecuencia a excitar nuestra ambición. «No hay elogios sino para tu hermano; se le admira, se le corteja. A ti nadie se dirige; tú no tienes importancia alguna». A lo que se podría responder por poco buen sentido que se tuviera: «Pero si mi hermano goza de la consideración pública, la mayor parte de su influencia vendrá a serme beneficiosa a mí». Sócrates decía que preferiría más tener a Dareios[401] por amigo que sus daricas[402]. A los ojos de un hombre sensato la riqueza, el poder, la elocuencia no son bienes más preciosos que la amistad de un hermano que posee gran poder o a quien la influencia, ora de los bienes, ora de la palabra, asegura la celebridad.

Acabamos de decir cómo se pueden compensar las desigualdades de este género. Pero hay otras que se producen primeramente en razón de la edad, si los hermanos han recibido una mala educación. Los mayores se creen naturalmente llamados a mandar en los más jóvenes y a dominarles; quieren tener constantemente la ventaja en lo que afecta a gloria y poder. Estas pretensiones son odiosas e insoportables. Los más jóvenes, a su vez, sacuden el freno, se rebelan, y adquieren hábitos de menosprecio y de insolencia. ¿Qué sucede entonces? Los segundones, viendo que se tiene envidia de ellos y que se intenta borrarles, niéganse a escuchar consejos que les irritan; los primogénitos, siempre deseosos de superioridad, temen ver crecer a sus hermanos, cual si ello debiera de ser su ruina. Y así como cuando se trata de un beneficio se quiere que el obligado exagere su importancia y que el bienhechor la disminuya, igualmente el que persuadiese a un hermano mayor de considerar la superioridad de edad

---

central y del Peloponeso. Venció a Antípatros cerca de las Termopilas y le sitió en Lamia. Pero murió en una escaramuza. Hipérides pronunció su oración fúnebre.

[401] Dareios (Darío), rey persa (550-486), uno de los siete nobles que destronaron a Smerdis el Mago (521). Reconquistado el Imperio, le organizó en satrapías o gobiernos generales; hizo construir una carretera entre Sardes y Sussa, larga, de 2.400 kilómetros, con servicio de correos, relevos y Hostelerías, y protegió mucho la agricultura y la cría de caballos y otros animales útiles. Murió tras un reinado de treinta y seis años.

[402] Dáricas, moneda persa con la efigie de Dareios.

como cosa de poco, y al hermano más joven no verla como una ventaja desprovista de valor, evitaría en ellos el desdén y la falta de atenciones, la insolencia y la insubordinación.

Puesto que el papel del mayor consiste en velar por su hermano, en dirigirle, en hacerle advertencias, el del más joven será respetar al mayor, imitar su ejemplo y seguirle. La solicitud del uno debe ser más amistosa que paternal. Debe emplear de preferencia la persuasión al mandato. En la alegría y en las felicitaciones que le inspiren los triunfos de su hermano, un hermano mayor debe poner no solamente más solicitud, sino más cariño que pondría en censurarle y reprenderle de haber obrado mal. En cuanto a la emulación del otro, debe limitarse a imitación, sin que degenere en lucha. Imitar a alguien es estimarle; ser su rival es demostrar que se está envidioso de él. He aquí por qué amamos a los que tratan de parecerse a nosotros, y por qué aplastamos bajo nuestro odio a los que pretenden igualarse a nosotros. De todas las pruebas de consideración que los más jóvenes deben a los de mayor edad, la obediencia es lo que éstos aprecian más. El respeto hace nacer entonces un cariño muy sincero, y las concesiones tórnanse mutuas.

De este modo Catón profesaba a su hermano mayor, Cepión, un respeto que databa de su infancia. Delante de él era siempre obediente, sumiso, silencioso, y acabó siendo ya un hombre él mismo por vinculársele tan estrechamente y por inspirarle tanta deferencia que Cepión no hacía o decía algo sin haberle consultado. Cuéntase que un día había puesto su sello en una declaración destinada a servir de testimonio en justicia. Como Catón, que llegó después, no quiso aplicar el suyo, Cepión volvió a pedir la pieza y arrancó el que a su vez había puesto antes de preguntar a su hermano a causa de qué había desconfiado él y por qué había sospechado tal testimonio.

Se sabe que los hermanos de Epikouros le testimoniaban siempre el mayor respeto en agradecimiento a su abnegación y a su solicitud por ellos. Se lo demostraron, entre otras pruebas, mediante el entusiasmo con que abrazaron su filosofía. Sin duda estaban equivocados y desde jóvenes se habían dejado persuadir de la idea, repetida por ellos, de que no había filósofo comparable a Epikouros; pero no por ello hay que admirar menos no tan sólo al que inspiró tal sentimiento, sino a los que estaban convencidos de él. Entre los filósofos modernos Apollonios el peripatético[403] ha refutado victoriosamente esta opinión: que la gloria no

---

[403] Sin duda se refiere a Apollonios de Tiane, muerto en Efesos el año 97 a. d. J. Pero no fue peripatético, sino pitagórico, pues por todas partes iba predicando

admite el ser compartida, y ha dado la prueba de lo que sostenía elevando la nombradía de su hermano Sotión por sobre la suya propia[404]. En cuanto a mí, de los numerosos favores que debo a la Fortuna, ninguno me ha sido, ninguno me es más querido que la amistad de mi hermano Timón. Es una ternura conocida de todos cuantos han estado de una manera u otra en relación con nosotros, y conocida particularmente de vosotros, que vivís con nosotros asimismo en intimidad cotidiana.

Diferentes ahora son las obligaciones de los hermanos cuando marchan juntos y se acercan por la edad. Habrán de tener cuidado en no suscitarse oposiciones mutuas que, por mínimas que sean, sean en cambio numerosas y continuas. La deplorable costumbre de contrariarse, de incomodarse a cada instante hace que se acabe por adquirir un odio irreconciliable y por detestarse. Se empieza por disputar a propósito de bromas, por causa de animales que se crían o que se hace compartir, por ejemplo, codornices o gallos. En seguida, a propósito de esclavos jóvenes en las palestras, de perros de caza, de caballos en las carreras. Cuando los asuntos son más importantes ya no hay medio de contenerse, pues es imposible deshacerse ya de la costumbre de rivalizar y de la afectación de superioridad. De este modo en nuestros días, en Grecia, los personajes más poderosos se han dividido a causa de la preferencia concedida primero a bailarines, luego a tocadores de lira. Luego ha sido a propósito de los baños de Odessa[405], de las salas dispuestas para los bañistas, de las galerías reservadas para los hombres. Se han disputado el terreno; han cortado las conducciones de las fuentes; otras han sido desviadas. En una palabra, los espíritus se han envenenado de tal modo, de tal modo agriados, que el soberano ha llevado a cabo una confiscación general. Unos han huido, otros han quedado reducidos a la pobreza. Todos se han vuelto casi imposibles de ser reconocidos; no les ha quedado otra cosa que su antiguo odio.

Es preciso, pues, evitar cuidadosamente estas pequeñas y primeras ocasiones que suscitan entre hermanos querellas y disputas hostiles.

---

la reforma de las costumbres y los dogmas atribuidos a Pitágoras. Aunque se le ha tachado de mago y de charlatán a causa del relato que de su vida hizo el retórico Filóstratos, que no es sino un tejido de fábulas, la gran celebridad que alcanzó su filosofía y su persona indican que fue uno de los hombres más virtuosos y sabios de su tiempo. De no referirse al anterior, tal vez se trate de Apollonios. denominado Molón, retórico griego, maestro de Cicerón y de Julio César.

[404] ¿Se refiere a Sotión de Alejandría el Joven, filósofo neopitagórico, que vivió en tiempo de Augusto, enseñó en Roma y tuvo a Séneca como alumno?

[405] Edessa ciudad de Macedonia, hoy Edusa o Moglena.

Apliquémonos a ceder y a dejarnos vencer. Hagamos un verdadero estudio en hallar placer, en volver a nuestros hermanos dichosos y no en tratar de aventajarles. Los antiguos no llamaban sino «victoria cadmeana» la de los dos hermanos delante de Tebas. Han querido designar con ello la victoria más vergonzosa y más criminal[406].

Pero se dirá, ¿es que entre los que parecen moderados y dulces no provocan a veces los negocios contiendas y disgustos? Sí, evidentemente. Pero aquí, como en otras ocasiones, es preciso tener cuidado con objeto de que la cuestión se limite exclusivamente a tales negocios, de tal modo que no intervenga, además, la cólera y la violencia, como arpones que lo envenenen todo. La justicia será la balanza a cuyas oscilaciones todos deberán llevar sus ojos. Se deberá poner lo más pronto posible la cuestión en manos de jueces y árbitros y se procurará aclararla antes de que sea como manchada por malas voluntades que luego será casi imposible de hacer desaparecer. Además habrá que imitar a los pitagóricos: que sin estar unidos por los lazos de la sangre consideraban como un parentesco la comunidad de sus dogmas. Cuando se habían dejado llevar por la cólera y habían pronunciado palabras injuriosas, sin esperar que el sol cayese, se daban la mano, se abrazaban y se reconciliaban enteramente[407]. Así como cuando la fiebre llega tras la erupción de un absceso nada tiene de inquietante, pero que de subsistir cuando el absceso ha desaparecido es indicio de síntomas más graves y de verdadera enfermedad; asimismo entre hermanos una diferencia que termina al terminar la cuestión que la ha motivado no tenía importancia sino respecto a esta cuestión. Pero si se prolonga es que la cuestión no era sino un pretexto, y prueba de que hay un resentimiento oculto que arde en el fondo.

Me parece oportuno dar a conocer aquí la querella que se produjo entre dos hermanos bárbaros. No se trataba de un pedacito de tierra, de algunos esclavos o de un poco de ganado, sino del imperio persa. Habiendo muerto Dareios, unos querían que la corona fuera para Ariamenes, el mayor de la familia; los otros, para Xerxes, porque su madre, Atossa, era hija de Kiros el Grande, y porque había nacido después que Dareios ciñó la diadema. Ariamenes vino, pues, de Media, no con intención hostil, sino como el que llega a una contienda judicial y perfectamente tranquilo. Pero Xerxes, que estaba de antemano en el lugar, había tomado en sus manos el ejercicio de

---

[406] Se refiere a la lucha de Eteokles y Polineikes, hijos de Oidipous, muertos en un duelo cruel delante de Tebas.

[407] Véase sobre el Instituto pitagórico, su vida, sus costumbres y sus enseñanzas, mi obra sobre Pitágoras.

las atribuciones reservadas al poder real. Mas apenas llegó su hermano, se quitó la diadema, bajó la tiara que llevan perfectamente erguida los monarcas persas, y yendo al encuentro de Ariamenes le abrazó. En seguida le envió presentes y encargó a los portadores que le dijesen: «Estos son los homenajes que te ofrece por el momento, Xerxes, tu hermano. Si la voluntad de los persas le proclaman rey, te dará el segundo rango inmediatamente después de él». Ariamenes respondió: «Acepto estos presentes. Creo que el trono de Persia me pertenece; pero conservaré a mis hermanos los honores que les son debidos luego de mí, y el primer rango entre ellos será para Xerxes». Cuando llegó el día decisivo, los persas, de común acuerdo, nombraron juez de esta contienda a Artabanes, hermano de Dareios. Xerxes rehusó aceptarle como árbitro, porque contaba con la mayoría de los sufragios. Pero su madre le increpó: «Hijo mío—le dijo—, ¿por qué rechazas a Artabanes, que sobre ser tu tío es considerado como el más virtuoso de los persas? ¿Por qué temer de este modo un juicio que asegura un papel de los más ilustres incluso al segundo, puesto que será llamado hermano del rey de los persas?» Xerxes se dejó persuadir de este modo. Los debates empezaron y Artabanes declaró que la corona era adjudicada a Xerxes. Ariamenes se lanzó inmediatamente y se prosternó a los pies de su hermano. Tomole en seguida de la mano derecha y le hizo sentarse en el trono real. A partir de aquel momento fue el más grande en el imperio luego de Xerxes, y no dejó de ser adicto a su hermano. A tal punto llevó su abnegación, que se cubrió de gloria en el combate naval de Salamina y que en esta batalla sucumbió por la gloria de su hermano. He aquí un ejemplo perfecto e irreprochable de benevolencia fraternal y de magnanimidad. Merece ser ofrecido a la admiración de los hombres.

Citemos ahora a Antiochos[408]. Suponiendo que se le pueda reprochar un deseo excesivo de mando, hay que alabar en él, al menos, que esta pasión no apagó jamás en él la ternura hacia su hermano. Disputaba, las armas en la mano, el trono de Siria a Seleukos[409], su hermano mayor. Su

---

[408] Ha habido trece reyes de Siria (comarca del Asia Menor, el Aram de la Biblia) con el nombre de Antiochos. Ploutarchos se refiere a Antiochos III el Grande (223-186). A no ser, pero no creo, que hable de Antiochos «Hierax» (el Alcotán), hermano también de Seleukos, que trató de arrebatarle el trono y que murió miserablemente. En definitiva, es más interesante la anécdota que la cuestión.

[409] Seleukos «Kallinikos» («el Hermoso Vencedor»), rey de Siria de 246 a 226. Tuvo que luchar primero contra Ptolemaios III, rey de Egipto, y luego contra

madre era de su partido. En lo más fuerte de la guerra Seleukos, habiendo
dado una batalla a los gálatas[410], fue vencido y no pudo hallarse su rastro.
Se creyó que había muerto, tanto más cuanto que todo su ejército había
sido destrozado en el encuentro por los bárbaros. Al recibir la noticia
Antiochos, dejó la púrpura, se vistió de luto, se encerró en su palacio y
lloró la muerte de su hermano. Pocos días después supo que Seleukos se
había salvado y que reunía nuevas fuerzas. Entonces volvió a mostrarse en
público, ofreció un sacrificio a los dioses y ordenó que en las ciudades
sometidas a su poder se hiciesen igualmente sacrificios y que se coronasen
de flores.

Los atenienses, que a propósito de la querella de dos divinidades[411]
imaginaron una fábula bastante ridícula, enmendaron al menos su
inverosimilitud mediante una reparación muy sensata: suprimen todos los
años el segundo día del mes de Beodromión[412], por ser el en que Poseidón
y Atena tuvieron el altercado. Si nosotros un día tenemos también una
querella con amigos o parientes, ¿qué nos impedirá olvidar esta fecha
considerándola como nefasta? ¿No sería obrar mejor que si a causa de una
sola vez desafortunada fuésemos a perder el recuerdo de tantos otros
buenos momentos pasados afectuosamente con ellos desde que junto a
ellos vivimos y a su lado fuimos criados? Porque, en fin, o la naturaleza ha
puesto en nuestra alma sin fin ni utilidad la paciencia y la dulzura, hijas de
la moderación, o es sobre todo con nuestros parientes y allegados con
quienes debemos emplearlas. La diligencia con la cual se pedirá y se
obtendrá el perdón de las propias faltas no es la menor prueba de
abnegación y de buen corazón, que lo es asimismo la facilidad en perdonar
los errores de los que están junto a nosotros. Es preciso no responder a sus
enfados con la indiferencia, ni a sus excusas con negativas. Incluso nos
corresponde a nosotros, si somos culpables, el prevenir cuantas veces sea

---

su propio hermano, que se había hecho proclamar rey de Asia Menor. Seleukos
murió de un modo que no se ha podido aclarar bien.

[410] Gálatas, habitantes de la Galatia o Galicia, comarca de Asia Menor.

[411] La querella fue porque Poseidón (Neptuno) trató de disputar a Atena
(Minerva) la soberanía del Atica. A este objeto, y para ver de ganar la partida,
cada uno de ambos dioses trató de conceder al Atica un mejor regalo: Poseidón,
golpeando el suelo con su tridente, hizo brotar un lago salado en la Akrópolis;
Atena, un olivo. Los doce dioses, tomados como árbitros, decidieron que el olivo
era preferible y concedieron a Atena la soberanía disputada. Otra leyenda cuenta
lo mismo entre Atena y Hera: Hera concedió el caballo y Atena el olivo, y aún
ganó esta vez. Por algo era la Diosa de la Inteligencia.

[412] Boedromión, septiembre, 30 días.

necesario su cólera mediante nuestra sumisión. Si, por el contrario, hemos sido maltratados, debemos anticiparnos a sus súplicas mediante nuestra indulgencia. La frase de Eukleides el socrático[413], es célebre en las Escuelas. Su hermano habíale dicho de un modo insensato y feroz: «¡O muero o me vengaré de ti!» Eukleides le respondió: «Pues yo o muero o he de hacer cuanto me sea posible por aplacar tu cólera y ver de que me ames como me amabas antes».

Citemos aún del rey Eumenes[414] no una frase, sino una acción que sobrepuja a cuanto puede inspirar la dulzura. Perseus[415], rey de Macedonia, su enemigo, había apostado asesinos para hacerle morir. Éstos habíanse emboscado en las inmediaciones del templo de Delfos, sabiendo que Eumenes debía de ir allí con objeto de consultar al dios. Le asaltaron por detrás, hicieron caer sobre él una nube de piedras que le alcanzaron en la cabeza y en el cuello. Sus ojos se velaron, cayó y le creyeron muerto. Habiéndose corrido la voz por todas partes, algunos de sus amigos y servidores fueron a Pergamón y se creyó que habían sido testigos del hecho del cual venían a traer noticias. Attalos[416], el mayor de sus hermanos, príncipe lleno de afabilidad y el más distinguido de cuantos rodeaban a Eumenes, fue proclamado rey. Y no solamente ciñó la diadema, sino que se casó con la mujer de Eumenes, Stratónike, en cuyo lecho reemplazó a su hermano. Pero cuando le anunciaron que éste vivía y que llegaba, Attalos dejó la diadema real, ciñó su armadura habitual y mezclado con los demás guardias salió al encuentro del príncipe. Eumenes le recibió benévolamente y abrazó a la reina con respeto y cariño. Aún vivió largo tiempo, pero jamás dejó escapar una palabra de reproche o de sospecha. Y al morir fue a Attalos a quien legó corona y mujer. ¿Qué hizo Attalos por su parte? Tras esta muerte no quiso encargarse de ninguno de los hijos que había tenido con su propia mujer (y le había dado un gran

---

[413] Eukleides, filósofo griego, discípulo de Sócrates fundador de la Escuela de Megara. No tiene nada que ver con el matemático de este mismo nombre.

[414] Eúmenes II, rey de Pergamón (197-159). Combatió en favor de los romanos y luego, ayudado por éstos, venció a Fárnakes, rey del Ponto, y a Prusias, rey de Bitinia, llegando a ser el soberano más poderoso de Asia Menor. Protector de las letras y de las artes, fundó en Pérgamo una biblioteca que fue rival de la de Alejandría.

[415] Perseus, último rey de Macedonia (212-166). Venció en varios encuentros a los romanos, pero en 168 Paulo-Emilio le derrotó en Pidna y le llevó prisionero a Roma, donde murió en un calabozo.

[416] Attalos, general de Alejandro el Grande y rey de Pergamón, no es el Attalos, posterior, a que Ploutarchos hace referencia.

número), sino que fue al hijo de Eumenes al que educó y condujo hasta su mayor edad; y sin esperar a morir puso la diadema en la cabeza del joven príncipe, y le proclamó rey. Kambises[417], por el contrario, habiendo sido espantado por un ensueño en que su hermano se le había aparecido como reinando en Asia, sin buscar indicio ni prueba alguna, le hizo degollar. Pero tras él y por ello el cetro escapó de manos de los sucesores de Kiros. Fue la dinastía de Dareios la que subió al trono, y este príncipe supo admitir no solamente a sus hermanos, sino incluso a sus amigos en la distribución de los asuntos públicos.

Hay aún un consejo que no conviene olvidar. De tener una diferencia con sus hermanos, hay que tener mucho cuidado en visitar a sus amigos y en frecuentarlos más que nunca. Pero ha de evitarse, en cambio, a sus enemigos y no acogerlos. Con ello se imitará a los cretenses, que teniendo frecuentes disensiones, frecuentes guerras unos con otros, se reconcilian cuando les amenaza una invasión y se reúnen contra los enemigos exteriores. Esto era lo que ellos llamaban el sincretismo[418]. Ciertos individuos se escurren, como el agua a través de grietas e intersticios, para minar la unión entre parientes y amigos. Detestan ambos partidos, pero se agarran a aquel cuya debilidad le hace más fácilmente su presa. Si un joven está enamorado, sus amigos jóvenes como él y sin malicia simpatizarán con su amor. Pero cuando un hermano está incomodado contra su hermano y regañado con él, los más detestables enemigos fingen compartir la indignación y el enojo de uno y otro. Es el casó de la gallina y el gato de Aisopos[419]. El gato va a ver a la gallina y se entera, con el mayor interés, de cómo va su enfermedad y la pregunta qué tal está. «Bien—responde la gallina—si te vas de aquí». Asimismo a un hombre semejante, que acumula motivos para envenenar la querella, que pregunta y trata de descubrir ciertas particularidades secretas para conseguir mejor su propósito, hay que responderle: «¿Yo? Pero yo no tengo la menor

---

[417] Kambises (en persa «Kambouziya»), rey de Persia (529-522 a. d. J.), hijo y sucesor de Kirós el Grande. Príncipe cruel y desequilibrado, hizo asesinar a su hermano menor, Bardiya (llamado Smerdis por los autores clásicos), como cuenta Ploutarchos. Probablemente murió suicidándose, en Echbatana, cuando marchaba contra el mago Gaumata, que se había hecho, en su ausencia, proclamar rey de Persia.

[418] Reunión de cretenses.

[419] Aisopos (Esopo) es el gran fabulista griego y uno de los siete Sabios de este país se le considera. Véanse sus fábulas, entre ellas, la citada por Ploutarchos en «Fábulas Completas» (Esopo, Fedro, La Fontaine, Samaniego e Iriarte), en la Colección La Crítica Literaria.

diferencia con mi hermano, ni él conmigo, y ello porque ninguno de los dos damos oídos a los calumniadores». No sé cómo, pero es el caso que cuando tenemos una oftalmía creemos útil volver los ojos hacia colores y objetos que no hieran u ofendan nuestra vista. Pero si llegamos a acusar a nuestros hermanos y a enfadarnos con ellos o hacérnosles sospechosos, nada nos complace tanto como escuchar a los que aún nos incitan más, complaciéndonos en ver las cosas bajo los colores que a éstos les conviene mostrarnos. ¿No haríamos mejor huyendo de estos enemigos, gentes malintencionadas, deshaciendo con ello su táctica? ¿No sería mejor asimismo frecuentar a quienes se interesan por nuestro hermano, a sus familiares y a sus amigos? ¿Pasar el día con ellos? ¿Ir a buscar a su mujer y exponer con toda franqueza delante de ella lo que se tiene en el corazón? El proverbio dice que dos hermanos que hacen juntos el mismo camino no deben poner una piedra entre ellos; nos incomodaría ver pasar un perro corriendo entre nuestro hermano y nosotros; temeríanse otras cosas semejantes, pese a que ninguna de ellas ha desunido jamás a dos hermanos; pero cuando otros perros, quiero decir los maledicentes, vienen a arrojarse entre nosotros, les acogemos, sin ver que son causa de muchas de nuestras caídas.

Aquí la continuación de las ideas me recuerda la hermosa máxima de Teofrastos: «Si todo debe ser común entre amigos, es, sobre todo, los amigos de los amigos». He aquí un consejo que no hay que dejar de dar a los hermanos. Las uniones y familiaridades que contraen cada uno por su parte y separadamente les alejan y separarán a unos de otros. Por el hecho mismo de unirse a extraños, lógicamente se deduce que serán estos extraños quienes tendrán su afecto, extraños a quienes tratarán de imitar, extraños quienes les dirigirán. Las uniones determinan las costumbres, y no hay mayor prueba de diferencia de caracteres que la diferencia en la elección de amistades. La costumbre de comer, beber y divertirse con un hermano, de pasar el día entero en su compañía, cimienta menos poderosamente la amistad fraternal que la fortifica el acuerdo en virtud del cual hacemos nuestras sus amistades como nuestros sus odios; es decir, el interés en buscar con él ciertas uniones y en detestar y huir otras. Las amistades comunes no dejan que adquieran consistencia las palabras torpes que pueden ofender. Si algún movimiento de cólera, si algún reproche estalla, la mediación de los amigos pone al punto las cosas en su justo medio. Previenen y disipan toda tormenta, por poco que amen igualmente a ambos hermanos y que la misma benevolencia les empuje hacia el uno que hacia el otro. Pues del mismo modo que el estaño sirve para soldar las piezas de cobre que se han roto, porque ocurre que haya una afinidad de adherencia natural con los fragmentos de metal, del mismo modo el amigo debe, en virtud de su humor conciliador y a su afecto a ambos hermanos, mantener la benevolencia entre ellos. Este amigo no será imparcial de no saber fundirse en cierto modo con los caracteres diferentes. Sería como un concierto en que los tonos falsos no producirían sino desacuerdo en vez de armonía.

Se puede dudar si Hesiodos se equivocó o tuvo razón en decir: «No hagáis nunca iguales a amigos y a hermanos»[420]. En efecto, un amigo común, cuando es prudente, se torna, identificándose perfectamente con uno y otro, tal cual hemos dicho, un verdadero lazo de afección fraternal. Hesiodos, según toda probabilidad, temía a la multitud de malos amigos que tan sólo son movidos por envidia e interés personal. Pero hay un medio excelente de conciliarlo todo. Incluso concediendo al amigo una benevolencia igual, siempre se dará al hermano el primer puesto en las magistraturas, en los empleos públicos, en las invitaciones a banquetes, en las recomendaciones, junto a los grandes, en todas las circunstancias, en fin, en que nos sea posible ponerle en relieve y hacerle brillar. Hacer tal cosa será un homenaje legítimo, un privilegio concedido a los derechos de la sangre. La preferencia concedida al amigo contribuiría menos a engrandecer a éste que a menospreciar y disminuir al hermano.

Por lo demás, ya he desarrollado con mayor extensión mi opinión respecto a esto en otro lugar[421].

Este sabio dicho de Menandros: «Triste es, cuando se ama, el verse despreciados», nos recuerda y nos advierte el tener cuidado de nuestros hermanos y el no darles de lado fiándonos demasiado en los sentimientos que les inspirará la naturaleza. El caballo, por instinto, es llevado a amar a su caballero, y el perro a su amo; pero si no reconocen ni buenos sentimientos ni cuidados, perro y caballo dejan de ser amantes y se desprenden. El cuerpo está unido íntimamente al alma; pero cuando ella le abandona y le desdeña ya no quiere secundarla y la contraría o la abandona en las operaciones que ella medita.

Si digno de alabanza es prodigar cuidados a los hermanos, aún es más hermoso cuidar a los suegros y a los yernos, estar siempre, respecto a estos nuevos parientes, llenos de benevolencia y de celo; acoger de una manera afable y cordial a todo esclavo abnegado por nuestros hermanos; mostrar agradecimiento a los médicos que les han cuidado, a los amigos fieles que han compartido con ellos las fatigas de un viaje largo o de alguna expedición militar. La mujer a la cual nuestro hermano se ha unido debe

---

[420] «Los Trabajos y los Días», v. 705.
[421] En un tratado perdido.

ser una persona enteramente sagrada para nosotros[422]. Tiene derecho a nuestros respetos, a nuestros homenajes, a nuestras mejores palabras, en consideración a su marido; debemos compartir las penas que sienta. Si otros no han tenido con ella las atenciones que merece, es preciso que nosotros calmemos sus resentimientos. De cometer una falta ligera, a nosotros corresponde calmar a su marido y reconciliarle con ella. Si nosotros mismos tenemos algún disgusto con nuestro hermano, haremos de ella el árbitro del agravio y ella será quien acabe la cuestión.

Debemos manifestar disgusto a un hermano, muy principalmente de verle soltero y sin hijos. En este caso es menester dirigirle consejos al mismo tiempo que reproches, empujarle por todos los medios posibles hacia el matrimonio y hacerle aceptar las cadenas de una unión legítima. Una vez que llegue a ser padre, redoblaremos nuestra benevolencia con él, las atenciones con su mujer. Respecto a los hijos que pudiera tener, nos mostraremos tan amantes y tan indulgentes y buenos, por lo menos, como con los nuestros propios: de modo que si cometen las faltas naturales de su edad, no huyan y no vayan, por temor hacia su padre o su madre, a caer en manos de sociedades peligrosas y perversas. Su tío estará allí para desviarles de tal peligro, ofreciéndoles asilo; esto sin que ello impida el prodigarles advertencias llenas de benevolencia a propósito para hacerles cambiar de conducta.

Tal fue el servicio que Platón prestó a Speusippos, su sobrino. Le retiró del seno de la molicie y del libertinaje, sin emplear contra él ni rigor ni malos tratos. Como el joven se sustraía a las acusaciones y a las reprimendas de sus padres, él le abrió sus brazos con ternura e indulgencia. Supo inspirarle una gran vergüenza de su conducta, así como un verdadero deseo de imitarle y de dedicarse a la filosofía. Sin embargo, Platón era censurado por la mayor parte de sus amigos por no corregir, como ellos creían que debía hacerse, al joven libertino. «Le corrijo suficientemente—decía Platón—, enseñándole, mediante el ejemplo de mi conducta y de mi género de vida, a reconocer la diferencia entre el vicio y la virtud». Aleias, el tesalio, que tenía un espíritu fiero y desdeñoso, era reprimido tan severamente por su padre cuan indulgencia y buena acogida recibía por parte de su tío. Cuando los tesalios, queriendo consultar al

---

[422] Al decir que las mujeres de los hermanos son «sagradas», ¿qué quiere decir Ploutarchos? ¿Que las de los suyos trataban de tal modo de apartarlos de él, que su deseo más ardiente era verlas en los altares como correspondía a su «sacraticidad»?, ¿o que habíanse quedado solteros y no conociendo el peligro anterior el parentesco por tabla le parecía perfecto?

Dios, enviaron a Delfos los sufragios recogidos respecto a la elección de rey, el tío, a escondidas del padre, puso un boletín en favor de Aleias. Este fue designado por la Pitia. El padre declaró no haber votado por su hijo, y todos pensaban había habido algún error en el escrutinio de los votos. Se envió, pues, una segunda vez, a consultar al Dios. La Pitia como para confirmar su primera designación, respondió: «Él, bien él, el del pelo encendido de quien Archedikes es padre». De este modo, y gracias a su tío, Aleias fue nombrado rey por Apolo. Y su superioridad sobre los que le habían precedido fue grande, y llevó muy alto la gloria y el poder de su nación.

Y es que, en efecto, los éxitos, los honores, los puestos de mando obtenidos por los hijos de nuestro hermano, deben llenarnos de gloria y de satisfacción. Conviene que realcemos a estos jóvenes a sus propios ojos, y que secundemos su impulso hacia el bien mediante elogios concedidos sin reservas a sus buenas acciones. Las alabanzas que un padre prodigue a su hijo pueden desagradar; en cambio, las que un tío otorga son consideradas tan honrosas como desinteresadas; como dictadas, tal cual son, por amor a lo bello y por un sentimiento enteramente divino. Por lo demás, el nombre mismo de este parentesco[423] nos previene agradablemente, tal creo al menos, de que amemos y queramos a nuestros sobrinos. Imitemos en esto a los héroes más ilustres. Herakles, que tuvo sesenta y ocho hijos, no tuvo menos ternura por el hijo de su hermano que por cada uno de los suyos. Hoy mismo, en muchos sitios, Iolaos comparte los mismos altares, y se le dirigen votos adorándole con el nombre de asesor de Herakles. Cuando Ifikles, hermano de este dios, fue muerto en el combate que sostuvo cerca de Lacedemonia, el héroe se mostró inconsolable y dejó para siempre el Peloponeso. Leikotea[424], tras la muerte de su hermana, nutrió al hijo de

---

[423] La palabra «teios» (θειος), significa en griego «tío» y «divino».

[424] Leikotea era el nombre de Ino, hija de Kadmos, luego de su transformación en diosa marina. Si con los hijos de la primera mujer de Atamas, su marido, fue implacable, más tarde, tras la muerte de Semele, su hermano, Ino persuadió a Atamas que acogiese el pequeño Dionisos, hijo de su hermana y de Zeus. Hera, furiosa al ver que de aquel modo cuidaban a un fruto de amores adúlteros de Zeus, volvió locos a ambos, a Atamas y a Ino. Ésta arrojó a su hijo más pequeño, Melikertes, en un caldero de agua hirviendo, mientras que Atamas mataba a Lerachos con un venablo tomándole por un ciervo. Inos se arrojó al mar con el cadáver de Melikertes, y las divinidades marinas, apiadadas de ella, la transformaron en una Nereide y al niño en el diosecito Palemón. Ino, tornada la Bloca Blanca (Δευκοθεα) la diosa de la taruma, de la niebla, de las salpicaduras de las olas, y su hijo Palemón, eran favorables a los marinos a los que guiaban en

ésta y le hizo participar después en su divinidad. De aquí viene el que en las fiestas de Leikotea, que en Roma es llamada Matuta, las damas romanas lleven en sus brazos, no a su progenitura, sino la de sus hermanos y hermanas, y es para estos niños para quienes son todos los honores.

FIN

las tormentas. En Roma, como dice Ploutarchos, Leikotea fue identificada con Mater Matuta, cuyo templo estaba en el «Forum Boarium», no lejos del puerto de Roma. Palemón fue identificado con el dios Portunus, que tenía su santuario en el mismo barrio.

EL CRÍTICO y EDITOR - JUAN BAUTISTA BERGUA

Juan Bautista Bergua nació en España en 1892. Ya desde joven sobresalió por su capacidad para el estudio y su determinación para el trabajo. A los 16 años empezó la universidad y obtuvo el título de abogado en tan sólo dos años. Fascinado por los idiomas, en especial los clásicos, latín y griego, llegó a convertirse en un célebre crítico literario, traductor de una gran colección de obras de la literatura clásica y en un especialista en filosofía y religiones del mundo. A lo largo de su extraordinaria vida tradujo por primera vez al español las más importantes obras de la antigüedad, además de ser autor de numerosos títulos propios.

SU LIBRERÍA, LA EDITORIAL Y LA "GENERACIÓN DEL 27"

Juan B. Bergua fundó la Librería-Editorial Bergua en 1927, luego Ediciones Ibéricas y Clásicos Bergua. Quiso que la lectura de España dejara de ser una afición elitista. Publicó títulos importantes a precios asequibles a todos, entre otros, los diálogos de Platón, las obras de Darwin, Sócrates, Pitágoras, Séneca, Descartes, Voltaire, Erasmo de Rotterdam, Nietzsche, Kant y los poemas épicos de La Ilíada, La Odisea y La Eneida. Se atrevió con colecciones de las grandes obras eróticas, filosóficas, políticas, y la literatura y poesía castellana. Su librería fue un epicentro cultural para los aficionados a literatura, y sus compañeros fueron conocidos autores y poetas como Valle-Inclán, Machado y los de la Generación del 27.

EL PARTIDO COMUNISTA LIBRE ESPAÑOL Y LAS AMENAZAS DE LA IZQUIERDA

Poco antes de la Guerra Civil Española, en los años 30, Juan B. Bergua publicó varios títulos sobre el comunismo. El éxito, mucho mayor de lo esperado, le llevó a fundar el Partido Comunista Libre Español que llegaría a tener mas de 12.000 afiliados, superando en número al Partido Comunista prosoviético oficial existente. Su carrera política no duró mucho después que estos últimos le amenazaran de muerte viéndose obligado a esconderse en Getafe.

LA CENSURA, QUEMA DE LIBROS Y SENTENCIA DE MUERTE DE LA DERECHA

Juan B. Bergua ofreció a la sociedad española la oportunidad de conocer otras culturas, la literatura universal y las religiones del mundo, algo peligrosamente progresivo durante esta época en España.

En el 1936 el ejército nacionalista del General Franco llegó hasta Getafe, donde Bergua tenía los almacenes de la editorial. Fue capturado, encarcelado y sentenciado a muerte por los Falangistas, la extrema derecha.

Mientras estuvo en la cárcel temiendo su fusilamiento, fueron quemados miles de sus libros por encontrarlos contradictorios a la Censura, todas las existencias de las colecciones de la Historia de Las Religiones y la Mitología Universal, los libros sagrados de los muertos de los Egipcios y Tibetanos, las traducciones de El Corán, El Avesta de Zoroastrismo, Los Vedas (hinduismo), las enseñanzas de Confucio y El Mito de Jesús de Georg Brandes, entre otros.

Aparte de los libros religiosos y políticos, se perdieron otras colecciones como Los Grandes Hitos Del Pensamiento. Ardieron 40.000 ejemplares de La Crítica de la Razón Pura de Kant, y miles de libros más de la filosofía y la literatura clásica universal. La pérdida de su negocio fue un golpe tremendo, el fin de tantos esfuerzos y el sustento para él y su familia…fue una gran pérdida también para el pueblo español.

PROTEGIDO POR GENERAL MOLA Y EXILIADO A FRANCIA

Cuando General Emilio Mola, jefe del Ejército del Norte nacionalista y gran amigo de Bergua, recibe el telegrama de su detención en Getafe intercede inmediatamente para evitar su fusilamiento. Le fue alternando en cárceles según el peligro en cada momento.

–El General y "El Rojo"–Su amistad venía de cuando Mola había sido Director General de Seguridad antes de la guerra civil. En 1931, tras la proclamación de la Segunda República, Mola se refugió durante casi tres meses en casa de Bergua y para solventar sus dificultades económicas Bergua publicó sus memorias. Mola fue encarcelado, pero en 1934 regresó al ejército nacionalista y en 1936 encabezó el golpe de estado contra la República que dio origen a la Guerra Civil Española. Mola fue nombrado jefe del Ejército del Norte de España, mientras Franco controlaba el Sur.

Tras la muerte de Mola en 1937, su coronel ayudante dio a Bergua un salvoconducto con el que pudo escapar a Francia. Allí siguió traduciendo y escribiendo sus libros y comentarios. En 1959, después de 22 años de exilio, el escritor regresó a España y a sus 65 años comenzó a publicar de nuevo hasta su fallecimiento en 1991. Juan Bautista Bergua llegó a su fin casi centenario.

Escritor, traductor y maestro de la literatura clásica, todas sus traducciones están acompañadas de extensas y exhaustivas anotaciones referentes a la obra original. Gracias a su dedicado esfuerzo y su cuidado en los detalles, nos sumerge con su prosa clara y su perspicaz sentido del humor en las grandes obras de la literatura universal con prólogos y notas fundamentales para su entendimiento y disfrute.

Cultura unde abiit, libertas nunquam redit.
Donde no hay cultura, la libertad no existe.

LA CRÍTICA LITERARIA

WWW.LaCriticaLiteraria.com

TODO SOBRE LITERATURA CLÁSICA, RELIGIÓN, MITOLOGÍA, POESÍA, FILOSOFÍA...

La Crítica Literaria es la librería y distribuidor oficial de Ediciones Ibéricas, Clásicos Bergua y la Librería-Editorial Bergua fundada en 1927 por Juan Bautista Bergua, crítico literario y célebre autor de una gran colección de obras de la literatura clásica.

Nuestra página web, LaCriticaLiteraria.com, es el portal al mundo de la literatura clásica, la religión, la mitología, la poesía y la filosofía. Ofrecemos al lector libros de calidad de las editoriales más competentes.

LEER LOS LIBROS GRATIS ONLINE

www.LaCriticaLiteraria.com

La Crítica Literaria no sólo está dedicada a la venta de libros nacional e internacional, también permite al lector la oportunidad de leer la colección de Ediciones Ibéricas gratis online, acceso gratuito a más que 100.000 páginas de estas obras literarias.

LaCriticaLiteraria.com ofrece al lector un importante fondo cultural y un mayor conocimiento de la literatura clásica universal con experto análisis y crítica. También permite leer y conocer nuestros libros antes de la adquisición, y tener la facilidad de compra online en forma de libros tradicionales y libros digitales (ebooks).

COLECCIÓN LA CRÍTICA LITERARIA

Nuestra nueva **"Colección La Crítica Literaria"** ofrece lo mejor de los clásicos y análisis de la literatura universal con traducciones, prólogos, resúmenes y anotaciones originales, fundamentales para el entendimiento de las obras más importantes de la antigüedad.

Disfrute de su experiencia con nosotros.

www.LaCriticaLiteraria.com